파이썬을 이용한 통계분석

통계 기초 이론 이해와 응용

이원우 · 장인홍 · 이다혜 지음

자유아카데미

머리말

4차 산업혁명, 디지털혁명이라고 불리는 새로운 시대를 살아가면서 통계학은 대량의 데이터를 수집하고 저장한 뒤 이를 과학적으로 분석하여 사회 전 분야에서 의사결정에 중요한 학문으로 그 역할이 더욱 강조되고 있다.

수년 전까지만 하더라도 일부 전문가들의 영역으로만 다뤄졌던 머신러닝과 딥러닝은 최근 다양한 분야에 널리 사용되는 필수 지식으로 자리 잡아 진입 장벽이 낮아지고 있으며 비전공자들도 너나 할 것 없이 공부하려는 열풍이 불고 있다. 하지만 머신러닝과 딥러닝 공부에 필요한 다양한 수식은 수학 및 통계학이 기반이기에 통계학 지식이 부족한 학생들이나 비전공자들은 이를 공부하는 데 어려움을 겪기도 한다.

왜 파이썬인가? 기존의 통계분석은 전통적인 소프트웨어인 SAS, SPSS, Minitab 등이 주로 사용되어 왔다. 그러나 최근 인공지능(AI), 빅데이터, IoT 등의 디지털 시대에서는 다양한 통계분석 소프트웨어들을 무료로 다운받아서 사용할 수 있게 되었고, 이러한 소프트웨어 분야에서도 탁월한 성능을 구현하며 전 세계적으로 사용자가 급격히 늘어나는 소프트웨어가 있으니 바로 파이썬이다. 오픈 소프트웨어인 파이썬은 기계학습 및 인공지능, 빅데이터 분야에서 데이터를 빠르고 쉽게 처리할 수 있는 필수적인 컴퓨팅 언어라고 할 수 있다.

이에 필자는 통계학뿐만 아니라 자연과학, 컴퓨터공학, 사회학, 인문학, 의학 분야 등의 전공자들이 빅데이터 분석 및 인공지능 분야와의 통계적 통섭을 할 수 있고, 파이썬을 이용하여 통계분석과 인공지능 영역으로 접근하는 데 도움이 되길 바라며 이 책을 집필하게 되었다. 따라서 이 책은 파이썬을 이용하여 통계적 데이터 분석을 수행하고자 하는 전공자, 컴퓨터 관련 분야 전공자, 공학도 등 기타 다양한 분야의 비전공자들을 위한 통계분석 입문서라고 할 수 있다.

이 책은 총 아홉 개의 장으로 구성되어 있다. 1장은 통계적 이론이나 파이썬의 사용에 초보적인 독자들도 쉽게 학습할 수 있도록 파이썬의 기초 사용법 및 필수적인 기본 문법을 포함한 매뉴얼을 제시하였고, 2~6장은 통계 비전공자도 쉽게 이해할 수 있도록 통계학의 기초 이론을 다루었으며, 7~9장은 자료분석을 위한 방법론들을 비교적 상세하게 소개하였다. 초급 통계 또는 중급 분야에서 중요하게 사용되는 분산분석 분야와 회귀분석 분야는 다른 기초 교재보다 다소 높은 수준 정도로 집필하였다.

각 장에 나와 있는 다양하고 수많은 예제는 이 책의 특징이라고 할 수 있다. 독자들이 실무적 문제를 해결하는 데 도움이 될 수 있도록 파이썬 프로그램과 프로그램 실행 결과를 제시하면서 이에 대해 상세히 해설하였다. 또한, 통계 입문서이지만 기존의 파이썬 통계분석 책보다 더욱 심도 있게 다루었으며, 파이썬 프로그램 코드는 초보자가 쉽게 따라 할 수 있도록 훨씬 간결하게 집필하였다.

좋은 책을 위해 최선을 다했지만 부족한 부분이 있을 수 있다. 이 점은 독자 여러분의 양해를 바라며 출간 후 나올 수 있는 수정 사항 등은 자유아카데미 홈페이지(www.freeaca.com) 자료실에 제공할 예정이니 참고하기를 바란다.

끝으로 이 책의 출판에 참여할 수 있도록 기회를 주신 이원우 선생님께 감사드리며, 책의 기획 의도에 맞게 파이썬 프로그램을 구현하는 데 최선을 다해 준 이다혜 박사님 및 출판을 적극적으로 지원해주신 자유아카데미 임직원 여러분께도 진심으로 감사의 말씀을 드린다.

2022년 4월

저자 씀

차례

부록 분포표

1장

파이썬 알아보기

1.1 파이썬이란

파이썬(Python)은 구글(Google), 인스타그램(Instagram), 드롭박스(Dropbox) 등 다양한 분야에서 사용되고 있으며 이용도가 점점 높아지고 있다. 또한 오픈소스(Open-source)이기 때문에 무료로 제공되고, 간결한 구성의 언어이므로 초보자가 배우기 쉬우며 접근성이 좋다.

파이썬으로는 웹, GUI, 수치연산뿐만 아니라 데이터베이스 프로그래밍도 할 수 있으며 데이터 분석도 가능하다. 이 책에서 앞으로 꾸준히 다룰 판다스(pandas) 모듈을 사용하면 데이터 분석을 위한 파이썬의 활용도가 훨씬 커진다. 그러나 애초에 파이썬은 'R'처럼 통계적 분석을 위한 프로그램으로 만들어진 것은 아니므로 R에서는 가능한 분석 방법이 파이썬에서는 지원하지 않기도 한다.

1.1.1 파이썬 설치 및 실행하기

1 파이썬 홈페이지(https://www.python.org/downloads/)에서 설치 프로그램을 다운로드(Download Python 3.x.x)한다.

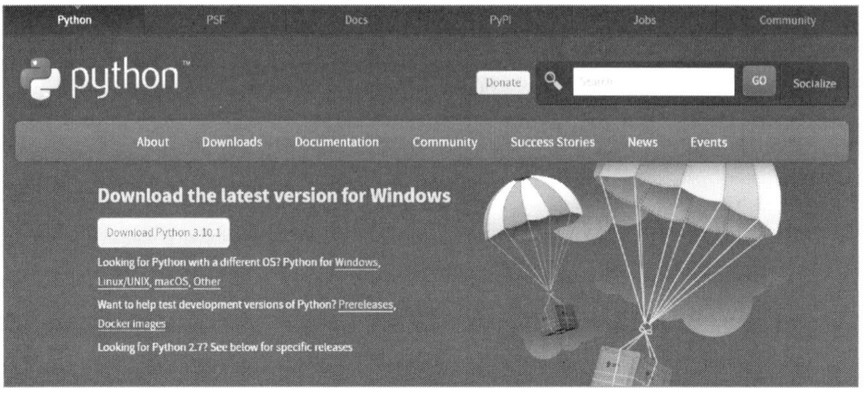

2 다운로드한 파일을 실행하여 설치(Install Now)한다. 경로를 따로 지정하고 싶다면 [Customize installation]을 선택한다. 또한 하단의 옵션 [Install launcher

for all users]와 [Add Python 3.10 to PATH]를 선택한다.

3 다음 화면에서 [Next]를 선택한다.

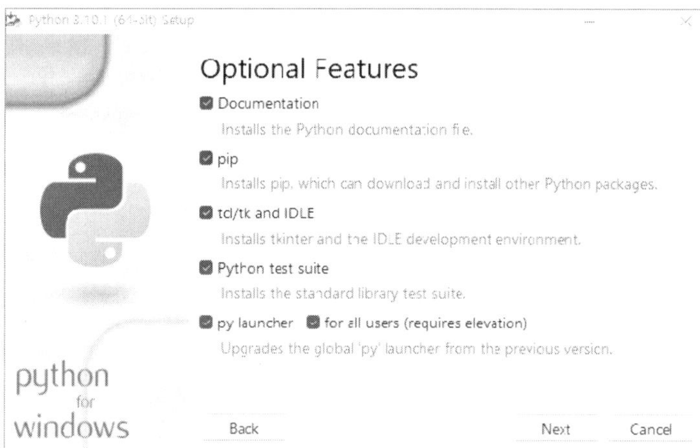

4 [Browse]에서 파이썬을 설치할 경로를 지정한다. 저자는 D 드라이브의 'python' 폴더로 경로를 지정하였다.

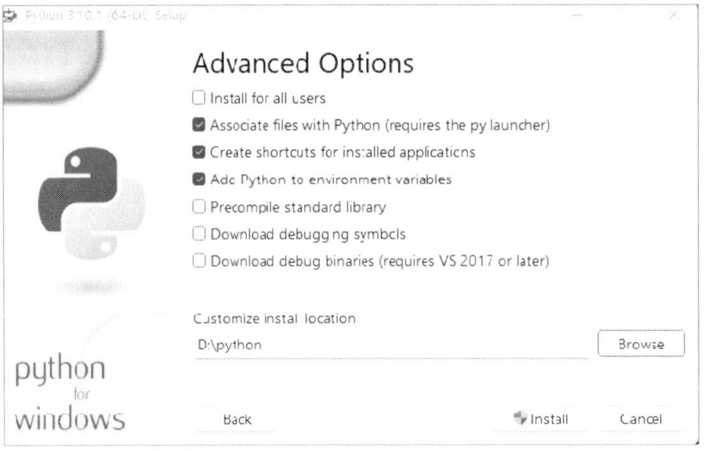

5 성공적으로 설치가 완료되었다면 아래와 같은 화면이 나타나며, [Close]를 선택하고 파이썬을 실행하면 된다.

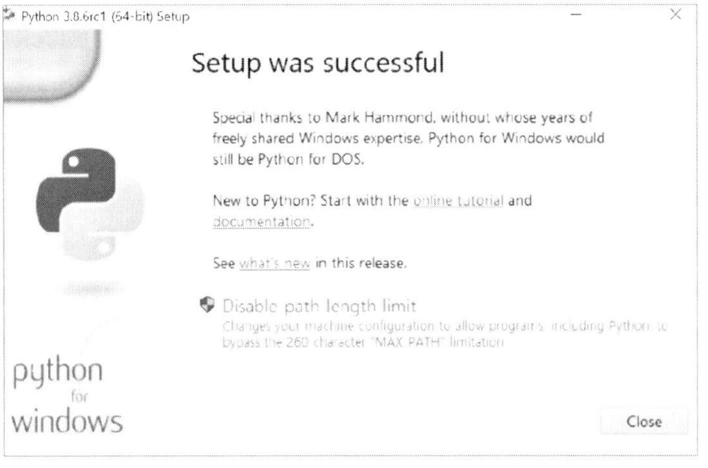

파이썬을 실행하면 아래와 같은 창이 뜨는데, 이 창은 대화형 인터프리터라고도 불린다.

그러나 대화형 인터프리터는 긴 코드를 작성하기 불편하며 인터프리터 창을 닫으면 코드가 사라져 불러올 수 없다. 따라서 편집기(editor) 프로그램을 이용하여 파이썬을 사용하는 방법이 있다. 다음 절에서는 다양한 편집기 중에서 파이참(pycharm)을 설치하는 방법을 다룬다.

1.2 파이참 설치 및 실행하기

1 파이참 홈페이지(https://www.jetbrains.com/ko-kr/pycharm/download/#section=windows)에서 사용하는 운영체제의 [Community-다운로드]를 선택한다.

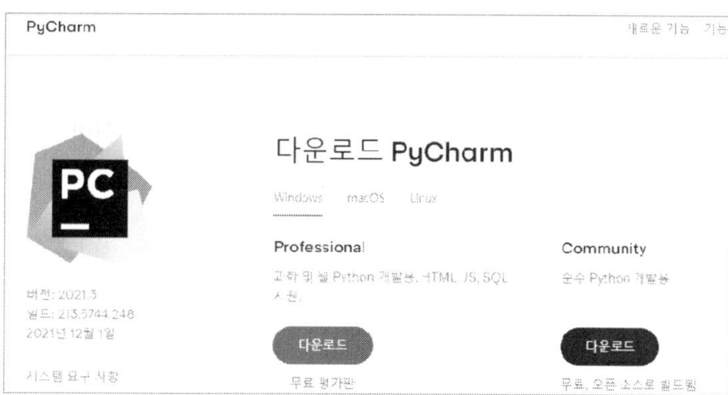

2 다운로드한 파일을 실행하여 [Next]를 선택한다. 설치 경로를 지정하고 싶다면, [Browse]에서 원하는 경로를 지정하고 [Next]를 선택한다. 저자는 D 드라이브의 python 폴더에 'pycharm' 폴더를 새로 생성하여 해당 폴더에 파이참을 설치하였다.

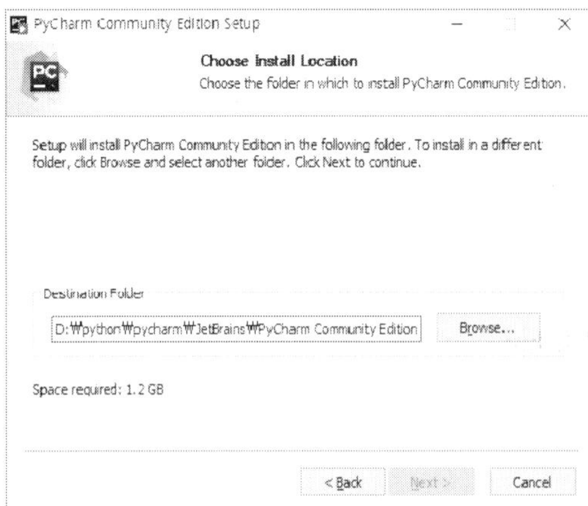

3 화면에 나타난 옵션을 모두 선택하고 [Next]를 선택한 뒤, 다음 창에서 [Install]을 선택한다.

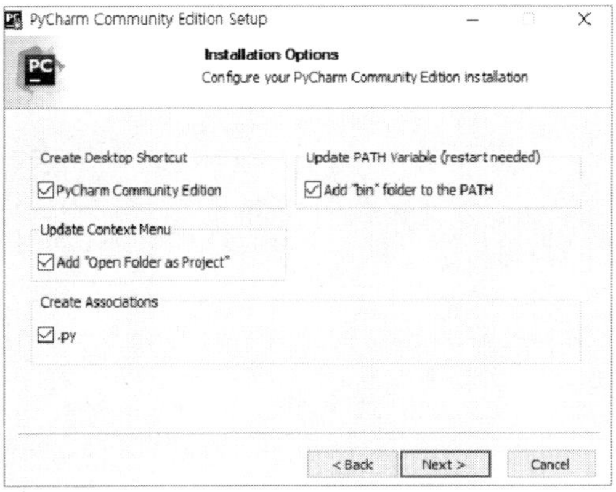

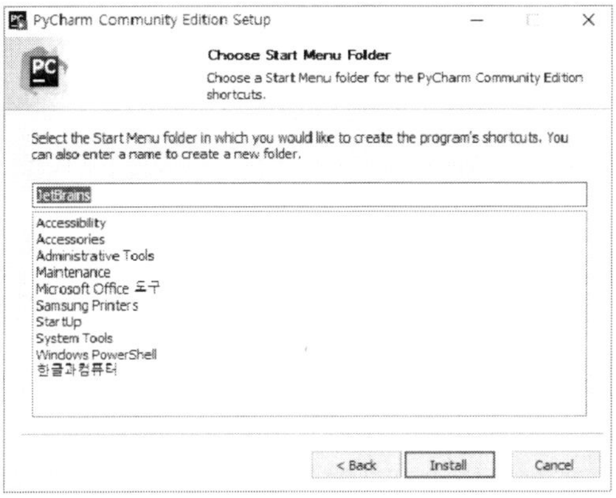

4 다음과 같은 화면이 나타났다면 성공적으로 설치된 것이며, 이제 [Close]를 선택하여 창을 닫고 파이참을 실행한다.

파이참을 실행하면 아래와 같은 화면이 나타나는데, [Create New project]를

선택하여 프로젝트를 생성하여야 한다.

최상단의 'Location'은 파이참 프로젝트를 저장할 위치를 의미한다. 저자는 D 드라이브에 'pycharm' 폴더를 생성하여 해당 폴더를 프로젝트 위치로 지정하였다. base interpreter에 파이썬이 설치된 폴더의 python.exe가 지정되었는지 확인한 후, [Create]를 선택한다.

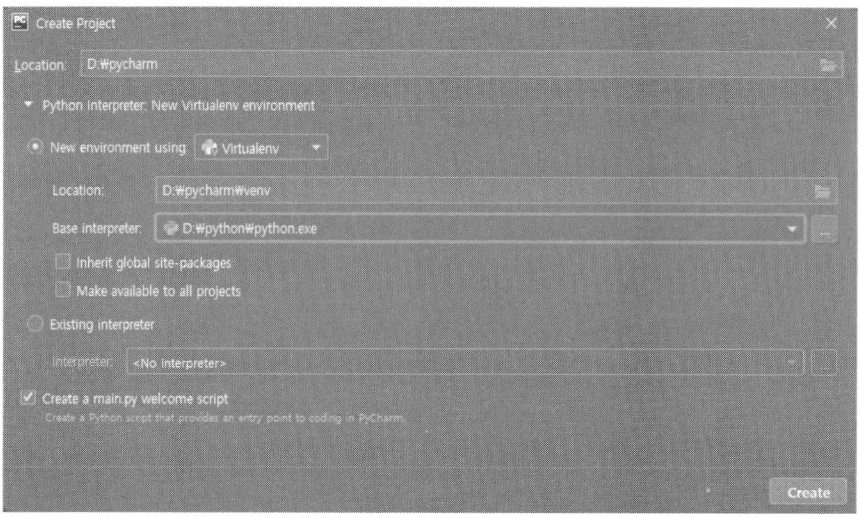

프로젝트를 생성하였으면 상단의 [File–New]에서 파이썬(Python) 파일을 선택한다.

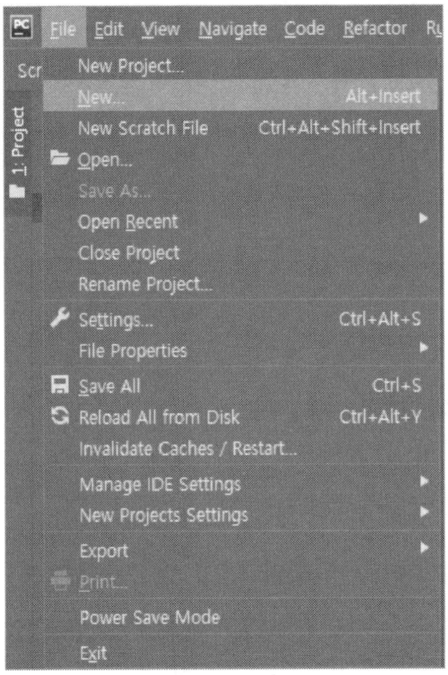

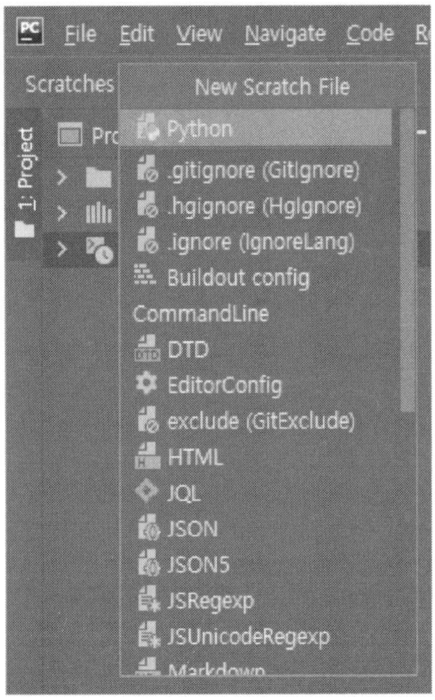

생성된 파이썬 파일에 코드를 입력하여 실행하면 하단의 파이썬 콘솔(Python Console) 창에서 결과가 출력된다.

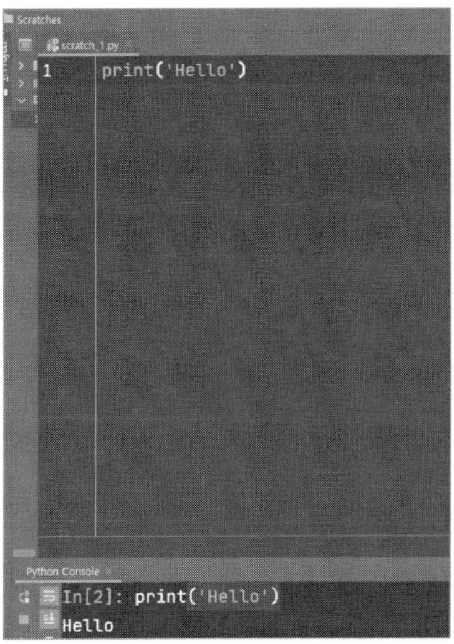

작성한 코드의 실행은 파이참 창 오른쪽 최상단의 [▶] 버튼을 선택하거나 [Ctrl + Shift + F10]를 사용하여 전체 코드 실행, 실행하고자 하는 코드에 커서를

두고 [Ctrl + Enter]를 사용하여 해당 행을 실행하는 방법이 있다.

파이참 외에도 다양한 편집기가 있는데, 특히 주피터 노트북, 구글 코랩은 컴퓨터 환경에 구애받지 않아서 웹브라우저만 있다면 손쉽게 파이썬 코드를 실행할 수 있다.

1.3 주피터 노트북 사용하기

주피터 노트북(Jupyter notebook)은 파이참을 비롯한 여러 편집기와 달리 환경설정이 필요 없어 프로그래밍 초보자가 사용하기 적합하다. 주피터 노트북을 실행하기 위해서는 먼저 아나콘다(Anaconda)를 설치하여야 한다. 아나콘다는 파이썬을 기반으로 다양한 패키지를 관리하는 플랫폼(platform)이다. 아나콘다를 설치하면 자주 사용되는 패키지도 함께 설치되며, 아나콘다에서 제공하지 않는 패키지는 명령어(pip)를 통해 따로 설치하면 된다.

1.3.1 아나콘다 설치하기

1 아나콘다 홈페이지(https://www.anaconda.com/products/individual)에서 [Download]를 선택하여 설치 프로그램을 다운로드한다.

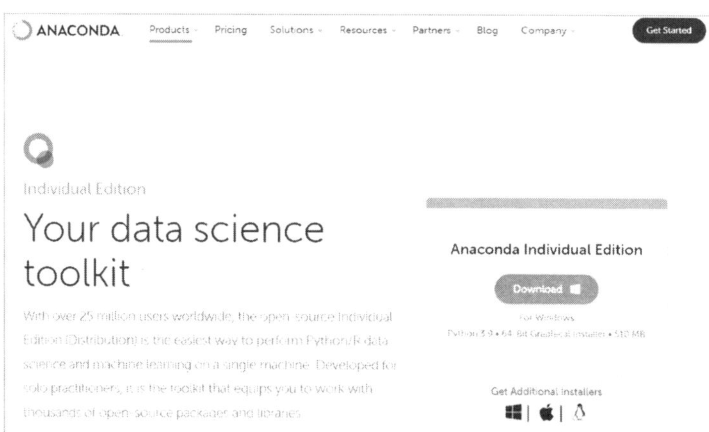

2 다운로드한 파일을 실행하여 [Next]를 선택하고, 다음 창에서 [I Agree]를 선택한다.

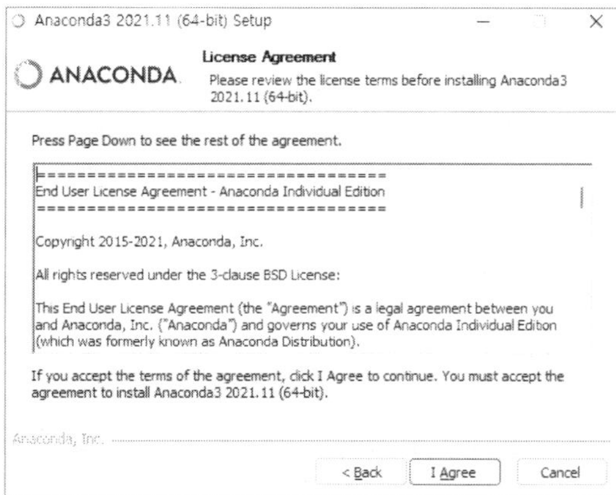

3 개인 PC에 아나콘다를 설치한다면 [Just Me], 그렇지 않으면 [All Users]를 선택한 다음, [Next]를 선택한다. 다음 화면에서는 아나콘다를 설치할 경로를 지정한다. 저자는 D 드라이브의 'anaconda3' 폴더로 지정하였다.

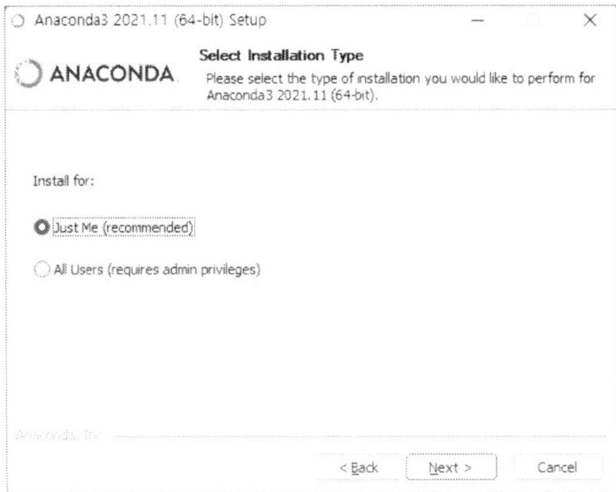

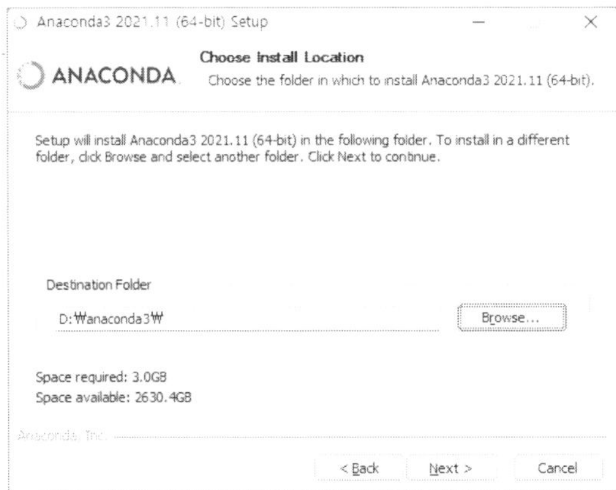

4 향후 편집기와 아나콘다를 연동하여 가상환경을 쉽게 구현하기 위해서 첫 번째 옵션의 [Add Anaconda3 to my PATH environment variable]을 선택하고 [Install]을 선택하여 설치한다.

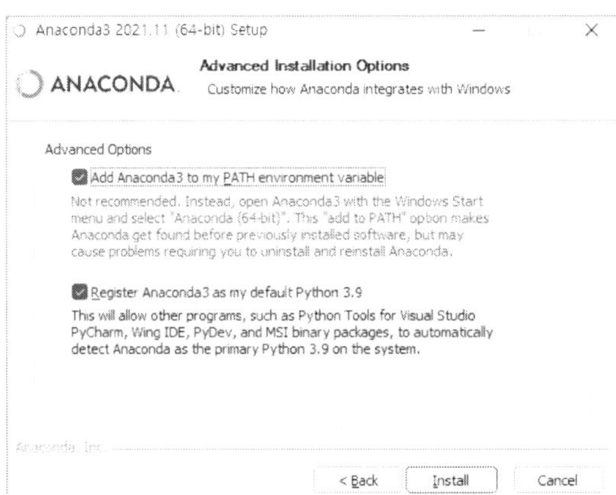

1.3.2 주피터 노트북 실행하기

아나콘다가 성공적으로 설치되었다면 먼저 [시작표시줄–Anaconda3]에서 'Jupyter Notebook'을 실행한다.

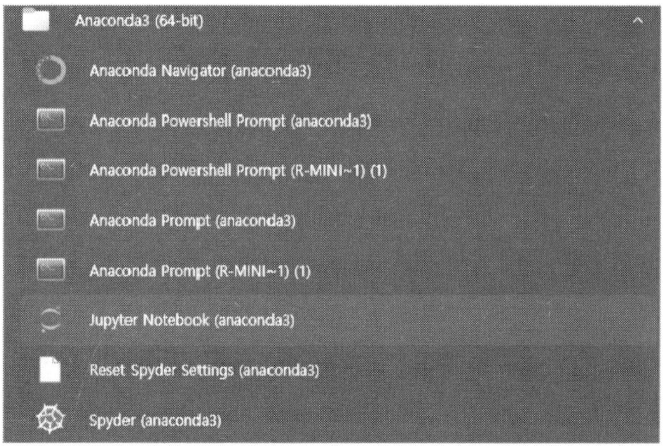

주피터 노트북을 실행하면 처음에는 파이썬처럼 명령 프롬프트 창이 나타난 후, 웹브라우저에서 주피터 노트북 창이 나타나게 된다.

주피터 노트북 실행 창

웹브라우저에서의 주피터 노트북 실행

주피터 노트북의 오른쪽 메뉴에서 [New-Folder]를 선택하여 앞으로 작성할 코드를 저장할 폴더를 생성한다. 새 폴더는 'Untitled Folder'로 나타나는데, 폴더를 선택하여 [Rename]을 통해서 폴더명을 변경할 수 있다. 저자는 이 폴더명을 'Statistics'로 변경하였다.

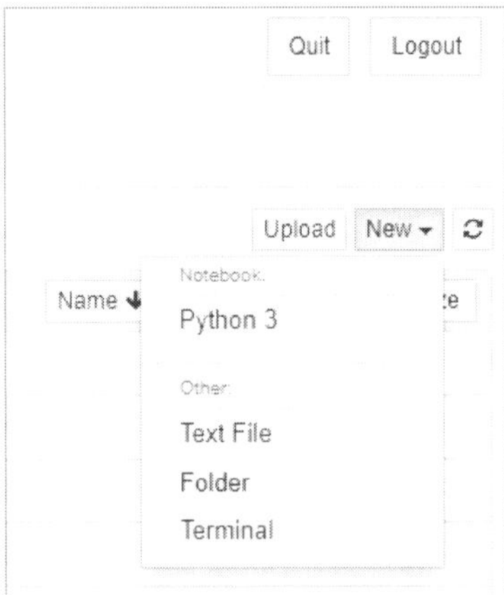

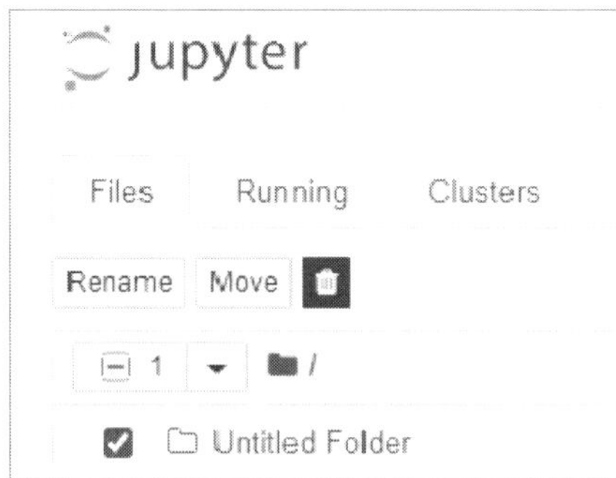

새로 생성한 폴더를 선택하고 오른쪽 메뉴의 [New-Python3]을 선택하면 코드를 작성할 수 있는 노트북이 생성되는데, 이는 다음 절에서 설명할 코랩의 노트와 같은 역할을 한다.

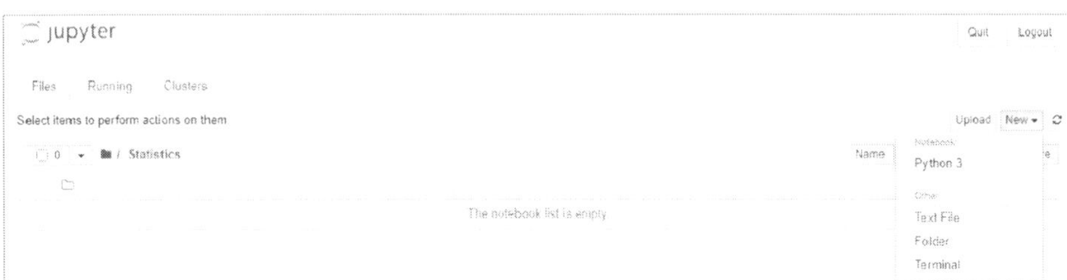

노트북의 이름은 'Untitled'로 생성되며 [File-Rename]에서 노트북 이름을 변경할 수 있다.

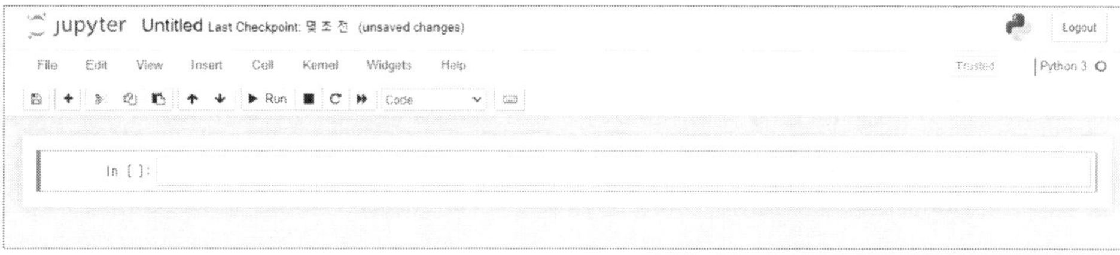

주피터 노트북과 코랩은 두 가지의 셀(cell)로 구성된다. 'In [ ]:' 옆 칸에 코드를 작성할 수 있는데 이를 '코드 셀'이라고 부른다. 코드 셀에 코드를 입력하고 'Run'을 클릭하면 코드가 실행된다. 코드 셀 추가는 셀 하나를 기준으로 둔 상태에서 메뉴의 [Insert]를 클릭하면 기준이 되는 셀의 위 혹은 아래에 새로운 셀을 추가할 수 있다.

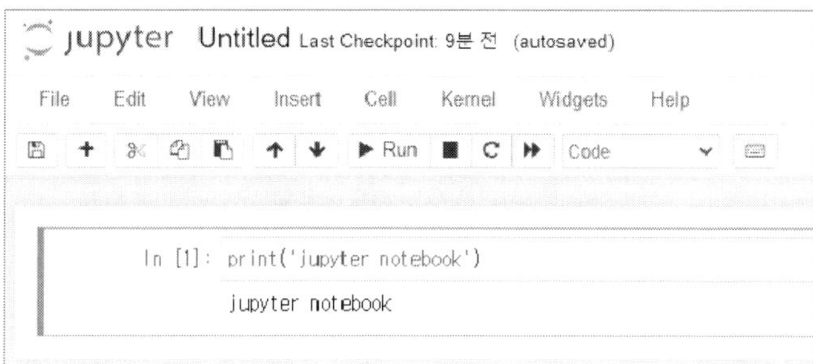

또 다른 셀은 마크다운(markdown) 셀이며 텍스트를 입력할 수 있어 문서처럼 작성 및 관리를 할 수 있다. 마크다운 셀에서 '#'의 수는 텍스트의 폰트 크기를 의미한다. 새로운 셀을 하나 생성한 후, 해당 셀을 선택하여 [Cell−Cell Type−Markdown]을 선택하면 마크다운 셀이 생성된다.

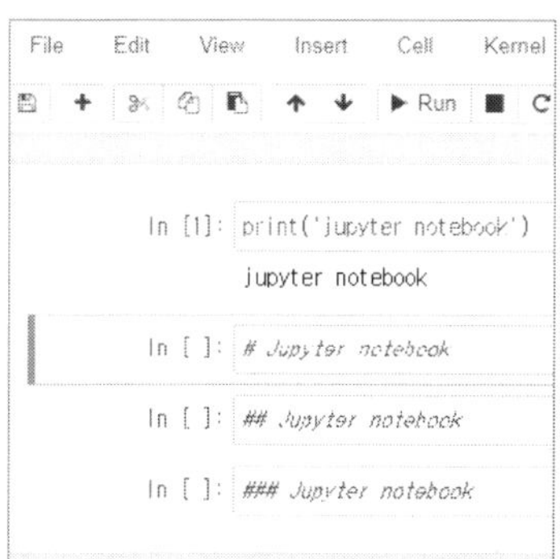

각 셀을 마크다운 셀로 지정하면 다음과 같이 출력된다. 작성한 코드는 [File-Save and Checkpoint]에서 저장한다.

[File-Open]을 선택하면 다음과 같이 처음에 만들었던 주피터 노트북 폴더가 나타난다. 여기서 저장된 노트북을 선택하면 불러올 수 있으며, 체크박스를 선택하여 노트북을 복제하거나 삭제할 수 있다.

또한 [내 PC-C 드라이브-사용자-계정명-주피터 노트북 폴더명]에서도 저장된 노트북(.jpynb)를 확인할 수 있다.

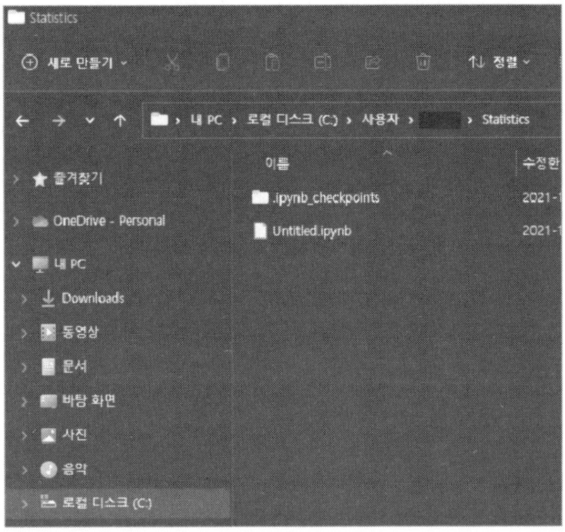

1.4 구글 코랩 사용하기

구글에서 무료로 제공하는 코랩(Colaboratory, COLAB)은 구글의 주피터 노트북이며 구글 계정이 있어야 사용할 수 있다. 구글의 가상서버를 이용하는 코랩은 데이터 저장공간과 GPU를 제공하기 때문에 단순한 통계적 분석뿐만 아니라 방대한 빅데이터를 다루기에도 쉬우며 딥러닝 등의 분야에도 활용된다. 코랩 역시 주피터 노트북을 이용하여 주피터 노트북과 유사한 구조로 되어 있다.

코랩은 'https://colab.research.google.com/'에 접속하면 사용할 수 있다. 웹페이지에 접속하면 아래와 같이 간단한 사용법을 보여준다.

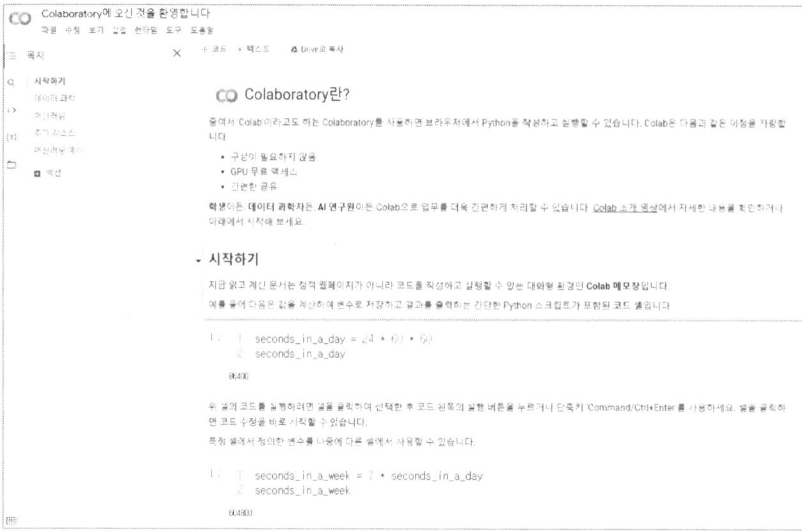

[파일-새 노트]를 이용하여 코드를 작성하고, [파일-저장]에서 코드를 저장하여 [파일-노트 열기]에서 작성한 코드를 불러올 수 있다.

그 외에는 [런타임-런타임 유형 변경]에서 GPU 사용 여부를 지정할 수 있다. 하드웨어 가속기 기본값은 'None'으로 설정되었는데 이는 CPU만 사용하겠다는 의미이며, GPU로 설정하면 GPU를 사용하여 빠르게 작업을 수행할 수 있다. TPU(tensor processing unit)는 텐서 처리 장치로 딥러닝 분야에서 자주 사용한다.

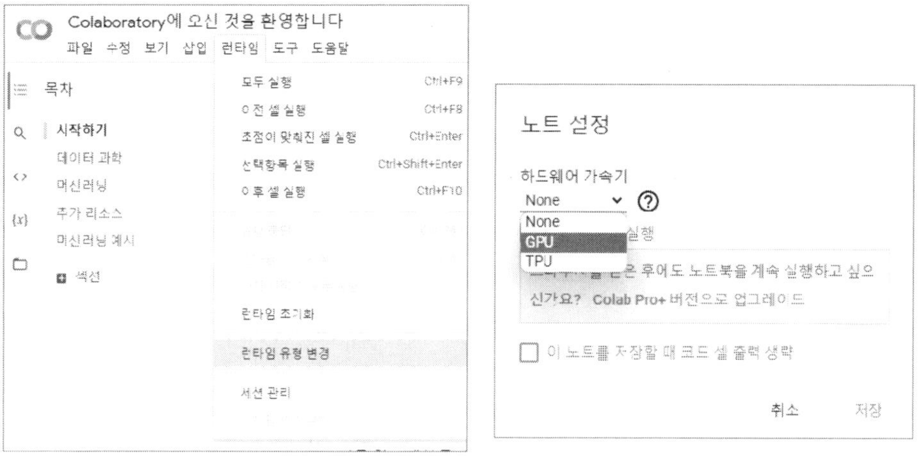

코랩은 주피터 노트북을 기반으로 하기에 마찬가지로 코드 셀과 마크다운 셀로 구성되며 주피터 노트북과 사용 방법도 비슷하다. 또한 사용자의 환경에 구애받지 않는 점이 코랩의 가장 큰 장점이지만, 최대 런타임이 12시간이기 때문에 시간이 오래 걸리는 복잡한 연산은 도중에 연결이 끊길 수도 있어 이를 예방하기 위한 조작이 필요하다.

1.5 파이썬 기본 문법

파이썬으로 코드를 작성하는 데는 데이터의 유형, 모듈과 클래스, 반복문(if, for, while) 등에 대한 이해가 필요하지만, 본 교재에서는 모듈, 데이터프레임, 분석을 위해 필요한 기본적인 함수만 간단하게 다루기로 한다.

프로그램에 입력할 코드는 'in'으로 표시하며 그에 따른 프로그램 결과는 'out'으로 표시한다.

1.5.1 모듈

단순히 숫자를 더하고 빼는 것과 같은 간단한 연산은 문제없지만, 어떤 기능을 사용하기 위해서는 모듈(module)이 필요하다. 모듈을 불러오기 위해서는 'import'라는 명령어를 사용한다. 파이썬에서는 모듈의 집합을 패키지(package)라고 부르며, 모듈을 함수 또는 클래스로 분류한 집합을 라이브러리(library)라고 한다.

본 교재에서 주로 활용하는 모듈은 numpy, pandas, matplotlib, statsmodels 등이 있다.

프로그램 코드

in ‣
```
import numpy as np
import pandas as pd
from scipy.stats import shapiro
```

모듈을 import하는 방법은 여러 가지가 있다. 위의 [프로그램 코드]를 살펴보면 첫 번째 줄은 numpy라는 모듈을 import하고, 앞으로 numpy를 np라는 별명으로 줄여서 부르겠다는 의미이다. 마찬가지로 두 번째 줄은 pandas라는 모듈을 import하고, pd로 부르겠다는 의미이다. 세 번째 줄은 scipy.stats 모듈에서 shapiro 함수만을 import한다는 의미이다. 간혹 "ModuleNotFoundError: No module named 'numpy'"와 같은 에러가 발생한다면, '파이썬 콘솔'에 '!pip install numpy'를 입력하여 모듈을 수동으로 설치하면 된다.

1.5.2 데이터프레임

파이썬으로 자료를 분석하기 위해서는 데이터프레임(dataframe) 구조를 기본적으로 사용한다. 데이터프레임은 다음과 같이 표로 된 자료 구조를 의미한다.

데이터프레임의 예

Date	Confirmed	Deaths
2021-12-14	5567	94
2021-12-15	7850	70
⋮	⋮	⋮

여기서 변수(variable)는 각 열(columns)의 첫 행(row)인 'Date', 'Confirmed', 'Deaths'가 되며 변수마다 자료값을 가지고 있다. 파이썬에서 변수명의 첫 글자는 숫자가 될 수 없으며 변수명에 마침표(.), 공백 및 특수문자를 포함할 수도 없다.

프로그램 코드 데이터프레임 구조 만들기

in ▸
```
import numpy as np
import pandas as pd

#방법1: 예제 6.6 발췌
x=np.array([2.0,2.0,2.3,2.1,2.4,2.2,1.9,2.5,2.3,2.4])
g=np.repeat(np.array(['A', 'B']), 5)
d={'g':g, 'x':x}
data1=pd.DataFrame(data=d)
data1.head(3)       #데이터 앞부분 확인
```

out ▸
```
   g   x
0  A  2.0
1  A  2.0
2  A  2.3
```

in ▸
```
#방법2: 예제7.2 발췌
data2=pd.read_csv('ex7-2.csv')
data2.head(4)       #데이터 앞부분 확인
```

out ▸
```
    X
0  23
1  23
2  24
3  27
```

첫 번째 방법은 데이터프레임 구조를 직접 만드는 것이다. 먼저 numpy와 pandas 모듈을 import한다. numpy는 각 자료값의 배열에 사용되며 pandas는 데이터프레임 구조를 만드는 데 사용된다. x와 g에는 각 자료값을 입력하고, d에는 {키(key):값(value)} 구조를 갖도록 자료명과 자료값을 정의한다. 마지막으로 pandas(pd)의 DataFrame 함수를 사용하여 d를 데이터프레임 구조로 변환해서 data1에 저장한다.

두 번째 방법은 pandas(pd)의 read_csv나 read_excel 함수를 이용하는 것이다. 본 교재에서는 예제의 데이터 파일이 모두 csv 형식이므로 read_csv를 사용한다. pd.read_ csv 함수를 사용하면 파일로 된 자료를 데이터프레임 형식으로 불러온다.

데이터 이름.head 함수는 데이터의 윗부분부터 입력한 숫자만큼의 행을 출력하며 미입력 시 초깃값(default)은 5이다. 여기서 np.array는 배열을 생성하며 한 종류의 데이터 타입만으로 구성된다. np.repeat는 특정 배열을 지정한 횟수만큼 반복하여 새로운 배열을 구성한다. 참고로 코드 내에서 '#'은 주석을 의미하며 메모와 같은 역할을 한다. 그 외에도 큰따옴표("")와 작은따옴표('')를 사용하여 주석을 작성할 수도 있다.

1.5.3 간단한 기능

이 절에서는 본 교재에서 사용하는 프로그램 코드를 이해하는 데 필요한 아주 기본적인 기능만 다루기로 한다.

프로그램 코드 출력하기

```
in ▸    a='Hello'

        a                #방법1: 변수 출력

out ▸   python

in ▸    print(a)         #방법2: print 함수로 출력

out ▸   python

in ▸    import pandas as pd
        data=pd.read_csv('ex7-2.csv')
        data.head(4)     #방법3: 데이터에서 앞부분만 출력하기

out ▸      X
        0  23
        1  23
        2  24
        3  27

in ▸    data.tail(3)     #방법4: 데이터에서 뒷부분만 출력하기

out ▸       X
        47  89
        48  93
        49  97
```

출력은 첫 번째 방법처럼 변수명(a)을 이용하여 출력할 수 있고, 두 번째 방법처럼 print 함수를 이용하는 방법이 있다. 세 번째 방법 head 함수는 데이터의 앞부분을 입력한 숫자만큼 출력하며 네 번째 방법 tail 함수는 데이터의 뒷부분을 입력한 숫자만큼 출력한다.

프로그램 코드 기술통계량 작성하기

in ▸
```
import pandas as pd
data=pd.read_csv('9.8.csv')  #9.8절 발췌
data.describe()              #데이터 전체의 기술통계량
```

out ▸
```
                  Y            X1            X2           X3
count      20.000000     20.000000     20.000000    20.000000
mean    56660.000000   9213.000000  35311.300000  1383.350000
std     22691.486927   5383.425929  15376.643806   465.739737
min     22400.000000   1500.000000   5779.000000   899.000000
25%     40800.000000   6965.000000  26351.250000  1054.000000
50%     49250.000000   8050.000000  31559.000000  1188.500000
75%     63725.000000   9625.000000  41366.250000  1744.500000
max    116500.000000  23000.000000  72827.000000  2455.000000
```

in ▸
```
data['X1'].describe()        #데이터에서 X1의 기술통계량
```

out ▸
```
count       20.000000
mean      9213.000000
std       5383.425929
min       1500.000000
25%       6965.000000
50%       8050.000000
75%       9625.000000
max      23000.000000
Name: X1, dtype: float64
```

describe 함수는 기술통계량을 출력한다. 데이터.describe는 데이터의 기술통계량을 출력하고, 데이터['변수명'].describe는 데이터의 특정 변수에 대한 기술통계량을 출력한다.

프로그램 코드 데이터 분할 및 추출하기

```
in ▸    import pandas as pd

        data=pd.read_csv('9.8.csv')
        x_1=data['X1']                                        #방법1
        x_2=data.X2                                           #방법2
        y_5m=data.loc[(data.Y>=50000),]                       #방법3
        xy=data.loc[(data.Y>=50000)&(data.X1<10000),]         #방법4
```

첫 번째 방법 data['X1']은 데이터의 X1만을 추출하며 이를 x_1에 저장한다. 두 번째 방법 data.X2도 첫 번째 방법과 마찬가지로 데이터의 X2만을 추출하여 이를 x_2에 저장한다. 세 번째는 loc 함수를 이용하는 방법이다. loc 함수는 pandas에서 지원하는 함수로 조건에 의해 열이나 행을 선택한다. data.loc[(data.Y>=50000),]는 Y 변수의 값이 50,000 이상인 데이터만 추출하여 y_5m에 저장한다. 네 번째 data.loc[(data.Y>=50000)&(data.X1<10000),]는 논리 연산자 &(and)를 활용한 조건문으로 Y 변수의 값이 50,000 이상이고, X1 변수의 값이 10,000보다 작은 데이터를 추출하여 xy에 저장한다. x_1, x_2, y_5m, xy를 출력해보면 데이터가 잘 추출된 것을 확인할 수 있을 것이다.

조건문에 활용할 수 있는 비교 연산자(comparing operator)와 논리 연산자(logical operator)는 다음과 같다.

비교 연산자와 논리 연산자

연산자	의미	연산자	의미
>	크다	!=	다르다(같지 않다)
<	작다	==	같다
>=	이상(크거나 같다)	&	그리고(and)
<=	이하(작거나 같다)	|	또는(or)

데이터를 분석할 때 원 데이터를 변환하여 새 변수를 생성하기도 하는데, 기존 변수에 덮어써서 후에 혼란이 생기지 않도록 새로운 변수로 지정할 것을 권장한다.

프로그램 코드 기존 변수를 변환하여 새로운 변수 만들기

in ▸
```
import pandas as pd

data=pd.read_csv('9.8.csv')
data['X1Y']=data.X1*data.Y                    #방법1
data.head(3)
```

out ▸

	Y	X1	X2	X3	X1Y
0	68900	5960	44967	1873	410644000
1	48500	9000	27860	928	436500000
2	55500	9500	31439	1126	527250000

in ▸
```
data.loc[data['X3']<1000, 'X4']=0             #방법2
data.loc[data['X3']>=1000, 'X4']=1
data.head(4)
```

out ▸

	Y	X1	X2	X3	X1Y	X4
0	68900	5960	44967	1873	410644000	1.0
1	48500	9000	27860	928	436500000	0.0
2	55500	9500	31439	1126	527250000	1.0
3	62000	10000	39592	1265	620000000	1.0

첫 번째 방법은 변수끼리의 연산을 통해 새 변수를 생성한다. data.X1*data.Y는 데이터의 X와 Y를 곱하며 이를 data['X1Y']에 저장한다. 그러나 원데이터에는 X1Y 변수가 없으므로 'X1Y'라는 변수를 새로 만들어 저장하는 것을 의미한다.

두 번째 방법은 조건에 의하여 새 변수를 생성한다. 앞서 설명했던 loc 함수를 이용하는데, data.loc[data['X3']<1000, 'X4']=0은 X3 변수의 값이 1,000보다 작으면 X4의 값은 0이다는 의미이다. 같은 방법으로 data.loc[data['X3']>=1000, 'X4']=1은 X3 변수의 값이 1,000 이상이면 X4의 값은 1이다는 의미이다. 물론 원 데이터에는 X4 변수가 없으므로 'X4'라는 변수가 새로 만들어져 데이터세트에 저장된다.

두 방법 모두 data.head()를 사용하여 데이터를 출력하면 새 변수가 잘 생성되었음을 확인할 수 있다.

프로그램 코드 기존 변수를 변환하여 새로운 문자형 변수 만들기

```
in ▸    data.loc[data['X4']==0, 'X5']='X3<1000'        #방법1
        data.loc[data['X4']==1, 'X5']='X3>=1000 '

        data.head(4)

out ▸       Y     X1     X2    X3       X1Y   X4        X5
        0  68900   5960  44967  1873  410644000  1.0  X3>=1000
        1  48500   9000  27860   928  436500000  0.0   X3<1000
        2  55500   9500  31439  1126  527250000  1.0  X3>=1000
        3  62000  10000  39592  1265  620000000  1.0  X3>=1000

in ▸    label={0:'X3 1000미만', 1:'X3 1000이상'}       #방법2
        data['X6']=data['X4'].map(label)

        data.head(4)

out ▸       Y     X1     X2    X3       X1Y   X4        X5           X6
        0  68900   5960  44967  1873  410644000  1.0  X3>=1000  X3 1000 이상
        1  48500   9000  27860   928  436500000  0.0   X3<1000  X3 1000 미만
        2  55500   9500  31439  1126  527250000  1.0  X3>=1000  X3 1000 이상
        3  62000  10000  39592  1265  620000000  1.0  X3>=1000  X3 1000 이상
```

첫 번째는 앞서 소개한 방법처럼 같은 방식으로 loc 함수를 이용하여 새로운 문자형 변수를 생성한다. 문자형으로 출력하기 위해서 'X3<1000', 'X3>=1000'와 같이 따옴표(')를 사용하여 문자 취급을 한다.

두 번째는 map 함수를 이용하여 각 숫자에 레이블(label)을 달아준다. label={0:'X3 1000미만', 1:'X3 1000이상'}은 값이 0이면 'X3 1000미만', 값이 1이면 'X3 1000이상'이라고 지정한다. data['X4'].map(label)은 0과 1에 대해 값을 정의한 label을 기준으로 데이터의 X4를 매핑(mapping)한다. 즉, X4의 값이 0이면 label의 정의에 따라 'X3 1000미만'이 되고, 같은 방법으로 값이 1이면 'X3 1000이상'이 된다.

두 방법을 적용한 후, data.head()를 사용하여 데이터를 출력하면 새 변수가 잘 생성됐음을 확인할 수 있다.

1.5.4 도움말

파이썬이나 R 등 여러 프로그램에서 제공하는 함수는 다양한 옵션을 지원하고 있지만, 사용자 편의에 따라서 옵션 정의를 생략하여 주어진 초깃값으로 사용하는 등 간편하게 함수를 사용할 수 있다. 그러나 사용자가 함수의 구조를 명확히 알지 못하면 그 활용 폭은 좁을 수밖에 없다. 여타 프로그램과 마찬가지로 파이썬에서도 함수의 도움말 기능을 제공한다. 파이썬 파일에서 알아보고자 하는 함수 끝에 물음표, '?'를 붙여 실행하면 파이썬 콘솔에서 해당 함수의 도움말이 출력된다.

프로그램 코드 np.repeat 도움말 출력

in ‣
```
np.repeat?
```

out ‣
```
Signature: np.repeat(a, repeats, axis=None)
Docstring:
Repeat elements of an array.
Parameters
----------
a : array_like
    Input array.
repeats : int or array of ints
    The number of repetitions for each element.  `repeats` is broadcasted
    to fit the shape of the given axis.
axis : int, optional
    The axis along which to repeat values.  By default, use the
    flattened input array, and return a flat output array.

:
생략
```

위의 프로그램 코드는 앞서 설명했던 np.repeat 함수의 도움말을 출력한 내용으로, 실제로는 함수의 활용 예시 등 더 상세한 설명을 보여주지만 생략하였다. 함수의 옵션(parameter)을 보면 np.repeat 함수를 사용하기 위해서는 array 배열의 어떤 a와 반복수인 repeats의 정의가 필수이며, axis는 배열의 반복 연산의 방향인 축(0:세로, 1:

가로)을 나타내는데 입력하지 않으면 초깃값인 None 상태로 적용된다는 것을 알 수 있다.

1.6 예제 파일 실행하기

본 교재에서는 예제에 사용되는 데이터 파일을 'csv' 형식으로 제공하며 파이썬 코드 파일(.py)를 제공하고 있다. 여기서는 파이참, 주피터 노트북, 코랩에서 데이터 파일과 코드 파일을 불러오는 방법을 설명한다.

1.6.1 파이참에서 예제 파일 실행하기

파이참은 주피터 노트북과 코랩보다 간단한다. 1.2절에서 파이참을 설치하여 실행하였을 때, 프로젝트를 지정한 경로에 데이터 파일과 파이썬 파일을 저장한다.

파이참을 실행하면 왼쪽에 데이터 파일과 파이썬 파일 목록이 나타나고, 실행하고자 하는 파일(.py)을 더블클릭하여 열면 오른쪽에 코드가 나타나며 그대로 실행하면 된다.

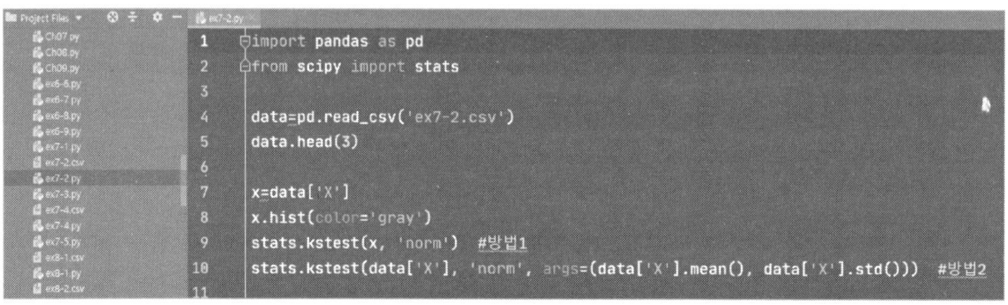

1.6.2 주피터 노트북에서 예제 파일 실행하기

데이터 파일과 코드 파일을 주피터 노트북이 있는 폴더에 저장한다. 주피터 노트북이 위치한 폴더 경로는 1.3절에서 '주피터 노트북 실행하기'의 마지막 부분을 참고한다.

제대로 된 경로로 파일을 저장하였다면 주피터 노트북을 실행하여 폴더를 열 때 다음과 같은 파일 목록이 나타나며, 예제 7.2에서 사용되는 'ex7−2.py' 파일을 열어 보면 다음과 같다.

파이참과 달리 주피터 노트북과 코랩의 코드 파일은 확장자명이 다르며 셀로 구성되기 때문에 파이썬 파일을 바로 열어서 실행하는 것은 불가능하다. 물론 '!python 파일명.py'와 'exec(open('파일명.py').read())'와 같은 명령어를 쓰면 파이썬 파일을

바로 실행할 수 있지만, 여러 출력 결과 중 마지막의 결과만 보여주는 문제가 있다. 마찬가지로 파이썬 파일 전체를 복사하여 주피터 노트북의 셀 하나에 모두 붙여넣어 실행해도 마지막 결과만을 출력해서 보여준다.

명령어를 통해 파이썬 파일을 실행할 경우

```
In [7]: !python ex7-2.py

In [8]: exec(open('ex7-2.py').read())
```

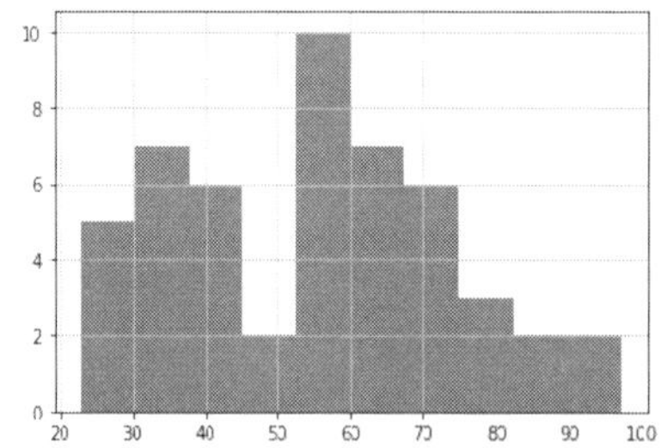

따라서 주피터 노트북에서 예제 파일을 실행할 때는 셀을 구분하여 붙여넣는 방법을 권장한다.

셀을 구분해서 코드를 붙여넣어 실행한 경우

```
In [2]: import pandas as pd
        from scipy import stats

In [3]: data=pd.read_csv('ex7-2.csv')
        data.head(3)

Out[3]:
```

	X
0	23
1	23
2	24

```
In [4]: x=data['X']
        x.hist(color='gray')
        stats.kstest(x, 'norm')  #방법1

Out[4]: KstestResult(statistic=1.0, pvalue=0.0)
```

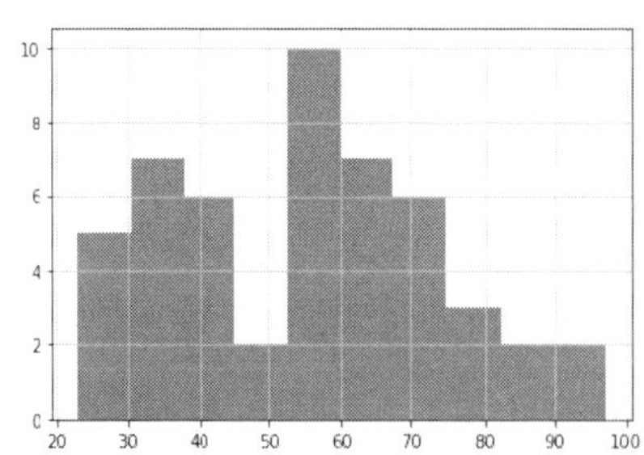


```
In [5]: stats.kstest(data['X'], 'norm', args=(data['X'].mean(), data['X'].std()))  #방법2

Out[5]: KstestResult(statistic=0.08107085426241684, pvalue=0.8711621942265746)
```

1.6.3 코랩에서 예제 파일 실행하기

코랩은 구글 드라이브를 이용하여 데이터를 저장하고 불러온다. 먼저 코랩에 접속하여 [파일-드라이브에서 찾기]를 선택한다.

오른쪽 클릭을 하여 [파일 업로드]를 선택하고, 데이터파일을 불러와 구글 드라이브에 저장한다.

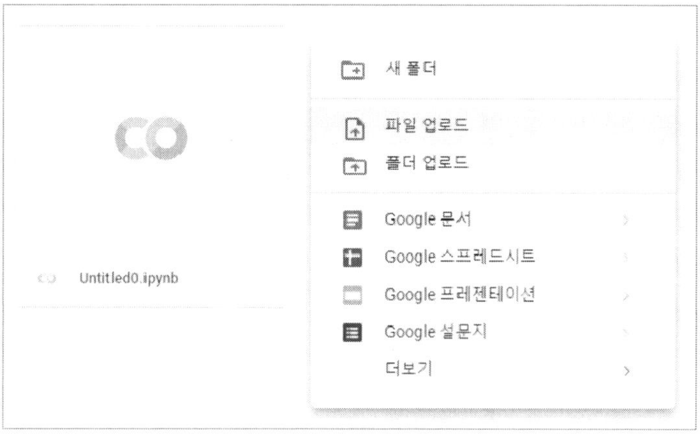

구글 드라이브와 코랩을 연동하기 위해서 노트로 돌아와 셀을 추가하여 다음과 같이 입력한다.

프로그램 코드 구글 드라이브와 코랩 연동하기

in ▸
```
from google.colab import drive
drive.mount('/content/drive')
```

오류 없이 다음과 같이 나타난다면 구글 드라이브와 코랩이 성공적으로 연동된 것이다.

왼쪽의 폴더 아이콘을 선택하고, 데이터를 찾아 [경로 복사]를 선택한다.

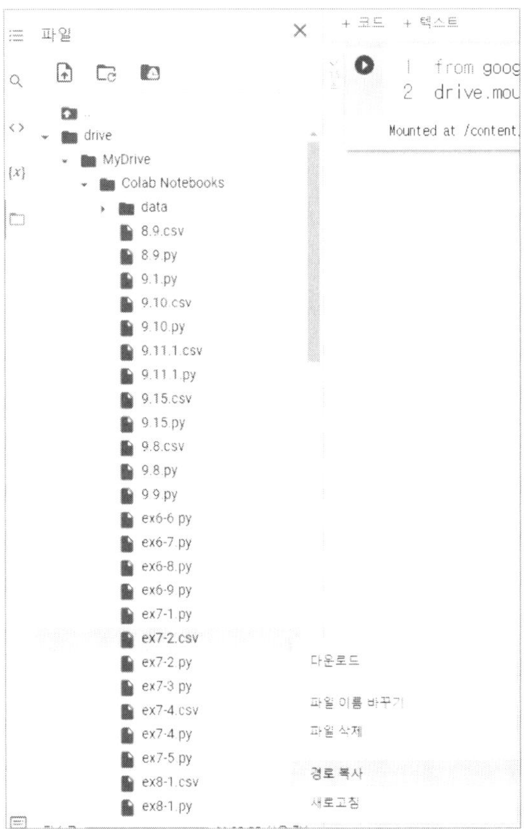

'파일명'을 '경로 복사'로 수정하며 코랩도 주피터 노트북처럼 셀을 구분해서 파이썬 파일 코드를 붙여넣어 실행한다.

```
[5]  import pandas as pd
     from scipy import stats

[6]  #'ex7-2.csv'를 '복사한경로'로 교체
     data=pd.read_csv('/content/drive/MyDrive/Colab Notebooks/ex7-2.csv')
     data.head(3)

        X
     0  23
     1  23
     2  24
```

```
[9]  x=data['X']
     x.hist(color='gray')
     stats.kstest(x, 'norm')  #방법1

KstestResult(statistic=1.0, pvalue=0.0)
```

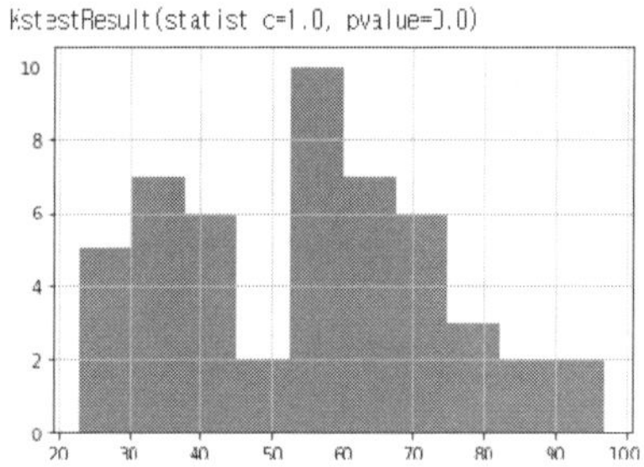

```
[8]  stats.kstest(data['X'], 'norm', args=(data['X'].mean(), data['X'].std()))  #방법2

KstestResult(statistic=0.08107385425241684, pvalue=0.8975308693497126)
```

주피터 노트북이나 코랩에서 실행할 경우를 고려하여 파이썬 예제 코드 파일은 셀의 구분을 줄바꿈(Enter)으로 표현하였으니, 셀을 잘 구분하여 코드를 실행하길 바란다.

프로그램 코드 예제 7.2 코드 셀 구분하기

```
in ▸   셀1 import pandas as pd
           from scipy import stats

       셀2 data=pd.read_csv('ex7-2.csv')
           #코랩에서는 '파일명'을 '경로 복사'로 교체
           data.head(3)
```

셀3 x=data['X']
```
x.hist(color='gray')
stats.kstest(x, 'norm')         #방법1
```

셀4 stats.kstest(data['X'], 'norm', args=(data['X'].mean(),
```
data['X'].std()))               #방법2
```

2장

자료의 특징 파악하기

우리의 주변에는 다양한 자료가 있다. 우리는 단순히 숫자로 된 자료의 표면적 이해뿐만 아니라 자료에 담긴 의미를 해석하기 위해 자료를 수집하고 분석한다. 2장에서는 수집된 자료의 특징을 파악하기 위해 사용되는 대푯값과 퍼짐의 정도, 즉 자료를 하나의 값으로 나타내려면 어떻게 해야 하는가와 자료가 얼마나 좁게 혹은 넓게 퍼져있는지를 나타내는 수단을 중심으로 설명하고자 한다.

2.1 모집단과 표본

우리가 조사하고자 하는 전체 대상에 대한 자료 집단을 **모집단**(population)이라 하고, 모집단의 일부이면서 실제로 우리가 얻는 자료를 **표본**(sample)이라고 부른다.

예를 들어 ××표 형광등의 수명 시간을 조사한다고 할 때, 모든 ××표 형광등의 수명 시간이 모집단이 될 것이고, 실제로 측정된 100개의 수명 시간 값이 표본이 되는 것이다. 또 다른 예로, 소비자가 특정 제품(브랜드)을 구매하는 이유를 알고 싶다고 하자. 이 경우에는 제품을 구매하는 모든 사람이 모집단이 될 것이다. 그러나 누가 그 제품을 구매하는지는 모르기 때문에 모집단의 구성원들이 누구인지 알 수가 없다. 다만 불특정의 사람에게 물어보아 구매 의사가 있다면 그 사람에게 구매이유를 물어보아야 할 것이다. 이 경우에 모집단은 그 제품의 구매 의사가 있는 사람들 집단으로 추상적으로 정의될 뿐이다. 이제 1,000명에 대한 구매이유를 얻고자 한다면 성별, 연령, 소득 등의 할당(quota)에 따라 구매 의사가 있는 사람을 대상으로 1,000개의 구매이유 자료를 얻게 된다. 이렇게 얻어진 1,000개의 구매이유 자료가 바로 표본이다. 또한 어느 개인이 집에서 직장까지 출근 시간이 얼마나 걸리는가에 대해 관심이 있다면 모집단은 수없이 많은 값으로 구성될 것이다. 이때 일정 기간 50회를 측정하였다면 그 값이 표본이 된다.

즉, 모집단이란 조사하고자 하는 대상 전체 또는 대상들이 갖는 값 전체를 일컫는 말이다. 따라서 모집단 전체에 대한 자료를 수집한다는 것은 시간적·경제적 측면에서 불가능하다. 우리는 모집단을 구성하고 있는 개체들이 갖는 값을 모르며 모집단의 일부에 해당하는 값을 얻게 되는데, 이를 표본이라고 부르는 것이다. 일반적으로

표본값을

$$\{x_1, x_2, \cdots, x_n\}$$

으로 표현한다. 이 값들은 실제로 측정(관찰)된 값들로서 소문자로 표현한다. 컴퓨터에 이 값을 입력하여 통계처리를 통해 우리가 알아내고자 하는 결과물을 얻게 된다. 일반적으로 모집단은 조사대상이 되는 자료 전체를 말하므로 무한히 크다고 생각할 수 있고, 모집단 전체에 대한 자료는 현실적으로 얻어질 수 없으므로 표본값만을 얻게 된다고도 설명할 수 있다. 그러므로 모집단에 이론적으로 접근하여 모집단과 우리가 실제로 얻는 표본 간의 관계를 이해하는 것이 중요하다.

조사대상인 모집단에 대하여 조사하려는 자료를 **변수**라고 부르는데 이를 X라 하자. 여기서 X라는 변수는 어떤 값을 가질지 모른다. 다만 어떤 자료인가에 따라 변수 X가 취할 값들의 범위를 알 수 있을 뿐이다. 그러므로 모집단을 변수 X로 표현하는 것이다. 그리고 변수 X를 통계학에서는 특별히 확률변수라고 부르는데, 이번 장에서 자세하게 설명하고자 한다.

예를 들어, 대입 수험생들이 50만 명이고 이들의 대학수학능력시험 점수를 모집단이라고 하자. 그러면 수능시험의 만점이 500점일 때, 각자의 점수는 0과 500 사이의 어떤 값일 것이고, 수험생 각자의 점수 50만 개로 모집단이 구성될 것이다. 이때 수험생의 수능 점수를 X라고 정의하면 X의 값이 50만 개 존재한다는 것이고, X는 $0 \le X \le 500$ 범위에 있다는 것이다. 다시 말하면 모집단은 50만 개의 수능시험 점수로 구성되어 있고, 이를 변수 X로 표현할 수 있으며, 50만 명 중에서 1,000명을 대상으로 점수를 얻었을 때, 즉

$$\{x_1, x_2, \cdots, x_{1000}\}$$

을 표본이라고 부르는 것이다.

2.2 대푯값

앞서 언급한 대로 우리가 분석하기 위해 얻은 자료들은 모두 표본값이라고 할 수 있다.

즉, 그림 2.1과 같이 우리는 모집단으로부터 얻어진 n개의 관찰값, $\{x_1, x_2, \cdots, x_n\}$로 모집단에 대해 알아내고 싶은 것을 끌어내야만 하는데, 무엇을 알고자 하는가의 목적에 따라 어떤 방법(분석기법)으로 그 목적을 달성할 수 있는가를 통계학에서 배워야 할 것이다.

먼저 여기서는 표본으로 얻어진 $\{x_1, x_2, \cdots, x_n\}$에 대해 이들 n개의 값을 대표하는 하나의 값을 얻고 싶을 때, 어떤 방법들이 있는가를 알아보기로 하자. 대푯값을 얻는 방법으로는 대체로 다음과 같은 세 가지 방법이 있다.

2.2.1 평균

평균(mean, average)이라는 것은 누구나 아는 개념으로 표본값 n개를 합하여 합한 개수(n)로 나눈 것을 말한다. 즉,

$$\bar{x} = \frac{x_1 + x_2 + \cdots + x_n}{n} = \frac{\sum x_i}{n} \tag{2.1}$$

이다.

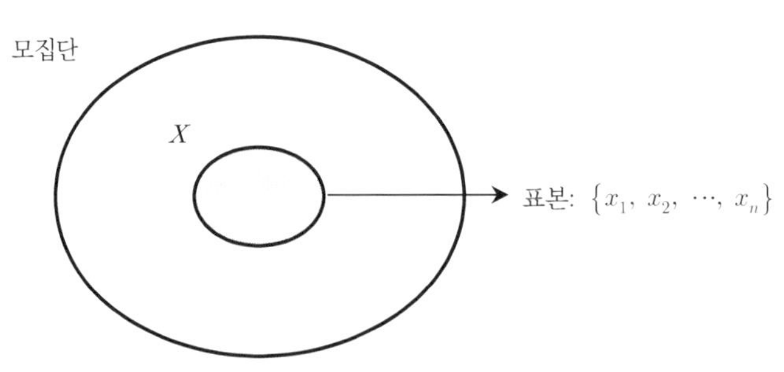

그림 2.1 모집단과 표본

일상생활에서 어떤 자료를 한마디로 간단히 표현할 때 "평균 얼마이다"라고 이야기한다. 예를 들면, 월 평균 수입이 얼마라고 하면 그 사람의 월 수입액이 어느 정도인가를 나타내 주는 대푯값이 될 수 있는 것이다.

그러나 어떤 경우에는 단순한 평균값을 대푯값으로 사용하기에 적절치 않은 경우가 있다. 예를 들면, 신학기 대학등록금 평균 인상률이 얼마인가를 알아볼 경우 각 대학의 인상률을 단순히 평균 낸 값으로는 등록금 인상률을 대표한다고 보기 어렵다. 이 경우에는 학교의 규모(학생 수)에 가중치(weight)를 고려하여 평균을 얻어야 한다. 이러한 방법을 **가중평균**(weighted mean)이라고 부르며, 이를 구하는 식은 다음과 같다.

$$\bar{x}_w = \frac{\sum w_i x_i}{\sum w_i} \tag{2.2}$$

여기서 w_i는 가중치들이다. 즉, 가중평균이란 각각의 값(x_i)이 갖는 가중치(w_i)를 각각의 값에 곱하여 합한 후 가중치의 합으로 나누면 얻어진다(단순평균인 식 2.1은 가중치 w_i가 모두 1인 경우가 될 것이다).

가중평균을 사용하여야 하는 대표적인 예는 소비자 물가지수 산출이다. 우리나라에서는 모든 거래 품목 중에서 481개의 품목을 대상으로 매년 물가지수를 산출하는데, 물가지수는 현재의 물가가 기준연도 대비 몇 퍼센트(%) 상승하였는가를 나타내 주는 지표(대푯값)이다. 여기서는 간단히 네 가지 품목에 대한 물가지수를 계산하여 보자.

물가지수 산출 예

품목	기준연도 가격	기준연도 거래량	현재 가격	품목지수	가중치
쌀	1,000 / kg	10 kg	1,000 / kg	100	10,000
사과	100 / 개	5개	200 / 개	200	500
기름	200 / l	5 l	600 / l	300	1,000
시멘트	500 / 포	7포	1,000 / 포	200	3,500

표로부터 기준연도 대비 현재의 물가는 얼마나 되는가를 얻는 것이 물가지수를 얻는 목적이다. 그러므로 먼저 각 품목의 지수를 구하면, 쌀은 가격이 오르지 않았으므로 품목지수는 100, 사과는 가격이 두 배가 되어 품목지수는 200이 된다. 품목별 지수 ($\{100, 200, 300, 200\}$)의 단순평균을 구하면 $\bar{x} = 200$ 이므로 물가가 두 배가 되었다는 것을 의미한다. 그러나 품목별 지수의 단순평균은 현재의 물가를 나타내는 대푯값으로서 의미가 없는 것이고 품목별 지수를 가중평균하여야만 한다.

그러면 이 경우, 어떻게 가중치를 얻을 것인가? 물가지수를 구하는 상황에서 가중치는 각 품목이 시장에서 차지하는 비중이 얼마나 되는가에 따라 결정하여야 하므로 가중치는 품목별 거래액(기준연도 거래량 × 가격)으로 정해야 한다. 그러므로 가중평균은

$$
\begin{aligned}
\bar{x}_w &= \frac{(10{,}000) \times 100 + (500) \times 200 + (1{,}000) \times 300 + (3{,}500) \times 200}{(10{,}000 + 500 + 1{,}000 + 3{,}500)} \\
&= \frac{2{,}100{,}000}{15{,}000} = 140
\end{aligned}
$$

이다. 즉, 물가수준이 기준연도 대비 1.4배되었다(40% 올랐다)고 말할 수 있다.

2.2.2 중위수

중위수(median)란 가장 가운데 위치한 값을 말한다. 즉, 자료를 작은 것부터 순서대로 배열하여 가장 가운데 위치한 값을 중위수라고 한다. 예를 들어, {6, 3, 5, 11, 9, 7}에 대한 중위수를 구하려면 이 값을 크기 순서대로 다시 나열한 {3, 5, 6, 7, 9, 11}에서 가장 가운데 위치한 값인 6.5가 중위수이다. 따라서 가장 가운데 위치한 값(중위수)을 기준으로 할 때 중위수보다 작은 자료의 수는 전체의 50%가 된다.

중위수의 장점은 극단값의 영향을 받지 않는다는 것이다. 왜냐하면 중위수를 구하는 데는 모든 자료의 크기가 반영되는 게 아니기 때문이다. 예를 들어, {5, 10, 10, 10, 15, 70}에 대한 대푯값으로서 중위수는 10인데 평균($\bar{x}$)은 20이다. 이들 6개의 값을 대표하는 적절한 값은 10이라고 하는 것이 바람직할 것이다. 그러나 중위수는 사용하기에 이론적으로 한계가 있어서 대푯값을 구하는 용도 이외에 별다른 용도가 없다고 해도 무방하다.

여기서 중위수를 구체적으로 설명하기 위해 **백분위수**(percentile)를 생각하여 보자. 백분위수는 자료값을 작은 것부터 크기 순서대로 놓았을 때 몇 %에 해당하는 자료의 값을 말한다. 즉, 어떤 자료의 가장 작은 값으로부터 10%에 해당하는 값은 얼마인가를 10% 백분위수라고 하며 P_{10}로 표현한다. 앞에서 설명한 중위수는 P_{50}으로 표현할 수 있다.

백분위수는 자료를 정리하는 데 필요한 값이다. 얻어진 자료를 몇 개의 덩어리로 나누어 생각하면 예를 들어, 어떤 자료를 작은 값 20%, 큰 값 20%, 가운데 값이 60%가 되도록 세 집단으로 나누어 보고자 할 때, P_{20}, P_{80}을 구하면 P_{20}, P_{80}은 그 자료를 세 집단으로 나눌 수 있는 기준값이 되는 것이다.

2.2.3 최빈수

최빈수(mode)는 가장 빈번히 얻어지는 값으로 대푯값을 정하는 방법이다. 물론 양적 자료(수량화된 자료)에 대해서도 최빈수를 구할 수 있지만, 주로 질적 자료(크기, 색, 직업 등)에 대한 대푯값을 얻는 데 바람직한 방법이다. 예를 들어, 승용차의 색상 중에서 대푯값은 최빈수(가장 흔한 색)로 얻어져야만 할 것이다.

이처럼 어떤 자료가 있을 때 이 자료를 대표하는 하나의 값을 구하는 방법으로 평균, 중위수, 최빈수가 있다. 자료에 따라 적절한 방법으로 대푯값을 구하여 사용하면 되지만 가장 중요한 대푯값은 역시 평균이다. 그 이유는 이후에 천천히 설명할 예정이다.

2.3 퍼짐의 정도

표본값을 하나의 값으로 대표하는 대푯값을 얻었다면 다음으로 관심이 있는 것은 자료가 얼마나 퍼져서 분포하고 있는가이다. 자료가 퍼져있는 정도를 나타내는 기본적인 척도로는 다음의 세 가지가 있다.

2.3.1 범위

범위(range)란 자료가 퍼져있는 구간의 크기를 말한다. 학생의 시험 성적이 15점에서 90점 사이에 분포되어 있다면, 90 − 15 = 75점의 범위에 자료가 퍼져있다고 표현할 것이다. 그러므로 범위(R)는 다음과 같이 정의된다.

$$R = \text{최댓값} - \text{최솟값} \tag{2.3}$$

2.3.2 사분위편차

사분위편차(quartile deviation)를 정의하기에 앞서 **사분위수**(quartile)를 정의하여 보자. 사분위수란 자료를 네 등분 하였을 때의 경곗값으로, 제1사분위수(first quartile), 제2사분위수(second quartile), 제3사분위수(third quartile)가 있다.

Q_1 = 제1사분위수

= 자료를 작은 것부터 크기 순서대로 나열하여 25%에 위치한 값

Q_2 = 제2사분위수

= 자료를 작은 것부터 크기 순서대로 나열하여 50%에 위치한 값

Q_3 = 제3사분위수

= 자료를 작은 것부터 크기 순서대로 나열하여 75%에 위치한 값

이때 **사분위편차**란

$$Q.D. = \frac{(Q_3 - Q_1)}{2} \tag{2.4}$$

로 정의되는데 작은 값 25%, 큰 값 25%를 제외한 가운데 쪽 50% 자료의 범위 $(Q_3 - Q_1)$를 2로 나눈 값이다. 즉, 사분위편차란 자료가 얼마나 중간 부분에 집중되어 있는가를 나타내 주는 퍼짐의 정도라고 할 수 있다. 위에서 정의한 Q_1, Q_2, Q_3은 각각 P_{25}, P_{50}, P_{75} 임은 물론이다.

2.3.3 분산 또는 표준편차

분산(variance) 또는 표준편차(standard deviation)는 퍼짐의 정도를 나타내는 데 가장 중요한 척도이다. **분산**은 각 표본값에서 표본평균을 뺀 값을 제곱하여 평균한 것인데 n으로 나누지 않고 $(n-1)$로 나눈다. 즉,

$$s^2 = \frac{(x_1-\overline{x})^2+\cdots+(x_n-\overline{x})^2}{(n-1)} = \frac{\sum(x_i-\overline{x})^2}{(n-1)} \tag{2.5}$$

의 계산식으로 분산이 얻어지며 표준편차란 분산의 제곱근을 의미한다. 즉,

$$s = \sqrt{\frac{\sum(x_i-\overline{x})^2}{n-1}} \tag{2.6}$$

이다. 여기서 각 표본값에서 표본평균을 뺀 것, $(x_i-\overline{x})$을 **편차**(deviation)라고 부른다. 그리고 편차의 평균은 항상 0이 된다.

$$\frac{\sum(x_i-\overline{x})}{n} = \frac{\sum x_i - \sum \overline{x}}{n} = \frac{\sum x_i - n\overline{x}}{n} = 0$$

그러므로 분산이란 편차를 제곱하여 평균한 결과로 퍼짐의 정도를 나타내고자 하는 것이다. 그러나 분산의 단위는 x 측정 단위의 제곱으로 나타나므로 x 측정 단위와 같게 하여야만 크기나 길이로 표시될 수 있다. 따라서 분산의 제곱근을 **표준편차**라고 정의하여 x의 측정 단위와 같은 단위의 퍼짐의 정도를 얻게 되는 것이다. 다시 말하면 분산이나 표준편차 모두 퍼짐의 정도를 나타내는 척도인데 그 단위가 다르다고 할 수 있다. 이를테면 표준편차가 30원이면 분산은 900(원^2)이다. 그러면 표준편차와 분산은 그 용도에 있어 어떤 차이점이 있는가? 표준편차는 x의 측정 단위와 같은 단위를 가지므로 거리(크기)를 나타낼 수 있는 반면에 제곱근으로 표현되므로 통계이론의 전개에서 문제가 있고, 분산은 통계이론을 전개해 가는 데 유리하지만, 그 단위가 추상적이라는 문제를 갖고 있으므로 표준편차와 분산은 서로 보완적으로 사용되는 것이다.

또한 식 2.5에서 분모의 $(n-1)$을 표본분산을 구할 때의 자유도(degree of freedom)라 부르는데, **자유도**($d.f.$)란

$$d.f. = \text{독립적인 것의 수} \tag{2.7}$$

로 정의된다. 이제 식 2.5에서 자유도가 $(n-1)$이라는 것을 설명하기로 하자. 먼저 표본값 $\{x_1, x_2, \cdots, x_n\}$은 서로 독립이다. 그러나

$$\left\{(x_1-\bar{x}), (x_2-\bar{x}), \cdots, (x_n-\bar{x})\right\}$$

중에서는 $(n-1)$개만 독립적으로 정해질 뿐이다. 왜냐하면 처음 $(n-1)$개의 $(x_1-\bar{x}), (x_2-\bar{x}), \cdots, (x_n-\bar{x})$가 독립적으로 정해지면 마지막 $(x_n-\bar{x})$의 값은 자동으로 정해지는데, $\bar{x}$의 값이 이미 알려진 값이므로 x_n의 값이 자동으로 계산되기 때문이다.

간단한 예를 들면 표본크기가 3인 경우, $\{x_1, x_2, x_3\}$에서 독립적인 것의 수는 3개이지만 처음 2개의 $(x_1-\bar{x}), (x_2-\bar{x})$가 각각 $(3-5)$, $(8-5)$로 독립적으로 정해진다면 나머지 $(x_3-\bar{x})$가 $(4-5)$로 구해진다는 것이다. 이 경우, 어떤 값을 정해도 마찬가지이다. 즉, $\left\{(x_1-\bar{x}),\ (x_2-\bar{x}),\ (x_3-\bar{x})\right\}$ 중에서 $(x_1-\bar{x}) = 100-400$, $(x_3-\bar{x}) = 700-400$으로 두 개가 정해지면 나머지는 $(x_2-\bar{x}) = 400-400$으로 자동으로 얻어진다. 다시 말하면 $\left\{(x_1-\bar{x}),\ (x_2-\bar{x}),\ (x_3-\bar{x})\right\}$중에서 독립적인 것의 수는 $(3-1) = 2$이다.

특히 여기서 유념해야 할 것은 자유도가 항상 분산에서처럼 $(n-1)$인 것은 아니라는 점이다. 앞에서 정의한 대로 자유도는 독립적인 것의 수이므로 때에 따라 자유도가 $(n-1)$이 아닌 다른 값으로 얻어질 수도 있다. 자유도가 여러 값을 가질 수 있다는 것은 차차 더욱 자세히 알게 될 것이다.

마지막으로 표준편차와는 계산 방법이 다르지만 비슷한 개념으로 **절대평균편차**(absolute mean deviation)라는 것이 있다. 앞에서 설명한 대로 편차의 합은 항상 0이므로 편차 $(x_i-\bar{x})$의 평균도 0이다. 그러나 편차의 절댓값을 고려하여 보면,

$$| x_i - \bar{x} | = \text{각 값에서 평균까지의 거리}$$

가 되어 이것의 평균은 표본값이 평균($\bar{x}$)까지 떨어져 있는 거리의 평균이 되고 퍼짐의 정도를 나타내는 값으로 의미가 있다. 그러나 $| x_i - \bar{x} |$ 의 평균으로 정의되는 절대평균편차,

$$\text{절대평균편차} = \frac{\sum | x_i - \bar{x} |}{n} \tag{2.8}$$

는 통계학의 다른 부분에서는 거의 사용되지 않는다. 그 이유는 절댓값을 n개 더해서 얻어지므로 그 통계적 특성이 없기 때문이다. 즉, 절대평균편차의 분포나 평균, 표준편차 등 통계적으로 필요한 것을 알 수 없다. 따라서 식 2.8은 절댓값을 n개 더한 것으로 나타나기 때문에 이를 이론적으로 다루기가 어렵다.

2.4 왜도와 첨도

왜도(skewness)란 자료의 분포가 대칭인지 아닌지를 측정해 주는 값으로 다음과 같이 정의된다.

$$\text{왜도} = \frac{\sum (x_i - \bar{x})^3 / n}{\left[\sum (x_i - \bar{x})^2 / (n-1) \right]^{3/2}} \tag{2.9}$$

자료가 중심으로부터 좌우 대칭일 경우에는 왜도의 값이 0이고, 오른쪽으로 왜곡된(skewed to the right) 경우에는 양(+)의 값, 그리고 왼쪽으로 왜곡된(skewed to the left) 경우는 음(−)의 값을 갖는다(그림 2.2 참조). 우리나라 사람들은 왜도가 +의 값을 갖는 경우, 왼쪽으로 치우쳐져 있다(또는 찌그러져 있다)고 표현하게 되는 점에 유의하여 둘 필요가 있다. 또한 식 2.9에서 보는 바와 같이 왜도를 구하려면 편차 $(x_i - \bar{x})$의 세제곱의 합이 필요하다.

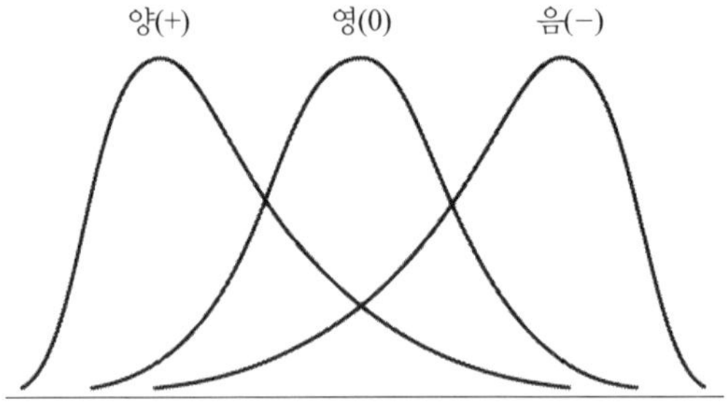

그림 2.2 왜도

첨도(kurtosis)란 자료의 분포가 어느 정도 뾰족한지를 나타내는 척도로 다음과 같이 정의된다.

$$\text{첨도} = \frac{\sum(x_i - \overline{x})^4/n}{\left[\sum(x_i - \overline{x})^2/(n-1)\right]^2} - 3 \qquad (2.10)$$

그림 2.3과 같이 자료의 분포가 정규분포보다 뾰족할 때는 첨도의 값이 양(+)의 값으로 나타나고, 그렇지 않으면 음(−)의 값으로 나타난다. 여기서 정규분포란 뒤에서 설명하겠지만 통계학에서 매우 중요한 분포이고, 실제로 많은 자료가 정규분포의 형태를 따르기 때문에, 첨도도 정규분포를 기준으로 뾰족한지 아닌지를 판단하게 되는 것이다. 식 2.10에서 보는 바와 같이 첨도를 계산하기 위해서는 편차 네제곱의 합이 필요하다.

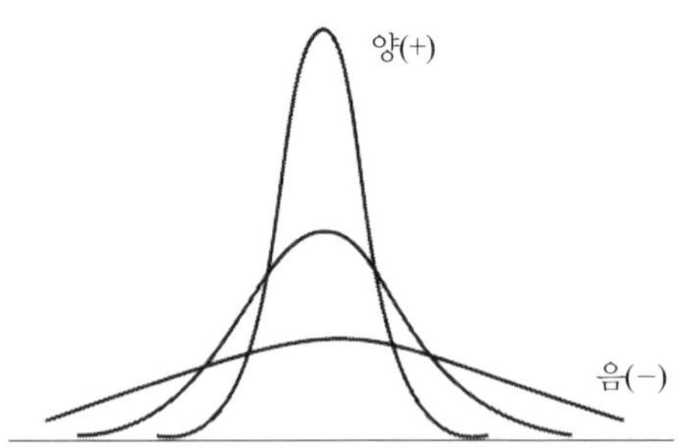

그림 2.3 첨도

예제 2.1

다음은 어느 지점의 고객 60명의 지난 1년간의 은행 출입 횟수이다. 이 자료에 대한 기술통계량(descriptive statistic)을 구하라.

120	116	94	120	112	112	106	102	118	112	116	98	116	114	120
124	112	122	110	84	106	122	124	112	118	128	108	120	110	106
106	102	140	102	122	112	110	130	112	114	108	110	116	117	118
108	102	110	104	112	112	122	116	110	112	118	98	104	120	166

프로그램 코드

```
in ▸    import pandas as pd
        data=pd.read_csv('ex2-1.csv')

        data.number.describe()
```

pandas 모듈을 import하고, ex2-1.csv 예제 파일을 불러와서 data로 저장한다. data.number.describe()는 데이터(data)의 변수 number에 대한 기술통계량을 출력한다.

프로그램 출력 결과

```
out ▸   count     60.000000
        mean     113.583333
        std       11.378379
        min       84.000000
        25%      108.000000
        50%      112.000000
        75%      118.500000
        max      166.000000
        Name: number, dtype: float64
```

[프로그램 출력 결과]를 살펴보면 평균은 113.5833, 표준편차는 11.3784, 중위수는 112, $Q_1 = 108$, $Q_3 = 119$임을 알 수 있다.

2.5 도수분포표

어떤 자료를 갖고 있을 때, 그 자료는 단순한 숫자의 나열이다. 더욱이 자료의 수가 많을수록 그 자료의 특징을 알아볼 수가 없다. 그러므로 자료의 수가 많을수록 그 자료를 정리할 필요가 있는데, 이때 가장 기본적인 방법이 **도수분포표**를 작성하는 것이다. 예를 들어 표 2.1과 같이 82개의 인터넷 이용 송금 자료가 있다고 하자.

표 2.1 82개의 원자료

22	22	20	27	30	23	29	21	26	21
23	25	29	18	22	31	30	28	16	28
33	25	23	31	23	18	24	26	25	17
22	25	28	19	24	20	23	26	21	31
25	28	19	24	20	27	21	25	28	24
23	25	30	27	23	26	22	24	17	33
26	24	19	18	33	25	28	31	29	27
28	24	26	24	22	26	24	18	21	29
22	31								

이 자료를 처리하기 위하여 가장 작은 값(16)으로부터 가장 큰 값(33)까지 도수(frequency)를 세어 보면 다음과 같다.

값	도수	값	도수	값	도수
16	1	22	7	28	6
17	2	23	7	29	5
18	4	24	9	30	3
19	3	25	8	31	5
20	3	26	7	32	0
21	5	27	4	33	3

그러나 이 표만으로도 원자료가 잘 정리되어 있다고 할 수는 없고, 이 표를 토대

로 표 2.2의 도수분포표를 얻을 수 있다.

도수분포표는 적당한 수의 계급, 계급의 폭 등을 고려하여 작성되는데, 프로그램을 사용하여 쉽게 얻을 수 있으므로 여기서는 도수분포표 작성 요령에 대한 설명은 생략한다.

또한 도수분포표를 토대로 그래프를 얻을 수 있다. 표 2.2에 대하여 얻어진 **히스토그램**(histogram)과 **도수다각형**(frequency polygon)은 각각 그림 2.4, 그림 2.5와 같다.

표 2.2 도수분포표

계급(class)	도수(frequency)	누적도수(cumulative frequency)
15.5 ~ 18.5	7	7
18.5 ~ 21.5	11	18
21.5 ~ 24.5	23	41
24.5 ~ 27.5	19	60
27.5 ~ 30.5	14	74
30.5 ~ 33.5	8	82

프로그램 코드

in ▸
```
import pandas as pd
import numpy as np
data=pd.read_csv('2.5.csv')
data.head(3)
```

out ▸
```
   value
0     22
1     22
2     20
```

in ▸
```
data.value.describe()      #기술통계량
```

out ▸
```
count    82.000000
mean     24.646341
std       4.089650
min      16.000000
25%      22.000000
50%      24.500000
```

```
         75%      28.000000
         max      33.000000
in ▸     #도수와 계급 계산
         freq,bins=np.histogram(data, bins=6, range=(15.5,33.5))
         bins        #계급 출력
out ▸    array([15.5, 18.5, 21.5, 24.5, 27.5, 30.5, 33.5])
```

먼저 필요한 모듈을 import하고, 데이터 세트를 불러온다. data.head( )를 통해 살펴보면 데이터는 'value'라는 변수 1열로 구성되었다. 'value'에 대한 기술통계량을 살펴보면 최솟값은 16, 최댓값은 33을 갖는 것을 알 수 있다.

도수분포표는 numpy의 histogram 함수를 이용한다. 여기서 bins는 계급 수를 의미하고, range는 계급의 범위를 의미하며, 도수와 계급을 결과로 출력한다. 따라서 freq, bins = np.histogram(data, bins = 6, range = (15.5,33.5))은 계급의 최솟값이 15.5이면서 최댓값은 33.5가 되도록 6개의 계급으로 나눠 도수는 freq, 계급은 bins에 저장함을 의미한다.

프로그램 코드 도수분포표 출력

```
in ▸     freq_class=['15.5~18.5','18.5~21.5','21.5~24.5','24.5~27.5','27.5~
         30.5','30.5~33.5']

         freq_table=pd.DataFrame({'frequency':freq}, index=pd.Index(freq_class,
         name='class'))

         freq_table      #도수분포표 출력

out ▸              frequency
         class
         15.5~18.5         7
         18.5~21.5        11
         21.5~24.5        23
         24.5~27.5        19
         27.5~30.5        14
         30.5~33.5         8
```

계급(bins)을 출력하여 보면 각 계급의 경곗값을 출력한다. 도수분포표를 구성하기 위하여 이 계급값을 freq_class에 저장한다.

데이터 프레임 구조를 이용하여 frequency 열에는 np.histogram에 의해 계산된 도수(freq)를 {키:값} 형태로 정의하고, 각 행의 이름은 계급값을 저장하였던 freq_class를 사용한다. 계급값이 나열된 열의 이름은 'class'라고 지정한다. 데이터프레임 구조로 구성한 도수분포표를 freq_table에 저장하며, 이를 출력하면 파이썬 콘솔 창에 도수분포표가 출력된다.

그림 2.4에서 계급이 소수점으로 구성되는데, 그 이유는 자료가 정수이므로 소수점으로 계급의 구간을 정하면 이상, 이하, 미만 등을 표시할 필요가 없고 계급 간에 간격이 생기지 않기 때문이다. 그러므로 첫 번째 계급을 (15.5 ~ 18.5)로 설정하여 막대가 연결되도록 그래프가 얻어진 것이다. 그림 2.5에서는 각 계급의 중앙값을 이용하여 직선(다각형)으로 연결한 것이다. 그림 2.5를 부드러운 곡선으로 연결하여 얻어진 그래프를 **도수분포도**(frequency distribution)라고 부른다(그림 2.6).

표 2.2로부터 **누적도수분포도**(cumulative frequency distribution)를 얻을 수도 있다(그림 2.7). 여기서 누적도수란 도수를 차례대로 합하여 얻은 것이다.

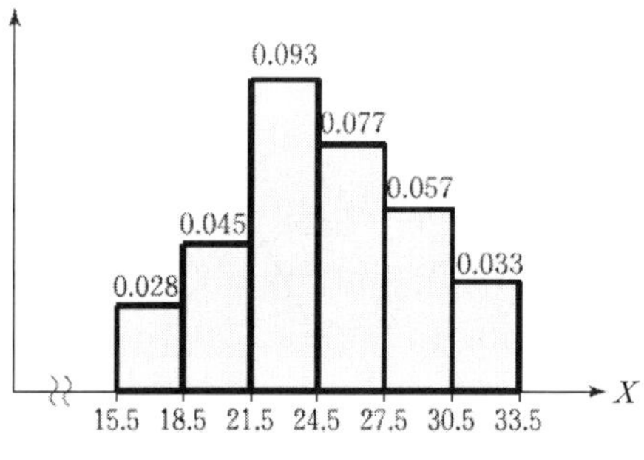

그림 2.4 히스토그램

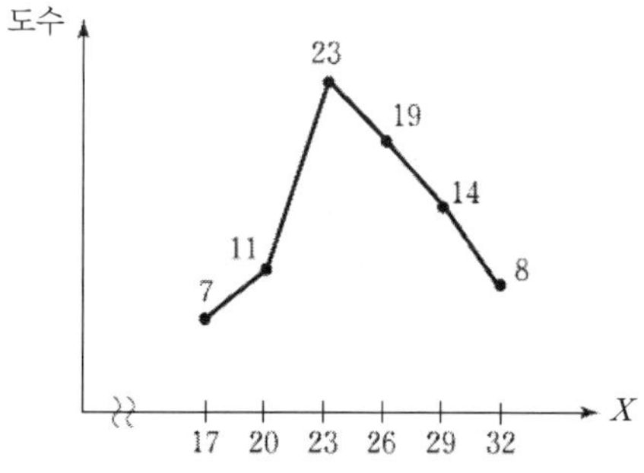

그림 2.5 도수다각형

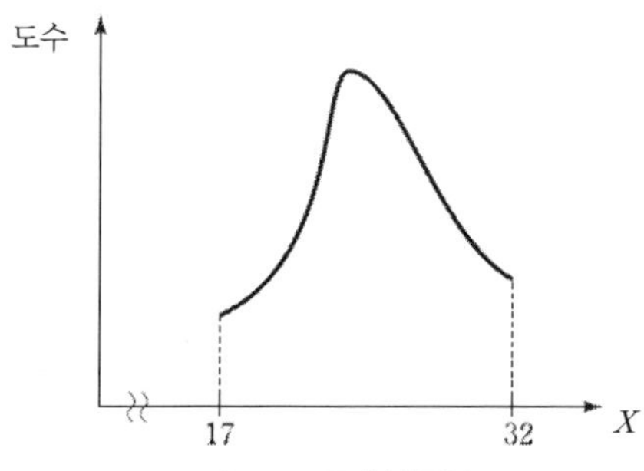

그림 2.6 도수분포도

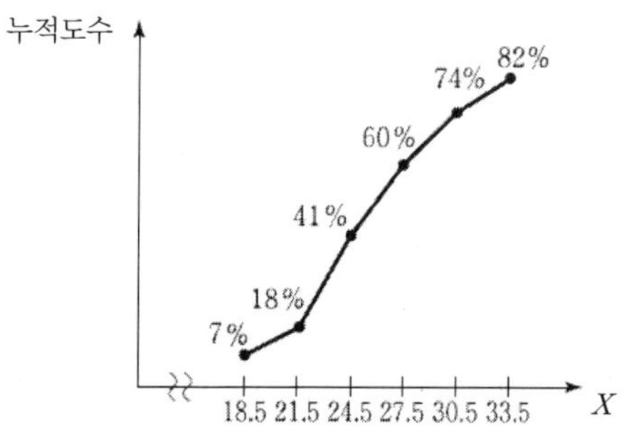

그림 2.7 누적도수분포도

도수다각형이나 누적도수분포도를 **상대도수**(relative frequency), 즉 백분율(%)로 표현하면 어떻게 될까? 먼저 표 2.2의 도수분포표를 도수가 아닌 상대도수(%)로 얻으면 표 2.3이 얻어지고, 상대도수다각형을 그리면 그 형태는 그림 2.5의 도수다각형과 다르지는 않을 것이다(그림 2.8). 물론 누적상대도수분포 그래프도 얻을 수 있다. 절댓값인 도수 대신 상대도수로 나타낸 누적상대도수분포 그래프의 형태도 바뀌지 않는다(그림 2.9).

표 2.3 상대도수분포표

계급	상대도수
15.5 ~ 18.5	7/82 = 0.085
18.5 ~ 21.5	11/82 = 0.134
21.5 ~ 4.5	23/82 = 0.282
24.5 ~ 27.5	19/82 = 0.232
27.5 ~ 30.5	14/82 = 0.171
30.5 ~ 33.5	8/82 = 0.098

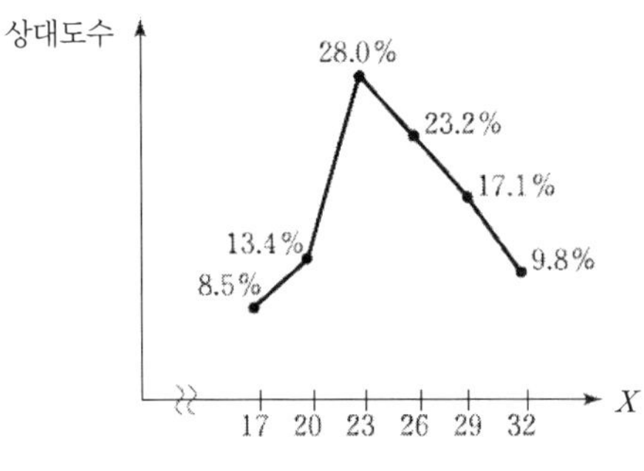

그림 2.8 상대도수다각형

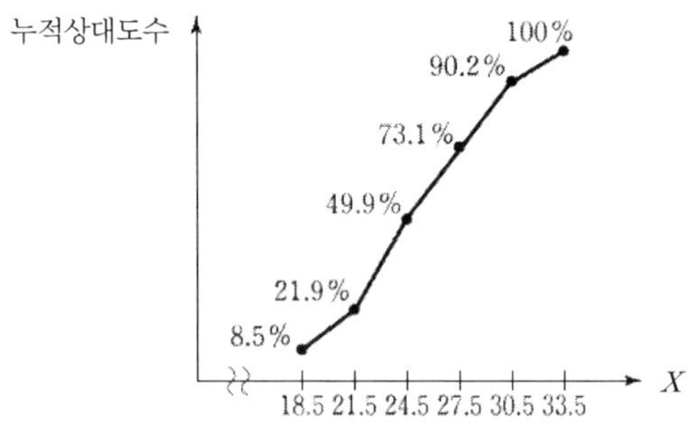

그림 2.9 누적상대도수분포도

여기서 주목하여야 할 점은 상대도수분포이다. 상대도수는 곧 확률과 같은 개념으로서 표 2.3은 82개 자료의 확률분포를 나타내고 있다고 할 수 있다. 이를테면 자료가 18.5부터 21.5까지의 범위에서 값을 가질 수 있는 확률은 13.4%라는 것이다. 물론 상대도수(확률)의 합은 1.0이 된다. 그러므로 또한 그림 2.8은 이 자료의 확률분포를 눈으로 파악할 수 있게 하는 데 도움을 준다.

앞에서 설명한 82개의 자료는 정수로 나타나 있지만, 연속적인 자료라고 할 수 있다. 연속적인 자료에 대해서는 3.2절에서 설명한다. 그림 2.4를 다시 한번 살펴보자. 이 그래프는 표 2.2의 도수분포표 계급을 연결하여 만들어진 도수분포표에 의하여 얻어진 것을 알 수 있을 것이고, 연속적인 자료에 대해서는 이러한 형태의 그래프가 더 적절하다고 할 수 있다.

그림 2.4의 히스토그램의 종축은 절대도수로 표현되어 있지만 종축의 기준을 백분율(%)로 나타내면 상대도수로 나타낸 히스토그램이 되며 그 막대의 합은 100%가 된다. 물론 그래프의 형태는 똑같은데, 상대도수로 그린 그래프는 그림 2.10과 같다.

여기서 특별히 고려하여야 하는 것은 그림 2.10의 히스토그램 면적이 1.0이 되도록 해보자는 것이다. 이 부분은 뒤에서 설명하는 확률분포와 밀접한 관계를 갖기 때문에 중요한 부분이다. 우선 면적이 1.0이 되도록 하려면 그림 2.10의 백분율(%)을 소수점 값으로 나타내고, 높이를 3으로 나누어 주어야 할 것이다. 즉, 첫 번째 계급 [15.5, 18.5]에 대해서는 8.5%를 0.085로 표시하고 이를 3으로 나누어준 값, 0.085 / 3 = 0.028이 높이가 된다. 다른 계급들에 대해서도 이러한 방법을 적용하여 얻어진 그래프, 그림 2.11도 그래프의 모양은 그림 2.10과 똑같음을 알 수 있을 것이다.

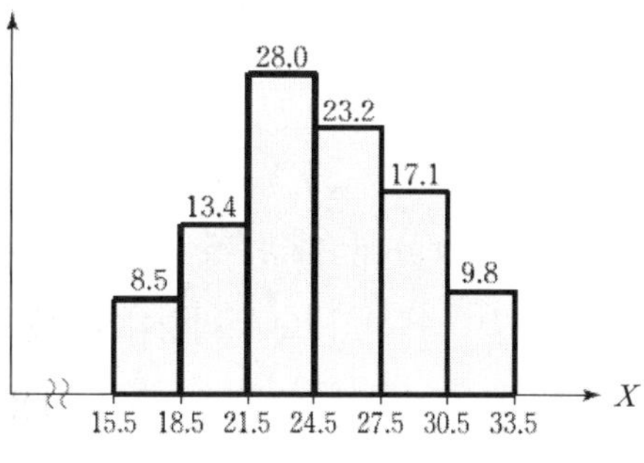

그림 2.10 상대도수 히스토그램

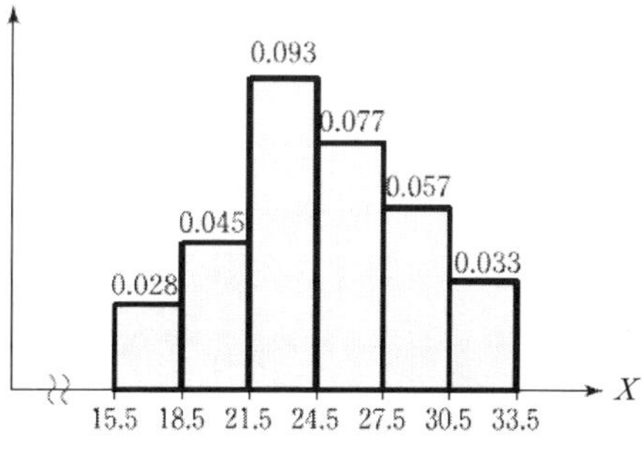

그림 2.11 누적상대도수 히스토그램

여기서는 실제로 얻어진 자료(표본)를 대상으로 그래프를 얻는 과정을 설명하였다. 3.2절에서 다루는 모집단의 분포, 즉 확률변수 X에 대한 분포도 마찬가지로 이해하면 된다. 다만 모집단에 대해서는 그 구체적인 값을 모르기 때문에 이론적인 분포가 되는 것뿐이다.

프로그램 코드 상대도수, 누적상대도수 출력

in ‣
```
r_freq=freq/freq.sum()              #상대도수 계산
cum_r_freq=np.cumsum(r_freq)        #누적상대도수 계산
freq_table['relative frequency']=r_freq
freq_table['cumulative frequency']=cum_r_freq

freq_table
```

out ‣

class	frequency	relative frequency	cumulative frequency
15.5~18.5	7	0.085366	0.085366
18.5~21.5	11	0.134146	0.219512
21.5~24.5	23	0.280488	0.500000
24.5~27.5	19	0.231707	0.731707
27.5~30.5	14	0.170732	0.902439
30.5~33.5	8	0.097561	1.000000

상대도수(r_freq)는 전체(freq.sum( )) 중 해당 계급의 도수(freq)가 차지하는 비율을 의미하므로 freq/freq.sum( )과 같이 계산하고, 누적상대도수는 해당 계급까지 상대도수의 합을 의미하므로 누적합을 계산하는 np.cumsum을 사용하여 계산한다.

도수분포표(freq_table)에 상대도수(r_freq)와 누적상대도수(cum_freq)를 추가하여 출력하면 도수분포표, 상대도수분포표와 누적상대도수분포표를 함께 살펴볼 수 있다.

연습문제

01 다음의 X와 Y 각각의 값에 대하여 물음에 답하라.

X	1	4	9	18				
Y	30	24	21	20	30	25	28	22

(1) 평균을 구하라.

(2) 중위수를 구하라.

(3) 사분위편차를 구하라.

(4) 표준편차를 구하라.

02 심리 임상실험을 위해 10명을 대상으로 같은 문제들로 시험을 보게 하였다. 10명 중 5명은 시험이 어려웠다고 답하였고, 5명은 쉽다고 응답하였는데 이들의 실제 시험 성적은 다음과 같다.

쉽다고 답한 사람들	38	52	46	42	38
어려웠다고 답한 사람들	30	38	40	24	32

(1) 두 집단 각각에 대해 평균과 표준편차를 구하라.

(2) 10명 전체의 평균과 표준편차를 구하고 (1)에서 얻어진 결과와 함께 평가하라.

03 여섯 개의 동전을 던져서 앞면이 나온 동전의 수를 세어 보면 0, 1, 2, 3, 4, 5, 6의 결과가 가능하다. 여섯 개의 동전을 100번 던졌을 때, 앞면의 수에 대한 도수분포는 다음과 같았다고 하자.

앞면의 수	0	1	2	3	4	5	6
빈도	3	7	23	34	22	10	1

(1) 앞면의 수에 대한 평균을 구하라.

(2) 표준편차를 구하라.

04 다음은 인터넷뱅킹을 이용하는 12명 고객의 월 송금 횟수이다.

22	22	20	27	30	23	29	21	26	21	23
25	29	18	22	31	30	28	16	28	33	25
23	31	23	18	24	26	25	17	22	25	28
19	24	20	23	26	21	31	25	28	19	24
20	27	21	25	28	24	23	25	30	27	23
26	22	24	17	33	26	24	19	18	33	25
28	31	29	27	28	24	26	24	22	26	24
18	21	29	22	31						

이 자료를 정리하여 도수분포표를 얻으면 다음과 같다.

X	도수
15.5 ~ 18.5	7
18.5 ~ 21.5	11
21.5 ~ 24.5	23
24.5 ~ 27.5	19
27.5 ~ 30.5	14
30.5 ~ 33.5	8

월 송금 횟수의 원자료(raw data)를 도수분포표로 만들면, 나열된 12개 자료를 그대로 보는 것보다 자료에 대한 특징을 더 쉽게 파악할 수 있는 이점이 있다. 그러나 원자료 자체가 가진 정보가 손실되는 부분이 있게 된다. 즉, 도수분포표에는 15.5부터 18.5까지의 계급(class)에 7개의 자료가 있다는 것으로 나타나 있다. 실제로는 15.5부터 18.5까지의 계급에 16이 하나, 17이 두 개, 18이 네 개 있지만 도수분포표에서는 15.5부터 18.5까지 계급의 대푯값으로 17(=(16+18)/2)을 얻게 되어 7개의 자료는 모두 17이라는 값으로 표현될 수밖에 없다.

(1) 원자료 12개로부터 평균과 표준편차를 구하라.

(2) 도수분포표를 이용하여 평균과 표준편차를 구하라.

(3) 원자료에 대하여 중위수를 구하라.

(4) 도수분포표에서 중위수를 구하라.

(5) 누적상대도수분포도에서 중위수를 표시하라.

05 다음의 도수분포표에 대하여 물음에 답하라.

X	도수
4 ~ 6	2
7 ~ 9	5
10 ~ 12	3

(1) 평균을 구하라.

(2) 분산을 구하라.

(3) 누적상대도수분포도를 그려라.

06 서울 전역을 20개의 치안 구역으로 나누어, 어느 달의 100,000명당 사고 · 사망자 수를 다음과 같이 집계하였다.

계급	도수	계급	도수
−0.5 ~ 1.5	2	13.5 ~ 15.5	9
1.5 ~ 3.5	18	15.5 ~ 17.5	4
3.5 ~ 5.5	15	17.5 ~ 19.5	2
5.5 ~ 7.5	13	19.5 ~ 21.5	1
7.5 ~ 9.5	9	21.5 ~ 23.5	1
9.5 ~ 11.5	8	23.5 ~ 25.5	1
11.5 ~ 13.5	7		

(1) 이 자료에 대한 막대그래프를 그려라.

(2) 이 자료에 대한 상대도수분포도를 그려라.

(3) 이 자료에 대한 평균을 구하라.

(4) 이 자료에 대한 중위수를 구하라.

(5) 이 자료의 P_{25}, P_{75}를 구하고, 사분위편차 값을 구하라.

(6) 이 자료의 표준편차를 구하라.

(7) 이 자료의 왜도와 첨도를 구하려면 어떻게 할 것인지를 설명하라.

07 관세청에서는 15건의 밀수사건에 대해 적발된 밀수액(X)과 밀수사건에 관련되어 체포된 사람의 수(Y)를 조사하여 다음과 같은 자료를 얻었다.

사건	밀수액(X)	구금자(Y)
1	110,010	280
2	256,000	460
3	660	6
4	367,000	66
5	4,700,000	15
6	4,500	8
7	247,000	36
8	300,000	300
9	3,100	9
10	1,250	4
11	3,900,000	14
12	68,100	185
13	450	5
14	2,600	4
15	205,840	33

(1) X의 평균, Y의 평균을 구하라.

(2) X의 10% 절사평균, 20% 절사평균을 구하라(10% 절사평균이란 작은 값들 5%, 큰 값들 5%를 제외한 나머지 값들로 평균을 내는 방법이다. 즉, P_5 부터 P_{95} 까지의 값들로 평균을 얻는 방법이다).

(3) Y의 10% 절사평균, 20% 절사평균을 구하라.

(4) (1)~(3)에서 구한 값 중에서 어느 값이 X와 Y의 대푯값으로 가장 적당한가? 그 이유를 설명하라.

3장

확률과 확률분포

제2장에서는 자료의 특성을 어떻게 정리할 수 있는지에 대해서 설명하였다. 우리가 가지고 있는 자료는 대부분 표본을 이용하여 이 자료의 대푯값, 퍼짐의 정도, 도수분포표, 그래프 등을 얻는다. 3장에서는 모집단을 이해하기 위한 확률, 확률변수, 분포 등에 대해 알아보기로 하자.

3.1 확률과 표본공간

확률(probability)이란 어떤 사건이 일어날 가능성을 0과 1 사이의 값으로 나타낸 것이다. 일어날 가능성이 전혀 없으면 확률은 0이며, 반드시 일어나는 경우 확률은 1로 표현하는 것이다. 어떤 사건(또는 실험)의 결과가 여러 가지 있으면, 그를 사상(event)이라고 부르는데 예를 들어, 동전을 두 번 던지는 실험의 경우 얻어지는 결과는

$$\{(H, H), (H, T), (T, H), (T, T)\}$$

로 네 가지의 사상이 얻어질 것이다. 여기서 $H=$ 앞면, $T=$ 뒷면이다. 그리고 각각의 사상을 **단순사상**(simple event)이라 부르고

$$E_1 = (H, H), E_2 = (H, T), E_3 = (T, H), E_4 = (T, T)$$

로 표현할 수 있다.

또한 한 번의 앞면과 한 번의 뒷면에 대한 사상에 대한 것은 다음과 같이 표현할 수 있을 것이다. 즉,

$$E_5 = \{\text{한 번의 앞면과 한 번의 뒷면}\} = \{E_2, E_3\}$$

이다. 이러한 사상을 **복합사상**(compound event)이라고 부른다.

이제 **표본공간**(sample space)에 대해 알아보기로 하자. 표본공간이란 어떤 실험(또는 사건)의 결과로 얻어지는 모든 가능한 결과들의 집합이다. 앞에서 설명한 단순사

상을 **표본점**(sample point)이라고 하며 표본점들의 전체집합을 **표본공간**이라고 부른다. 예를 들면, 동전을 2번 던지는 실험의 경우 표본공간은

$$S=\{s_1=(H, H), s_2=(H, T), s_3=(T, H), s_4=(T, T)\}$$

로 표현된다.

또한 주사위를 한 번 던지는 실험의 경우 표본공간은

$$S=\{s_1, s_2, \cdots, s_6\}$$

인데 $s_i=i$, $i=1, 2, \cdots, 6$이다. 그리고 이 표본공간으로부터 여러 가지의 복합사상에 해당하는 집합을 생각하여 볼 수도 있을 것이다.

즉, 눈금(i)이 짝수인 경우는 $\{s_2, s_4, s_6\}$일 것이고 눈금이 4 이상인 경우는 $\{s_4, s_5, s_6\}$로 복합사상을 얻게 되는 것이다.

확률은 표본공간, S 위에 정의되는 함수로서 $P(\cdot)$로 나타내며 다음의 조건을 만족하여야 한다.

(1) 표본공간의 임의의 부분사상 A에 대해

$$0 \le P(A) \le 1$$

(2) $P(S)=1$

(3) 서로 배반적인 부분사상 $A_1, A_2, \cdots$에 대해

$$P(A_1 \cup A_2 \cup \cdots)=P(A_1)+P(A_2)+\cdots$$

여기서 **서로 배반적**(mutually exclusive)이라 함은 다음을 의미한다.

$$A_i \cap A_j=\varnothing, i \neq j$$

예제 3.1

주사위를 두 번 던지는 실험을 한다고 하자. 그러면 표본공간 S는

$$\begin{aligned} S = \{&(1,1)\ (1,2)\ \cdots\ (1,6) \\ &(2,1)\ (2,2)\ \cdots\ (2,6) \\ &\ \ \vdots \qquad\qquad\qquad \vdots \\ &(6,1)\ (6,2)\ \cdots\ (6,6)\} \end{aligned}$$

의 36개 표본으로 구성된다. 그리고 각 표본에 대한 확률은 1/36이다. 여기서 A = 두 눈금의 합이 짝수인 집합이라고 하면

$$A = \{(1,1), (1,3), (1,5), (2,2), (2,4), \cdots, (6,6)\}$$

으로 18개의 표본으로 구성된 복합사상으로서 그 확률은 1/2이 된다. 또한 두 눈금의 합이 홀수인 집합이라고 할 때

$$B = \{(1,2), (1,4), (1,6), (2,1), (2,3), \cdots, (6,5)\}$$

이며 $A \cap B = \varnothing$ 으로 A와 B는 상호배반적이고

$$P(A \cup B) = P(A) + P(B) = 1.0$$

이 된다.

$$P(S) = 1.0$$

임은 당연하다.

3.1.1 확률에 관한 성질

앞에서 설명한 대로 확률은 표본공간 위에 정의되는 함수로서 0과 1 사이의 값을 갖는다. 그리고 앞에서 정의한 확률에 관한 기본적인 성질은 다음과 같다.

(1) 표본공간의 임의의 부분사상 A에 대해

$$P(A) = 1 - P(A^c)$$

(2) $A \subset B$ 이면

$$P(A) \leq P(B)$$

(3) 임의의 두 사상 A와 B에 대해

$$P(A \cup B) = P(A) + P(B) - P(A \cap B)$$

여기서 A^c는 A의 여사상으로서 A에 들어 있지 않은 다른 원소들의 집합을 의미한다.

예제 3.1 (계속)

앞의 주사위를 두 번 던지는 실험의 경우, $A=$ 두 눈금의 합이 짝수인 사상이라면, 그의 여사상 $A^c=$ 두 눈금의 합이 홀수인 사상이며 곧 B이다. 그러므로 $P(A)=1-P(B)=1-P(A^c)$이다. 또한 $A=$ 두 눈금의 합이 3 이하인 집합은 {(1, 1), (1, 2), (2, 1)}이고 $B=$ 두 눈금의 합이 4 이하인 집합은 {(1, 1), (1, 2), (1, 3), (2, 1), (2, 2), (3, 1)}이다. 따라서 $A \subset B$이며

$$P(A) = 3/36 < P(B) = 6/36$$

이다. 마지막으로 $A=$ 두 눈금의 합이 짝수인 사상과 $B=$ 두 눈금의 곱이 짝수인 사상에 대해서 $P(A \cup B)$를 알아보자면 먼저

$$\begin{aligned} B = \{&(1,2)\ (1,4)\ (1,6)\ (2,1)\ (2,2)\ (2,3)\ (2,4) \\ &(2,5)\ (2,6)\ (3,2)\ (3,4)\ (3,6)\ (4,1)\ (4,2) \\ &(4,3)\ (4,4)\ (4,5)\ (4,6)\ (5,2)\ (5,4)\ (5,6) \\ &(6,1)\ (6,2)\ (6,3)\ (6,4)\ (6,5)\ (6,6)\} \end{aligned}$$

이므로 $P(B) = 27/36$ 이다. $A \cap B$ 두 눈금의 합이 짝수이며 곱도 짝수인 사상은

$$\begin{aligned} A \cup B = \{&(2,2)\ (2,4)\ (2,6)\ (4,2)\ (4,4) \\ &(4,6)\ (6,2)\ (6,4)\ (6,6)\} \end{aligned}$$

이므로 $P(A \cap B) = 9/36$ 이고

$$P(A \cap B) = 18/36 + 27/36 - 9/36 = 1.0$$

임을 알 수 있다.

3.1.2 결합확률

서로 다른 두 개의 실험(또는 사건)에 대해서 각각의 실험 결과에 대한 조합으로 두 개 실험의 결과를 얻을 수 있을 것이다. 예를 들면, 동전 하나와 주사위 하나를 동시에 던지면 얻을 수 있는 결과는

$$S=\begin{Bmatrix}(H,1)\,(H,2)\,(H,3)\cdots\,(H,6)\\(T,1)\,(T,2)\,(T,3)\cdots\,(T,6)\end{Bmatrix}$$

이며 이 경우의 표본공간이 된다. 이러한 표본공간 위에 정의하는 확률을 **결합확률**(joint probability)이라고 부르며 표본점들의 구조가 단순하지 않은 점을 제외하고는 앞에서 설명한 확률과 마찬가지이다. 물론 앞에서 예로 들었던 두 개의 동전을 던지는 경우, 두 개의 주사위를 던지는 경우들에 대한 확률을 설명한 것도 실제로는 결합확률임을 알 수 있을 것이다. 즉, 하나의 동전을 두 번 던지는 것이나 서로 다른 동전 두 개를 던지는 것이나 결과는 마찬가지로 얻어지기 때문이다.

위의 동전 하나와 주사위 하나를 던질 경우의 표본공간에 대해 구체적으로 설명하면 다음과 같다. 동전을 던질 경우의 표본공간을 S_1 이라고 하면,

$$S_1 = \{H, T\}$$

이며 주사위를 던지는 실험의 경우의 표본공간을 S_2 라고 하면,

$$S_2 = \{1, 2, \cdots, 6\}$$

인데 이 두 가지 실험을 동시에 한다면 표본공간은

$$S = S_1 \times S_2$$

라는 것이다. 즉, 표본공간 S는

S_1 \ S_2	1	2	…	6
H	$(H,1)$	$(H,2)$	…	$(H,6)$
T	$(T,1)$	$(T,2)$	…	$(T,6)$

와 같이 얻어지는 것이다. 그리고 결합확률은

$$P[(H,1)] = P[(H,2)] = \cdots = P[(T,6)] = 1/12$$

이다.

좀 더 구체적인 예를 들어 보자. 바로 이웃하여 있는 두 회사 A, B의 결근자 수는 A 회사의 경우 0명, 1명, 2명이고 B 회사의 경우 0명, 1명, 2명, 3명이라고 하자(A 회사 직원은 2명, B 회사 직원 3명뿐이다). 그러면 두 회사의 결근자 수에 대한 표본공간은 각각

$$S_A = \{0, 1, 2\},\ S_B = \{0, 1, 2, 3\}$$

이 되고 두 회사 모두에 대한 결근자 수에 대한 표본공간은 $S = S_A \times S_B$

$$S = \begin{Bmatrix} (0,0) & (0,1) & (0,2) & (0,3) \\ (1,0) & (1,1) & (1,2) & (1,3) \\ (2,0) & (2,1) & (2,2) & (2,3) \end{Bmatrix}$$

이다. 이제 각 표본점에 대한 확률이 각각

$$P_{AB}[(0,0)] = 0.05,\ P_{AB}[(0,1)] = 0.05,\ P_{AB}[(0,2)] = 0.10$$
$$P_{AB}[(1,0)] = 0.05,\ \cdots,\ P_{AB}[(2,3)] = 0.05$$

등으로 존재하면 이것이 바로 결합확률이 되며 당연히 $P_{AB}(S) = 1.0$ 일 것이다. 이를 표로 만들면 다음과 같다.

B 결근자 수 / A 결근자 수	0	1	2	3	A 결근자 수에 대한 확률
0	0.05	0.05	0.10		0.2
1	0.05	0.10	0.25	0.10	0.5
2		0.15	0.10	0.05	0.3
B 결근자 수에 대한 확률	0.1	0.3	0.45	0.15	1.0

더욱이 결합확률이 존재할 경우, 각 실험에 대한 확률을 얻을 수 있는데 이를 **주변확률**(marginal probability)이라고 부른다. 위의 예에서 A 회사의 결근자 수에 대한 확률은

$$P_A(0) = 0.2,\ P_A(1) = 0.5,\ P_A(2) = 0.3$$

이고 B 회사의 결근자 수에 대한 확률은

$$P_B(0) = 0.1,\ P_B(1) = 0.3,\ P_B(2) = 0.45,\ P_B(3) = 0.15$$

이다.

3.1.3 조건부확률

조건부확률(conditional probability)이란 어떤 사건 A가 일어났을 때 사건 B가 일어날 확률을 말한다. 즉, 두 가지의 서로 다른 실험(또는 사건)에 대해서 어느 한 실험의 결과가 주어졌을 때, 다른 한 실험의 결과에 대한 확률을 말한다. 예를 들면, 동전 하나와 주사위 하나를 던지는 실험에서 동전의 앞면이 나왔을 때 주사위의 눈금이 짝수일 확률 같은 것을 조건부확률이라고 하는 것이다.

이제 조건부확률을 정의하면 다음과 같다. 서로 다른 두 가지 실험을 할 경우, 하나의 실험에 대한 표본공간 S_1의 부분집합 A가 주어졌다고 하자. 이때 다른 실험의 표본공간 S_2의 어떤 부분집합에 대해서 확률이 정의되는데 이를 A가 주어졌을 때의 B에 대한 조건부확률이라고 부르며 $P(\cdot \mid A)$로 표현한다. 그리고 $P(\cdot \mid A)$는 $P(\cdot)$과 마찬가지로 다음의 세 가지를 만족하여야 한다. 즉,

(1) 표본공간 S_2의 임의의 부분사상 B에 대해 $0 \le P(B \mid A) \le 1$

(2) $P(S_2 \mid A) = 1$

(3) 서로 배반적인 부분사상 $B_1, B_2, \cdots$에 대해 $P(B_1 \cup B_2 \cup \cdots \mid A)$

$= P(B_1 \mid A) + P(B_2 \mid A) + \cdots$

를 만족하여야 한다.

이제 앞에서 예로 들었던 A, B 회사의 결근자 수들에 대한 결합분포에서 몇 가지 조건부확률을 구해보자. A 회사의 결근자 수가 2명일 때(A 회사의 결근자 수가 2명인 것을 알았을 때), B 회사의 결근자 수에 대한 확률들을 구할 수 있다. 즉,

$$P(B=0 \mid A=2) = \frac{0}{0.3} = 0, \quad P(B=1 \mid A=2) = \frac{0.15}{0.3} = \frac{1}{2}$$

$$P(B=2 \mid A=2) = \frac{0.1}{0.3} = \frac{1}{3}, \quad P(B=3 \mid A=2) = \frac{0.05}{0.3} = \frac{1}{6}$$

이 되며 이 조건부확률의 합은 1.0이다. 여기서 주목할 것은 A가 2로 주어져 있는 상황에서 B 회사의 결근자 수, {0, 1, 2, 3}에 대한 확률의 합이 1.0이 되어야 하므로 A가 2인 확률, 즉 $P(A=2)=0.3$으로 나누어 주어야 한다는 점이다.

예제 3.2

증권회사에서 일하는 투자관리자의 학력(A)과 수익률(B)에 대한 결합확률은 다음의 표와 같다.

수익률(B) / 학력(A)	높음(B_1)	낮음(B_2)	$P_A(\cdot)$
MBA(A_1)	0.11	0.29	0.4
MBA 아님(A_2)	0.06	0.54	0.6
$P_B(\cdot)$	0.17	0.83	1.0

이 표에 나타나 있는 확률은 각각 $P_{AB}(A_1, B_1)=0.11$, $P_{AB}(A_1, B_2)=0.29$, $P_{AB}(A_2, B_1)=0.06$, $P_{AB}(A_2, B_2)=0.54$이고 이 값이 A와 B에 대한 결합확률들이다. 그리고 A에 대한 주변확률은 $P_A(A_1)=0.4$, $P_A(A_2)=0.6$, B에 대한 주변확률은

$P_B(B_1)=0.17$, $P_B(B_2)=0.83$이다.

여기서 수익률이 높은 투자관리자가 있을 때, 그가 MBA를 취득한 사람일 확률, 즉 $P(A_1 \mid B_1)$을 구하면 $P(A_1 \mid B_1) = 0.11/0.17 = 0.647$이고 MBA가 아닌 사람일 확률은 $P(A_2 \mid B_1) = 0.06/0.17 = 0.353$이다. 수익률이 높은 투자관리자라는 조건이 주어졌을 때 MBA와 MBA가 아닌 두 경우가 있고, 두 경우에 대한 확률의 합이 1.0이 되어야 함을 이해할 수 있을 것이다.

이 절에서 설명한 확률은 다음 절에 나오는 확률변수를 이해하기 위한 것이다. 즉, 확률은 어떤 사건(또는 실험)으로 얻어질 수 있는 모든 경우에 대한 값인데, 모집단이라는 우리가 알지 못하는 자료의 집합에 대해 확률을 어떻게 정의하는가 하는 문제에 대해 알아보게 되는 것이다.

3.1.4 사상 간의 독립

앞에서 보았던 것과 같이 두 가지의 실험(또는 사건)에 대한 결과에 대해서는 결합확률이 존재하고, 조건부확률도 정의될 수 있다. 여기서는 두 가지 실험 A와 B가 독립인가를 정의하여 보자.

두 가지 실험 A와 B가 독립이라는 표현은 실험 A의 결과가 실험 B의 결과에 아무런 영향을 주지 않는 것이라고 이해할 수 있을 것이다. 그러므로

$$P(B \mid A) = P(B)$$

가 성립한다. 물론

$$P(A \mid B) = P(A)$$

도 성립한다.

이제 A와 B가 독립이면 $P(A \cap B) = P(A)P(B)$이고, $P(A \cap B) = P(A)P(B)$이면 A와 B는 독립이라고 한다.

여기서 A와 B가 독립이면

$$P(B \mid A) = \frac{P(A \cap B)}{P(A)} = \frac{P(A)P(B)}{P(A)} = P(B)$$

임을 쉽게 이해할 수 있을 것이다.

3.2 확률변수의 분류

어떤 모집단에 대해 특정한 조사를 하고자 할 때 여러 가지 결과가 예상된다. 물론 그 결과는 제한된 범위 내에서 얻어지겠지만 어떤 값이 얻어질 것인지는 모른다. 따라서 이를 변수로 취급하고 X라 하자. 여기서 X는 가능한 여러 값 중에서 어떤 값을 갖게 되고, 그 값을 가질 확률을 함께 생각해 볼 수 있으므로 X를 확률변수(random variable)라 부른다. 여기서 X를 확률변수라고 부르는 것은 자료가 분포할 때는 확률이 따른다는 의미인데, 2장 마지막에서 언급한 것을 상기하면 도움이 될 것이다.

확률변수의 예로 우리나라의 2,500만 유권자들을 대상(모집단)으로 특정인을 지지하는가 혹은 지지하지 않는가를 조사한다고 할 경우, 유권자 각각에 대한 조사 결과는 지지, 비지지 두 가지 결과 중 하나의 결과로 나타날 것이다. 그러면 모집단은 2,500만 개의 '지지' 또는 '비지지'로 구성될 것이다. 그리고 확률변수 X를

$$X = \begin{cases} 1, & \text{지지할 경우} \\ 0, & \text{지지하지 않을 경우} \end{cases}$$

로 정의하면 $X = 1$일 확률이 어떤 값으로 존재하기 마련이다. 즉, 이 경우에는 X가 취하는 값이 {0, 1}이고, $X = 1$일 확률, $X = 0$일 확률이 존재한다는 것이다. 물론 $P(X = 1)$은 지지할 확률(지지율)이고 $P(X = 0)$은 지지하지 않을 확률(비지지율)이다. 다른 예로서는 30대 성인 모집단에 대해 설문 항목으로 '귀하는 향후 10년 후가 현재보다 형편이 나아지리라 생각하십니까?'란 질문에 대해서 다음과 같이 조사한다고 하면

매우 부정적	부정적	긍정적	매우 긍정적	모르겠음
1	2	3	4	5

확률변수 X는 {1, 2, 3, 4, 5} 다섯 가지 값 중에서 하나의 값을 취하는 것이며 $X=1$(매우 부정적)일 확률, $X=2$(부정적)일 확률 등이 존재한다. 즉, 그 확률을

$$P(X=1)=P(\text{매우 부정적}) \qquad P(X=2)=P(\text{부정적})$$
$$P(X=3)=P(\text{긍정적}) \qquad P(X=4)=P(\text{매우 긍정적})$$
$$P(X=5)=P(\text{모르겠음})$$

로 표현할 수 있을 것이다. 물론 그 확률값이 얼마인지는 모른다.

또한 은행 각 지점의 점원 1인당 수신고를 조사한다고 한다면 변수 X가 취할 수 있는 값은 $(0, \infty)$ 사이의 어떤 값이 될 것이고 이러한 변수도 확률변수이다.

정리하면 확률변수 X는 취할 수 있는 값이 여러 가지이므로 어떤 분포를 따르는데, 이를 **확률분포**(probability distribution)라고 하며 $f_X(x)$ 또는 $f(x)$로 표현한다. 확률분포 $f_X(x)$는 X가 어떤 자료를 측정하고자 하는 값을 갖는가에 따라 서로 다른 형태를 갖게 된다. 앞에서 예로 들었던 특정인의 지지 여부에 대한 경우에는 지지할 경우는 $X=1$이고, 지지하지 않을 경우는 $X=0$이므로 확률분포는

$$f(1)=P(X=1)=P(\text{지지할 경우})=\text{지지율}=p$$
$$f(0)=P(X=0)=P(\text{지지하지 않을 경우})=\text{비지지율}=1-p$$

로 표현할 수 있다. 여기서 p값은 모르는 값이다.

어떤 종류의 자료를 얻고자 하느냐에 따라 확률변수 X가 취하는 값들은 다르게 되는데 크게 **연속적인**(continuous) 형태와 **이산적인**(discrete) 형태로 구분된다. 셀 수 있는(countable) 값을 취하는 자료일 경우 **이산확률변수**라 하고, 수의 직선상에서 임의의 값을 취하는 변수를 **연속확률변수**라고 한다. 이를테면 손가락으로 셀 수 있는 값을 취할 경우(하나, 둘, 셋, …)는 이산형이고 나머지의 경우는 연속형으로 생각하면 된다.

확률변수는 자료의 종류에 따라 다음의 네 가지로 분류한다.

(1) **명목변수**(nominal variable)

측정대상의 특성을 분류하거나 확인할 목적으로 숫자를 부여한다. 예를 들면 성별, 출신지, 직업, 운동선수의 등번호 등이 있다.

(2) **순위변수**(ordinal variable)

측정대상 간의 순서관계를 나타내 주는 척도로서 예를 들면 생활 수준(상, 중, 하), 품질 등급, 여러 개 제품의 선호순위, 공모전에서의 순위 등이 있다.

(3) **구간변수**(interval variable)

측정대상의 속성에 순위를 부여하되 순서 사이의 간격이 동일한 척도를 말한다. 예를 들면 각종 지수, 광고 인지도, 온도계의 수치 등이 있고 자료 범위의 계산, 평균값 등을 계산할 수 있다. 설문지로부터 얻어진 자료는 대체로 이 범주에 속한다.

(4) **비율변수**(ratio variable)

구간변수의 특성을 가지면서 추가적으로 측정값 사이의 비율계산이 가능한 척도이다. 즉, 이 척도는 절대영점이 존재하며 어떠한 형태의 통계적 분석도 가능하다.

이처럼 확률변수를 분류해 보는 이유는 어떤 통계적 분석을 하느냐에 따라 그 분석에 적당한 형태의 자료가 있어야 하기 때문이다. 다시 말하면 명목변수로 얻어진 자료는 분류시키는 것만 가능하지만, 비율변수는 구간변수로 전환될 수 있고 또 순위를 매길 수도 있다는 것이다.

더 나아가 통계분석을 하고자 할 때는 목적이 있기 마련인데, 목적으로 하는 결과를 얻기 위해서는 분석기법이 무엇이고 그 분석을 하기 위한 자료의 형태가 무엇인가를 먼저 고려해야만 올바른 분석기법을 적용할 수 있다.

3.3 확률변수와 확률분포

이미 설명한 대로 모집단은 미지의 아주 큰 집단이다. 모집단에 대해 어떤 구하고자 하는 자료가 있다면, 그 구하고자 하는 것이 변수가 되고 변수가 어떤 값을 가질 가능성을 확률로 표현할 수 있으므로, 그 변수를 확률변수라 부르는 것이다.

다시 말하면, $X(w)=x$가 표본공간 S 위에서 정의된 실수값 함수일 때, 각 원소 $w \in S$에 대하여 오직 하나의 실수 x를 대응시키는 함수 X를 **확률변수**(random variable)라고 한다. 즉, 표본공간 S의 모든 원소들에 실수값을 대응시키는 함수 X를 확률변수하고 한다.

확률변수 X는 X가 취할 수 있는 범위 내에서의 각 값에 대해 확률을 갖게 되는데, 이를 **확률분포**라 부르고 $f_X(x)$ 또는 $f(x)$로 표현한다. 즉,

$$X \sim f(x) \tag{3.1}$$

라고 표현할 수 있다.

예를 들면, 하나의 동전을 던진다고 할 때 앞면(H)과 뒷면(T)에 대하여

$$X = \text{앞면의 수}$$

로 정의하면 X가 취할 수 있는 값은 {0, 1}이다. 즉,

$$X = \begin{cases} 1, & \text{앞면인 경우} \\ 0, & \text{뒷면인 경우} \end{cases}$$

와 같다. 그러면 X의 두 가지 값 0과 1에 대한 확률이 존재하는데 정상적인 동전이라면 앞면과 뒷면이 나올 확률이 똑같이 0.5이므로

$$f(x) = (0.5)^x (1-0.5)^{1-x},\ x = 0, 1$$

이 X의 확률분포가 된다. 따라서 $f(0)=P(X=0)=P(\text{뒷면})=0.5$, $f(1)=P(X=1)=P(\text{앞면})=0.5$이며, 이를 그래프로 나타내면 다음과 같다.

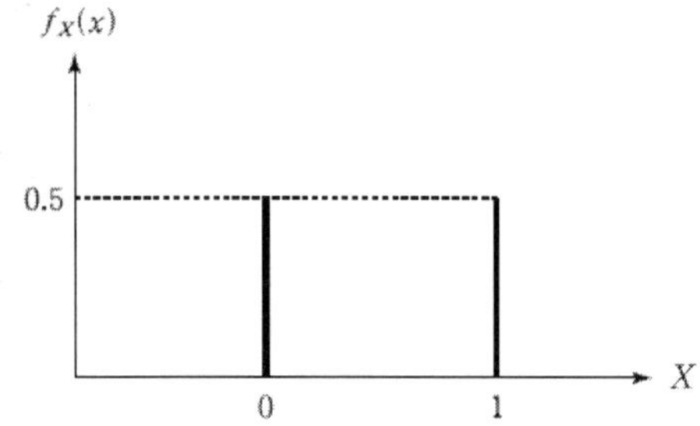

확률변수와 확률분포에 대한 구체적인 예는 무수히 많지만 여기서는 하나의 예만 더 들어 보기로 한다. 전국 승용차 보유자들의 월평균 주행거리(X)는 대체로 1,100 km를 중심으로 분포되어 있다고 하자. 그러면 X의 값이 그림 3.1에서 보는 바와 같이 (A), (B), (C) 등과 같은 형태의 분포를 따른다고 할 수 있다.

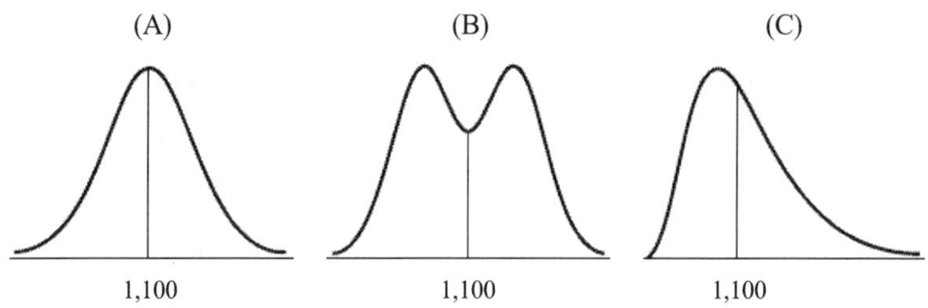

그림 3.1 $f(x)$의 여러 가지 형태

다시 말해 실제로는 모든 승용차 보유자들의 월평균 주행거리 자료를 얻어야만 X의 정확한 분포를 얻을 수 있지만, 모든 승용차 보유자들에 대한 자료를 얻을 수 없으므로 $f(x)$의 정확한 분포 모양은 알 수가 없다. 다만 상당히 많은 사람을 통해 얻은 자료로 $f(x)$의 형태를 추측할 수 있을 뿐이다.

이제 확률분포를 모집단에 대한 도수분포표와 연결하여 생각하여 보기로 하자. 예를 들어, 전체 200명의 학생(모집단)이 ○× 문제 10문항에 대해 시험을 본 결과로 얻어진 도수분포표가 다음과 같다고 하자.

정답 수	학생 수
5	10
6	28
7	42
8	56
9	40
10	24

전체 학생 200명 중에서 임의로 한 명을 골랐을 때, 그 학생이 5개를 맞추었을 확률은 $10/200 = 0.05$ 이다. 같은 개념으로 확률을 생각하면 위의 도수분포표로부터 정답 수(X)에 대한 확률분포를 얻게 된다.

정답 수(X)	$P(X=x)$
5	0.05
6	0.14
7	0.21
8	0.28
9	0.20
10	0.12

$P(X=x)$를 확률변수 X가 x(구체적인 값: 5, 6, 7, 8, 9, 10)일 때의 확률이라고 부르고, $P(X=x)$를 $f(x)$로 표현할 수 있다는 것이다. 물론 모든 x의 값에 대한 확률의 합은 1이다.

통계이론에서는 모집단 전체의 내용을 모르기 때문에 조사하고자 하는 변수(확률변수)가 어떤 특정한(이론적으로 정리된) 분포 형태를 보인다고 가정하는 경우가 많다. 그림 3.2와 같이 확률변수 X는 모집단에 대해서 얻고자 하는 자료를 나타내는 변수이며 $f(x)$의 형태가 어떻든 간에 확률분포를 따른다고 생각하면 된다. 통계학에서 다루는 분포의 수는 대체로 십여 가지 된다. 특히 어떤 경우의 자료는 특정한 분포를 따른다고 간주할 수 있는데, 이는 통계학자에 의해 경험적으로 발견된 것이라고 보면 된다.

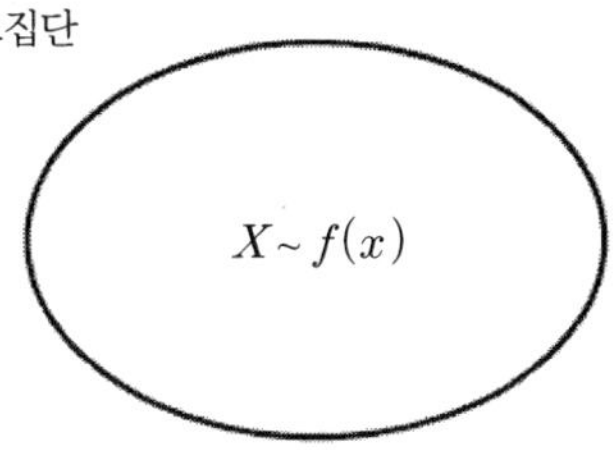

그림 3.2 모집단

예를 들면, 어느 기마병 부대에서 하루 훈련 중 낙마한 훈련대원의 수를 나타내는 변수는 포아송(poisson)분포를 따르고, 은행이나 병원 등의 창구에서 대기 중인 사람들의 수를 나타내는 변수는 기하(geometric)분포를 따른다고 한다. 그리고 많은 연속적인 확률변수는 정규(normal)분포를 따른다고 간주해도 될 것이다. 이 교재에서는 아주 간단하고 중요한 두 개의 분포만을 대상으로 설명할 것이다.

마지막으로 추가하고 넘어가야 하는 것은 확률변수 X가 확률분포 $f(x)$를 가질 때, X가 이산형이냐 연속형이냐에 따라 다음과 같은 성질을 만족하게 된다. 즉, X가 이산형일 경우

(1) $f(x) \geq 0$, 모든 x에서

(2) $\sum_{\text{모든 } x} f(x) = 1$

이며 X가 연속형일 경우에는

(1) $f(x) \geq 0$, 모든 x에서

(2) $\int f(x)dx = 1$

이다.

확률변수 X가 이산형인 경우, X가 취하는 값에서의 확률들의 분포가 곧 확률분포라고 하는 것이다. 이산형의 경우에 대한 확률 즉, $X = x$에서의 확률은 직관적으로 쉽게 이해되는 것이므로 이 교재에서는 이산형 확률분포를 주로 다루게 될 것이

다. 그리고 적분의 개념이 아주 작은 조각의 합인 것을 이해한다면 연속형 확률분포에 대한 이해가 쉬울 것이다.

3.4 기댓값

모집단과 확률변수에 대해 분명한 이해가 있으면 모집단의 평균을 이해하기도 어렵지 않다. 모집단이란 관심의 대상이 되는 집단 전체의 자료를 의미하며, 확률변수는 모집단 구성 요소들이 갖는 값이므로 모집단이란 확률변수를 뜻한다. 그러므로

$$\text{모집단의 평균} = \text{확률변수 } X\text{의 평균}$$

이라는 것이다. 그러면 기댓값이란 무엇인가?

모집단에 대해서 조사하고자 하는 변수 X는 확률분포를 갖는다고 설명하였다. 그러면 확률변수 X, 즉 모집단의 평균은 어떻게 얻어질 수 있는가 하는 문제를 알아보는 것은 이론적으로 매우 가치 있는 것이다.

예를 들어, 그림 3.3과 같은 돌림판이 있다고 하자. 이 돌림판에서 획득할 수 있는 기대금액은 얼마인가는 곧 이 돌림판의 평균액은 얼마인가와 같은 문제이고 '획득할 수 있는 금액'은 X의 기댓값 또는 X의 평균이라고 할 수 있다. 여기서 획득할 수 있는 금액 X는 1,000, 2,000, 3,000, 6,000의 네 가지 값이 가능하므로 이 돌림판의 기대금액은

$$1,000\left(\frac{1}{2}\right)+2,000\left(\frac{1}{4}\right)+3,000\left(\frac{1}{6}\right)+6,000\left(\frac{1}{12}\right)=2,000$$

이다. 이 값은 X의 **기댓값**($E(X)$) 또는 **평균**이라 하고 그리스 문자 μ로 표현하며 뮤(mu)라고 읽는다. 즉,

$$\mu = E(X) = 2,000\text{원}$$

이다. 이론적인 각도에서 기댓값을 설명하면

$$E(X) = \sum_{\text{모든 } x} x \cdot f(x) \tag{3.2}$$

이다. 여기서 x는 확률변수 X의 구체적인 값을 나타낸다.

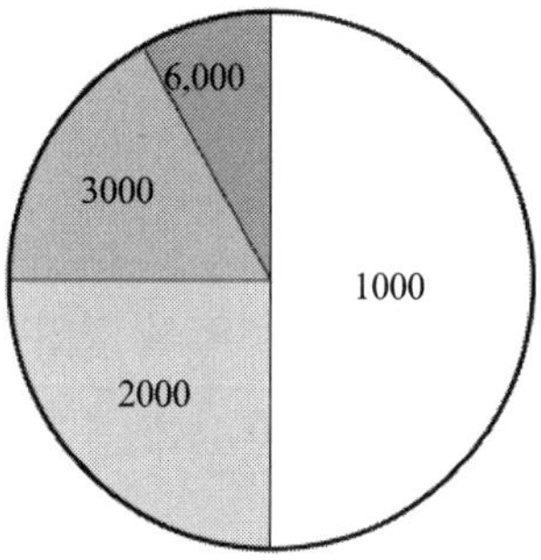

그림 3.3 돌림판

예를 들어, 확률변수 X의 값이

$$\text{모집단} = \{0,\ 1,\ 1,\ 1,\ 2,\ 2,\ 2,\ 3\}$$

으로 구성되어 있다고 하자. 그러면 모집단의 평균은 단순하게 계산하여 $(0+1+1+1+2+2+2+3)/8 = 1.5$이다. 또한 이 모집단을 확률변수 X로 표현하면 X의 확률분포는

X	0	1	2	3
$f(x)$	1/8	3/8	3/8	1/8

로 표현할 수 있다. 그러므로 X의 기댓값은 마찬가지로

$$E(X) = 0 \cdot \left(\frac{1}{8}\right) + 1 \cdot \left(\frac{3}{8}\right) + 2 \cdot \left(\frac{3}{8}\right) + 3 \cdot \left(\frac{1}{8}\right) = 1.5$$

로 계산된다. 다시 말하면 모집단의 평균은 변수 X의 평균을 나타내는 것이고 또한 X의 기댓값과 같은 것이다.

여기서 추가로 알아야 할 것은 모집단의 분산이다. 앞에서 분산은 편차(각 값에서 평균까지의 차)의 제곱평균이라고 하였다. 그래서 표본값 $\{x_1, x_2, \cdots, x_n\}$에 대한 표본분산은

$$s^2 = \frac{\sum(x_i - \overline{x})^2}{n-1}$$

으로 계산한다고 하였다.

그렇다면 모집단에서의 분산은 어떻게 얻어질 것인가? 당연히 $(X-\mu)^2$의 평균이어야 할 것이다. 즉, 모집단의 **분산**($Var(X)$)은

$$E[(X-\mu)^2]$$

으로 정의된다. 이 모집단의 분산은 그리스 문자 σ^2로 나타내며 σ는 시그마(sigma)라고 읽는다. 즉,

$$\sigma^2 = Var(X) = E[(X-\mu)^2] \tag{3.3}$$

이다. 이를 계산하는 방법은

$$E[(X-\mu)^2] = \sum_{\text{모든 } x} (x-\mu)^2 f(x) \tag{3.4}$$

이다. 분산을 구하기 위해서는 먼저 평균(μ)을 구해야 한다.

앞의 예에 대한 분산을 구하면 다음과 같다. 즉, 모집단의 값이

$$\{0,\ 1,\ 1,\ 1,\ 2,\ 2,\ 2,\ 3\}$$

일 때, 분산을 개념 그대로 계산하면

$$\sigma^2 = [(0-1.5)^2 + (1-1.5)^2 + (1-1.5)^2 + (1-1.5)^2$$

$$+(2-1.5)^2+(2-1.5)^2+(2-1.5)^2+(3-1.5)^2]/8$$
$$=6/8=0.75$$

이며 X의 확률분포를 이용하여도

$$\sigma^2=(0-1.5)^2\left(\frac{1}{8}\right)+(1-1.5)^2\left(\frac{3}{8}\right)+(2-1.5)^2\left(\frac{3}{8}\right)+(3-1.5)^2\left(\frac{1}{8}\right)$$
$$=0.75$$

로 똑같은 값을 얻게 된다. 그리고 X의 표준편차(σ)는 $\sqrt{0.75}=0.866$이다.

여기서 유의하여야 할 점은 분산(σ^2)을 구하는 데 8로 나누었다는 것이다. 그 이유는 표본에 대한 분산(σ^2)을 구하는 것이 아니고, 모집단에 대한 분산을 구하는 것이기 때문이다. 표본과 연관 지어 생각하지 말고, 식 3.3에 근거하여 생각해야 할 것이다.

또 다른 예로 동전을 두 번 던진다고 할 때 앞면이 한 번도 안 나올 수 있고, 앞면이 한 번만 나올 수도 있으며, 앞면이 두 번 모두 나올 수도 있다. 그러므로 $X=$ 앞면의 수라고 하면 X가 가질 수 있는 값들은 0, 1, 2이고 X의 확률분포는

X	0	1	2
$f_X(x)$	1/4	1/2	1/4

이다. 이때 X의 기댓값, 즉 앞면이 몇 번 나오리라고 기대할 수 있는가를 구해보면

$$\mu=E(X)=0\times\frac{1}{4}+1\times\frac{1}{2}+2\times\frac{1}{4}=1$$

이고, X의 분산은

$$\sigma^2=Var(X)=(0-1)^2\times\frac{1}{4}+(1-1)^2\times\frac{1}{2}+(2-1)^2\times\frac{1}{4}=\frac{1}{2}$$

이다.

3.5 베르누이분포

이제 확률변수 X의 구체적인 분포로서 가장 간단한 형태의 분포를 소개하기로 한다. 어떤 조사나 실험에 있어 두 가지의 조사 결과만이 가능한 경우가 있다. 즉, 특정인을 지지하는가 지지하지 않는가? 정각에 도착하였는가 혹은 연착하였는가? 부도를 냈는가 혹은 내지 않았는가? 등 두 가지 중에 어떤 일이 일어났는가를 조사하는 경우이다. 이 같은 경우에 어느 하나를 성공이라 부르고 다른 하나를 실패라고 하자. 그러면 변수 X는

$$X = \begin{cases} 1, & \text{성공일 경우} \\ 0, & \text{실패일 경우} \end{cases}$$

로 표현되는데 이와 같은 확률변수는 **베르누이**(Bernoulli)**분포**를 따른다고 한다.

좀 더 구체적으로 설명하면

$$P(X=1) = p = \text{성공일 확률}$$

라 할 경우, X는

$$f(x) = p^x (1-p)^{1-x}, \ \ x = 0, 1 \tag{3.5}$$

의 분포를 따른다고 한다(3.3절 참조).

베르누이분포는 비율로 얻어지는 자료를 다루는 데 필요한 분포이다. 예를 들면, A 회사 제품의 시장점유율이 40%라고 하자. 전체 시장(모집단)의 구성원 각각이 A 제품 고객인가 아닌가를 나타내기 위해서 변수 X를

$$X = \begin{cases} 1, & A\text{회사 고객일 경우} \\ 0, & A\text{회사 고객이 아닐 경우} \end{cases}$$

로 하면

$$P(X=1) = P(A\text{회사 고객}) = 0.40 = A\text{회사 점유율}$$

$$P(X=0)=P(\text{타회사 고객})=0.60$$

이며 X의 확률분포는

$$f(x)=(0.4)^x(0.6)^{1-x},\ \ x=0,1$$

이 된다. $f(0)=P(X=0)=0.60$이며 $f(1)=P(X=1)=0.40$이다. 그리고 이를 그래프로 나타내면 다음과 같다.

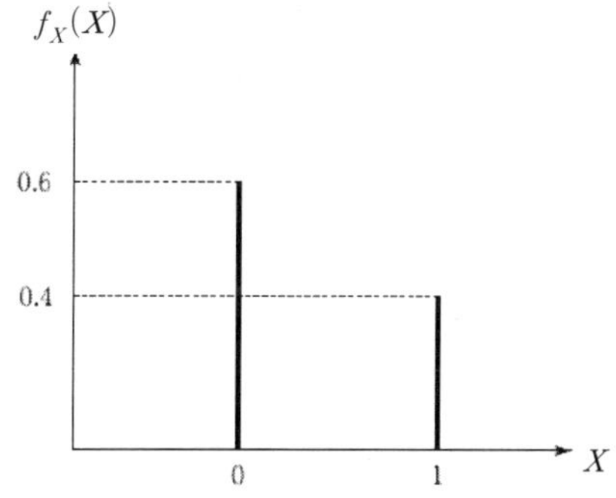

이제 앞 절에서 정의한 기댓값(평균)과 분산을 구해보면 X가 베르누이분포를 따를 때, X의 기댓값(평균)은

$$\mu=E(x)=0(1-p)+1(p)=p$$

이며 X의 분산은

$$\begin{aligned}\sigma^2 &= Var(X)=E[(X-\mu)^2]\\ &= (0-p)^2(1-p)+(1-p)^2p=p(1-p)\end{aligned}$$

가 된다.

3.6 정규분포

우리 주위의 많은 자료는 정규분포를 따른다고 해도 과언이 아니다. 실제로 어떤 변수에 대해 많은 수의 데이터를 얻었을 경우, 그 자료의 그래프를 얻어보면 정규분포에 가까운 것을 알 수 있다. 더욱이 거의 모든 통계이론이 정규분포를 배경으로 이루어져 있으므로 정규분포를 이해하는 것은 매우 중요한 일이다.

우선 정규분포는 평균을 중심으로 **좌우 대칭**이다. 그리고 퍼짐의 정도를 표준편차로 나타낼 수 있는데 분포 모양은 그림 3.4와 같다. 정규분포를 따르는 변수 X의 확률분포는 바로 그림 3.4의 곡선 형태인데 이를 식으로 나타내면

$$f(x) = \frac{1}{\sqrt{2\pi}\,\sigma} e^{-\frac{(x-\mu)^2}{2\sigma^2}}, \quad -\infty < x < \infty \tag{3.6}$$

이다. 식 3.6에서 e는 무리수로서 2.718로 계산하면 된다. 모집단의 평균(μ)과 표준편차(σ)의 크기에 따라 정규분포의 모양은 상당히 뾰족할 수도 있고 납작한 형태의 펑퍼짐한 형태일 수도 있다. 그림 3.5는 여러 가지 형태의 정규분포를 나타내고 있는데 그림 3.5(A)는 평균은 같은데 표준편차가 다른 경우이고, 그림 3.5(B)는 표준편차는 같은데 평균이 다른 경우이다.

확률변수 X가 평균 μ, 분산 σ^2을 갖는 정규분포를 따른다고 할 때,

$$X \sim N(\mu, \sigma^2)$$

으로 표현하자.

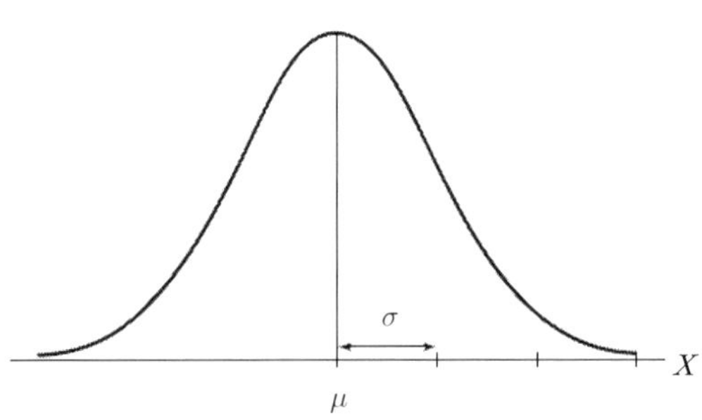

그림 3.4 정규분포

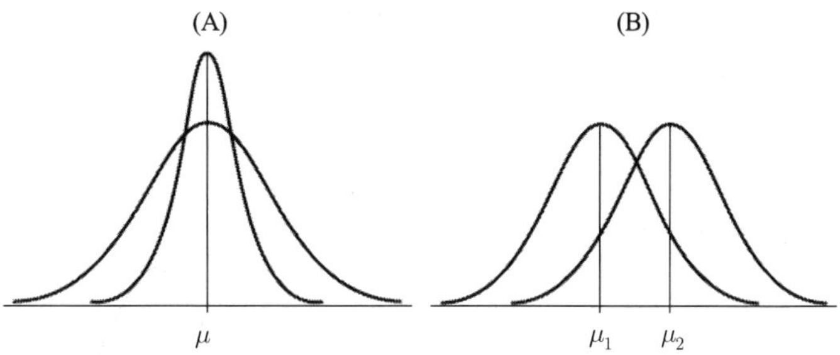

그림 3.5 정규분포의 여러가지 형태

또한 이산형 확률분포인 베르누이 분포에서는 $f_X(x)$가 그 자체로서 확률을 나타내지만, 연속적인 변수의 하나인 정규분포에서는 $f_X(x)$가 그림 3.4의 곡선식이지 그 자체가 확률을 나타내는 것은 아니다. 따라서 정규분포에서의 확률은 곡선 아랫부분의 면적을 구하는 것과 같은데, 확률을 구하기 위해 어떤 정규분포이든지 **표준화**(standardization)를 시켜 표준화된 정규분포로 바꾸면 된다.

3.6.1 표준정규분포

평균이 μ이고 분산이 σ^2인 변수 X가 정규분포를 따른다고 할 때,

$$X \sim N(\mu, \sigma^2)$$

으로 표현한다. 그러면 표준화는

$$Z = \frac{X - \mu}{\sigma} \tag{3.7}$$

로 정의된다. 즉, 표준화시키는 대상인 변수(X)에서 그의 평균을 뺀 것을 표준편차로 나누는 것을 표준화시킨다고 한다.

여기서 Z를 **표준정규분포 확률변수**라고 부른다. 표준화를 시키게 되면 X의 측정단위가 무엇이든지 간에 Z는 단위가 없는 변수가 되는데 이는 분모, 분자의 단위가 서로 상쇄되기 때문이다. Z의 평균은 0, 표준편차는 1이 된다. 즉,

$$Z \sim N(0, 1)$$

이다. 이를 그림으로 나타내면 그림 3.6과 같다.

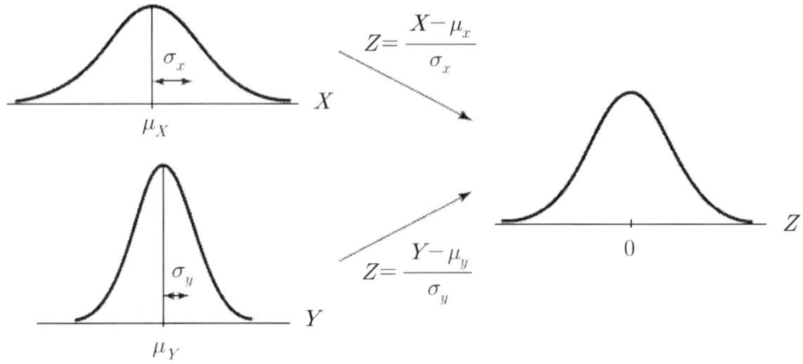

그림 3.6 **표준정규분포**

이제 정규분포에서의 확률을 구하자. 예를 들어, 어느 매장의 일일 입장 고객 수 (X)는 평균 75명, 표준편차 8명(분산 64명)인 정규분포를 따른다. 이 매장에 하루 75명에서 83명의 고객이 올 확률을 구하여 보자. 우선 X의 확률분포를 그래프로 얻으면 그림 3.7과 같고, 우리는 음영 부분의 면적을 계산하여야 하는데 X를 표준화시키면 그림 3.8과 같이 되어 **표준정규분포표**([부록 1])에서 0.3413임을 찾을 수 있다. 이를 식으로 표현하면 다음과 같다.

$$P(75 < X < 83) = P(\frac{75-75}{8} < \frac{X-75}{8} < \frac{83-75}{8})$$

$$= P(0 < Z < 1.0) = 0.3413$$

[부록 1]의 표는 소수점 아래 두 자리까지의 Z값에 대한 그림 3.8의 음영 부분에 대한 확률면적을 나타내고 있다. 여기서 유의할 점은 표준화는 정규분포에만 적용되는 것이 아니라는 점이다.

이제 표준화의 개념을 자세히 알아보자. 어떤 자료 X는 5, 7, 7, 13의 값을 갖는다고 하자. 그러면 $E(X) = (5+7+7+13)/4 = 8$이고, $Var(X) = 9$이므로 $\sigma = 3$이다. 따라서 X를 표준화시키면

$$Z = \frac{X-8}{3}$$

이므로 각의 X값에 대한 Z값은

$$(X=5)\text{는 } Z=(5-8)/3=-1,$$
$$(X=7)\text{은 } Z=(7-8)/3=-1/3,$$
$$(X=13)\text{은 } Z=(13-8)/3=5/3$$

이 되고, Z의 평균은 0, 분산은 1임을 알 수 있다. X의 단위가 명이라면 X는 평균 8명, 표준편차 3명이지만 Z의 단위는 없다.

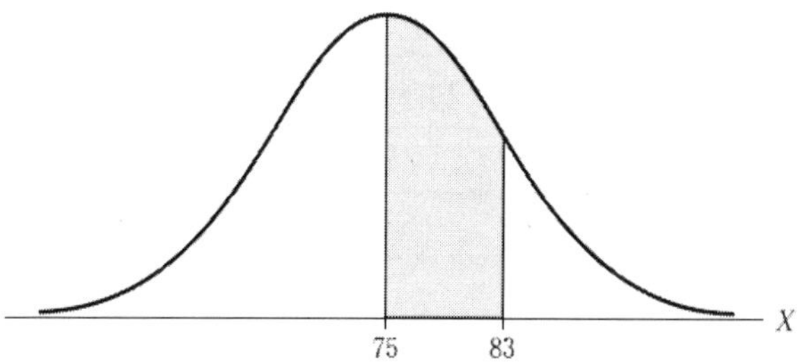

그림 3.7 정규분포에서의 확률계산

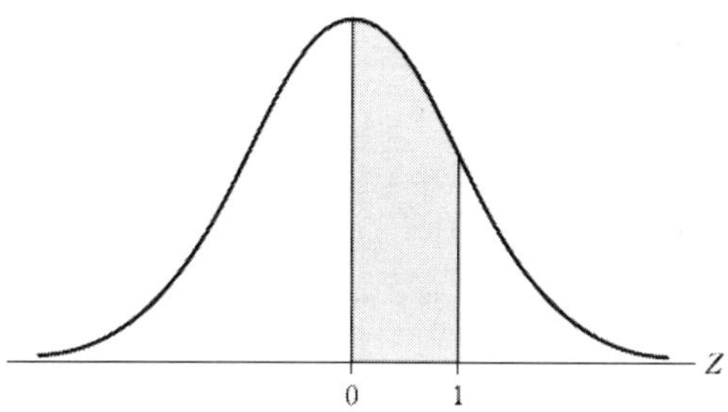

그림 3.8 표준정규분포의 확률

다음과 같은 예를 통하여 표준화의 활용범위를 생각해 보는 것도 매우 필요한 일이다. 어느 회사에서 A와 B 부장이 그들 각각의 부하 직원을 평가한 자료(100점 만점)가 다음과 같다고 하자.

A 부장	김○○	이○○	박○○	김○○
	55	50	60	55

B 부장	최○○	정○○	유○○	
	70	80	90	

A 부장과 B 부장은 서로 자신만의 척도를 가지고 평가를 하였기 때문에 A 부장의 부하 직원은 모두 B 부장의 직원들보다 못한 사람들이라고 할 수는 없다. 즉, B 부장이 평가한 70점이 A 부장이 평가한 55점보다 높다고 할 수 없다. 그러므로 부장의 평가 점수 4개를 표준화시키고, B 부장의 평가 점수 3개를 표준화시켜 모든 직원 7명에 대한 표준화 점수를 얻어야 한다.

	평균($\bar{x}$)	표준편차(s)
A 부장	55	3.54
B 부장	80	8.16

따라서 A와 B 부장의 부하 직원의 평가 점수를 표준화시킨 결과는 다음과 같다.

A 부장	B 부장
$55 \rightarrow \frac{55-55}{3.54}=0$	$70 \rightarrow \frac{70-80}{8.16}=-1.23$
$50 \rightarrow \frac{50-55}{3.54}=-1.41$	$80 \rightarrow \frac{80-80}{8.16}=0$
$60 \rightarrow \frac{60-55}{3.54}=1.41$	$90 \rightarrow \frac{90-80}{8.16}=1.23$
$55 \rightarrow \frac{55-55}{3.54}=0$	

결국은 A 부장으로부터 60점을 평가받은 박○○가 직원들 7명 중에서 가장 높은(1.41) 평가를 받은 사람이라고 말할 수 있게 된다. 그리고 그다음으로는 B 부장에게 90점을 받은 박○○이다.

이처럼 표준화의 적용 범위는 매우 다양하다. 자료의 단위가 서로 달라 비교하기 어려우면 표준화를 통해 단위를 통일하여 줄 수 있기 때문이다.

예제 3.3

어느 가전제품의 수명 시간(X)은 평균 1,000시간, 표준편차 100시간의 정규분포를 따른다고 한다. 이 회사의 마케팅팀에서는 판촉 효과를 위해 구매 후 750시간을 사용하지 못하고 고장이 날 경우, 제품 구매 가격을 전액 보상하겠다는 품질보증을 하고자 한다.

그러면 이러한 내용의 품질보장에 따른 보상액은 어느 정도 될까를 생각해 보아야 할 것이다. 이 문제는 결국 수명 시간이 750시간 이하일 확률을 구하는 문제이므로

$$P(X < 750) = P\left(\frac{X - 1,000}{100} < \frac{750 - 1,000}{100}\right) = P(Z < -2.50)$$

이다. 표준정규분포는 0을 기준으로 좌우 대칭이므로 $P(Z < -2.50) = P(Z > 2.50)$이고 표준정규분포표에서 $P(0 < Z < 2.50) = 0.4938$ 이므로

$$P(Z > 2.50) = 0.5 - P(0 < Z < 2.50) = 0.5 - 0.4938 = 0.0062$$

이다. 따라서 10,000대를 판매하면 62대에 대해 보상해 주어야 하는데, 보상액과 품질보증에 따른 판매증가액을 검토하여야 할 것이다. 물론 보장 기간을 750시간으로 할 것인지 더 연장하여야 하는지도 결정할 수 있을 것이다.

3.7 결합분포와 상관계수

앞에서는 이산형 확률분포와 연속형 확률분포 각각의 대표적인 분포인 베르누이 분포와 정규분포를 설명하였다. 여기서는 어떤 두 가지 변수의 분포를 고려하여 보기로 하자.

즉, 키와 몸무게, 수입과 지출, 직원의 수와 내방객의 수 등과 같이 두 개의 변수를 각각 X, Y라 표현하면 (X, Y)의 분포를 $f_{XY}(x, y)$로 표시할 수 있다. 예를 들어, A 부서와 B 부서의 결근자 수를 각각 X, Y라 할 경우, (X, Y)의 분포가 다음과 같이 얻어졌다고 하자.

X \ Y	0	1	2	3	$f_X(x)$
0	0.05	0.05	0.10	0.00	0.2
1	0.05	0.10	0.25	0.10	0.5
2	0.00	0.15	0.10	0.05	0.3
$f_Y(y)$	0.1	0.3	0.45	0.15	1.0

앞의 예에서 설명한 이와 같은 $f_{XY}(x, y)$를 X와 Y의 **결합확률분포**(joint probability distribution)라 부른다. 물론 A 부서와 B 부서 모두 결근자가 없을 확률은 $P(X=0,\ Y=0)=0.05,\ \cdots,$ A 부서에 결근자가 2명, B 부서에는 3명일 확률은 $P(X=2,\ Y=3)=0.05$ 이다.

그리고 X만의 분포는 $f_X(x)$, Y만의 분포는 $f_Y(y)$이며 각각 **주변확률분포**(marginal probability distribution)라 부른다. 즉,

X	0	1	2	합
$f_X(x)$	0.2	0.5	0.3	1

Y	0	1	2	3	합
$f_Y(y)$	0.1	0.3	0.45	0.15	1

이며 위의 표와 같이 $f_{XY}(x, y)$의 표의 주변에 나타내게 된다.

또한 X가 주어졌을 경우 Y의 분포를 **조건부확률분포**(conditional probability distribution)라 부른다. 예를 들면, A 부서의 결근자(X)가 1명으로 주어졌을 경우 B 부서의 결근자(Y)에 대한 확률을 $P(Y \mid X=1)$로 표현하면 Y가 취하는 값, $\{0, 1, 2, 3\}$에 대한 확률은 각각

$$P(Y=0 \mid X=1), P(Y=1 \mid X=1), P(Y=2 \mid X=1), P(Y=3 \mid X=1)$$

로 표현된다. 그러므로 $X=1$로 주어졌을 경우 Y의 조건부확률분포를 $f_{Y \mid X}(y \mid x=1)$로 표현하며 Y의 각 값 {0, 1, 2, 3}에 대한 확률을

$$f_{Y|X}(0 \mid x=1) \Leftrightarrow P(Y=0 \mid X=1)$$
$$f_{Y|X}(1 \mid x=1) \Leftrightarrow P(Y=1 \mid X=1)$$
$$f_{Y|X}(2 \mid x=1) \Leftrightarrow P(Y=2 \mid X=1)$$
$$f_{Y|X}(3 \mid x=1) \Leftrightarrow P(Y=3 \mid X=1)$$

로 표현하는 것이다. 물론 $f_{Y|X}(y \mid x=1)$를 $X=1$로 주어졌을 때, Y의 조건부 확률분포라 부르기 때문에 $(y=0,\ 1,\ 2,\ 3)$

$$f_{Y|X}(0 \mid x=1)+f_{Y|X}(1 \mid x=1)+f_{Y|X}(2 \mid x=1)+f_{Y|X}(3 \mid x=1)=1.0$$

이 된다. 주어진 A 부서와 B 부서 결근자 수에 대한 결합확률분포 값으로 위의 조건부확률을 구해보면

$$f_{Y|X}(0 \mid x=1)=0.1,\ f_{Y|X}(1 \mid x=1)=0.2,$$
$$f_{Y|X}(2 \mid x=1)=0.5,\ f_{Y|X}(3 \mid x=1)=0.2$$

이다. 그리고 조건부확률은 X 각각의 값이 주어졌을 때 Y의 분포, Y 각각의 값이 주어졌을 때 X의 분포 모두 표현이 가능하다. 즉,

$$f_{Y|X}(y \mid x=0),\ f_{Y|X}(y \mid x=1),\ f_{Y|X}(y \mid x=2),$$

$$f_{X|Y}(x \mid y=0),\ f_{X|Y}(x \mid y=1),\ f_{X|Y}(x \mid y=2),\ f_{X|Y}(x \mid y=3)$$

의 조건부확률분포가 가능하다.

물론 어느 경우의 조건부확률도 구할 수 있다. 예를 들면, $Y=2$일 때 X의 조건부확률은

X	0	1	2	합
$f_{X\|Y}(x \mid y=2)$	$\frac{0.10}{0.45}$	$\frac{0.25}{0.45}$	$\frac{0.10}{0.45}$	1

로 그 분포가 얻어진다.

앞의 표에 나타나 있는 $f_{XY}(x,y)$의 분포를 그래프로 나타내면 그림 3.9와 같다. 이 예는 X와 Y가 각각 이산형인 경우의 결합분포인데 X와 Y가 모두 정규분포를 따를 경우, 결합분포 $f_{XY}(x,y)$는 그림 3.10과 같은 모양이 된다.

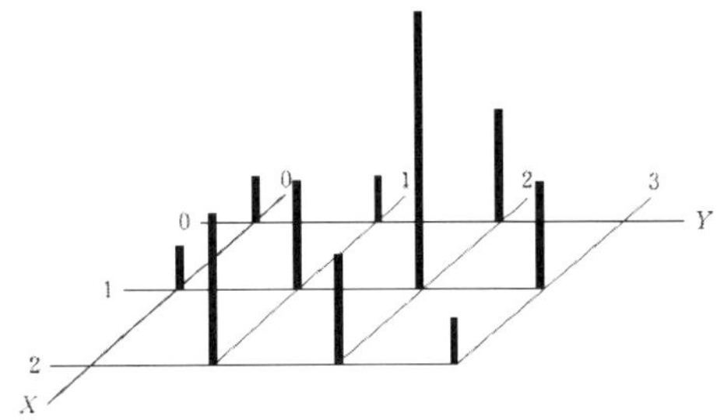

그림 3.9 $f_{XY}(x,y)$의 형태

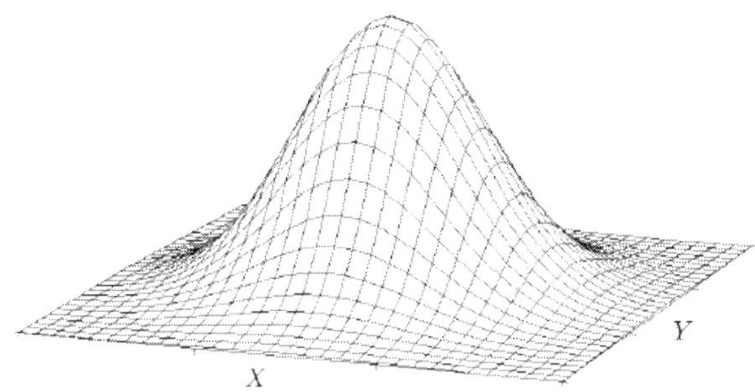

그림 3.10 두 변수가 정규분포를 따르는 경우

여기서 두 개의 확률변수가 있다면 두 변수의 독립에 대한 정의는 다음과 같다. 즉, X와 Y의 결합확률분포 $f_{XY}(x,y)$가 X의 주변확률분포 $f_X(x)$와 Y의 주변확률분포 $f_Y(y)$의 곱으로 표현될 때, X와 Y는 독립이고 그 역도 성립한다. 즉,

$$f_{XY}(x,y) = f_X(x)f_Y(y) \Leftrightarrow X\text{와 } Y\text{는 독립}$$

이다. 그러나 실제로 두 변수 X와 Y가 연속적인 변수일 경우에는 (X, Y)의 결합분포를 찾는다는 것이 매우 어려울 뿐만 아니라 다루기도 쉽지 않다. 따라서 X와 Y를 적당한 구간으로 나누어 범주형 변수(등간변수)로 전환한 후 (X, Y)의 결합분

포를 찾는 것이 바람직하다.

예를 들면, 성인 남자의 키(X)와 몸무게(Y)를 조사할 경우 X와 Y는 모두 연속형 변수이므로 연속형의 $f_{XY}(x, y)$가 존재하지만 X와 Y를 각각 구간으로 나누어 다음과 같은 표의 $f_{XY}(x, y)$를 얻는다는 것이다.

다시 말하면 이 경우, X와 Y에 대해 연속형 자료로 얻어 필요한 분석을 할 수 있으나 (X, Y)의 분포 형태를 파악하려면 다음의 표와 같이 얻어질 수 있다. 실제로 이처럼 정리된 자료(분포)를 대상으로 분석하는 것이 효과적인 경우가 많다.

X \ Y	~45	45~65	66~85	86~105	106~
~165	0.08	0.04	0.02	0.00	0.00
166~170	0.02	0.06	0.08	0.01	0.00
171~175	0.01	0.08	0.12	0.02	0.01
176~180	0.00	0.02	0.13	0.05	0.03
181~185	0.00	0.00	0.04	0.06	0.06
186~	0.00	0.00	0.01	0.02	0.03

확률변수가 2개 이상일 경우에는 변수 간의 **상관계수**(correlation coefficient)를 정의하게 된다. 상관계수를 정의하기에 앞서 X와 Y의 **공분산**(covariance)이라는 것을 알아야 하는데, 공분산이란 X의 편차와 Y의 편차를 서로 곱한 것들에 대한 평균(기댓값)이다. 즉,

$$\begin{aligned} Cov(X, Y) &= E[(X-\mu_X)(Y-\mu_Y)] \\ &= \sum_i \sum_j (x_i - \mu_X)(y_j - \mu_Y) f_{XY}(x, y) \end{aligned} \tag{3.8}$$

로 정의된다. 그러므로 공분산으로 X와 Y의 관계, 즉 X가 커질 때 Y가 커지는지(+ 관계) Y가 작아지는지(− 관계)와 그 정도를 알 수가 있다. 그러나 공분산은 X의 측정 단위와 Y의 측정 단위가 곱해진 단위를 갖게 되고, X나 Y의 측정 단위 크기에 따라 공분산의 크기가 달라진다. 간단한 예를 들어, $X=$ 작업 시간, $Y=$ 월급여라고 하고 다음과 같은 X와 Y의 결합확률분포가 주어졌다고 하자.

(단위: X=1시간, Y=만 원)

X \ Y	100	200
2	0.3	0.1
4	0.1	0.5

$E(X)=\mu_X=3.2$
$E(Y)=\mu_Y=160$

그러면 공분산은,

$$\begin{aligned} Cov(X,\ Y) &= E[(X-\mu_X)(Y-\mu_Y)] \\ &= (2-3.2)(100-160)(0.3)+(2-3.2)(200-160)(0.1) \\ &\quad +(4-3.2)(100-160)(0.1)+(4-3.2)(200-160)(0.5) \\ &= 28.0\ \ (1\text{시간}\times\text{만원}) \end{aligned}$$

이 얻어지고 그 단위는 (1시간×만 원)이 된다. 그러나 만일 Y의 단위를 천 원으로 하게 되면 똑같은 결합확률분포에 대해 공분산은 280(1시간×천 원)으로 계산된다는 것이다.

(단위: X=1시간, Y=천 원)

X \ Y	1,000	2,000
2	0.3	0.1
4	0.1	0.5

$E(X)=\mu_X=3.2$
$E(Y)=\mu_Y=1{,}600$

따라서 얻어진 공분산의 크기만으로는 X와 Y의 관계의 정도를 가늠할 수 없다. 그러므로 공분산의 단위를 제거하여 상관계수를 정의하여야 한다. 상관계수는 공분산을 X와 Y 각각의 표준편차로 나눈다. 즉, 상관계수를

$$\rho = Corr(X,\ Y) = \frac{Cov(X,\ Y)}{\sqrt{Var(X)}\ \sqrt{Var(Y)}} \tag{3.9}$$

로 정의한다. 그러면 공분산의 단위가 X의 표준편차 단위와 Y의 표준편차 단위로 상쇄되어 상관계수는 단위가 없는(unitless) 값으로 얻어진다. 상관계수는 그리스 문

자로 ρ 라고 쓰고, 로(rho)라고 읽으며, 일반적으로 피어슨(Pearson)의 상관계수라고도 한다. 상관계수는

$$-1 \le \rho \le 1$$

인 값을 갖는다. 그러므로 상관계수는 단위를 갖지 않기 때문에 두 변수 간의 관련 정도를 계산하는 데 적절하다.

그러나 여기서 정의한 상관계수란 X와 Y가 연속형 변수이면서 선형의 관계에 있으면 유용하다. X와 Y가 연속형 변수가 아닌 경우에는 분류된 자료(제7장 참조)에서 관련도(measure of association)나 비모수적 방법으로 상관관계를 찾을 수 있다.

또한 X와 Y가 그림 3.11과 같이 선형의 관계가 아닌 경우, 상관계수 값은 0에 가까운 값으로 얻어지지만 X^2과 Y 간에는 선형성이 아닌 상당히 높은 함수관계가 존재하게 된다.

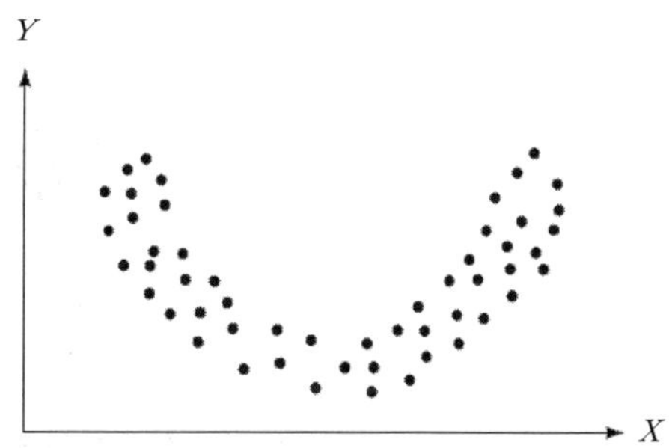

그림 3.11 X와 Y가 선형이 아닌 경우

상관계수에 영향을 미치는 요인은 크게 두 가지로 나누어 볼 수 있다. 즉, 자료의 범위를 제한할 경우와 집단을 어떻게 결합하는지에 따라 상관계수의 값은 매우 다르게 얻어질 수 있음을 유의하여야 한다.

예를 들어, 전국 고등학교 학생들의 수능시험 성적과 IQ에 대한 상관계수를 보면 그 값이 크게 나타나지만(예: $\rho = 0.8$), 수능 성적이 320점 이상인 학생들만을 대상으로 수능시험 성적과 IQ에 대한 상관계수를 보면 그 값이 작게(예: $\rho = 0.2$) 나타날 것이다.

그림 3.12에는 두 가지 경우의 산점도가 나타나 있는데 자료의 범위를 제한할 경

우 상관계수가 낮게 얻어지는 것이 일반적 현상이다.

또한 두 변수 간의 상관계수는 어떤 집단을 대상으로 얻을 것인가에 따라 큰 차이를 보일 수도 있다. 예를 들면, 전체 표본을 남자와 여자로 나눈 경우, 남자와 여자 각 집단에서는 뚜렷한 상관관계를 보이지만, 전체 표본에 대한 상관계수는 매우 낮은 결과를 얻을 수 있다.

그림 3.13은 수학(X)과 영어(Y)의 점수 간에 얻어진 산점도이다. 남자의 경우 X와 Y는 비교적 높은 양(+)의 상관관계를 보이며, 여학생들은 비교적 높은 음(−)의 상관관계에 있다. 그러나 남녀를 모두 합하여 전체 학생들의 수학과 영어성적은 거의 상관이 없는 것으로 얻어질 수 있다는 것이다. 이 예는 전체 학생들을 대상으로 얻어진 낮은 상관계수 때문에 수학과 영어성적 간에는 상관이 없다는 결론을 내린다면 매우 위험하다는 점을 보여주고 있다. 따라서 남학생과 여학생 그룹으로 나누어 상관관계를 설명하는 것이 바람직한 결과가 될 것이다.

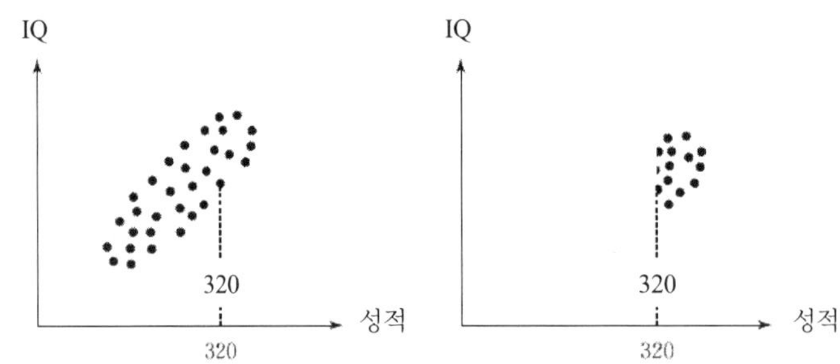

그림 3.12 자료가 큰 경우와 자료를 제한한 경우의 상관계수

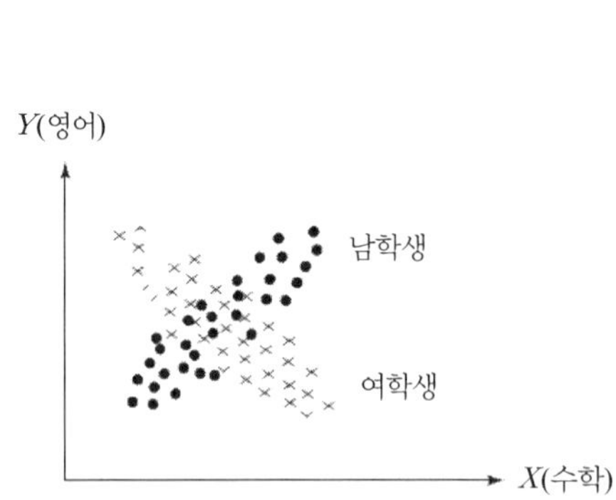

그림 3.13 수학(X)과 영어(Y)의 점수 간에 얻어진 산점도

이와 같은 극단적인 경우 이외에도 그림 3.14와 같이 집단별 상관계수와 집단을

결합한 경우의 상관계수 간의 비교를 고려하여 보아야 할 경우도 있을 것이다.

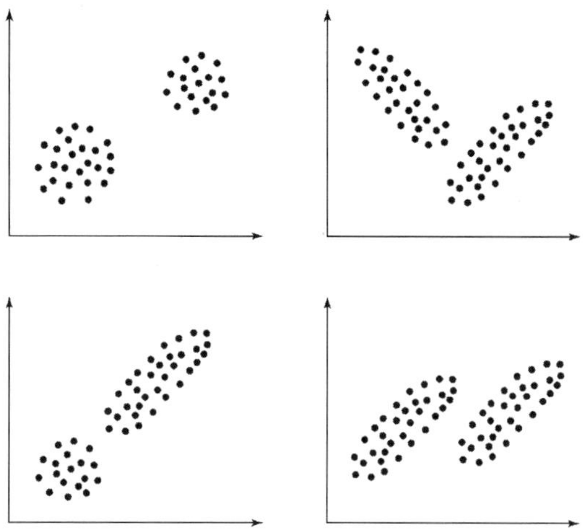

그림 3.14 집단을 결합할 경우의 여러 가지 형태

피어슨의 상관계수는 연속적인 변수들에 대한 직선적 상관관계를 구하는 데 적절하다고 하였다. 그러나 뒤에서 다루게 되는 가변수(dummy variable) 형태의 자료들에 대해서는 어떤 방법으로 상관관계를 측정할 수 있을까?

파이계수(phi coefficient)는 두 개의 변수 X와 Y가 각각 두 가지로 분류된 경우, X와 Y의 상관계수를 얻는 데 사용된다. 예를 들어, 성별(X)과 합격 여부(Y) 간의 상관계수를 얻기 위하여 다음의 자료를 얻었다고 하자.

X \ Y	0(불합격)	1(합격)
0	8	4
1	12	16

이 자료에 대해 X와 Y의 상관계수를 얻는다면, 다음과 같이 정의되는 파이계수를 이용하여야 하는데 파이계수는

$$\phi = \frac{P_C - P_X P_Y}{\sqrt{P_X(1-P_X)P_Y(1-P_Y)}}$$

로 계산된다. 여기서

$$P_C = (X=1,\ Y=1)\text{인 사람의 비율}$$
$$P_X = (X=1)\text{인 사람의 비율}$$
$$P_Y = (Y=1)\text{인 사람의 비율}$$

이다. 따라서 위의 자료에 대한 파이계수는 다음과 같다.

$$\phi = \frac{\frac{16}{40} - \left(\frac{28}{40}\right)\left(\frac{20}{40}\right)}{\sqrt{\left(\frac{28}{40}\right)\left(1-\frac{28}{40}\right)\left(\frac{20}{40}\right)\left(1-\frac{20}{40}\right)}} = 0.22$$

3.8 기댓값과 분산의 응용

여기서는 기댓값(expectation)에 관한 응용 및 연산 관계를 설명하기로 한다. 확률변수 X가 이산형인 경우, 즉 X가 $\{x_1, x_2, \cdots, x_p\}$ 중에서의 어떤 값을 취할 경우를 설명한다. 다시 말하면 확률변수 X가 x_1 일 확률을 $f(x_1)$, x_2 일 확률을 $f(x_2)$, $\cdots$ 등일 경우에 기댓값에 관련된 여러 가지 형태를 살펴본다.

X	x_1	x_2	$\cdots$	x_p
$f(x)$	$f(x_1)$	$f(x_2)$	$\cdots$	$f(x_p)$

(1) 확률변수 X가 x_i를 취할 확률이 $f_X(x_i)$, $i=1, \cdots, p$ 일 때 X의 기댓값은 다음과 같이 정의된다.

$$E(X) = \sum_{i=1}^{p} x_i f(x_i) = \mu_X$$

(2) 상수 c값의 기댓값은 c이다.

$$E(c) = \sum_{i=1}^{p} cf(x_i) = c\sum_{i=1}^{p} f(x_i) = c \times 1 = c$$

(3) 확률변수 X에 a를 곱한 것의 기댓값은 X의 기댓값에 a를 곱한 것과 같다.

$$E(aX) = \sum_{i=1}^{p} ax_i f(x_i) = a\sum_{i=1}^{p} x_i f(x_i) = aE(X) = a\mu_X$$

(4) 확률변수 X에 a를 곱하여 b를 더한 것의 기댓값은 X의 기댓값에 a를 곱하여 b를 더한 것과 같다.

$$\begin{aligned} E(aX+b) &= \sum_{i=1}^{p} (ax_i + b)f(x_i) = \sum_{i=1}^{p} (ax_i f(x_i) + b\,f(x_i)) \\ &= \sum_{i=1}^{p} ax_i f(x_i) + \sum_{i=1}^{p} b\,f(x_i) \\ &= a\sum_{i=1}^{p} x_i f(x_i) + b\sum_{i=1}^{p} f(x_i) = aE(X) + b \end{aligned}$$

(5) 확률변수 X의 분산은 다음과 같이 정의한다.

$$Var(X) = E[(X-\mu_X)^2] = \sum_{i=1}^{p} (x_i - \mu_X)^2 f(x) = {\sigma_X}^2$$

(6) 확률변수 X의 분산은 X^2의 기댓값에서 X의 기댓값 제곱을 뺀 것과 같다.

$$\begin{aligned} Var(X) &= E[(X-\mu_X)^2] = E[X^2 - 2X\mu_X + (\mu_X)^2] \\ &= E(X^2) - E[2X\mu_X] + E({\mu_X}^2) \\ &= E(X^2) - 2\mu_X E[X] + {\mu_X}^2 = E(X^2) - {\mu_X}^2 \end{aligned}$$

(7) 상수 c의 분산은 0이다.

$$Var(c) = E[(c - E(c))^2] = E[(c-c)^2] = 0$$

(8) 확률변수 X에 a를 곱하여 b를 더한 것의 분산은 X의 분산에 a^2을 곱한 것과 같다.

$$
\begin{aligned}
Var(aX+b) &= E[(aX+b)-E(aX+b)^2] \\
&= E[(aX+b)-(aE(X)+b)^2] \\
&= E[aX+b-(aE(X)+b)^2] \\
&= E[aX+b-a\mu_X-b^2] = E[a(X-\mu_X)^2] \\
&= a^2E[(X-\mu_X)^2] = a^2\,Var(X) = a^2{\sigma_X}^2
\end{aligned}
$$

이제 두 개의 확률변수 X와 Y에 대한 확률분포가 주어졌을 경우를 생각하여 보자. 다만 X가 $\{x_1, x_2, \cdots, x_p\}$의 값을 취하고, Y가 $\{y_1, y_2, \cdots, y_q\}$의 값을 취하는 이산형인 경우로 한정하여 X와 Y에 대한 기댓값과 공분산, 분산 등에 대해 알아보기로 한다. X와 Y가 연속확률변수라면 적분하여야 하므로 여기서는 X와 Y가 이산형인 경우로 국한한다. 즉, X와 Y의 결합분포 $f(x_i, y_j)$, $i=1, \cdots, p$, $j=1, \cdots, q$에 대해 다음과 같이 표현되는 경우이다.

X \ Y	y_1	y_2	$\cdots$	y_q	$f_X(x)$
x_1	$f(x_1, y_1)$	$f(x_1, y_2)$	$\cdots$	$f(x_1, y_q)$	$f_X(x_1)$
x_2	$f(x_2, y_1)$	$f(x_2, y_2)$	$\cdots$	$f(x_2, y_q)$	$f_X(x_2)$
$\vdots$	$\vdots$	$\vdots$		$\vdots$	$\vdots$
x_p	$f(x_p, y_1)$	$f(x_p, y_2)$	$\cdots$	$f(x_p, y_q)$	$f_X(x_p)$
$f_Y(y)$	$f_Y(y_1)$	$f_Y(y_2)$	$\cdots$	$f_Y(y_q)$	1.0

(1) 확률변수 X와 Y의 합에 대한 기댓값은 각각의 기댓값 합과 같다.

$$
\begin{aligned}
E(X+Y) &= \sum_i\sum_j(x_i+y_j)f(x_i, y_j) \\
&= \sum_i\sum_j x_i f(x_i, y_j) + \sum_i\sum_j y_j f(x_i, y_j) \\
&= \sum_i x_i \sum_j f(x_i, y_j) + \sum_j y_j \sum_i f(x_i, y_j) \\
&= \sum_i x_i f_X(x_i) + \sum_j y_j f_Y(y_j) \\
&= E(X) + E(Y) \\
&= \mu_X + \mu_Y
\end{aligned}
$$

(2) 확률변수 X에 a를 곱한 것과 확률변수 Y에 b를 곱한 것의 합에 대한 기댓값은 X의 기댓값에 a를 곱한 것과 Y의 기댓값에 b를 곱한 것의 합과 같다.

$$\begin{aligned} E(aX+bY) &= E(aX)+E(bY) \\ &= aE(X)+bE(Y) \\ &= a\mu_X+b\mu_Y \end{aligned}$$

(3) 확률변수 X와 Y의 공분산은 다음과 같이 정의한다.

$$Cov(X, Y) = E[(X-\mu_X)(Y-\mu_Y)] = \sigma_{XY}$$

(4) 공분산은 다음과 같은 식으로 정의될 수 있다.

$$\begin{aligned} Cov(X, Y) &= E[(X-\mu_X)(Y-\mu_Y)] \\ &= E[XY-\mu_Y X-\mu_X Y+\mu_X\mu_Y] \\ &= E(XY)-\mu_Y E(X)-\mu_Y E(Y)+\mu_X\mu_Y \\ &= E(XY)-\mu_X\mu_Y = E(XY)-E(X)E(Y) \end{aligned}$$

(5) 확률변수 X에 a를 곱한 것과 확률변수 Y에 b를 곱한 것의 공분산은 두 변수 X와 Y의 공분산에 ab를 곱한 것과 같다.

$$\begin{aligned} Cov(aX, bY) &= E[(aX-a\mu_X)(bY-b\mu_Y)] \\ &= E[a(X-\mu_X)b(Y-\mu_Y)] \\ &= abE[(X-\mu_X)(Y-\mu_Y)] \\ &= abCov(X, Y) \end{aligned}$$

(6) 확률변수 X와 확률변수 Y의 합에 대한 분산은 각 확률변수 분산의 합과 두 확률변수의 공분산에 2를 곱한 것의 합과 같다.

$$\begin{aligned} Var(X+Y) &= E[\{(X+Y)-E(X+Y)^2\}] \\ &= E[(X-E(X)+Y-E(Y))^2] \\ &= E[(X-E(X))^2+(Y-E(Y))^2+2(X-E(X))(Y-E(Y))] \\ &= E[(X-\mu_X)^2]+E[(Y-\mu_Y)^2]+2E[(X-\mu_X)(Y-\mu_Y)] \\ &= Var(X)+Var(Y)+2Cov(X, Y) \end{aligned}$$

여기서 확률변수 X와 확률변수 Y가 독립이면 두 변수의 공분산은 0이다. 따라서 X와 Y가 독립일 경우

$$Var(X+Y) = Var(X) + Var(Y)$$

이다. 그러나 공분산이 0이라고 해서 X와 Y가 독립인 것은 아니다.

(7) 확률변수 $(aX+bY)$에 대한 분산은 다음과 같다.

$$Var(aX+bY) = a^2 Var(X) + b^2 Var(Y) + 2ab\,Cov(X, Y)$$

(8) 확률변수 $(aX+bY+cZ)$에 대한 분산은 다음과 같다.

$$\begin{aligned} Var(aX+bY+cZ) &= a^2 Var(X) + b^2 Var(Y) + c^2 Var(Z) \\ &\quad + 2ab\,Cov(X, Y) + 2ac\,Cov(X, Z) + 2bc\,Cov(Y, Z) \end{aligned}$$

이 절에서는 다양한 경우에 대한 기댓값의 개념을 응용하였으며, 이는 통계학의 고급과정, 재무관리, 신용분석 등의 이해를 위해 필요한 개념이다.

연습문제

01 동전을 두 번 던졌을 때, 다음의 물음에 답하라.

(1) 표본공간을 구하라.

(2) 앞면이 한 번인 경우의 사상(E)을 구하라.

(3) $P(E)$를 구하라.

(4) 앞면이 두 번인 경우의 사상(F)을 구하라.

(5) 첫 번째 앞면이 나왔을 경우, 두 번째도 앞면이 나올 확률을 조건부확률로 표현하고, 그 값을 구하라.

02 상자에 25개의 전구가 있다. 그중에서 5개는 적어도 30일 동안 고장이 나지 않는 정품이고, 10개는 하루밖에 작동이 되지 않으며, 나머지 10개는 불량품이어서 불이 켜지지 않는다고 하자. 임의로 하나의 전구를 꺼냈을 때, 그 전구는 불이 켜져서 일주일 동안 사용할 수 있는 확률을 구하라.

03 X의 확률분포가 다음과 같다.

X	1	2	4	6	12
$f(x)$	0.08	0.27	0.10	0.33	0.22

(1) 막대그래프를 그려라.

(2) $E(X)$를 구하라.

(3) $P(2 \le X \le 7)$을 구하라.

04 다음 확률분포에 대해 물음에 답하라.

X	0	1	2	3
$f(x)$	0.3	0.4	0.2	0.1

(1) $P(X \geq 2)$와 $P(0 < X \leq 2)$를 구하라.

(2) $E(X)$, $Var(X)$를 구하라.

05 X와 Y의 결합확률분포가 다음과 같다.

X \ Y	0	1	2
0	0.1	0.3	0.05
1	0.2	0.25	0.1

(1) $P(X=Y)$, $P(X>Y)$의 값을 구하라.

(2) $X+Y$의 분포를 구하라.

(3) $E(X)$, $E(Y)$, $Var(X)$, $Var(Y)$를 구하라.

(4) $Cov(X, Y)$, $Corr(X, Y)$를 구하라.

(5) $2X+Y$의 분포를 구하라.

(6) $E(2X+Y)$, $Var(2X+Y)$구하라.

06 확률변수 X의 확률분포는

$$f(x) = kx,\ 0 \leq x \leq 6$$

(1) k를 구하라.

(2) $E(X)$를 구하라.

(3) $Var(X)$를 구하라.

07 표준정규분포에서 다음의 값을 구하라.

(1) $P(-1.23 < Z < 0.53)$

(2) $P(0.46 < Z < 2.31)$

(3) $P(Z > 1.28)$

08 300명 여성의 키에 대한 자료는 평균 160 cm, 표준편차 5 cm의 정규분포를 따른다고 한다.

(1) 300명의 여성 중 키가 162 cm보다 크고 172 cm보다 작을 확률을 구하라.

(2) 몇 cm 이하의 여성이 30%에 해당하는지 구하라.

09 김철수의 네 차례에 걸친 시험 성적은 다음과 같다. 여기서 시험 성적은 정규분포를 따른다.

시험	김철수 성적	전체 학생들의 성적	전체 학생들의 표준편차
1차	86	85	5
2차	90	85	10
3차	60	55	5
4차	74	72	5

(1) 김철수의 평균 성적을 구하라.

(2) 교수는 학생의 시험 성적을 각각 표준화시킨 후, 평균 78, 표준편차 6으로 최종 점수를 내려고 한다. 이 경우, 김철수의 최종 성적을 구하라.

(3) 위의 두 가지 방법 중 더 좋은 평가 방법은 무엇인가? 그 이유를 답하라.

10 X의 확률분포가 다음과 같다고 하자.

$$f(x) = \binom{3}{x}\left(\frac{2}{3}\right)^{x}\left(\frac{1}{3}\right)^{3-x}, \quad x = 0,\ 1,\ 2,\ 3$$

여기서 $\binom{3}{1} = {}_3C_1 = \dfrac{3!}{1!\,2!} = \dfrac{3\times2\times1}{1\times2\times1} = 3$ 이다.

(1) $E(X)$를 구하라.

(2) $Var(X)$를 구하라.

(3) X의 표준화 변수, Z에 대한 확률분포를 구하라.

11 본문에서 X와 Y의 공분산은

$$Cov(X, Y) = E[(X-\mu_x)(Y-\mu_y)]$$

로 정의하였다. 이제 X와 Y의 표본이 주어졌을 때 X와 Y의 공분산은

$$\frac{\sum_{i=1}^{n}(x_i-\overline{x})(y_i-\overline{y})}{n-1}$$

로 계산된다. 따라서 상관계수(r)는 다음과 같다.

$$r_{XY} = \frac{\sum(x_i - \overline{x})(y_i - \overline{y})}{\sqrt{\sum(x_i - \overline{x})^2}\sqrt{\sum(y_i - \overline{y})^2}}$$

이때 2장의 연습문제 7번에 나와 있는 밀수액(X)과 구금자(Y)의 자료에 대한 상관계수를 구하라.

12 다음은 세 가지 증권 A, B, C의 기대수익률과 분산 및 공분산 자료이다.

증권	A	B	C
기대수익률	6%	8%	12%

[분산-공분산(단위: %)]

	A	B	C
A	$\sigma_A^2 = 500$	$\sigma_{AB}^2 = 100$	$\sigma_{AC}^2 = 100$
B	$\sigma_{BA}^2 = 100$	$\sigma_B^2 = 700$	$\sigma_{BC}^2 = 200$
C	$\sigma_{CA}^2 = 100$	$\sigma_{CB}^2 = 200$	$\sigma_C^2 = 200$

(1) 세 가지 증권을 20%, 30%, 50%로 투자하려고 한다. 이 경우, 기대수익률을 구하라.

(2) 이 포트폴리오(A=20%, B=30%, C=50%)의 분산을 구하라.

4장

표본분포에 대한 이해

앞에서 살펴본 확률분포는 얻고자 하는 자료(X)의 모집단 전체에 대한 분포로서 이론적인 분포이다. 현실적으로 모집단 전체를 조사할 수는 없는 것으로 간주하기 때문에 모집단 전체는 미지의 집단이고 따라서 이론적으로 설명할 수밖에 없다. 그러므로 실제로 자료를 얻는 과정이나 방법에 관한 이론적인 체계를 이해할 필요가 있다.

4.1 표본

표본이란 이론적으로 설명할 수밖에 없는 모집단의 일부로 모집단으로부터 실제로 얻어 낸 구체적인 자료를 말한다. 즉, 20세 성인의 월 소비액(X)으로 정의된 모집단으로부터 1,000개의 구체적인 자료를 얻었다면 이를 표본이라고 한다. 다시 말하면 표본은 변수 X의 1,000개 관찰값을 말하며

$$\{x_1, x_2, \cdots, x_{1,000}\}$$

로 표현한다.

그러나 통계학의 이론 전개 과정을 이해하기 위해서는 표본을 구체적인 관찰값들로서뿐만 아니라, **변수로서의 표본**을 이해할 필요가 있다. 이제 크기 n의 표본을

$$\{X_1, X_2, \cdots, X_n\}$$

이라고 표현하여 보자. 변수로서의 표본이란 구체적인 값을 얻기 이전의 표본에 대한 이론적 정의이다. 즉, X_1은 첫 번째 얻어질 어떤 값, X_2는 두 번째 얻어질 어떤 값, $\cdots$, X_n은 n번째 얻어질 어떤 값을 나타내고 있다. 이를테면 실제로 얻어진 표본 $\{x_1, x_2, \cdots, x_n\}$은 이론적인 표본 $\{X_1, X_2, \cdots, X_n\}$의 구현된(realized) 값들일 뿐이다. 우리는 물론 두 가지 표현 모두를 표본이라고 한다.

앞에서 언급한 대로 확률변수는 확률분포를 따른다. 그러므로 표본 $\{X_1,$ $X_2,$

$\cdots, X_n\}$에서 각각의 X_i 들은 확률변수이고 확률분포를 하는데, 바로 모집단의 분포와 같은 분포를 하게 된다. 즉,

$$X_1, X_2, \cdots, X_n \overset{iid}{\sim} f(x) \tag{4.1}$$

이다. 여기서 $i.i.d.$는 **똑같이 독립적으로 분포한다**(identically independently distributed)의 약자이다. 따라서 X의 하첨자는 표본을 나타내기 위한 부호일 뿐 아무 의미가 없다고 생각하면 된다. 다시 말하면 똑같이 분포한다는 것은 표본을

$$\underbrace{\{X, X, \cdots, X\}}_{n\text{개}}$$

로 표현할 수도 있다는 것이다. 그러나 이보다는 $\{X_1, X_2, \cdots, X_n\}$으로 간결하게 표현한다.

예를 들어 수능시험을 치른 50만 명 학생들의 성적(X: 모집단) 분포는 평균 μ, 분산 σ^2의 정규분포를 따른다고 하자. 그러면 모집단을 구성하고 있는 X의 값이 50만 개 존재한다는 것이고 몇 점씩인지는 모르는 상태이다. 이때 그림 4.1과 같이 n개의 표본을 얻을 경우, $\{X_1, X_2, \cdots, X_n\}$으로 표현할 수 있는데 50만 개의 X 중에서 n개의 X를 얻는다는 의미이다. 따라서 $\{X_1, X_2, \cdots, X_n\}$ 모두 평균이 μ이고 분산이 σ^2인 정규분포를 따른다고 하는 것이다. 물론 X끼리는 서로 독립이다. 여기서 독립이라는 것은 표본들끼리 서로 영향을 미치지 않는다는 뜻으로 이해하자(3.7절 참조).

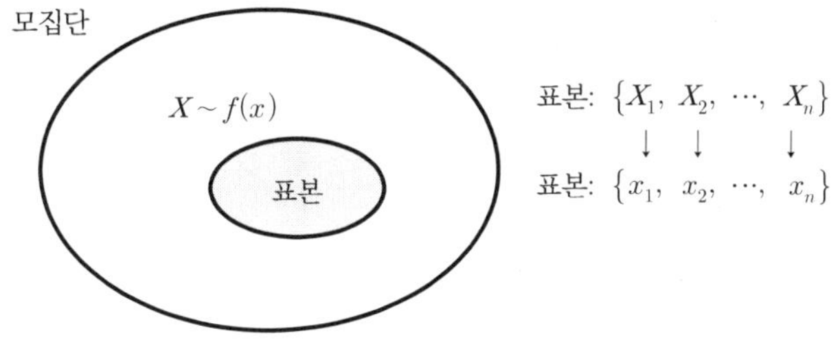

그림 4.1 모집단과 표본

확률변수들로서의 표본을 이해하는 것은 매우 중요한 일이다. 왜냐하면 앞으로의

통계이론 전개가 모두 표본으로부터 시작되기 때문이다. 그리고 모집단과 확률변수, 표본의 관계가 확실해야만 통계분석기법들의 내용과 그 결과물을 확실하게 이해할 수 있기 때문이다. 다시 한번 강조하면 그림 4.2와 같은 과정으로 이론적인 변수들로서의 표본이 실제로 자료를 얻는 과정을 거쳐 구체적으로 컴퓨터에 입력하게 되는 n개의 표본값, $\{x_1, x_2, \cdots, x_n\}$으로 얻어진다는 것이다.

여기서 다시 한번 변수로서의 표본을 생각해 보자. 직장인들은 현금을 얼마나 지니고 다니는가를 알아보려고 한다. 그러면

$$X = \text{직장인의 소지금액}$$

이 정의될 수 있고, 직장인 전체(모집단)를 대상으로 일정한 크기의 표본을 얻고자 할 것이다. 그리고 그 표본은

$$\{X_1, X_2, \cdots, X_n\}$$

으로 표현할 수 있는데 X_1은 첫 번째 표본 대상인 직장인의 소지 금액, X_2는 두 번째 대상인 직장인의 소지 금액 등을 나타낸다고 이해하면 된다. 이렇게 소지 금액을 확률변수로 표시하는 것이 하나도 이상한 일이 아니다.「나도 현재 얼마나 소지하고 있는지 모른다」라는 관점에서 직장인 개개인의 소지 금액은 변수(X_i)이기 때문이다. 물론 길거리에 나가 직장인을 붙잡고 물어보아 얻어진 소지 금액으로 실제로 n크기의 표본 $\{x_1, x_2, \cdots, x_n\}$을 얻게 되는 것이다.

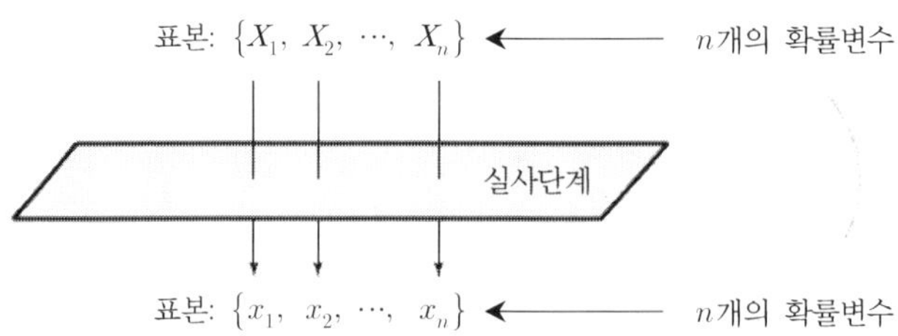

그림 4.2 변수로서의 표본과 관찰값으로서의 표본

4.2 통계량

흔히들 어떤 수치를 통계라고 한다. 이를테면 전 세계의 연도별 사망자 수 통계, 통화량 통계, 자동차 통계 등 통계라고 표현하는 것의 정확한 용어는 **통계량**(statistic)이다. 통계량이란 표본으로부터 얻어진 어떤 것으로 정의된다. 즉, $\{X_1, X_2, \cdots, X_n\}$ 또는 $\{x_1, x_2, \cdots, x_n\}$으로부터 얻어진 결과를 통계량이라고 한다.

예를 들면 $\overline{X}$, $\overline{x}$, S^2, s^2, X_1, $(x_1+x_2)/2$, $\cdots$ 등 통계량의 형태는 무수히 많다. 여기서 중요한 것은 확률변수 형태의 표본, $\{X_1, X_2, \cdots, X_n\}$으로부터 얻어진 통계량은 하나의 또 다른 확률변수로서 어떤 분포를 따른다는 것이다. 즉, 앞의 예 중에서 $\overline{X}$, S^2, X_1은 어떤 분포를 따른다는 점이다.

이제 모집단과 표본의 관계로부터 통계량을 이해하여 보자. 모집단의 크기가 N이라고 한다면 표본의 크기 n은 N에 비해 훨씬 작은 값일 것이다. 표본은 모집단으로부터 얻어지는 것임은 물론이다. 그러면 통계량은 어떤 목적으로 얻는 것일까? 모집단에 대해 알고자 하는 어떤 값을 **모수**(parameter)라고 하는데, 모수값을 직접 알 수는 없으므로 표본으로부터 얻어진 값, 통계량으로 모수를 알아내자는 것이다. 이와 같은 과정을 추정이라고 하는데 이는 5장에서 다루게 될 것이다.

모수 중에서도 가장 중요한 것은 역시 평균이다. 즉, 모집단(X)의 무수히 많은 값을 대표하는 하나의 값으로 평균이라는 개념을 사용하기 때문에 평균을 그 모집단의 특성을 한마디로 표현하고자 하는 경우가 많다.

전국 대학생들의 등록금 인상액 평균, 서울시 세대별 전력사용량 평균, 어느 건설회사의 월평균 사고 건수, 고객들의 만족도 등 우리가 알고자 하는 것은 평균이라는 모수인 경우가 허다하다.

그러면 모집단의 평균은 어떻게 추정할 것인가? 모집단으로부터 표본을 얻고 표본의 평균을 구하면 모집단의 평균에 관한 궁금증을 해결할 수 있다.

그림 4.3은 모집단과 모수, 이에 대응되는 표본과 통계량의 관계를 나타내고 있다. 모집단의 크기가 N일 경우, 모집단으로부터 표본크기 n의 표본을 얻어서 모집단에 대해 알고 싶은 모수값을 통계량으로 추정하게 된다는 과정을 보여주고 있다. 이에

대한 내용은 5장의 추정에서 구체적으로 다룰 것이다.

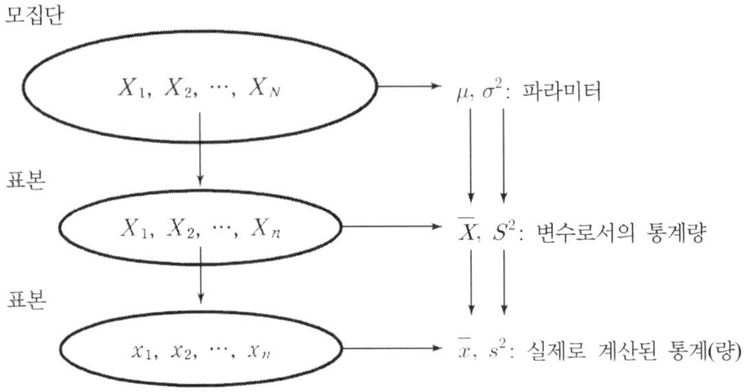

그림 4.3 모수와 통계량

4.3 표본평균($\overline{X}$)의 분포

모집단으로부터 얻게 되는 표본의 평균은 표본이 어떻게 얻어졌는지에 따라 그 표본평균값이 달라진다. 이를테면 모집단이 1,000개의 개체로 구성되어 있으면 1,000개 중에서 어떤 개체가 선택되느냐에 따라 표본의 구성이 달라지므로 1,000개에서 100개를 고르는 경우의 수(${}_{1,000}C_{100}$), 즉 ${}_{1,000}C_{100} = 6.4E+139 = 6.4 \times 10^{139}$ 개의 서로 다른 표본 조합이 가능하다.

따라서 이론상으로 $6.4E+139$개의 표본평균값이 있을 수 있는데, 그 표본평균값 중에는 같은 값도 있고 서로 다른 값들도 있을 것이다. 이렇게 표본평균값이 여러 개 존재할 수 있으므로 표본평균값의 분포가 있게 되고 이를 **표본평균의 분포**라 한다.

예를 들어, $\{0, 1, 2, \cdots, 14\}$의 값을 가진 15개의 카드로 모집단이 구성되어 있다고 하자. 이 모집단으로부터 표본크기 $n = 6$의 표본을 얻고자 할 때, 얻어질 수 있는 가능한 표본의 수는 ${}_{15}C_6$, 즉, 5,005개의 서로 다른 표본이 있게 된다. 이를테면

$$\{2, 4, 6, 8, 10, 12\} \rightarrow \overline{x} = 7$$

$$\{1, 4, 3, 7, 8, 13\} \rightarrow \overline{x} = 6$$

$$\vdots$$

$$\{14, 0, 7, 10, 9, 8\} \rightarrow \overline{x} = 8$$

등의 서로 다른 표본들이 존재하므로 각 표본에 대한 표본평균값이 5,005개 얻어질 수 있다. 이들 5,005개의 표본평균값은 가장 작은 값($\overline{x} = 2.5, \{0, 1, 2 3, 4, 5\}$)에서 가장 큰 값($\overline{x} = 11.5, \{9, 10, 11, 12, 13, 14\}$) 사이에 분포되어 있을 것이고 그중에서는 같은 값도 있을 것이다. 이들 5,005개의 표본평균값의 분포를 **표본평균의 표본분포**(sampling distribution of sample means)라고 하는데 복잡한 용어이므로 간단히 표본평균의 분포($\overline{X}$의 분포)라고 부르자. 물론 우리는 실제에 있어 단 하나의 표본, $\{x_1, x_2, \cdots, x_n\}$과 그로부터 단 하나의 표본평균값 $\overline{x}$를 얻게 되는 것이다.

이와 같은 사실을 이론적으로 설명해 보면 다음과 같다. 이론적인 표본, $\{X_1, X_2, \cdots, X_n\}$은 n개의 확률변수로 구성되어 있다. 각각의 X_i는 모집단의 분포, 즉 $f_X(x)$의 확률분포를 따른다고 하였다. 그러면 표본평균 $\overline{X}$는

$$\overline{X} = \frac{X_1 + \cdots + X_n}{n}$$

이므로 $\overline{X}$ 또한 확률변수이고 확률분포를 따른다는 것이다. $\overline{X}$가 어떤 분포를 따르는지는 후에 다루기로 하고, 먼저 확률변수 $\overline{X}$의 평균과 분산을 구해보면 다음과 같다. 즉,

$$E(\overline{X}) = \mu \tag{4.2}$$

$$Var(\overline{X}) = \sigma_{\overline{X}}{}^2 = \frac{\sigma^2}{n} \tag{4.3}$$

이다.

이론적으로 생각해 볼 때, 모든 가능한 표본평균값의 평균은 전체의 평균, 즉 모집단의 평균이 될 것은 당연한 결과이다. 또한 표본평균의 분산은 모집단의 분산을 표본의 크기 n으로 나눈 것으로 얻어진다. 다음의 연산 과정을 이해할 수 있다면(3.7절 참조) 통계학 이론을 이해하는 데 좋은 배경이 될 것이다.

$$E(\overline{X}) = E\left(\frac{X_1 + \cdots + X_n}{n}\right) = \frac{1}{n}E(X_1 + \cdots + X_n) \tag{4.4}$$

$$= \frac{1}{n}[E(X_1) + \cdots + E(X_n)]$$

$$= \frac{1}{n}[\mu + \cdots + \mu] = \mu$$

$$Var(\overline{X}) = E(\overline{X} - \mu)^2 \tag{4.5}$$

$$= E\left[\frac{X_1 + \cdots + X_n - n\mu}{n}\right]^2$$

$$= \frac{1}{n^2}E[(X_1 - \mu) + \cdots + (X_n - \mu)]^2$$

$$= \frac{1}{n^2}E[(X_1 - \mu)^2 + \cdots + (X_n - \mu)^2 + 2(X_1 - \mu)(X_2 - \mu)$$

$$+ \cdots + 2(X_{n-1} - \mu)(X_n - \mu)]$$

$$= \frac{1}{n^2}[E(X_1 - \mu)^2 + \cdots + E(X_n - \mu)^2$$

$$+ 2E(X_1 - \mu)(X_2 - \mu) + \cdots + 2E(X_{n-1} - \mu)(X_n - \mu)]$$

$$= \frac{1}{n^2}(\sigma^2 + \cdots + \sigma^2 + 0 + \cdots + 0) = \frac{\sigma^2}{n}$$

그러면 $\overline{X}$는 어떤 분포를 갖는가? 이에 대한 해답은 다음의 **중심극한정리**(Central Limit Theorem)가 해결하여 준다.

> **중심극한정리(Central Limit Theorem)**
>
> 모집단이 어떤 분포를 하더라도 표본의 크기가 충분히 클 경우, $\overline{X}$는 정규분포를 따른다고 할 수 있다.

여기서 표본의 크기가 충분히 클 경우는 경험적으로 $n = 30$ 이상일 경우를 말한다. 그러므로 식 4.2와 식 4.3의 결과를 사용하여 중심극한정리를 요약하면

$$\overline{X} \sim N\left(\mu, \frac{\sigma^2}{n}\right)$$

으로 표현할 수 있고 $\sim$은 근사적으로 분포한다는 부호이다.

중심극한정리는 표본평균의 분포를 정규분포로 취급해도 좋다는 기준을 설정해 주는 중요한 정리이다. 왜냐하면 모집단의 자료가 어떤 분포를 따르는지 모르더라도 표본평균 $\overline{X}$에 대한 분포가 정규분포를 따른다고 할 수 있는 근거를 제공하여 주기 때문이다. 그러나 표본의 크기가 작을 경우, 예를 들어 $n=10$일 경우에 $\overline{X}$의 분포가 정규분포를 따른다고 하기에는 큰 무리가 될 수 있다. 그러므로 이런 경우에는 비모수적(nonparametric) 방법에 의해 자료를 분석하는 것이 현명하다. 물론 모집단이 정규분포하면 표본의 크기와 관계없이 $\overline{X}$는 정확하게 정규분포한다.

그러면 여기서 표본크기가 30 이상일 때만 중심극한정리를 적용할 수 있는 것인가를 생각하여 보자. 모집단이 정규분포한다면 표본크기가 5라 할지라도 표본평균 $\overline{X}$의 분포는 정규분포하기 때문에 모집단이 정규분포와 비슷한 분포를 한다면 표본크기가 30보다 작을 경우라도 $\overline{X}$의 분포는 정규분포한다고 할 수 있을 것이다. 다만 30이라는 기준은 통계학자들이 경험적으로 설정한 숫자일 뿐, 중심극한정리를 적용하는 데 절대적인 기준은 아니다.

여기서 중심극한정리를 잘 보여주는 그림 4.4를 살펴보자. 그림 4.4에는 세 개의

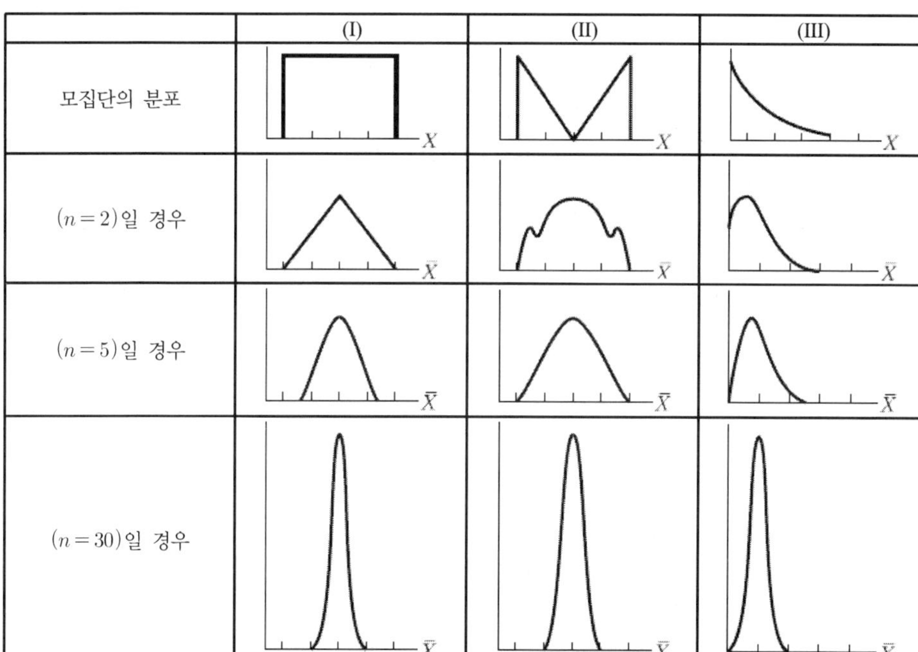

그림 4.4 세 가지 모집단에 대한 $\overline{X}$의 분포

서로 다른 모집단이 있다. 예를 들어, (Ⅰ) 첫 번째 모집단은 일정 구간에서 균등하게 분포하는 균등분포(uniform distribution)인데 $n=2$일 경우, $\overline{X}$는 삼각형 분포를 하며 $n=5$일 때는 완만한 정상의 산봉우리 형태의 $\overline{X}$ 분포를 얻게 된다. 그러나 $n=30$인 경우가 되면 $\overline{X}$의 분포가 정규분포에 거의 근사한 분포가 되는 것이다. 물론 이는 시뮬레이션의 결과이다. (Ⅱ)와 (Ⅲ)의 형태를 갖는 모집단 분포에 대해서도 표본의 크기가 ($n=2$), ($n=5$), ($n=30$)일 경우들에 대한 표본평균($\overline{X}$) 분포가 점차 정규분포에 근사해감을 볼 수 있다.

예제 4.1

전화의 수신 벨 종류는 A, B, C, D, 네 가지가 있는데 A는 신호음이 4번 울리고, B는 8번, C는 12번, D는 20번 울린다고 하자. 즉,

A	B	C	D
4	8	12	20

이다. 두 사람에게 임의로 전화를 걸어 들리는 신호음 수를 얻고자 할 경우 가능한 표본은 16가지가 된다.

$$(AA)\ (BA)\ (CA)\ (DA)$$
$$(AB)\ (BB)\ (CB)\ (DB)$$
$$(AC)\ (BC)\ (CC)\ (DC)$$
$$(AD)\ (BD)\ (CD)\ (DD)$$

여기서 (A, B, C, D)는 모집단이고 그 값들은 (4, 8, 12, 20)이다. 표본크기가 2로 얻어진 표본들의 표본평균은 위의 조합에 따라

4	6	8	12
6	8	10	14
8	10	12	16
12	14	16	20

이 되며 표본평균의 도수분포는

$\overline{X}$	4	6	8	10	12	14	16	20
도수	1	2	3	2	3	2	2	1

가 된다. 이제 모집단의 평균과 분산, 표본의 평균과 분산을 구해보면

$$\mu = \frac{(4+8+12+20)}{4} = 11$$

$$\sigma^2 = \frac{140}{4} = 35$$

$$\mu_{\overline{X}} = E(\overline{X}) = \frac{(4\times1+6\times2+\cdots+16\times2+20\times1)}{16} = 11$$

$$\sigma_{\overline{X}}{}^2 = Var(\overline{X}) = \frac{280}{16} = \frac{35}{2} = 17.5$$

가 됨을 확인할 수 있다.

여기서 표본의 크기를 3, 4, 5, …로 크게 하면 할수록 표본평균$(\overline{X})$의 분포가 가운데 쪽으로 집중될 것을 예상할 수 있는데, 표본의 크기가 상당히 크다면 정규분포와 같은 모양의 분포를 따른다는 것이다.

사례 4.1

병원에서 환자들이 도착하여 진료를 받기까지의 대기 시간은 환자들이나 의사들에게 모두 필요할 수 있으므로 잘 분석 및 조정하여야만 한다. 올바른 대기 시간의 분석 및 조정은 환자로서는 시간 내에 도착하지 못해서 대기자 명단의 뒤로 빠지게 되는 불행을 면하게 해주고, 긴 대기 시간으로 인한 환자의 무료함과 짜증 또는 자신들의 일정으로 그 병원을 찾지 않는 일을 방지하기 때문이다. 또한 의사로서는 대기 시간을 활용하여 환자를 진찰하는 것에 따른 돌발적인 일(X-ray를 찍거나 검사자료 요구 등)을 처리하는 시간을 확보할 수 있다. 그러므로 의사들은 적정한 평균 대기 시간을 파악하여 환자들의 수를 효과적으로 정해야 한다.

예를 들어, 어느 종합병원에서는 모든 소아과 의사들에게 각자 파악한 환자들의 대기 시간을 보고해 달라고 요청하였다. 전체 50명의 소아과 의사들이 보고한 모든 대기 시간 자료의 평균은 24.7분, 표준편차는 19.3분이었다. 의사들은 각자 자신의 컴퓨터에 입력된 모든 환자의 대기 시간을 보고하였기 때문에 평균 24.7분, 표준편차 19.3분은 그 종합병원을 방문한 소아과 환자들 전체(모집단)의 평균(μ)과 표준편차(σ)가 될 것이다.

어느 소아과 의사는 병원의 종합기획실에 보고된 소아과 의사 전체 50명의 평균$(\mu = 24.7)$, 표준편차$(\sigma = 19.3)$를 모르고 있는 상태에서, 자신의 진료 시간을 효율적으로 운영하기 위해서는 환자들의 평균 대기 시간이 22분 정도일 것으로 생각

하여 왔다. 그는 자신의 생각을 확인하기 위해서 환자 대기 시간 중에서 100개의 자료를 뽑아 표본평균을 구하여, 그 값이 19분에서 25분 사이에 있으면 현재까지 해오던 방식으로 환자들과 약속하면 될 것으로 생각하였다.

1) 그 소아과 의사가 얻은 표본평균($\overline{X}$)은 어떤 분포를 따르는가?

$$\overline{X} \sim N\left(24.7, \frac{19.3^2}{100}\right)$$

2) 그 표본평균이 19분~25분 사이로 얻어질 확률은 얼마인가?

$$\begin{aligned} P[19 < \overline{X} < 25] &= P\left[\frac{19-24.7}{19.3/10} < \frac{\overline{X}-24.7}{19.3/10} < \frac{25-24.7}{19.3/10}\right] \\ &= P[-2.95 < Z < 0.15] \\ &= P[-2.95 < Z < 0] + P[0 < Z < 0.15] \\ &= P[0 < Z < 2.95] + P[0 < Z < 0.15] \\ &= 0.4984 + 0.0596 = 0.5580 \end{aligned}$$

3) 그 표본평균이 19분~25분 사이에서 얻어질 확률이 55.8%라는 것은 상당히 큰 가능성을 나타내고 있다. 다시 말하면 그가 전체 소아과 환자들의 평균대기 시간이 22분 정도 된다고 믿을 가능성이 55.8%나 된다. 즉, 환자들과의 약속 시스템을 바꾸어야 함에도 바꾸지 않을 오류를 범하게 될 것이다.

사례 4.2

기업이나 공장에서 작업 시간이 기준으로 정해 둔 표준 작업 시간과 차이가 있으면, 그 이유를 분석하여 작업을 독려한다든지 표준 작업 시간을 조정하여야만 한다. 왜냐하면 작업 시간은 비용과 직결되어 있기 때문이다.

예를 들어, 실험실에서 특정 실험을 수행하는 데 평균 45분 걸린다고 알려져 있다. 그러나 지난달에 기록된 실험 시간의 평균은 60분이라고 한다면 어떤 문제가 있음을 알 수 있다. 즉, 실험자들이 비효율적으로 시간을 사용하여 15분이나 더 걸렸는지, 또는 새로 도입된 실험기기들을 다루는 데 더 시간이 걸리는지 등을 판단하여야 한다. 만일 새로운 기기들을 조작하는 데 시간이 더 걸린다고 판단되면 표준 작업 시간을 늘려 잡아야 한다.

공장에서 제품의 불량률은 일정한 수준으로 유지되어야 한다고 한다. 하루에 생산되는 제품 1,000개 중에서 불량품은 평균(μ)은 24개, 표준편차(σ)는 2.7개로 분포하는 것이 바람직하다고 알려져 있다. 불량품이 더 많게 되면 당연히 문제가 될 것이고, 불량품이 적게 되어도 비용이 상승하여 회사로서는 평균 24개 정도 불량품이 나오도록 관리하고자 한다. 이 회사에서는 불량품을 잘 관리하기 위해 표본으로 49일간의 불량품 개수를 얻어 평균값이

$$\left(\mu-2\frac{\sigma}{\sqrt{n}},\ \mu+2\frac{\sigma}{\sqrt{n}}\right)$$

사이에 있으면 제대로 관리되고 있다고 판단하고 그 범위 밖에 표본평균값이 있으면 공정에 문제가 있다고 판단하기로 하였다. 다시 말하면

$$\left(24-2\frac{2.7}{\sqrt{49}},\ 24+2\frac{2.7}{\sqrt{49}}\right)=(23.23,\ 24.77)$$

사이에 표본평균값이 얻어지면 공정을 그대로 유지하고 그 범위 밖에 표본평균값이 얻어지면 공정을 검토하기 위해 생산설비를 세워야 한다.

기계의 낙후로 불량품 평균(μ)이 25개인데도 불구하고 표본평균값이 (23.23, 24.77) 사이에서 얻어져 공정히 그대로 유지될 확률은 얼마인가를 구하여 보자. 이때 표본평균($\overline{X}$)의 분포는 $\overline{X}\sim N(25,\ 2.7/\sqrt{49})$이므로

$$\begin{aligned} P(23.23<\overline{X}<24.73) &= P\left(\frac{23.23-25}{2.7/7}<\frac{\overline{X}-25}{2.7/7}<\frac{24.77-25}{2.7/7}\right) \\ &= P(-4.59<Z<0.60)=0.2743 \end{aligned}$$

27.4%의 확률로 얻어진다.

그리고 공정에 아무런 문제가 없는 데도($\mu=24$) (23.23, 24.77) 밖의 범위에서 표본평균($\overline{X}$)이 얻어질 확률은 얼마인가를 구하면 다음과 같다.

$$\begin{aligned} 1-P(23.23<\overline{X}<24.77) &= 1-P\left(-2.0<\frac{\overline{X}-24}{2.7/7}<2.0\right) \\ &= 1-0.9544=0.0456 \end{aligned}$$

즉, 4.56%이다.

4.4 표본비율의 분포

비율이란 특정 성질을 갖는 개체들의 전체에 대한 백분비로서 성공률, 불량률, 지지율, 사망률, 시청률, 부도율 등을 말한다. 예를 들어, 서울시 유권자(모집단)의 특정인에 대한 지지율 p를 생각하여 보자. 그러면 지지율을 조사하기 위한 자료에 대한 확률변수는

$$X = \begin{cases} 1, & \text{지지할 경우} \\ 0, & \text{지지하지 않을 경우} \end{cases}$$

로 정의될 것이고 X는 베르누이 분포를 따른다고 한다. 모집단으로부터 표본 $\{X_1, X_2, \cdots, X_n\}$을 얻는다고 할 때 X_i들은 $\{1, 0\}$ 중의 한 값을 취할 것이고

$$X_1 + X_2 + \cdots + X_n = \text{지지자의 수}$$

로 나타날 것이다. 따라서 표본으로부터 얻어지는 **표본비율** $\hat{p}$ (p hat)은

$$\hat{p} = \frac{\text{지지자의 수}}{n} = \frac{X_1 + X_2 + \cdots + X_n}{n} \tag{4.6}$$

이 된다. 여기서 $\hat{p}$은 확률변수이며 표본평균의 개념이기 때문에 n이 충분히 클 경우, 중심극한정리에 따라서

$$\hat{p} \sim N\left(p, \frac{p(1-p)}{n}\right) \tag{4.7}$$

으로 간주한다. 분포의 평균 $E(X) = \mu = p$와 분산 $Var(X) = \sigma^2 = p(1-p)$는 앞의 베르누이 분포에서 얻은 결과이다.

표본비율의 분포는 베르누이 분포를 갖는 자료(모집단)에 대한 중심극한정리 적용의 예일 뿐이다. 가장 단순한 분포인 베르누이 분포를 하는 모집단으로부터 얻어지는 표본평균($\hat{p}$)도 표본의 크기만 충분하다면 정규분포에 근사한다는 것이다.

물론 이 경우, 표본의 크기가 작다면 무의미하다. 비율은 표본크기가 작으면 안정적(stable)이지 못하여 그 용도에 한계가 있기 때문이다. 어느 야구선수의 타율이 10타석에 0.60이라면 그의 타율에 큰 의미를 부여할 수 있겠는가?

예제 4.2

어느 감기약의 치유율은 90%라고 알려져 있다. 이 감기약이 올해에 유행하고 있는 감기에 대해서도 90%의 치유율을 보장할 수 있는가를 알아보고자 100명의 감기 환자에게 감기약을 투여하였다. 이들 중 치유된 사람들의 비율이 (85%, 95%) 내에 들어 있을 확률은 얼마일까?

먼저 중심극한정리에 따라 $\hat{\boldsymbol{p}}$ 의 분포는

$$\hat{\boldsymbol{p}} \sim N\left(90, \frac{90(100-90)}{100}\right)$$

이라고 할 수 있으므로

$$\begin{aligned}
&P[85 < \hat{\boldsymbol{p}} < 95] \\
&= P\left[\frac{85-90}{\sqrt{(90)(10)/100}} < \frac{\hat{\boldsymbol{p}}-90}{\sqrt{(90)(10)/100}} < \frac{95-90}{\sqrt{(90)(10)/100}}\right] \\
&= P[-1.67 < Z < 1.67] \\
&= 0.9050
\end{aligned}$$

이다.

4.5 표본분산의 분포

표본분산(S^2)의 분포는 이해하기에 쉽지 않은 분포이다. 표본분산의 분포를 설명하기 전에 먼저 **카이제곱분포**(Chi-Square distribution)를 소개한다.

카이제곱분포(Chi-Square distribution)

모집단이 정규분포를 할 때, 이 모집단으로부터 얻은 표본, $\{X_1, X_2, \cdots, X_n\}$으로

$$\chi^2 = \sum_{i=1}^{n}\left(\frac{X_i - \mu}{\sigma}\right)^2$$

를 얻으면 χ^2은 자유도 n인 카이제곱분포를 따른다.

여기서 자유도가 n임을 유의하자. $\sum(X_i - \mu)^2/\sigma^2$의 분자에 있는 $\sum(X_i - \mu)^2$을 보면 독립적인 것들의 수는 n개다.

즉, 카이제곱분포는 표준화정규분포 변수의 제곱합으로 얻어지며, $(X_i - \mu)/\sigma$을 제곱하여 합한 것에 대한 이론적인 분포이다. 또한 카이제곱분포는 자유도를 갖는데 자유도가 커지면 커질수록 정규분포에 근사하게 된다. 자유도 1, 4, 6의 카이제곱분포 형태는 그림 4.5와 같다. 그림 4.5에서 자유도가 커질수록 빠른 속도로 정규분포에 접근함을 볼 수 있다. 이 분포는 분류된 자료의 분석, 판별분석 등에서 다루게 되는 분포이다.

참고로 자유도가 n인 카이제곱(χ^2)분포의 확률분포함수는

$$f(x) = \frac{1}{\Gamma(n/2)2^{n/2}}(x)^{\frac{n}{2}-1}e^{-x/2},\ \ x > 0$$

이지만 현재로서는 의미를 둘 필요가 없다.

이제 표본으로부터 표본분산을 얻으면

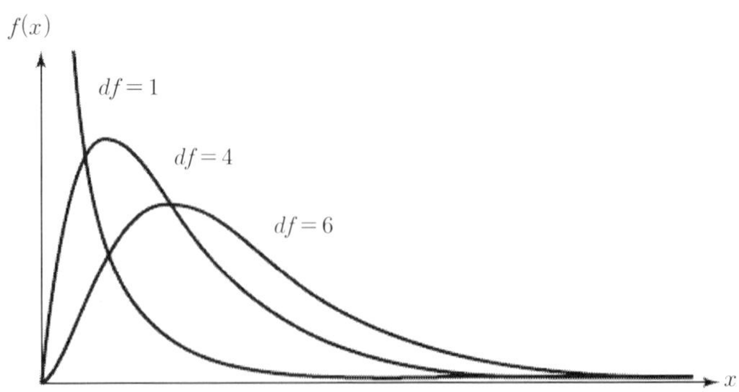

그림 4.5 카이제곱분포의 형태

$$S^2 = \frac{\sum(X_i - \overline{X})^2}{n-1} \tag{4.8}$$

이다. 그러나 이를 약간 변형시켜 $(n-1)S^2/\sigma^2$에 대한 분포를 고려하자. 즉,

$$\frac{(n-1)S^2}{\sigma^2} = \frac{\sum_{i=1}^{n}(X_i - \overline{X})^2}{\sigma^2} = \sum_{i=1}^{n}\left(\frac{X_i - \overline{X}}{\sigma}\right)^2 \tag{4.9}$$

는 자유도 $(n-1)$의 카이제곱분포를 따르게 된다. 식 4.9의 분자에서 자유도가 $(n-1)$인 것은 이미 알고 있는 사실이다. 식 4.9와 앞의 카이제곱분포 정의를 비교하면 μ를 $\overline{X}$로 추정한 것에 차이가 있는데, μ를 $\overline{X}$로 추정하였기에 자유도를 하나 잃게 된다고도 설명한다. 그리고 S^2 자체의 분포보다는 $[(n-1)/\sigma^2]S^2$의 분포를 얻어야 한다는 점도 유의하여야 할 것이다.

또한 식 4.9는 σ^2에 대한 추정에서나 가설검정에서 유용하게 사용될 것이다. 비교적 복잡한 형태이지만 금융권에서 관심이 많은 위험(risk)이 분산(σ^2)을 토대로 측정되는 만큼 잘 이해하여 두기를 바란다.

4.6 표본추출 방법

실제 조사업무에서 표본을 제대로 얻는 것은 곧 작업의 성패를 가름할 만큼 중요한 일이다. 그러므로 성공적인 조사업무를 위해서는 모집단을 잘 대표할 수 있는 표본의 추출 방법을 제대로 이해하여야만 할 것이다.

먼저 표본을 얻기 위해서는 모집단에 대한 대표성이 확실히 보장될 수 있는 추출 방법을 선정하여야 하는데 크게 확률적 추출과 비확률적 추출로 구분할 수 있다. 그러나 좋은 표본을 추출하기 위한 가장 좋은 방법이 있더라도 현실적인 제한(시간, 비용 등)이 있어 가장 좋은 방법으로 표본을 추출하지 못하는 경우가 허다하게 일어난다는 것을 또한 이해하여야 할 것이다.

4.6.1 확률적 추출

모집단을 구성하고 있는 모든 요소가 표본으로 선정될 수 있으며, 다음과 같이 네 가지 방법이 있다.

(1) 단순무작위추출

단순무작위추출(simple random sampling)이란 모집단을 구성하고 있는 각 개체가 표본으로 뽑힐 가능성이 같게 하는 추출 방법이다. 예를 들어, 10명의 농구선수가 있는데 이들 중 3명을 선택하고자 할 경우 ${}_{10}C_3 = 120$ 가지의 선수들 조합이 가능하다. 다시 말하면 120개의 서로 다른 표본들이 가능한데 이들 중 하나의 표본을 얻게 되는 것이다. 또한 각 선수가 표본으로 뽑힐 가능성은 30%이다. 그러면 단순무작위추출 방법을 어떻게 적용할 것인가?

먼저 10명의 선수에게 0부터 2까지의 값을 부여한 후 $\{0, 1, 2, \cdots, 9\}$ 중에서 임의로 세 개의 숫자를 선택하고, 그 숫자를 부여받은 선수를 택하는 방법이 곧 단순무작위추출에 의한 표본추출방법이 된다. 이제 1,000명으로 구성된 모집단으로부터 $n = 100$ 크기의 표본을 선택하는 과정을 살펴보자. 먼저 1,000명에게 0부터 999의 일련번호를 부여한다면 어떤 번호를 100개 뽑을 것인가가 문제인데, 프로그램을 이용하여 [0, 1] 사이의 값 중에서 임의로(randomly) 소수점 아래 세 자릿수로 100개의 난수(random number)를 생성(generate)시키면 될 것이다. 이를테면

$$0.719,\ 0.008,\ 0.450,\ \cdots,\ 0.501$$

의 난수를 얻어 소수점 뒤의 값을 이용, 그 번호에 해당하는 사람들을 표본으로 선택한다는 것이다.

(2) 층화추출

층화추출(stratified sampling)이란 모집단을 성격에 따라 여러 집단(층)으로 구분한 다음 각 층에서 일정 크기 표본을 얻는 방법이다. 여기에서 모집단을 여러 집단(층)으로 나누면 각 집단(층) 내에서 개체들이 조사의 목적에 동질적(homogeneous)이어야 한다. 예를 들면, 승용차 보유자들을 대상으로 소비자 의식조사를 한다고 할 때

승용차 보유자들을 집단으로 나눈다면 소형차, 준중형차, 중형차, 준대형차, 대형차 보유를 기준으로 5개의 층(집단)으로 나누는 것이 바람직하다. 각 층 내에 속한 사람들은 차의 크기 · 가격이 비슷한 승용차들을 타고 있으므로 동질적이라고 볼 수 있다.

(3) 군집추출

군집추출(cluster sampling)이란 모집단이 몇 개의 집단들로 구성되어 있다고 간주하고 그 집단 중에서 몇 개의 소집단을 뽑아 그 집단의 구성 요소를 모두 표본으로 추출하는 방법이다. 예를 들면, 서울시가 25개 구 540개의 동으로 구성되어 있을 때 조사의 목적에 따라 1개 구만 선택하여 그 구에 거주하는 가구 전체를 표본으로 삼거나, 각 구에서 몇 개씩의 동을 선택하여 그 동에 거주하는 모든 가구를 대상으로 조사하는 방법이다. 이 방법은 시간과 경비를 줄이는 데 도움이 된다.

(4) 체계적 추출

체계적 추출(systematic sampling)이란 체계적 추출 모집단의 요소들에 일련번호를 부여하고 매 10번째 또는 매 1,000번째 번호에 해당하는 표본을 얻는 방법이다. 예를 들면, 10,000명 중 100명을 표본으로 얻고자 할 때 100명당 1명씩을 선택하면 되므로 1 ~ 10 중 한 값을 임의로 선택한다. 만약 그 값이 25라면 25, 125, 225, …, 9,225의 100개를 얻을 수 있다. 또는 전화번호부를 이용하여 전화조사를 하고자 할 때, 몇 쪽마다 3번째 줄 5번째 전화번호를 표본으로 선택할 수 있다.

4.6.2 비확률적 추출

모집단에 대한 정보가 없거나 확률적 추출이 어려울 경우 연구자의 주관에 의해 추출한다.

(1) 편의추출

편의추출(convenience sampling)이란 용어 그대로 편리하게 표본을 추출하는 방법이다. 표본은 모집단을 대표하여야만 한다는 전제가 되어 있으면, 시간과 비용을 줄이면서도 모집단을 대표하는 데 손색이 없는 표본추출 방법이 있다면 편의추출 방법이라고 할 수 있다. 예를 들면, 주부들의 구매 상품에 대한 불만족 표현방식을 조사한다고 할 때, 초·중·고등학교 학생들을 통하여 어머니로부터 설문 응답을 받는 방법이 편의추출 방법의 하나라고 볼 수 있다.

(2) 판단추출

판단추출(judgement sampling)이란 모집단의 특성에 대해 잘 알고 있는 전문가의 판단에 따라 표본을 추출하는 방법을 말한다. 어느 정도의 편향(bias)은 각오하더라도 모집단 중 일부인 특정 집단에 대해서만 표본을 추출할 수도 있다는 것이다.

연습문제

01 어느 큰 모집단의 자료는 평균 1, 표준편차 3의 분포를 따른다고 한다. 표본크기를 64로 할 경우 물음에 답하라.

(1) $P(9 < \overline{X} < 11)$을 구하라.

(2) $P(\overline{X} > 11)$를 구하라.

02 평균 50, 표준편차 10인 정규분포하는 모집단으로부터 표본크기 25로 표본을 얻었을 때, 표본평균이 53.9보다 높을 확률을 구하라.

03 분산이 10인 정규분포 모집단으로부터 표본크기 15의 표본을 얻었을 때, 표본분산(S^2)이 16.92보다 높을 확률은 어느 정도인지 구하라.

힌트 [부록 4] 카이제곱표 참조

04 예제 4.1에서 표본크기를 3으로 하여 표본평균의 분포와 $\mu_{\overline{X}}$, $\sigma^2_{\overline{X}}$을 구하라.

05 다섯 명의 영업사원(M, N, O, P, Q)이 어느 특정한 날에 판매한 자동차 대수는 다음과 같다.

영업사원	M	N	O	P	Q
판매대수	1	2	3	4	4

(1) 영업사원 두 명을 임의로 선택한다면 표본, $\{X_1, X_2\}$의 조합(10가지)을 표현하라.

(2) $\overline{X}$의 분포를 구하라.

(3) $E(\overline{X})$, $Var(\overline{X})$를 구하라.

06 세 사람의 투표자(A, B, C)가 있다. A는 K를 지지하고 B와 C는 K를 지지하지 않는다. 세 사람을 대상으로 임의로 두 번 전화하여 K의 지지 여부를 묻는다고 하자(B에게 두 번 전화할 수도 있다). 다음의 물음에 답하라.

(1) 표본 $\{X_1, X_2\}$ 의 조합(9가지)과 각 표본에서의 지지율을 구하라.

(2) 표본비율(지지율)의 분포를 구하라.

(3) 위에서 구한 표본비율, $\hat{\boldsymbol{p}}$ 의 평균과 분산을 구하고, $E(\hat{\boldsymbol{p}}) = \frac{1}{3}$, $Var(\hat{\boldsymbol{p}}) = \frac{1}{9}$ 임을 확인하라.

07 확률변수 X는 다음과 같은 분포를 한다.

(1) X를 표준화시키고, 표준화변수(Z)에 대한 분포를 구하라.

(2) 표본을 $\{X_1, X_2\}$ 로 할 경우, $\overline{X}$의 분포를 구하고 이를 그래프로 나타내라.

(3) 표본을 $\{X_1, X_2, X_3\}$ 로 할 경우 $\overline{X}$의 분포를 구하고 이를 그래프로 나타내라.

(4) 일반적인 표본, $\{X_1, X_2, \cdots, X_n\}$ 에 대한 $\overline{X}$의 분포를 구하라(단, $n \ge 30$).

(5) (2)에서 구한 $\overline{X}$의 분포를 표준화시키고, 표준화변수(Z)에 대한 분포를 구하라.

08 자본금이 3억에서 5억인 중소기업체들의 설립 후 1년 이내 부도율은 40%라고 한다. 표본으로 세 개의 중소기업체를 구한다면 그 표본은 $\{X_1, X_2, X_3\}$ 로 표현될 것이다. 이때

$$X = \begin{cases} 1, & \text{부도가 난 경우} \\ 0, & \text{부도가 나지 않은 경우} \end{cases}, \quad i = 1, 2, 3$$

이라고 하자.

(1) X_1, X_2, X_3는 각각 어떤 분포를 하고 있는지 구하라.

(2) X_1을 표준화시키고, 표준화된 변수(Z)의 분포를 구하라.

(3) $\overline{X} = (X_1 + X_2 + X_3)/3$은 무엇을 의미하는가? $\overline{X}$의 분포를 구하라.

5장

통계적 추정

추정(estimation)이란 모르는 값을 추측하여 알아내는 것을 말한다. 추정이라는 개념은 장래 시점의 모르는 값을 추측하여 알아내는 **예측**(forecast)과는 구별되어 사용되지만, 추정의 범주에 예측을 포함하여도 무방하다.

어느 슈퍼에서 1일 평균 판매액이 얼마인가를 추정한다고 할 때, 어느 특정한 하루의 판매액으로 추정하는 것보다는 며칠에 걸쳐 얻어진 판매액들의 평균값으로 추정하는 것이 바람직하다. 다른 예로, 어느 초등학교 전교생 중에서 가장 키가 큰 학생은 몇 cm가 될 것인가를 알고 싶을 경우, 표본으로 50명 학생의 키를 얻는다고 할 때, 50명의 표본값 중에서 가장 큰 값으로 전교생 최장신의 키를 추정할 수 있을 것이다. 이처럼 우리가 알아내고자 하는 값을 모수라고 할 때 그 모수가 무엇인가에 따라 추정하는 방법도 달라진다. 그리고 모수에 대해 '어느 한 값으로 추정할 것인가?' 또는 그 모수가 '어느 구간에 들어 있을 것인가?'의 추정목적에 따라 점추정과 구간추정으로 나누어진다.

5.1 점추정

점추정(point estimation)이란 모집단의 모수를 추정할 때, 표본으로부터 얻은 통계량으로 추정하는 것을 말한다. 즉, 모집단의 모수를 추정하기 위해 표본을 얻는다면 그 표본은

$$\{X_1,\ X_2,\ \cdots,\ X_n\}$$

이 될 것이고, 이 표본으로부터 얻을 수 있는 통계량 중에서 어떤 통계량으로 추정할 것인가를 결정해야 한다. 먼저 특정한 통계량을 추정의 목적으로 사용할 때 그 통계량을 **추정량**(estimator)이라고 부른다. 그리고 구체적으로 얻어진 표본값, $\{x_1,\ x_2,\ \cdots,\ x_n\}$으로부터 계산된 그 추정량의 구체적인 값을 **추정치**(estimate)라고 부른다.

모집단의 평균(μ)을 추정하기 위한 추정량(통계량)은 무수히 많은데 어떤 추정량이 바람직한 추정량인가를 살펴보자. 표본 $\{X_1,\ X_2,\ \cdots,\ X_n\}$으로부터 얻을 수 있는

무수히 많은 추정량 중에서 다음과 같이 몇 가지 예를 생각해 보자.

(1) $A = \dfrac{(X_1 + X_n)}{2}$

(2) $B = 2X_1 - X_2$

(3) $C = \dfrac{(X_1 + \cdots + X_n)}{n}$

(4) $D = Median$

그러면 바람직한 추정량을 선택하는 기준은 무엇인가? 그 기준으로는 **불편성**(unbiasedness)과 **효율성**(efficiency) 등이 있다. 첫째, 불편성이란 추정량의 기댓값이 추정하고자 하는 모수일 경우 그 추정량을 **불편추정량**이라고 부른다. 앞에서 들은 네 가지 추정량들 중에서는 A, B, C는 불편추정량이고 D는 불편성을 갖지 못하는데 그 이유는 아래와 같다.

불편성(unbiasedness)

(1) $E(A) = E\left[\dfrac{(X_1 + X_n)}{2}\right] = \mu$

(2) $E(B) = E[2X_1 - X_2] = \mu$

(3) $E(C) = E\left[\dfrac{(X_1 + \cdots + X_n)}{n}\right] = \mu$

(4) $E(D) = E[Median] \neq \mu$, 다만 분포가 대칭일 경우 등호 성립

둘째, 효율성이란 두 개의 추정량이 있을 때, 더 작은 분산을 갖는 추정량을 **보다 효율적**이라고 한다. 추정량의 분산이 작다는 것은 그 추정량의 값이 좁은 범위 내에 분포함을 뜻하므로 효율적인 추정량이 더 좋은 추정량이 된다는 것이다. 위의 A, B, C 추정량에 대한 분산은 다음과 같다.

효율성(efficiency)

(1) $Var(A) = Var\left[\frac{(X_1 + X_n)}{2}\right] = \frac{\sigma^2}{2}$

(2) $Var(B) = Var[2X_1 - X_2] = 5\sigma^2$

(3) $Var(C) = Var\left[\frac{(X_1 + \cdots + X_n)}{n}\right] = \frac{\sigma^2}{n}$

그러므로 가장 바람직한 추정량이란 앞에서 설명한 두 가지 기준을 모두 만족하는 추정량인데 이를 **최소분산불편추정량**(minimum variance unbiased estimator)이라고 한다. 다시 말하면 불편성을 만족하는 무수히 많은 추정량 중에서 가장 작은 분산을 갖는 추정량을 최소분산불편추정량이라고 한다. 최소분산불편추정량을 구하는 방법은 이 교제의 범위를 벗어나게 되므로 생략하기로 한다.

최소분산불편추정량(minimum variance unbiased estimator: MVUE)

(1) $\overline{X}$는 μ의 최소분산불편추정량이다.

(2) S^2은 σ^2의 최소분산불편추정량이다(다만 X가 정규분포일 경우).

지금까지 어떤 모수를 추정하기 위해서는 표본을 얻게 되고 표본으로부터 가장 좋은 추정량을 얻는 이론적 배경이 무엇인지를 설명하였다. 예로 모집단의 평균(μ)을 추정하기 위해서는 표본평균($\overline{X}$)이 가장 좋은 추정량이다. 실제로 표본값을 얻으면 $\{x_1, x_2, \cdots, x_n\}$, 이로부터 계산된 표본평균값 $\overline{x}$로 μ를 추정하게 되는 것이므로 $\overline{x}$를 μ의 가장 좋은 추정치라고 부른다.

이제 $\overline{x}$가 μ를 추정하는 데 좋은 추정치라는 점을 다른 각도에서 이해하여 보자. 4장의 중심극한정리로부터 표본의 크기가 크다면 $\overline{X}$의 분포는 정규분포로 취급하여도 무방하다고 하였다. 즉, 그림 5.1에서 n이 크면 $\overline{X}$의 분포 형태가 점점 뾰족하게 되고 실제로 얻어진 $\overline{x}$의 값은 μ와 가까이 위치하게 되리라고 볼 수 있다. 또한 극단적으로 표본크기(n)가 무한대(∞)라면 표본평균은 곧 모집단의 평균이다.

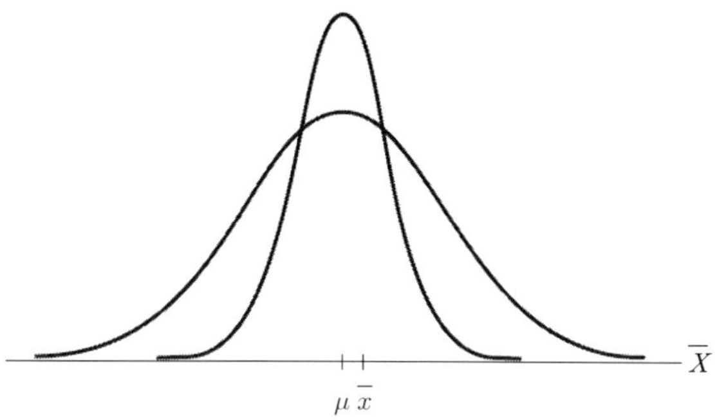

그림 5.1 표본평균의 분포와 $\overline{x}$의 위치

여기서 $\overline{X}$의 표준편차($\sigma/\sqrt{n}$)를 $\overline{X}$의 **표준오차**(standard error)라고 부른다. 즉, 단순한 확률변수(X)에 대해서는 표준편차라고 부르지만 어떤 통계량의 표준편차는 그 통계량의 표준오차라고 구분하여 부르는 것이다.

그리고 $S^2 = \sum(X_i - \overline{X})^2/(n-1)$인데 자유도 $(n-1)$로 나누어주어야 하는 이유는 바로 S^2이 σ^2의 최소분산불편추정량이기 때문이다(n으로 나누면 최소분산불편추정량이 되지 못한다).

이제는 모집단의 비율(p)에 대해 알아보자. 4.4절에서 보았던 것처럼 표본에서 얻어진 표본비율($\hat{\boldsymbol{p}}$)은 표본평균이다(식 4.6). 물론 모집단 자료(X)의 평균이 p인 것도 3.4절에서 다뤘기에 p의 가장 좋은 추정량은 $\hat{\boldsymbol{p}}$ 임을 알 수 있다. 또한 n이 충분히 클 때 중심극한정리를 이용하여

$$\hat{\boldsymbol{p}} \sim N\left(p, \frac{p(1-p)}{n}\right)$$

라고 할 수 있음은 앞에서 다룬 바 있다.

예제 5.1

대관령 산기슭에 1,000평짜리 감자밭이 있다. 이 감자밭을 평가하는 기준으로 감자의 질, 감자의 수, 감자의 크기(무게) 등이 있는데 감자의 무게는 얼마나 되는가를 알아보고자 한다. 그리고 물론 감자알이 얼마나 고른가(분산)도 알아볼 필요가 있을 것이다. 즉, 땅속에 있는 수백만 개의 감자들 평균 무게(μ)와 분산(σ^2)을 추정하는 문제

이다. 먼저 표본을 어떻게 얻을 것인가? 정상적인 사고를 하는 사람이라면 밭을 크게 4등분 정도로 하여 각 등분 지역에서 $n/4$개씩 표본을 얻고자 할 것이고, 이를 표본

$$\{X_1, X_2, \cdots, X_n\}$$

으로 삼을 것이다. 그리고 표본평균 $\overline{X}$와 표본분산 S^2을 구하여 μ와 σ^2를 추정해야 한다. 실제로 호미를 가지고 n개 감자를 캐어 내 표본값을 얻으면

$$\{x_1, x_2, \cdots, x_n\}$$

이 되고, 이로부터 $\overline{x}$, s^2을 계산하면 이는 μ와 σ^2의 가장 좋은 추정치가 된다.

예제 5.2

양어장에 수를 헤아릴 수 없을 만큼의 광어들이 있다. 이 광어 중 가장 무거운 광어의 무게는 얼마일까? 이 경우 역시 표본을 통하여 모수(가장 큰 무게)를 추정하여야 하는데, 표본을 구하여 그 표본 중에 가장 큰 무게로 추정하게 된다(이론적인 이유는 생략한다). 굳이 그 추정량을 표현하면

$$\max\{X_1, X_2, \cdots, X_n\}$$

이다.

위의 두 가지 예제에서 보았듯이 통계학 이론은 우리 일상생활과 상식을 기초로 하고 있다. 항상 상식적이고 논리적인 사고로 이론 전개 과정을 이해하려고 노력할 필요가 있음을 다시 한번 지적하여 둔다.

5.2 구간추정

일상생활에서 확실히 알지 못하는 어떤 값에 대한 표현으로 '어떤 정도이다'라고 말한다. 이를테면 이 지점에서 산 정상까지 걸리는 시간은 40~50분 정도라고 하거

나, 그 회사 과장 연봉이 8,000~9,000만 원 정도 된다고 한다. 이렇게 모집단에 대해서 모르는 어떤 값(모수)을 추정하는 데 있어, 하나의 값으로 추정하는 것이 아니고 구간으로 추정하는 것을 **구간추정**이라고 한다.

이처럼 모집단의 모수를 추정하는 데 표본으로부터 얻어진 하나의 값으로 추정을 하는 것(점추정)보다는, 그 모수가 어느 구간 내에 들어 있을 것으로 추정하는 것이 더 적절할 수가 있다. 예를 들어, 어느 제품의 시장점유율이 37%라고 점추정하는 것보다는 (35%, 39%) 내에 있다고 표현하는 것이 필요한 경우이다.

구간추정(interval estimation)이란 **신뢰수준**(confidence level)이 일정하게 주어지고 모수가 들어 있는 구간을 찾는 작업을 말하는데 어떤 모수(θ: theta(쎄타)라고 읽는다)에 대한 $(1-\alpha)100\%$ 신뢰수준의 신뢰구간 $[L, U]$는 다음을 만족하게 된다.

$$P[L < \theta < U] = 1 - \alpha$$

이때 L과 U는 각각 통계량(확률변수)이며 $[L, U]$를 θ에 대한 $(1-\alpha)100\%$ 신뢰수준의 **신뢰구간**이라고 한다. 여기서 α라는 값은 제6장에서 다룬다.

그러면 신뢰수준이라는 것은 왜 필요한가? 예를 들어, 현재 타고 있는 전철 1량 내에 들어 있는 사람들의 평균 연령(μ)은 어떤 구간 내에 있을까를 추정한다고 할 때 (10세, 70세)로 추정한다면 추정의 의미가 상실된다. 왜냐하면 평균 연령이 10세 이상이고 70세 이하일 것은 당연하기 때문이다. 다시 말하면 평균 연령이 (10세, 70세) 범위 내에 있다는 것은 100% 믿을 수 있다는 말이다.

그러므로 구간추정을 한다면 그 구간의 폭은 어느 정도까지로 한정되어야 하며 그 결과를 신뢰할 만한 수준이 결정되어야 한다는 것이다. 신뢰수준으로서 95%를 사용하는 것이 일반적이지만 꼭 95%이어야만 하는 것은 아니다. 신뢰수준을 99%로 한다면 신뢰구간의 폭이 95%일 때보다는 넓어지게 된다. 다시 말하면 95% 신뢰수준에서의 신뢰구간이 (8, 12)이라면 99% 신뢰수준일 경우에는 신뢰구간이 (7.5, 12.5)가 될 수 있다는 것이다.

신뢰구간의 폭을 어느 정도의 크기로 한정하는가 하는 문제는 우리들의 일상대화에서도 찾아볼 수 있다. 어떤 작업을 하는 데 서너 시간 걸린다고 추정한다면 신뢰구간이 (3시간, 4시간)이라는 이야기이고, 신뢰구간의 폭은 1시간이다. 아마 누구도 그

작업의 소요 시간이 2시간에서 10시간 걸린다고 추정하지는 않을 것이다. 또한 주머니에 동전이 몇 개 있느냐고 물을 때 네댓 개로 답하거나 혹은 입원 기간이 (7, 8)일 또는 (2, 3)주라고 추정하지, (7, 15)일 또는 (2, 5)주가 되리라고 말하지는 않는다.

5.3 평균(μ)에 대한 신뢰구간 추정

모집단의 평균에 대해 구간추정을 할 때 표본평균 $\overline{X}$를 도구로 삼아야 하는 것은 당연하다. 왜냐하면 1절에서 설명한 바와 같이 μ를 점추정할 때 $\overline{X}$가 가장 적합하기 때문이다. 그러면 $\overline{X} \sim N(\mu, \sigma^2/n)$인 사실을 이용하여 $(1-\alpha)100\%$ 신뢰수준에서의 신뢰구간을 얻어보자.

먼저 $\overline{X}$를 표준화하면

$$Z = \frac{\overline{X} - \mu}{\sigma/\sqrt{n}} \tag{5.1}$$

인데 표준화정규분포 변수 Z의 분포에 대해 그림과 같이 $(1-\alpha)$를 정(正) 가운데 할당하면 그림 5.2와 같다.

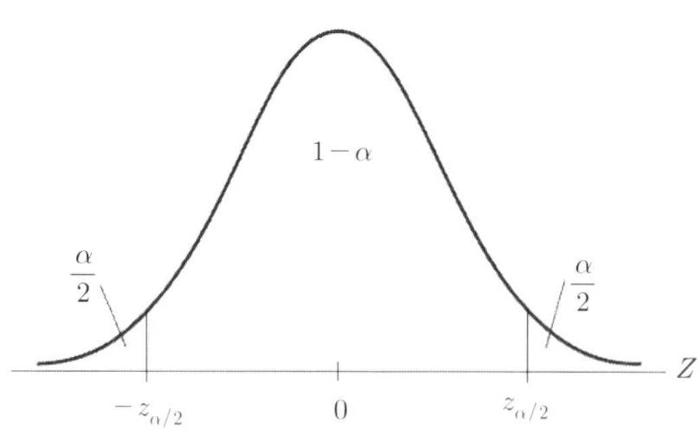

그림 5.2 $P(-z_{\alpha/2} < Z < z_{\alpha/2}) = 1-\alpha$

이제 그림 5.2를 식으로 나타내면

$$P(-z_{\alpha/2} < Z < z_{\alpha/2}) = 1-\alpha \tag{5.2}$$

$$\Rightarrow P(-z_{\alpha/2} < \frac{\overline{X}-\mu}{\sigma/\sqrt{n}} < z_{\alpha/2}) = 1-\alpha$$

$$\Rightarrow P(-z_{\alpha/2}\frac{\sigma}{\sqrt{n}} < \overline{X}-\mu < z_{\alpha/2}\frac{\sigma}{\sqrt{n}}) = 1-\alpha$$

$$\Rightarrow P(-\overline{X}-z_{\alpha/2}\frac{\sigma}{\sqrt{n}} < -\mu < -\overline{X}+z_{\alpha/2}\frac{\sigma}{\sqrt{n}}) = 1-\alpha$$

$$\Rightarrow P(\overline{X}-z_{\alpha/2}\frac{\sigma}{\sqrt{n}} < \mu < \overline{X}+z_{\alpha/2}\frac{\sigma}{\sqrt{n}}) = 1-\alpha$$

가 된다. 위 식은 μ가 $\overline{X}-z_{\alpha/2}(\sigma/\sqrt{n})$보다 크고, $\overline{X}+z_{\alpha/2}(\sigma/\sqrt{n})$보다 작을 확률이 $(1-\alpha)$이다는 것이다. 다시 말하면, μ에 대한 $(1-\alpha)100\%$ 신뢰수준의 신뢰구간은

$$\left(\overline{X}-z_{\alpha/2}\frac{\sigma}{\sqrt{n}},\ \overline{X}+z_{\alpha/2}\frac{\sigma}{\sqrt{n}}\right) \tag{5.3}$$

가 된다.

이제는 $\alpha=0.05$, 즉 95% 신뢰수준에서의 신뢰구간을 생각하자. 그림 5.2에서 오른쪽 꼬리와 왼쪽 꼬리 부분이 0.025이므로 표준정규분포표([부록 1])에서 0.475에 해당하는 z값을 찾으면 $z=1.96$이 된다. 즉, 95% 신뢰수준에서의 μ에 대한 신뢰구간은

$$\left(\overline{X}-1.96\frac{\sigma}{\sqrt{n}},\ \overline{X}+1.96\frac{\sigma}{\sqrt{n}}\right)$$

으로 얻어지게 된다.

그러나 이 신뢰구간은 σ값을 모르기 때문에 실제로 사용될 수가 없다. 그러므로 σ 또한 표본으로부터 추정량을 얻어 대체하여야 하는데, 표본의 표준편차 S를 사용할 수밖에 없다. 여기서 σ 대신 S를 사용하여야 한다면 앞의 식 5.1에서부터 σ를 S로 바꾸어

$$T=\frac{\overline{X}-\mu}{S/\sqrt{n}} \tag{5.4}$$

를 사용하여야 한다. 이때, T는 Z와 다른 새로운 변수로서 자유도 $(n-1)$의 $\boldsymbol{t}$-분포를 따르게 되는 것이다(자유도는 S의 자유도). 이 t-분포의 형태는 표준정규분포와 같이 좌우 대칭이지만 표준정규분포보다 봉우리가 낮은 분포이다(그림 5.3). 더욱이 자유도가 작을 때는 납작한 모양이지만, 자유도가 커질수록 봉우리가 높아져 표준정규분포에 근사하게 된다. [부록 2]에는 t-분포표가 있는데 오른쪽 꼬리 부분의 면적에 대한 자유도별 t값이 수록되어 있다. 또한 [부록 2]에서 자유도가 ∞일 때 오른쪽 꼬리 면적이 0.025인 t값은 1.96으로 자유도가 커질수록 표준정규분포에 근사한 분포를 따른다는 것을 알 수 있다.

그러면 앞의 전개 과정 식들을 식 5.2, 그림 5.4에 기초하여 전개하면 결과적으로 μ에 대한 $(1-\alpha)100\%$ 신뢰수준의 신뢰구간은

$$\left(\overline{X}-t_{\alpha/2}\frac{S}{\sqrt{n}},\ \overline{X}+t_{\alpha/2}\frac{S}{\sqrt{n}}\right) \tag{5.5}$$

를 얻게 된다.

특히 언급하고 넘어갈 것은 식 5.3의 결과는 식 5.5를 유도하고 이해하기 위한 것뿐이라는 사실이다. 일반 통계학 교재에 σ를 알 때는 식 5.3, σ를 모르면 식 5.5를 사용하는 것으로 소개되어 있는데 σ를 알 경우라는 것은 우리가 전제할 수 있는 것이 아니다. 그러므로 실제 자료를 얻어 신뢰구간을 얻어야 하는 식 5.5만을 주로 사용할 수밖에 없다.

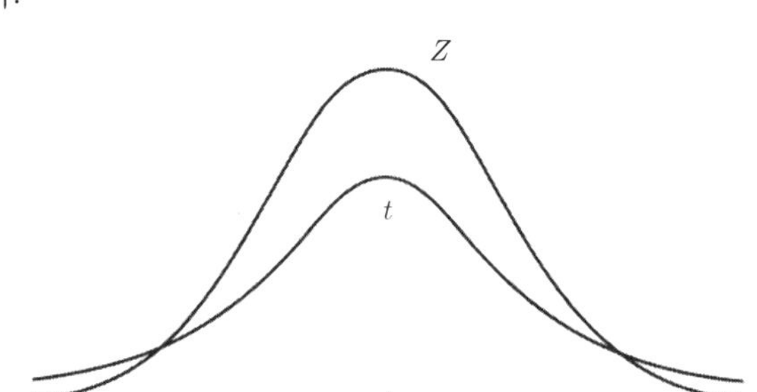

그림 5.3 t-분포와 표준정규분포

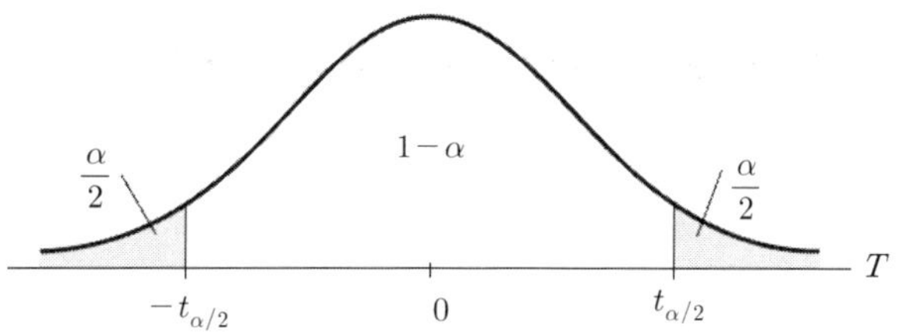

그림 5.4 $P(-t_{\alpha/2} < T < t_{\alpha/2}) = 1-\alpha$

예제 5.3

표본의 크기가 14일 경우의 평균(μ)에 대한 95% 신뢰수준의 신뢰구간은 다음과 같다. 먼저 95% 신뢰수준에 대한 t 값은 $1-\alpha=0.95$이므로 $\alpha/2=0.025$이다. 따라서 자유도 13에서 $t_{\alpha/2}=t_{0.025}=2.160$이다. 그러므로 95% 신뢰수준의 신뢰구간은

$$\left(\overline{X}-2.160\frac{S}{\sqrt{14}},\ \overline{X}+2.160\frac{S}{\sqrt{14}}\right)$$

이다.

예제 5.4

어느 상점에서는 특정 상품이 하루에 평균 몇 개나 팔릴 것인가를 알아보기 위해 20일 동안 조사한 결과 $\overline{x}=32$, $s=12$를 얻었다. 이 자료로 μ에 대한 95% 신뢰수준의 신뢰구간을 구하면 다음과 같다. 여기서 자유도 19의 $t_{0.025}$ 값은 2.093이므로

$$\left(32-2.093\frac{12}{\sqrt{20}},\ 32+2.093\frac{12}{\sqrt{20}}\right) \Rightarrow (26.38,\ 37.62)$$

이다.

5.4 비율(p)에 대한 신뢰구간 추정

비율에 대한 추정은 모집단이 베르누이 분포를 따르는 특수한 경우의 평균(μ)에 대한 추정이나 마찬가지이다. 즉, 모집단의 비율에 대한 점추정량은 표본비율($\hat{p}$)이고 구간추정도 앞의 설명과 같이 진행된다. 표본비율($\hat{p}$)은 표본의 크기가 충분히 클 경우

$$\hat{p} \sim N\left(p, \frac{p(1-p)}{n}\right) \tag{5.6}$$

의 분포를 하므로 이를 표준화하여 p에 대한 $(1-\alpha)100\%$ 신뢰수준의 신뢰구간을 얻는 과정을 다음과 같이 유도하여 볼 수 있다.

$$P\left[-z_{\alpha/2} < \frac{\hat{p}-p}{\sqrt{\frac{p(1-p)}{n}}} < z_{\alpha/2}\right] = 1-\alpha \tag{5.7}$$

$$\Rightarrow\ P\left[\hat{p}-z_{\alpha/2}\sqrt{\frac{p(1-p)}{n}} < p < \hat{p}+z_{\alpha/2}\sqrt{\frac{p(1-p)}{n}}\ \right] = 1-\alpha$$

즉, $(1-\alpha)100\%$ 신뢰수준의 p에 대한 신뢰구간은

$$\left(\hat{p}-z_{\alpha/2}\sqrt{\frac{p(1-p)}{n}},\ \hat{p}+z_{\alpha/2}\sqrt{\frac{p(1-p)}{n}}\right) \tag{5.8}$$

이다. 여기서 $\hat{p}$은 p를 추정한 것이다.

그러나 여기서도 $\hat{p}$의 표준오차, $\sqrt{\frac{p(1-p)}{n}}$의 추정량을 얻어 대체하게 되는데 결국,

$$\left(\hat{p}-z_{\alpha/2}\sqrt{\frac{\hat{p}(1-\hat{p})}{n}},\ \hat{p}+z_{\alpha/2}\sqrt{\frac{\hat{p}(1-\hat{p})}{n}}\right) \tag{5.9}$$

가 실제로 사용할 수 있는 **모수 $\boldsymbol{p}$ 에 대한 $(\mathbf{1-\alpha})$100% 신뢰수준의 신뢰구간**이다.

여기서 식 5.6은 표본의 크기가 크면 얻어지는 것이기 때문에 식 5.9의 결과도 근사적으로 얻어진 것으로서 이해하여야 한다. 특히 $\overline{X}$ 에 대해서는 t-분포를 정의하였지만 이론적으로 불가능하여

$$\frac{\hat{\boldsymbol{p}}-p}{\sqrt{\dfrac{\hat{\boldsymbol{p}}(1-\hat{\boldsymbol{p}})}{n}}}$$

의 분포를 구할 수 없다. 그리고 $\hat{\boldsymbol{p}}$ 은 표본의 크기가 충분히 크다는 전제하에서 사용하는 것으로 이해하기를 바란다.

예제 5.5

어느 신용카드회사에서는 20대 가입자들의 연체율(p) 에 대한 99% 신뢰수준의 신뢰구간을 얻기 위하여 20대 가입자 150명을 대상으로 조사한 결과 15명이 연체를 하였다. 그러면 $\hat{\boldsymbol{p}}$ = 15/150=10%이고, $z_{0.005}$ =2.575이므로 99% 신뢰수준에서의 신뢰구간은

$$\left(10-2.575\sqrt{\frac{10(90)}{150}},\ 10+2.575\sqrt{\frac{10(90)}{150}}\right)$$

$$\Rightarrow (10-2.575(2.45),\ 10+2.575(2.45))$$

$$\Rightarrow (3.69,\ 16.31)$$

이다. 이 경우, 90% 신뢰수준의 신뢰구간은 표준정규분포로부터 $z_{0.05}$ =1.645를 얻어

$$\Rightarrow (10-1.645(2.45),\ 10+1.645(2.45))$$

$$\Rightarrow (5.97,\ 14.03)$$

이다.

5.5 분산(σ^2)에 대한 신뢰구간 추정

모집단의 분산도 모수이므로 표본으로부터 추정하여야만 한다. 앞의 5.1절에서 분산에 대한 가장 좋은 추정량(최소분산불편추정량)은 표본분산,

$$S^2 = \frac{\sum(X_i - \overline{X})^2}{(n-1)} \tag{5.10}$$

이고, 분산에 대해 구간추정을 하면 S^2의 분포를 사용하여야 한다.

표본분산, S^2에 관련된 분포는 4.5절에서 다루었던

$$\frac{(n-1)S^2}{\sigma^2} \sim \chi^2_{(n-1)} : \text{ 자유도 } (n-1)\text{의 카이제곱분포} \tag{5.11}$$

를 사용하여야 하며 $(1-\alpha)100\%$ 신뢰수준에서의 신뢰구간은 평균에서와 같은 과정으로 얻어진다. 즉, 자유도 $(n-1)$의 카이제곱분포의 양쪽 꼬리 부분을 $\alpha/2$가 되게 하면 그림 5.5와 같고,

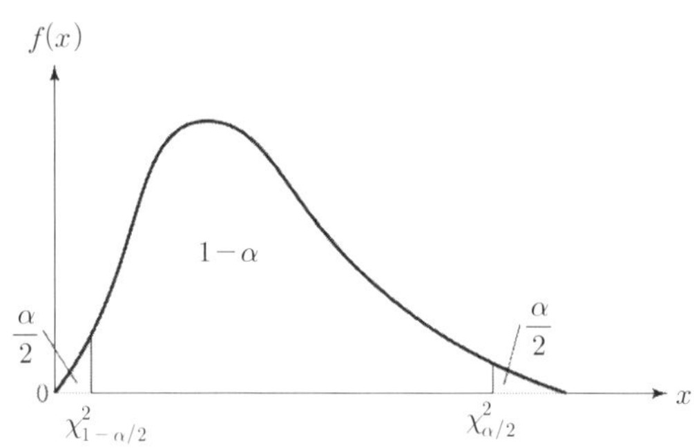

그림 5.5 자유도 $(n-1)$의 χ^2분포

이를 식으로 나타내면

$$P\left[\chi^2_{1-\alpha/2} < \frac{(n-1)S^2}{\sigma^2} < \chi^2_{\alpha/2}\right] = 1-\alpha \tag{5.12}$$

$$\Rightarrow P\left[\frac{\chi^2_{1-\alpha/2}}{(n-1)S^2} < \frac{1}{\sigma^2} < \frac{\chi^2_{\alpha/2}}{(n-1)S^2}\right] = 1-\alpha$$

$$\Rightarrow P\left[\frac{(n-1)S^2}{\chi^2_{\alpha/2}} < \sigma^2 < \frac{(n-1)S^2}{\chi^2_{1-\alpha/2}}\right] = 1-\alpha$$

가 된다. 따라서 $(1-\alpha)100\%$ 신뢰수준에서의 σ^2에 대한 신뢰구간은

$$\left(\frac{(n-1)S^2}{\chi^2_{\alpha/2}},\ \frac{(n-1)S^2}{\chi^2_{1-\alpha/2}}\right) \tag{5.13}$$

로 얻어지게 된다. 그림 5.5에서 $\chi^2_{\alpha/2}$와 $\chi^2_{1-\alpha/2}$는 각각 오른쪽 꼬리 부분의 면적이 $\alpha/2$와 $1-\alpha/2$인 자유도 $(n-1)$의 카이제곱분포 값을 나타내고 있음을 유의하여야 할 것이다. 예를 들어, 95% 신뢰수준에서 표본의 크기가 15일 경우, [부록 4]에 의하여 다음과 같다.

$$\chi^2_{0.025(14)} = 26.119,\ \chi^2_{0.975(14)} = 5.929$$

예제 5.6

표본크기를 30으로 하여 얻어진 표본으로부터 표본분산을 구한 결과 $s^2 = 9$이다. 따라서 모집단의 분산에 대한 95% 신뢰수준의 신뢰구간은

$$\left(\frac{(29)9}{45.722},\ \frac{(29)9}{16.047}\right) \Rightarrow (5.71,\ 16.26)$$

이다.

5.6 서로 독립인 두 집단의 평균들 차이에 대한 신뢰구간 추정

이제까지는 하나의 모집단에 대한 문제를 설명하였다. 이번에는 자료 분석의 목적

이 두 집단을 비교하는 경우라면 어떻게 해야 할지를 다뤄보고자 한다. 이를테면 남자와 여자의 월 저축액을 비교하고자 한다든지, 서울특별시와 인근 도시(수도권) 거주자들의 승용차 월 주행거리나 가구당 월 외식액 비교 등이 있다. 사실은 모집단이 두 개일 뿐이지 하나의 모집단인 경우와 이론적 전개 과정은 흡사하다.

두 개의 서로 독립인 두 모집단의 평균을 비교하기 위해 그림과 같이 각각의 모집단으로부터 표본 $\{X_1, \cdots, X_{n_1}\}$, $\{Y_1, \cdots, Y_{n_2}\}$를 얻는다고 하자. 그리고 두 집단의 평균 간의 차이, 즉 $(\mu_X - \mu_Y)$에 초점을 맞추어 보자.

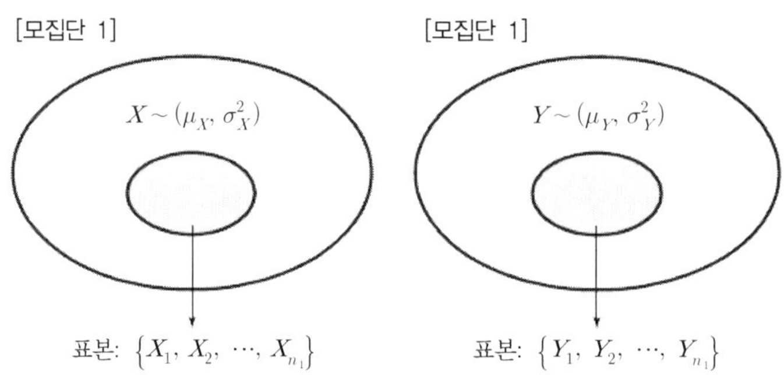

먼저 μ_X의 가장 좋은 추정량은 $\overline{X}$, μ_Y의 가장 좋은 추정량은 $\overline{Y}$이므로 $(\mu_X - \mu_Y)$에 대한 가장 좋은 추정량은 $(\overline{X} - \overline{Y})$가 될 것이다.

그러면 $(\overline{X} - \overline{Y})$의 분포는 무엇일까? 하나의 표본평균$(\overline{X})$에 대한 분포에서와 마찬가지로 중심극한정리를 이용하여 $(\overline{X} - \overline{Y})$도 정규분포를 따르며 $(\overline{X} - \overline{Y})$의 평균은 $(\mu_X - \mu_Y)$, 분산은 $(\sigma_X^2 / n_1 + \sigma_Y^2 / n_2)$이다. 즉,

$$(\overline{X} - \overline{Y}) \sim N\left(\mu_X - \mu_Y, \frac{\sigma_X^2}{n_1} + \frac{\sigma_Y^2}{n_2}\right) \qquad (5.14)$$

이다. 여기서 $E(\overline{X} - \overline{Y}) = \mu_X - \mu_Y$임은 당연하며 $Var(\overline{X} - \overline{Y})$는 3.7절을 바탕으로 이해할 수 있을 것이다. 즉,

$$E(\overline{X} - \overline{Y}) = E(\overline{X}) - E(\overline{Y}) = \mu_X - \mu_Y \qquad (5.15)$$

$$Var(\overline{X}-\overline{Y}) = Var(\overline{X}) - Var(\overline{Y}) = \frac{\sigma_X^2}{n_1} + \frac{\sigma_Y^2}{n_2} \tag{5.16}$$

이며 X와 Y는 독립이다. 그러면 $(\overline{X}-\overline{Y})$를 표준화시켜

$$Z = \frac{(\overline{X}-\overline{Y}) - (\mu_X - \mu_Y)}{\sqrt{\frac{\sigma_X^2}{n_1} + \frac{\sigma_Y^2}{n_2}}} \tag{5.17}$$

을 얻게 되는데 앞의 5.3절에서 다루었던 과정에서와 똑같은 원리로 모수 σ_X^2과 σ_Y^2을 추정하여야만 한다.

물론 σ_X^2은 모집단 1의 분산, σ_Y^2은 모집단 2의 분산을 나타내므로 σ_X^2은 $\{X_1, X_2, \cdots, X_{n_1}\}$로부터 σ_Y^2은 $\{Y_1, Y_2, \cdots, Y_{n_2}\}$로부터 각각

$$S_X^2 = \frac{\sum(X_i - \overline{X})^2}{n_1 - 1} \tag{5.18}$$

$$S_Y^2 = \frac{\sum(Y_i - \overline{Y})^2}{n_2 - 1} \tag{5.19}$$

로 추정될 수 있다.

그러나 σ_X^2과 σ_Y^2이 같다면, 즉 $\sigma_X^2 = \sigma_Y^2 = \sigma^2$이라면 σ^2을 추정하기 위한 표본은 $\{X_1, \cdots, X_{n_1}\}$과 $\{Y_1, \cdots, Y_{n_2}\}$ 모두가 되므로 이들을 **합하여**(pool) σ^2을 추정한다. 즉, σ^2의 통합분산추정량은

$$S_p^2 = S_{pooled}^2 = \frac{\sum_{i=1}^{n_1}(X_i - \overline{X})^2 + \sum_{i=1}^{n_2}(Y_i - \overline{Y})^2}{(n_1 - 1) + (n_2 - 1)} \tag{5.20}$$

이다. 이 경우, S_p^2의 자유도는 $(n_1 + n_2 - 2)$이다. 따라서 식 5.20의 S_p^2을 식 5.17에 대입하면 식 5.4에서와 마찬가지로

$$T = \frac{(\overline{X} - \overline{Y}) - (\mu_X - \mu_Y)}{\sqrt{\dfrac{S_p^2}{n_1} + \dfrac{S_p^2}{n_2}}} \tag{5.21}$$

가 되는데 T는 자유도 $(n_1 + n_2 - 2)$인 t-분포를 따른다(그림 5.6).

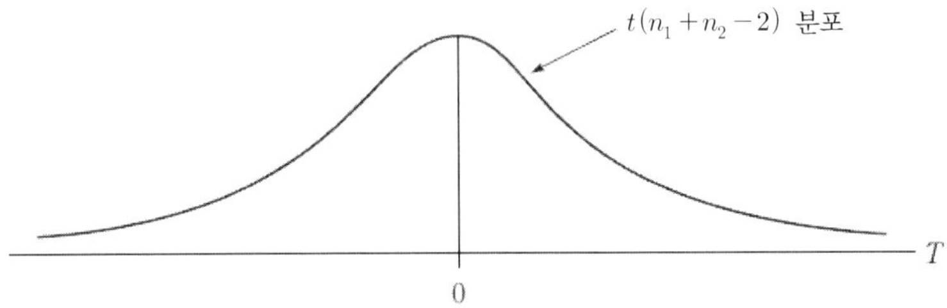

그림 5.6 t-분포(자유도 : $n_1 + n_2 - 2$)

그러므로 $(\mu_X - \mu_Y)$에 대한 $(1 - \alpha)100\%$ 신뢰수준에서의 신뢰구간은

$$P\left[t_{\alpha/2} < T < t_{\alpha/2}\right] = 1 - \alpha \tag{5.22}$$

$$\Rightarrow P\left[-t_{\alpha/2} < \frac{(\overline{X} - \overline{Y}) - (\mu_X - \mu_Y)}{S_p\sqrt{\dfrac{1}{n_1} + \dfrac{1}{n_2}}} < t_{\alpha/2}\right] = 1 - \alpha$$

$$\Rightarrow P\left[(\overline{X} - \overline{Y}) - t_{\alpha/2} S_p\sqrt{\frac{1}{n_1} + \frac{1}{n_2}} < (\mu_X - \mu_Y)\right.$$

$$\left. < (\overline{X} - \overline{Y}) + t_{\alpha/2} S_p\sqrt{\frac{1}{n_1} + \frac{1}{n_2}}\right] = 1 - \alpha$$

로부터, $(\mu_X - \mu_Y)$의 신뢰구간은

$$\left((\overline{X} - \overline{Y}) - t_{\alpha/2} S_p\sqrt{\frac{1}{n_1} + \frac{1}{n_2}},\right. \tag{5.23}$$

$$\left.(\overline{X} - \overline{Y}) + t_{\alpha/2} S_p\sqrt{\frac{1}{n_1} + \frac{1}{n_2}}\right)$$

로 얻어진다.

만일 σ_X^2과 σ_Y^2이 같지 않다면 σ_X^2과 σ_Y^2에 대한 추정량은 각각 식 5.18과 식 5.19로 얻을 수밖에 없다. 이 경우에는 신뢰구간이

$$\left((\overline{X}-\overline{Y})-t_{\alpha/2}\sqrt{\frac{S_X^2}{n_1}+\frac{S_Y^2}{n_2}}\,,\ (\overline{X}-\overline{Y})+t_{\alpha/2}\sqrt{\frac{S_X^2}{n_1}+\frac{S_Y^2}{n_2}}\right) \tag{5.24}$$

가 되는데 $t_{\alpha/2}$값은 자유도

$$d.f.=\frac{\left(\dfrac{s_X^2}{n_1}+\dfrac{s_Y^2}{n_2}\right)^2}{\dfrac{(s_X^2/n_1)^2}{n_1-1}+\dfrac{(s_Y^2/n_2)^2}{n_2-1}} \tag{5.25}$$

의 t-분포로부터 얻어진 값을 사용한다. 식 5.25로 계산된 자유도는 정수가 아닐 수 있으므로 그 값에 가까운 정수로 자유도를 정하면 될 것이다.

앞에서 설명한 부분은 제6장에서 다시 설명될 것이다. 그리고 표본값이 얻어질 때, 그 값을 컴퓨터에 입력하여 프로그램(SAS, SPSS, 파이썬 등)을 사용하면 결과를 얻을 수 있다.

예제 5.7

어느 회사에서는 여자 직원과 남자 직원의 주당 근무시간 차이를 알아보기 위해서 여자 직원 중 14명, 남자 직원 중 7명을 표본으로 하여 주(週) 근무시간을 조사한 결과 다음과 같았다. 여자 직원들의 근무시간($\overline{X}$)과 남자 직원들의 근무시간($\overline{Y}$)의 차이에 대한 95% 신뢰구간을 구해보기로 하자.

여자 직원	남자 직원
$n_1=14$	$n_2=7$
$\overline{x}=53.0$	$\overline{y}=43.4$
$s_X^2=96.8$	$s_Y^2=102.0$

먼저 여자 직원 14명의 표본분산(s_X^2)이 96.8, 남자 직원 7명의 표본분산(s_Y^2)이

102.0이므로 두 집단(여자 직원, 남자 직원)의 주당 근무시간 분산은 같다고 가정하자 $(\sigma_X^2 = \sigma_Y^2)$.

그러면 식 5.20의 s_p^2을 얻어야 하는데

$$
\begin{aligned}
s_p^2 &= \frac{(n_1-1)s_X^2 + (n_2-1)s_Y^2}{n_1+n_2-2} \\
&= \frac{(13)(96.8)+(6)(102.0)}{14+7-2} = 98.44
\end{aligned}
$$

이고 자유도 19의 $t_{0.025}$ 값은 $t_{0.025}(19) = 2.093$ 이므로 식 5.23에 대입하여 95% 신뢰 수준의 $(\mu_X - \mu_Y)$에 대한 신뢰구간은

$$
\begin{aligned}
&\left((53.0-43.4) - 2.093\sqrt{98.44}\sqrt{\frac{1}{14}+\frac{1}{7}},\right. \\
&\left.(53.0-43.4) + 2.093\sqrt{98.44}\sqrt{\frac{1}{14}+\frac{1}{7}}\right) \\
&\Rightarrow (0.187,\ 19.413)
\end{aligned}
$$

로 얻어진다.

5.7 짝으로 이루어진 자료의 차에 대한 신뢰구간 추정

6절에서는 서로 독립인 두 모집단의 평균 차이에 대해 다루었지만 여기서는 하나의 대상에서 두 개의 자료를 얻는 경우, 그 차이의 평균에 대한 문제를 다룬다. 이를테면 프로야구 선수들의 왼쪽 팔 힘과 오른쪽 팔 힘 간의 차에 대한 평균이라거나 직장인들의 출근 소요 시간과 퇴근 소요 시간 차이의 평균 등은 서로 독립적인 두 집단을 비교하는 것이 아니라, 한 사람에 대한 두 가지 자료를 비교하고자 하는 문제들이다. 즉, 힘이 좋은 야구선수는 왼쪽 팔 힘이나 오른쪽 팔 힘 모두 강할 것이고, 힘이 없는 선수는 왼쪽이나 오른쪽 모두 힘이 약할 것이므로 왼쪽과 오른쪽 팔 힘은 서로 관련이 있는데, 이 경우 두 가지 팔 힘의 차이에 대한 평균에 관심이 있는 것이

다. 직장인의 출근과 퇴근 소요 시간도 개개인의 출근과 퇴근 소요 시간의 차이에 관심이 있는 것이다. 특히,어떤 계기(사건)나 시점을 전후로 상황이 변하였는가를 측정하는 문제들은 전형적인 짝으로 된 자료의 문제들이다. 이를테면 혈압환자들이 특정 약을 먹었을 때 혈압이 낮아지는가를 다루는 문제라든지 특정한 사건을 계기로 차이가 발생하였는지 등의 문제들이다.

이러한 짝으로 이루어진 자료들에 대한 모집단의 구조는 다음과 같다. 그림 5.7과 같이 모집단은 두 가지 자료를 나타내는 확률변수, X와 Y로 구성되는데 X와 Y의 차이를 $D=X-Y$라고 할 때, D의 평균은 μ_D가 된다. 이때 모집단으로부터 얻어진 표본은 $\{(X_1,\ Y_1),\ \cdots,\ (X_n,\ Y_n)\}$이며 이로부터

$$D_1 = X_1 - Y_1,\ D_2 = X_2 - Y_2,\ \cdots,\ D_n = X_n - Y_n \tag{5.26}$$

을 얻으면 짝으로 이루어진 자료의 차이 평균의 문제는 그림 5.8과 같이 D라는 변수의 모집단 평균(μ_D)에 대한 신뢰구간을 얻는 문제가 될 것이다. 그러면 μ_D에 대한 $(1-\alpha)100\%$ 신뢰수준의 신뢰구간은 5.3절과 같이

$$\left(\overline{D} - t_{\alpha/2}\frac{S_D}{\sqrt{n}},\ \overline{D} + t_{\alpha/2}\frac{S_D}{\sqrt{n}}\right) \tag{5.27}$$

가 된다. 여기서 $\overline{D}$와 S_D는 각각 D_i들의 평균, 표준편차이다. 다시 말하면 하나의 모집단에 대한 문제로서 제3절의 X를 D로 바꾸어 놓고 생각하여 보면 충분히 이해할 수 있을 것이다.

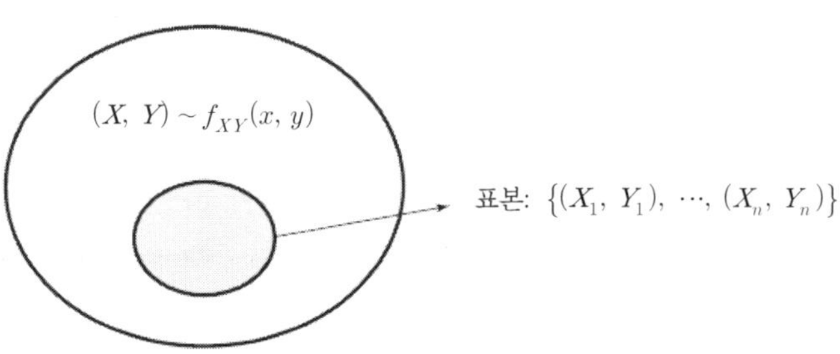

그림 5.7 짝으로 된 자료의 모집단

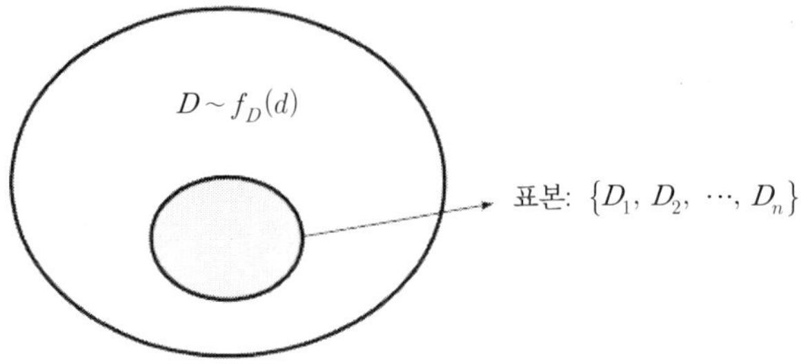

그림 5.8 짝으로 된 모집단의 변형

예제 5.8

어떤 제품을 광고하기 위하여 A 타입과 B 타입의 광고물을 제작하였다. 두 가지 광고물의 효과에 대한 반응을 10명에게 측정한 결과 다음과 같은 자료를 얻었다.

피조사자	1	2	3	4	5	6	7	8	9	10
A타입	78	63	72	89	91	49	68	76	85	55
B타입	71	44	61	84	74	51	55	60	77	39
d	7	19	11	5	17	−2	13	16	8	16

두 가지 광고물 반응 차이의 평균에 대한 90% 신뢰수준의 신뢰구간을 구하면 다음과 같다.

우선 표본 수(n)가 작으므로 10개의 d값이 정규분포를 따른다는 가정이 필요하다. 차이(d)의 평균이 $\bar{d}=11.0$, 표준편차는 $s_d=6.53$, 자유도 $(10-1)$의 $t_{0.05}$값은 1.833이므로 μ_D에 대한 신뢰구간은

$$\left(\bar{d}-t_{0.05}\frac{s_d}{\sqrt{n}},\ \bar{d}+t_{0.05}\frac{s_d}{\sqrt{n}}\right)$$

$$\Rightarrow \left(11.0-1.833\frac{6.53}{\sqrt{10}},\ 11.0+1.833\frac{6.53}{\sqrt{10}}\right)$$

$$\Rightarrow (7.22,\ 14.78)$$

이다.

5.8 표본크기의 결정

모집단으로부터 표본을 얻을 때 바람직한 표본의 크기를 고려하여 볼 필요가 있다. 상식적으로 표본의 크기가 크면 클수록 정확도가 높은 결과를 얻을 수 있지만, 시간적·금전적 문제가 수반된다. 그리고 표본의 크기는 모집단의 크기에 따라 결정된다는 사실도 당연하다.

모집단의 크기가 N일 경우, 표본비율 $\hat{\boldsymbol{p}}$의 분산은 이론적으로 정확하게

$$Var(\hat{\boldsymbol{p}}) = \frac{p(1-p)}{n}\left(\frac{N-n}{N-1}\right) \tag{5.28}$$

이다. 그러면 신뢰구간은

$$\left(\hat{\boldsymbol{p}} - z_{\alpha/2}\sqrt{\frac{\hat{\boldsymbol{p}}(1-\hat{\boldsymbol{p}})}{n}}\sqrt{\frac{N-n}{N-1}},\ \hat{\boldsymbol{p}} + z_{\alpha/2}\sqrt{\frac{\hat{\boldsymbol{p}}(1-\hat{\boldsymbol{p}})}{n}}\sqrt{\frac{N-n}{N-1}}\right) \tag{5.29}$$

이 될 것이고, 주어진 **정도**(precision: 신뢰구간의 폭)의 결과를 얻기 위해 표본의 크기(n)를 어느 정도 크게 해야 하는가를 고려하여 보자.

이제 **신뢰구간의 폭**을 결정하여 주는

$$z_{\alpha/2}\sqrt{\frac{\hat{\boldsymbol{p}}(1-\hat{\boldsymbol{p}})}{n}}\sqrt{\frac{N-n}{N-1}} \tag{5.30}$$

를 **오차의 한계**(허용오차의 범위)라고 부르는데, 오차의 한계를 주어진 값 d_0로 하자. 그러면

$$d_0 = z_{\alpha/2}\sqrt{\frac{\hat{\boldsymbol{p}}(1-\hat{\boldsymbol{p}})}{n}}\sqrt{\frac{N-n}{N-1}} \tag{5.31}$$

으로부터 n을 구하면 된다.

그러나 n의 크기를 여유 있게 되도록 큰 값으로 하기 위해서 $\hat{\boldsymbol{p}}$ 대신 0.5를 대입하여 n의 크기를 정하는 것이 바람직하다. 예를 들면, 식 5.31에서 $\hat{\boldsymbol{p}} = 0.5$일 때 n이 최대가 된다. 표본의 크기 n은

$$d_0 = (0.5)(z_{\alpha/2})\sqrt{\frac{N-n}{n(N-1)}} \tag{5.32}$$

으로부터 결정한다.

만일 모집단의 수를 일정한 값(N_0)으로 알고 있고 표본의 크기를 특정한 값(n_0)로 정하였을 경우라면 위의 식을 통하여 d_0를 구하게 되는데, 이 값을 오차의 한계 또는 표본오차(sampling error)라고 부르게 되는 것이다.

식 5.28에서 $(N-n)/(N-1)$은 모집단의 크기가 유한(N)일 경우, 이론적으로 얻어지는 값이다. 앞의 식 5.6에서 보았던 $Var(\hat{\boldsymbol{p}}) = p(1-p)/n$은 모집단의 크기가 무한(∞)일 때라고 이해하면 된다. 여기서는 모집단의 크기에 따라 표본의 크기가 결정될 수 있다는 점을 반영하기 위하여 식 5.28을 사용하게 되는 것이다.

예제 5.9

주요 언론사에서는 특별한 시점(창립일, 특정 정책발표)에 여론조사를 하여 그 내용을 발표한다. 그 내용과는 별도로 그 조사의 오차의 한계(또는 표본오차)를 밝히고 있는데 예를 들어, 1,000명을 대상으로 전화 조사할 경우, '신뢰수준 95%에서 오차 한계는 ±3.1%이다'고 한다. 이는 식 5.32에서

$$0.5 \times 1.96 \times \frac{1}{\sqrt{1,000}} = 0.031$$

로 계산된 것이다. 물론 모집단의 크기(N)를 고려하지 않고 계산한 결과이다.

또한 이 조사의 내용 중에 대통령에 대한 지지율(p)이 추정되었고 그 값이 45%이라면 지지율의 신뢰구간은 대략

$$(0.45 - 0.031,\ 0.45 + 0.031) \Rightarrow (0.419,\ 0.481)$$

로 얻어지게 됨을 알 수 있다.

사례 5.1

표본추출방법과 추정

모르는 값을 추정한다는 것은 결코 간단한 문제가 아니다. 무엇을 알고 싶은 경우, 그것이 정확히 정의되어야 하고 그것을 추정하기 위해서는 표본을 얻어야 한다. 우리의 일상생활에서 표본을 얻는 행위는 무수히 많다. 예를 들어, 국이나 찌개의 간을 맞추어 보는 행위도 이를테면 표본을 통하여 그 맛을 추정하는 것이다. 국이나 찌개의 간을 볼 때 한두 번 휘젓고 한 숟가락을 뜨는 것이 바람직한 표본추출과 추정의 과정이 아니겠는가?

그러므로 얻어질 표본의 어떤 것(추정량)으로 알고 싶은 값(모수)을 추정하느냐도 중요하지만 어떻게 표본을 얻어야 하느냐는 문제(표본추출)도 추정과 밀접한 관계가 있다. 그리고 이러한 모든 일련의 작업이 상식에 기초하여 여러 사람의 의견을 종합하여 합리적으로 이루어져야 한다는 것도 이해될 것이다.

구체적인 예로 어느 큰 항아리에 콩이 담겨 있다고 할 때 그 항아리에 들어 있는 콩의 수는 몇 개일까를 알아보고자 한다. 과연 우리는 어떤 방법으로 콩의 수를 추정할 수 있을 것인가? 종일 앉아서 모든 콩의 수를 셀 것인가? 작은 그릇을 사용하여 한 그릇에 담기는 콩의 수를 세고, 그 항아리의 콩은 작은 그릇 몇 개로 퍼낼 수 있을 것인가를 알아볼 것인가? 콩의 수를 알아보고자 하는 문제이지만 콩 하나의 무게를 기준으로 바꾸어 생각하면 콩의 수를 추정하는 것이 더욱 바람직한 것은 아닐까? 등 표본을 얻는 방법과 추정의 방법을 동시적으로 다양하게 고려하여야 할 것이다.

연습문제

01 세 명의 남자 키(X)가 170, 171, 172인 모집단과 두 명의 여자(Y)가 162, 166인 모집단이 있다고 하자. 두 모집단은 서로 독립이라고 하고 표본으로 1명씩 선택하였을 경우, 다음의 물음에 답하라.

(1) 남자표본(1명)의 표본평균과 여자표본(1명)의 표본평균 차에 대한 분포를 구하라.

(2) (1)에서 얻어진 분포의 평균인 $(\overline{X}-\overline{Y})$의 평균과 X의 평균 μ_X, Y의 평균 μ_Y를 구하고 $\mu_{\overline{X}-\overline{Y}}=\mu_X-\mu_Y$임을 확인하라.

(3) $(\overline{X}-\overline{Y})$의 분산 $\sigma^2_{\overline{X}-\overline{Y}}$와 $\sigma^2_{\overline{X}}$, $\sigma^2_{\overline{Y}}$을 구하고, $\sigma^2_{\overline{X}-\overline{Y}}=\sigma^2_{\overline{X}}+\sigma^2_{\overline{Y}}$임을 확인하라.

02 새로 개발된 차 81대를 대상으로 주행 테스트를 한 결과 평균 15 km/ℓ, 표준편차 2 km/ℓ가 얻어졌다. 신뢰수준 95%에서 이 모델의 ℓ당 평균 주행거리에 대한 신뢰구간을 구하라.

03 특정 제품 A의 선호와 비선호를 알아보기 위해 1,000명을 대상으로 조사한 결과, A를 선호하는 사람들이 520명임을 알게 되었다. 제품 A의 선호율에 대해 물음에 답하라.

(1) 신뢰수준 90%의 신뢰구간을 구하라.

(2) 신뢰수준 95%의 신뢰구간을 구하라.

(3) 만일 4,000명을 대상으로 조사하였을 때, A를 2,080명이 선호하였다면 신뢰수준 95%에서 A 선호율에 대한 신뢰구간을 구하고 (2)의 결과와 비교하라.

04 본문의 식 5.2에 대해 Z 대신

$$T=\frac{\overline{X}-\mu}{S\,/\,\sqrt{n}}$$

을 대입할 경우,

$$P\left(\overline{X}-t_{\alpha/2}\frac{S}{\sqrt{n}}<\mu<\overline{X}+t_{\alpha/2}\frac{S}{\sqrt{n}}\right)=1-\alpha$$

임을 나타내라.

05 어느 금융기관의 일일 방문 고객 수는 정규분포한다. 이 금융기관에서 10일간의 방문 고객 수를 얻은 결과는 다음과 같다.

$$\{172,\ 169,\ 176,\ 170,\ 174, 173, 168,\ 172,\ 173,\ 170\}$$

(1) 이 금융기관의 일일 방문 고객 수 평균 μ와 표준편차 σ를 추정하라.

(2) 평균 μ에 대한 95% 신뢰구간을 구하라.

06 정규분포하는 모집단으로부터 표본 $\{X_1,\ X_2,\ \cdots,\ X_n\}\ (n \geq 3)$을 얻어 다음과 같은 추정량을 고려하고 있다.

$$U_1=\frac{X_1+\cdots+X_n}{n},\ U_2=\frac{2X_1+2X_2+X_3}{5},\ U_3=\frac{3X_1+X_2+X_3}{5}$$

(1) 평균 μ에 대한 불편추정량은 어떤 것들인가?

(2) 가장 분산이 작은 추정량은 무엇인가?

07 운동경기를 무척 좋아하는 사람들의 성비를 알아보고자 한다. 임의로 선택된 축구 팬 600명 중에서 20명이 여성이었다고 하자. 이제 신뢰수준 95%에서 오차의 한계가 5%를 넘지 않도록 하려고 할 때, 다음의 물음에 답하라.

(1) 표본의 크기가 충분히 큰지 판단하라.

(2) 표본크기가 최소한 얼마 이상이어야 하는지 구하라.

08 사례 5.1에 나와 있는 큰 항아리 안에 담겨 있는 콩의 수를 추정하는 가장 편하고 빠른 최적의 방법을 논의하라.

09 모집단의 크기가 1,000인 경우, 모집단의 평균 μ에 대해 95% 신뢰수준에서 신뢰구간의 폭을 20으로 하고자 한다(오차의 한계 10). 표본의 크기를 어느 정도로 해야 하는가

하는 문제를 생각하여 보자.

우선 모집단의 크기가 1,000이라면 $\overline{X}$ 의 분산은

$$Var(\overline{X}) = \frac{\sigma^2}{n}\left(\frac{1,000-n}{1,000-1}\right)$$

이 된다. 그러므로 식 5.3에서 신뢰수준 95%의 신뢰구간 폭은

$$2(1.96)\frac{\sigma}{\sqrt{n}}\sqrt{\frac{1,000-n}{999}}$$

인데 σ 를 모르므로 간단하게 예비표본(pilot sample)을 얻어 σ 를 추정하여 사용할 수 밖에 없다. 즉, 예비표본으로부터 얻어진 표본의 표준편차값 s 를 사용하여

$$2(1.96)\frac{\sigma}{\sqrt{n}}\sqrt{\frac{1,000-n}{999}} = 20$$

으로부터 n 의 값을 구하면 된다.

이 경우는 모집단 평균(μ)에 대한 것으로서 사용 용도는 극히 제한적이다. 그러나 평균을 이해하는 데 필요한 설명이다.

10 양어장에 10,000마리의 광어가 있다고 하자. 이 양어장의 광어 전체를 구매하는 데 평균 무게(μ)에 대해 95% 신뢰수준에서 오차의 한계를 0.5 kg으로 구간추정하고자 한다면 몇 마리를 표본으로 얻어야 하는가? 단, $s=2$ kg이다.

6장

의사결정을 하기 위한 절차(가설검정)

모집단에 대한 어떤 주장, 기술(description), 또는 가정을 **가설**(hypothesis)이라고 하며 이 가설의 타당성 여부를 판단하는 과정을 **가설검정**(hypothesis test)이라고 한다. 예를 들면, 금융실명제 실시는 고소득층 사람들의 경제활동을 위축시켰다던가, 고등학교 학생들의 학력이 매년 낮아지고 있다든가, 취학연령 아동의 키는 여자가 남자보다 크다 등을 가설이라고 할 수 있다.

6.1 귀무(영)가설과 대립가설

모집단에 대한 가설을 세울 때 때 **귀무가설**(null hypothesis)과 **대립가설**(alternative hypothesis)의 두 가지로 나누어 가설을 설정한다. 귀무가설(또는 **영가설**)과 대립가설은 특정한 문제에 대해서는 특정한 형태로 표현되지만 대체로 '새로운 주장', '흥미 대상이 되는 가설', 또는 '전에 알고 있던 것과 같지 않은 사실' 등의 내용을 대립가설(H_1 으로 표기)로 설정하고, 대립가설과 상반되는 가설을 귀무가설(H_0 로 표기)로 삼는다.

예를 들면, 찌그러진 동전의 앞면과 뒷면이 나올 확률이 같지 않을 것이라는 의심이 일어나며, 이를 검정하기 위한 가설을 세운다면 대립가설은 앞면과 뒷면이 나올 확률은 다르다가 될 것이고, 귀무가설은 앞면과 뒷면이 나올 확률이 같다[P(앞면) $= P$(뒷면)]가 될 것이다.

또한 '어느 창구에서의 대기 시간은 평균 10분 이상이다'라는 주장을 제기할 경우, 대립가설은 $\mu > 10$, 귀무가설은 $\mu \leq 10$으로 설정하게 된다.

그 밖에도 '어느 특정 후보에 대한 유권자 전체의 지지율이 20%도 안 될 것이다'라는 주장(사실)을 가설검정하기 위해서는 대립가설이 $p < 0.20$, 귀무가설은 $p \geq 0.20$으로 만들어야 한다.

예제 6.1

찌그러진 동전의 예

$$H_0 : P(\text{앞면}) = 0.5$$
$$H_1 : P(\text{앞면}) \neq 0.5$$

예제 6.2

창구에서의 대기 시간 평균의 예

$$H_0 : \mu \leq 10 \ (\text{또는 } \mu = 10)$$
$$H_1 : \mu > 10$$

예제 6.3

특정 후보 지지율의 예

$$H_0 : p \leq 0.20 \ (\text{또는 } p = 0.20)$$
$$H_1 : p > 0.20$$

위의 예제 6.1과 같은 경우를 **양측검정**(two-sided test), 예제 6.2와 예제 6.3과 같이 크다, 작다의 방향이 결정된 가설검정을 **단측검정**(one-sided test)이라고 부른다. 여기서 주목할 점은 등호(=)는 H_0에만 들어간다는 점이다. 그 이유는 귀무가설이 옳다는 가정하에서 가설검정의 과정이 수행되기 때문이다. 귀무가설을 전제로 가설검정을 하면 대립가설의 내용이 쉽게 뒷받침되지 못하는 즉, H_0를 기각하기 어렵게 하는 작용을 한다.

또한 단측검정은 방향(크다 또는 작다)에 대해서 정해진 경우이고, 양측검정은 달라졌다고 주장할 수 있는가를 검정하는 것이라고 보면 된다. 그리고 예제 6.2와 예제 6.3에서 H_0의 내용에 부등호($<$, $>$)는 사용하지 않는 때도 있는데, 이미 알려진 사실을 그대로 식으로 표현한 경우라고 이해하기를 바란다. 다시 말하면 $H_0 : \mu \leq 10$이라고 표현하는 것이 이론적으로 맞지만, 이해하기 편하게 $H_0 : \mu = 10$이라고 표현하기도 한다. 양측검정과 단측검정의 부등호 및 기각역을 요약하면 표 6.1과 같다.

기각역은 2절에서 설명한다.

표 6.1 가설검정별 귀무가설(H_0)과 대립가설(H_1)의 부등호

가설 \ 검정 방법	양측검정	단측검정	
귀무가설(H_0)	$=$	$\leq$	$\geq$
대립가설(H_1)	$\neq$	$>$	$<$
귀무가설(H_0) 기각역 범위	양쪽 꼬리	오른쪽 꼬리	왼쪽 꼬리

6.2 검정통계량과 귀무가설의 기각역

이미 설명한 대로 가설이란 모집단에 관한 기술이기 때문에 이를 검정하기 위해서는 표본을 얻어, 검정의 목적에 맞는 통계량을 찾아야 한다. **검정통계량**(test statistic)이란 검정의 목적으로 사용되는 통계량을 말한다. 따라서 주어진 문제에 대한 가설검정에 대해서 그 문제에 맞는 검정통계량이 존재하기 마련이다. 그리고 이 검정통계량의 구체적인 값이 어느 범위에 있으면 귀무가설(H_0)을 기각할 것인가, 다시 말하면 대립가설이 뒷받침(주장)되기 위해서는 검정통계량의 값이 어느 범위에 있을 경우인가를 결정해야 하는데, 이를 **귀무가설의 기각역**(rejection region of H_0)이라고 부른다. 앞에서 언급한 세 가지 예에 대한 검정통계량과 귀무가설의 기각역을 살펴보자.

예제 6.1 (계속)

찌그러진 동전의 앞면과 뒷면이 나올 확률이 같은지 검정하려면 그 동전을 몇 차례 던져서 얻어진 결과로 의사결정을 해야 할 것이다. 만약 100번을 던질 경우, 앞면이 나오는 횟수가 너무 적거나 많으면 그 결과는 동전이 찌그러졌기에 나왔다고 판단할 수 있다.

이때 정상적인 동전이라면 앞면이 나올 확률이 0.5이므로 100번을 던지면 앞면이

50번 나올 것으로 기대할 수 있다. 그러므로 앞면이 50에 가까운 횟수(이를테면 49, 51, 48, 52 등)가 나올 때 그 찌그러진 동전은 앞면과 뒷면이 나올 확률이 같다고 할 수 있을 것이다. 따라서 검정통계량과 H_0의 기각역은 다음과 같다.

검정통계량 : $X =$ 앞면의 횟수(100번 중)

H_0 기각역 : $X <$ 50− ⓐ 또는 $X >$ 50+ ⓐ

예제 6.2 (계속)

어느 창구에서 고객들이 평균적으로 10분 이상 기다리는가를 검정하기 위해서는 일정한 수의 고객들을 대상으로 대기 시간을 조사하여 그 고객들의 대기 시간 평균($\overline{X}$)으로 판단함이 타당하다. 즉, 모집단 평균(μ)에 대한 가설이므로 표본으로부터 얻는 표본평균($\overline{X}$)을 검정통계량으로 삼아야 한다(μ를 추정하기 위해서 $\overline{X}$를 사용하였던 것과 같은 이유이다).

그러나 표본평균이 정확히 10분이어서는 'H_1 : $\mu > 10$'을 주장하기는 어렵다. 적어도 표본평균값이 '10분보다는 어느 정도 큰 값' 보다는 커야만 'H_1 : $\mu > 10$'이라고 주장할 수 있을 것이다.

이 문제의 검정통계량과 H_0의 기각역은 다음과 같다.

검정통계량 : $\overline{X}$

H_0 기각역 : $\overline{X} > 10 +$ ⓑ

예제 6.3 (계속)

어느 후보에 대한 유권자 전체의 지지율(p)이 20%가 안 되는가를 알기 위한 문제도 (모집단의 비율에 대한 문제이므로) 표본비율을 통하여 의사 결정해야 할 것이다. 즉, 1,000명의 표본을 선택할 경우 응답자 중에서 그 후보 지지율(p)을 구하여 표본비율이 '0.20보다도 어느 정도 작은 값'보다도 작을 때, 유권자 전체의 지지율(p)은 20%가 안 된다는 사실을 주장할 수 있을 것이다. 검정통계량과 H_0 기각역은 다음과 같다.

검정통계량 : $\hat{p}$

H_0 기각역 : $\hat{p} < 0.2 -$ ⓒ

여기서 설명하고 있는 H_0의 기각역이란 구체적인 표본값으로 계산된 검정통계량의 값이 기각역 범위에 있으면, H_0를 기각하고 대립가설(H_1)의 내용을 받아들일 수 있다는 것이다. 그리고 위의 세 가지 예에서 표현된 ⓐ, ⓑ, ⓒ는 앞으로 통계이론에서 구해야 하는 값이다.

특히 7장부터 다루게 되는 문제들은 여러 가지 통계분석기법으로서 각각의 기법에 맞는 가설의 형태(H_0와 H_1)가 있기 마련이고, 그 가설을 검정하기 위한 특정한 검정통계량이 존재한다. 그리고 검정통계량에 의하여 H_0의 기각역을 정하게 됨은 물론이다.

통계학의 이론은 우리가 합리적인 사고를 할 때 얻어지는 것을 논리적으로 표현하여 놓은 것이라고 편하게 생각하자. 그러면 이 교재에서 다루고 있는 내용이 하나하나 연결되면서 쉽게 받아들여지고 이해될 수 있을 것이다.

6.3 유의수준

모집단에 대한 어떤 주장이 맞는가를 판단하기 위해서는 표본을 얻어 표본으로부터 구해진 결과를 이용하여야 한다는 사실은 당연하다. 그러나 모집단 전체에 대해서는 영원히 모르는 것이기 때문에, 가설검정의 과정을 거쳐 의사결정을 할 때 과오(오류)를 범할 수도 있을 것이다. 왜냐하면 모집단 전체에 대한 값이 어떻다고 판단하는 데 표본을 통하여 사람이 결정하기 때문이다.

먼저 귀무가설의 내용이 옳았으나 귀무가설을 기각하는 오류가 있다. 앞의 예에서의 동전이 절묘하게도 균형 있게 찌그러져 있어 앞면이 나올 확률이 0.5라고 하자. 그럼에도 100번을 던져 본 결과 앞면이 21번밖에 나오지 않아서 마치 찌그러진 동전과 같으므로 귀무가설(H_0 : P(앞면) $= 0.50$)을 기각하였다면, 오류(과오)를 범한 것이 되는데 이러한 오류를 **제1종 오류**(Type Ⅰ error)라고 부른다. 사실 정상적인 동전이라도 100번 중 앞면이 21번 나올 수도 있기 때문이다. 이러한 제1종 오류를 범할 확률을 **유의수준**(significance level)이라고 부르며 α로 표시한다. 즉, 유의수준은

$$\alpha = P(\text{제1종 오류를 범함}) = P(H_0 \text{ 기각 } | \ H_0 \text{ 참}) \tag{6.1}$$

로 표현되며 일반적으로 $\alpha = 0.05(5\%)$를 사용한다. 여기서 'H_0 기각 $|H_1$ 참'이라는 표현은 H_0가 참으로 주어졌는데 H_0를 기각한다는 것을 말한다.

유의수준 α를 좀 더 자세히 설명하면 다음과 같다. 예를 들어,

$$H_0 : \mu = \mu_0 \text{ v.s. } H_1 : \mu \neq \mu_0$$

을 가설검정 하자. 여기서 μ_0는 어떤 주어진 값을 나타내는데, 표본평균값이 μ_0와 너무 큰 차이가 난다면 H_0를 기각하게 될 것이다.

우선 귀무가설이 맞다(H_0 참)라는 가정하에서 검정통계량 $\overline{X}$의 분포는

$$\overline{X} \sim N\left(\mu_0, \frac{\sigma^2}{n}\right) \tag{6.2}$$

가 된다. 그림 6.1에서 보는 바와 같이 모집단의 평균이 μ_0이더라도 표본평균의 값들은 아주 작은 값에서 아주 큰 값까지 얻어질 수가 있다.

만일 표본평균값이 k_1보다 작거나 또는 k_2보다 클 경우, 그 표본평균값은 μ_0와 너무 큰 차이가 나는 것이므로 설령 평균이 μ_0인 모집단에서 얻어진 표본평균값이라 할지라도, H_0를 기각하는 잘못된 의사결정을 내릴 수밖에 없다. 다시 말하면 그러한 의사결정을 내릴 수밖에 없는 범위에 해당하는 확률, 음영으로 표현된 부분을 유의수준(α)이라고 부른다는 것이다. 실제로는 유의수준 값을 얼마로 하느냐에 따라서 k_1과 k_2값이 정해질 것이며 표본평균값이 k_1보다 작거나 k_2보다 클 때 H_0를 기각하게 된다는 것이다.

여기서 설명한 유의수준을 뒤에서(6.5절) 설명하게 되는 컴퓨터의 계산 결과인 유의확률(p값)과 비교해서 이해하면 유의수준과 p값을 확실히 이해할 수 있을 것이다.

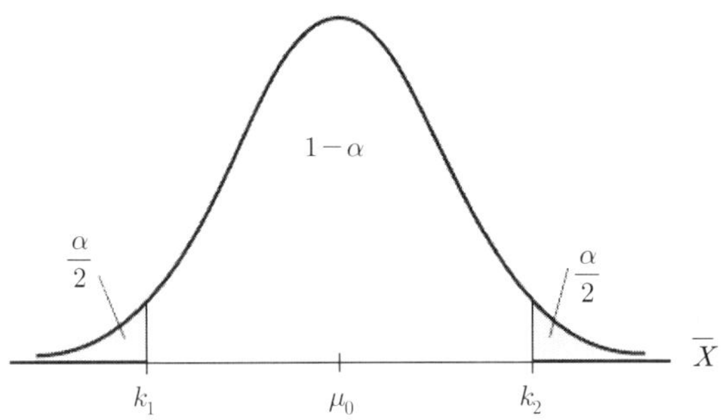

그림 6.1 양측검정에서의 유의수준 α와 H_0의 기각역

6.4 가설검정의 예

6.4.1 μ에 대한 가설검정

우리가 어떤 가설을 세우고 그 가설을 검정한다는 것은 결국 수량화된 자료의 평균에 대한 가설검정일 경우가 대부분이다. 그러므로 모집단 평균에 대한 가설검정은 가장 자주 다루게 되는 것일 뿐 아니라 가설검정의 과정을 이해하는 데에 기초가 된다. 앞 절에서 살펴본 바와 같이 모집단의 평균이 특정한 값(μ_0)이라고 할 수 있는가 없는가를 판단하는 문제는

$$H_0 : \mu = \mu_0 \text{ v.s. } H_1 : \mu \neq \mu_0$$

로 표현될 수 있다.

이 가설검정은, 물론 표본에서 얻어진 표본평균($\overline{X}$)을 이용해야 할 것이고 얻어진 표본평균값이 μ_0에서 멀리 떨어져 있다면 H_0를 기각해야 할 것이다. 그러면 얼마나 멀리 떨어져 있을 때(예제 6.1에서 ⓐ) H_0를 기각할 것인가를 구체적으로 알아보기로 하자.

우리가 사용해야 할 검정통계량은 $\overline{X}$이고, $\overline{X}$의 분포는

$$\overline{X} \sim N\left(\mu,\ \frac{\sigma^2}{n}\right)$$

이다. 이를 표준화시키면

$$Z = \frac{\overline{X} - \mu}{\sigma / \sqrt{n}} \tag{6.3}$$

인데 σ를 모르므로 σ 대신 S를 사용하면(5.3절)

$$T = \frac{\overline{X} - \mu}{S / \sqrt{n}} \tag{6.4}$$

로 자유도$(n-1)$인 t-분포를 따른다. 그럼, 앞의 유의수준(α)을 정의한 식

$$\begin{aligned} \alpha &= P[H_0 \text{ 기각 } \mid H_0 \text{ 참}] \\ &= P[H_0 \text{ 기각 } \mid \mu = \mu_0] \end{aligned} \tag{6.5}$$

으로부터, H_0를 채택할 확률은

$$1 - \alpha = P[H_0 \text{ 채택 } \mid \mu = \mu_0] \tag{6.6}$$

가 된다.

그리고 $(1-\alpha)100\%$ 신뢰수준에서의 신뢰구간을 구하는 식 5.2와 같이

$$\begin{aligned} (1-\alpha) &= P\left[-t_{\alpha/2} < \frac{\overline{X} - \mu}{S / \sqrt{n}} < t_{\alpha/2} \mid \mu = \mu_0\right] \\ &= P\left[-t_{\alpha/2} < \frac{\overline{X} - \mu_0}{S / \sqrt{n}} < t_{\alpha/2}\right] \text{ (}\mu\text{ 대신 }\mu_0\text{를 대입한 결과)} \\ &= P\left[-t_{\alpha/2}\frac{S}{\sqrt{n}} < \overline{X} - \mu_0 < t_{\alpha/2}\frac{S}{\sqrt{n}}\right] \\ &= P\left[\mu_0 - t_{\alpha/2}\frac{S}{\sqrt{n}} < \overline{X} < \mu_0 + t_{\alpha/2}\frac{S}{\sqrt{n}}\right] \end{aligned} \tag{6.7}$$

을 얻게 된다. 그러면 식 6.7로부터 α는

$$\alpha = P\left[\overline{X} < \mu_0 - t_{\alpha/2}\frac{S}{\sqrt{n}} \text{ 또는 } \overline{X} > \mu_0 + t_{\alpha/2}\frac{S}{\sqrt{n}}\right] \tag{6.8}$$

이다. 이를 그림으로 나타내면 그림 6.2와 같다.

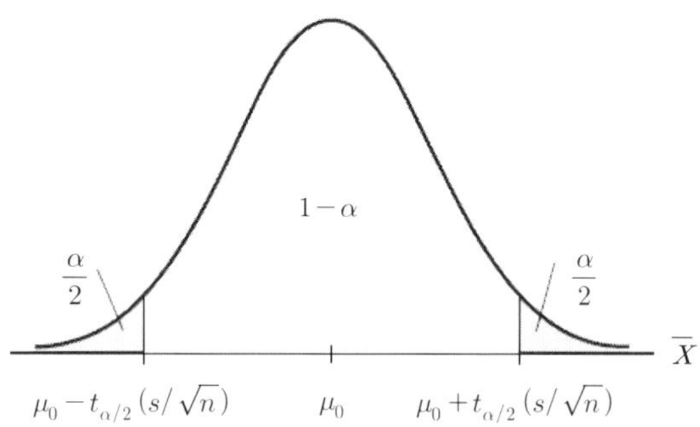

그림 6.2 H_0의 기각역

그림 6.2를 보면 검정통계량인 표본평균($\overline{X}$)의 실제로 얻어진 값($\overline{x}$)이 $\mu_0 - t_{\alpha/2}\frac{s}{\sqrt{n}}$ 보다 작거나 $\mu_0 + t_{\alpha/2}\frac{s}{\sqrt{n}}$ 보다 큰 값일 때, 그 표본평균값($\overline{x}$)은 귀무가설의 μ_0 값과 큰 차이가 나는 것이므로 모집단의 평균은 μ_0가 아니라고 의사결정하게 된다는 것이다.

다시 말하면 그림 6.2의 표본평균($\overline{X}$)의 분포는 모집단의 평균이 μ_0일 때 즉, H_0 참일 때의 실현 가능한 모든 표본평균값의 분포를 나타내고 있다. 그러나 실제로 표본을 얻어 계산된 표본평균값이 $\mu_0 - t_{\alpha/2}(s/\sqrt{n})$보다 작거나 $\mu_0 + t_{\alpha/2}(s/\sqrt{n})$보다 큰 위치에 있다면 모집단 평균이 μ_0가 아니라고 판단할 수밖에 없고 이러한 오류(제1종 오류)를 범할 확률은 α(유의수준)라는 것이다. 그리고 위의 두 값을 **임계치**(critical value)라고 부른다. 왜냐하면 임계치들을 기준으로 전혀 다른 의사결정을 내려야 하기 때문이다. 그러나 표본평균의 값($\overline{x}$)이 임계치를 기준으로 아주 조금 차이가 난다고 해서 서로 다른 의사결정을 내린다는 것은 때에 따라 비합리적이다.

그러므로 유의수준(α)을 어떤 값(일반적으로 5%)으로 미리 정해두고 의사결정을

하는 것보다 뒤의 6.5절에서 설명하는 p값을 제시하며 의사결정을 하는 것이 더 타당할 것이다. 이 점은 뒤에서 다시 설명한다.

앞에서 구한 귀무가설(H_0)의 기각역

$$\overline{X} < \mu_0 - t_{\alpha/2}\frac{S}{\sqrt{n}} \text{ 또는 } \overline{X} > \mu_0 + t_{\alpha/2}\frac{S}{\sqrt{n}} \tag{6.9}$$

은 다음과 같이 표현될 수도 있다. 즉,

$$\frac{\overline{X}-\mu_0}{S/\sqrt{n}} < -t_{\alpha/2} \text{ 또는 } \frac{\overline{X}-\mu_0}{S/\sqrt{n}} > t_{\alpha/2} \tag{6.10}$$

이다. 즉, 표본으로부터 얻어진 표본평균($\overline{x}$)과 표본의 표준편차(s), 주어진 모집단의 평균값(μ_0)으로 $t = (\overline{x}-\mu_0)/(s/\sqrt{n})$을 구하여 t의 절댓값, $|t|$가 $t_{\alpha/2}$값보다 클 때 H_0를 기각하는 의사결정을 한다는 것이며 이를 그림으로 나타내면 그림 6.3과 같다.

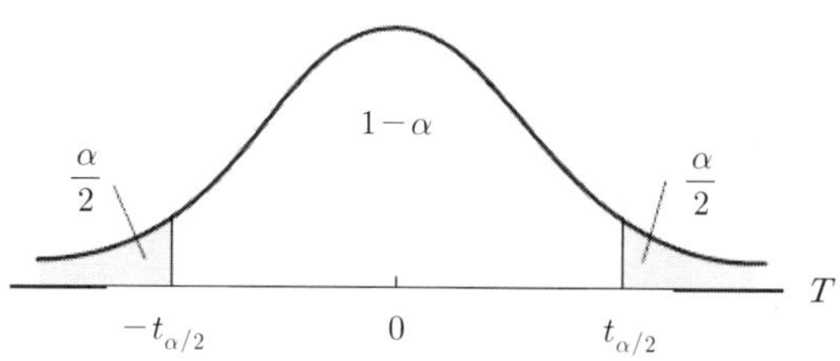

그림 6.3 표본으로부터 구한 t값에 대한 H_0의 기각역

예제 6.4

어느 창구의 고객 대기 시간은 평균 11분이라고 알려져 있다. 특정 시간대의 고객 대기 시간은 정규분포를 따른다고 가정하여 표본을 얻은 결과 8, 10, 10, 7, 9, 12, 10, 8, 7, 9분이었다. $\alpha = 0.05$로 하고 특정 시간대의 고객 대기 시간은 11분일 것이라는 가설을 검정하고자 한다.

먼저 가설을 세우면

$$H_0 : \mu = 11 \text{ v.s. } H_1 : \mu \neq 11$$

이고, 검정통계량은 $\overline{X}$이다. 그러므로 10개의 표본값으로 표본평균과 표준편차를 구하면 $\overline{x}=9$, $s^2=22/9=2.44$이다.

이 가설검정에 대한 H_0의 기각역은 $t_{0.025(9)}=2.26$을 사용하여

$$\overline{X} < 11-(2.26)\frac{(1.56)}{\sqrt{10}} \text{ 또는 } \overline{X} > 11+(2.26)\frac{(1.56)}{\sqrt{10}}$$

$$\Rightarrow \overline{X} < 9.88 \text{ 또는 } \overline{X} > 12.12$$

이다. 그리고 $\overline{x}=9$는 기각역에 포함되므로 H_0를 기각하고, 특정 시간대의 대기 시간은 11분이 아니라고 주장할 수 있다.

또는 식 6.10을 이용하면 $\overline{x}=9$, $s=1.56$, $\mu_0=11$을 사용하여

$$t=\frac{9-11}{1.56\,/\,\sqrt{10}}=-4.05$$

이고, $|t|=4.05$는 $t_{0.025(9)}=2.26$보다 큰 값이므로 H_0를 기각한다는 의사결정을 내릴 수 있다.

예제 6.5

10개 프로야구단의 중심타선에 있는 선수들의 타율은 평균 0.300이라고 한다. 어느 프로구단의 중심타선에 속하는 선수 5명의 타율이 0.319, 0.283, 0.341, 0.327, 0.299일 경우, 이 프로구단의 중심타선은 평균 0.300보다 높다고 단측검정 할 수 있는지를 검정한다(유의수준 1%).

가설은

$$H_0 : \mu=0.3 \text{ v.s. } H_1 : \mu>0.3$$

이고, 선수들의 타율은 정규분포를 따른다고 가정한다. 여기서 $\overline{x}=0.314$, $s^2=0.00053$($s=0.0023$)이다. 자유도 (5−1)=4에서 오른쪽 꼬리 부분이 1%인 t값은 $t_{0.01(4)}=3.75$이므로 H_0의 기각역은

$$\overline{X} > 0.3+(3.75)\frac{0.023}{\sqrt{5}}$$

$$\Rightarrow \overline{X} > 0.339$$

이다. 따라서 ($\overline{x}=0.314$)유의수준 1%에서 H_0를 기각할 수 없다.

6.4.2 비율(p)에 대한 가설검정

모집단의 비율에 대한 검정도 모집단의 평균을 검정하는 문제와 유사하다. 예를 들어 어느 기업의 제품 시장점유율이 기존에 알려진 시장점유율(p_0)을 기준으로 낮아졌는지를 알아보고자 한다면 가설의 형태는

$$H_0 : p = p_0 \text{ v.s. } H_1 : p < p_0 \tag{6.11}$$

가 될 것이다. 여기서 이론적으로는 H_0의 '='보다는 '≥'이 사용되는 것이 바람직하다. 왜냐하면 H_0와 H_1의 내용에 모든 실수가 포함되어야 하기 때문이다. 그러나 우리가 관심이 있는 것은 $H_1 : p < p_0$이므로 H_0의 형태에 대해서는 크게 신경을 쓰지 않아도 좋다. 위의 가설검정은 단측검정으로서 시장점유율이 주어진 값(p_0)보다 작아졌다고 주장할 수 있는지를 알아보고자 하는 것이다. 다시 말하면 시장점유율이 높아진 징후는 전혀 없고 낮아진 것 같은데, 정말 낮아졌는지 확인하는 것이 가설검정의 목적이다. 따라서 이 경우에는 유의수준(α)이 왼쪽에만 할당되어서 그림 6.4와 같다.

그림 6.4의 내용을 구체적으로 설명하면 다음과 같다. 비율에 대한 가설검정의 검정통계량은 표본비율($\hat{p}$)이고 표본비율은 중심극한정리에 의하여 정규분포로 간주할 수 있다. 즉,

$$\hat{p} \sim N\left(p, \frac{p(1-p)}{n}\right) \tag{6.12}$$

이다. 따라서 평균에 대한 가설검정의 경우와 마찬가지로

$$\begin{aligned} \alpha &= P(H_0 \text{ 기각 } \mid p = p_0) \\ &= P\left(\frac{\hat{p} - p}{\sqrt{\frac{p(1-p)}{n}}} < -z_\alpha \mid p = p_0\right) \\ &= P\left(\frac{\hat{p} - p_0}{\sqrt{\frac{p_0(1-p_0)}{n}}} < -z_\alpha\right) \quad (p \text{ 대신 } p_0 \text{를 대입한 결과}) \end{aligned} \tag{6.13}$$

$$= P\left(\hat{\boldsymbol{p}} < p_0 - z_\alpha \sqrt{\frac{p_0(1-p_0)}{n}}\right)$$

가 된다. 그러므로 식 6.13은 H_0의 기각역을 나타내는바, 표본을 얻어 계산된 표본비율값이 p_0보다 $z_\alpha\sqrt{p_0(1-p_0)/n}$ 이상 작을 경우, 모집단의 비율이 p_0보다 낮아졌다고 결론을 내린다는 것이다. 식 6.13의 전개 과정에서 p_0가 대입되는 이유는 3절과 4절의 평균에 대한 가설검정과 마찬가지로 H_0가 참이라는 전제하에서 검정통계량의 분포를 얻는다는 점과 유의수준 α의 의미를 함께 생각해야 하기 때문이다.

그러므로 유의수준 α에서 $H_0 : p = p_0$ v.s. $H_1 : p < p_0$의 기각역은 그림 6.5와 같이

$$\hat{\boldsymbol{p}} < p_0 - z_\alpha \sqrt{\frac{p_0(1-p_0)}{n}} \tag{6.14}$$

이다. 이를 다시 정리하면

$$\frac{\hat{\boldsymbol{p}} - p_0}{\sqrt{\dfrac{p_0(1-p_0)}{n}}} < -z_\alpha \tag{6.15}$$

이다. 다시 말하면 그림 6.4에 대응되는 식 6.15의 H_0 기각역이나 그림 6.5에 대응되는 식 6.14의 기각역이나 마찬가지이다.

또한 우측검정의 문제로서

$$H_0 : p = p_0 \text{ v.s. } H_1 : p > p_0$$

를 고려하자. 이러한 가설검정의 문제라면 $\hat{\boldsymbol{p}}$이 어떤 범위에 있을 경우 H_0를 기각할 것인가?

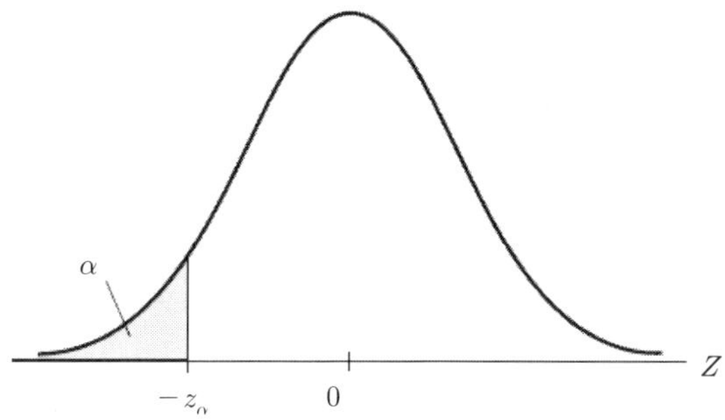

그림 6.4 $H_0 : p = p_0$ v.s. $H_1 : p < p_0$의 H_0 의 기각역

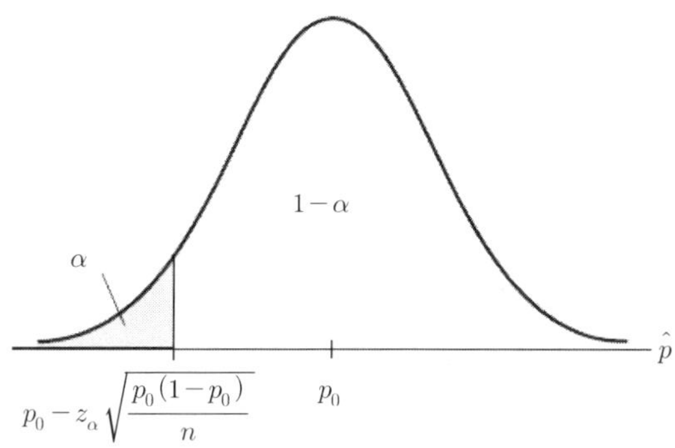

그림 6.5 $H_0 : p = p_0$ v.s. $H_1 : p < p_0$의 H_0 의 기각역

6.5 유의확률(p값)

앞에서 다룬 가설검정의 절차를 통해 가설검정의 개념, 과정을 이해할 수 있는데 프로그램을 사용한다면 p값(p-value)의 개념 또한 분명히 이해해야만 한다. 왜냐하면 대체로 프로그램은 일정한 절차에 의하여 계산된 값만이 얻어지도록 프로그램되어 있을 뿐, 구체적인 가설이나 유의수준(α)이 주어지지 않기 때문이다. 그러므로 프로그램을 이용하여 가설검정을 할 때 p값을 이해하여야 하는데, 일차적으로 p값이란 실제로 계산된 검정통계량의 값으로부터 꼬리 부분의 면적이라고 이해하면 된다.

그리고 p값은 어떤 가설검정의 문제인가에 따라 그 문제에 맞는 특정한 방법으로 계산된다. 따라서 앞으로 다루는 가설검정의 문제마다 p값이 얻어지는 방법을 알아야 할 것이다.

이를테면 프로그램에서는 평균에 대한 가설검정의 문제에 대해서 사용자가 양측검정, 즉

$$H_0 : \mu = \mu_0 \text{ v.s. } H_1 : \mu \neq \mu_0$$

와 같은 가설검정의 문제를 다루고 있는 것으로 가정하고 p값의 계산과정이 프로그램되어 있다. 이 경우의 p값은 그림 6.6과 같이 얻어지는바, 이를 식으로 나타내면

$$\begin{aligned} p\text{값} &= 2P[\overline{X} > \overline{x}] \\ &= 2P\left[\frac{\overline{X}-\mu_0}{S/\sqrt{n}} > \frac{\overline{x}-\mu_0}{S/\sqrt{n}}\right] \\ &= 2P[T > t] \end{aligned} \tag{6.16}$$

이다. 여기에서 $\overline{x}$는 표본으로부터 실제로 얻어진 표본평균값이며 s도 표본으로부터 실제로 계산된 표본표준편차이다. 그러므로 $\overline{x}$로부터 꼬리 부분의 면적을 두 배 한 값으로 p값이 계산된다. 여기서 두 배를 하는 이유는 프로그램에 따라서 양측검정의 문제로 상정되어 p값이 계산되기 때문이다. 다시 말하면 프로그램은 사용자가 양측검정을 하고자 하는지 단측검정을 하고자 하는지 모르기 때문에 평균에 대한 가설검정의 문제는 무조건 양측검정에 대한 p값을 계산해서 사용자에게 제공하여 준다는 것이다.

그러면 앞 절에서 설명한 유의수준과 p값은 밀접한 관계가 있음을 알 수 있다. 즉, 계산된 p값이 아주 작다면 입력된 자료의 표본평균값$(\overline{x})$이 H_0의 기각역에 있다는 것이므로 H_0를 기각하면 된다(그림 6.7 참조).

일반적으로 p값을 **유의확률**(significant probability)이라고도 부르는데 α를 일정한 값(예를 들어 $\alpha = 5\%$)으로 미리 부여하고 가설검정하는 것보다는 계산된 p값이 작을 경우 p값 수준에서 H_0를 기각한다고 하면 된다. 또는 p값 수준에서 유의적이라고 표현한다. 다시 말하면 프로그램으로부터 p값이 얻어졌을 경우, 그 값이 0.1(10%)보다 작다면

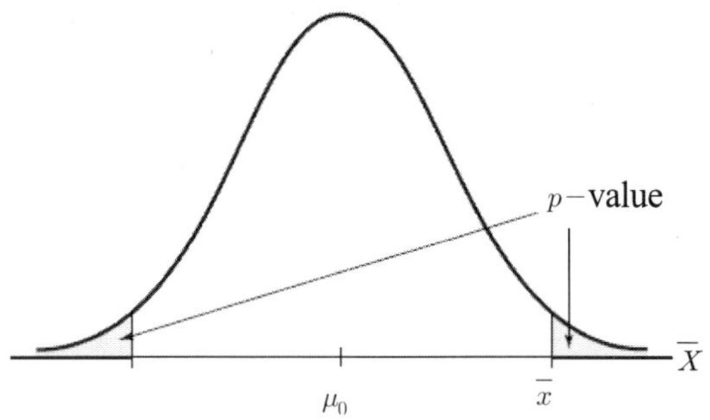

그림 6.6 p값(평균에 대한 양측검정)의 경우

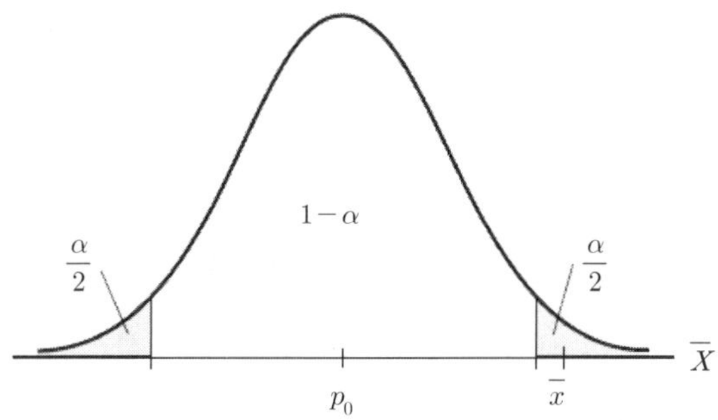

그림 6.7 유의수준 α와 p값

(1) p값 수준에서 H_0를 기각한다.

(2) p값 수준에서 유의적이다.

(3) p값 수준에서 H_1의 내용이 뒷받침된다.

의 세 가지 중 어느 하나로 의사결정을 표현하면 된다.

만일 p값이 0.001(0.1%)보다 매우 작다면 가설검정의 결과가 매우 유의적이다. 또는 H_1의 내용이 강력히 뒷받침된다고 표현된다는 것이다.

유의수준 $\alpha=5\%$를 기준으로 한다면 p값이 0.05보다 작을 경우 H_0를 기각하고, 0.05보다 클 경우 H_0를 기각하지 못한다.

표 6.2는 p값과 유의수준 α에 따른 H_0의 기각과 채택(기각할 수 없다) 여부를 요약한다.

표 6.2 p값과 유의수준 α 에 따른 H_0 의 기각과 채택

p값 \ α	$\alpha=0.1(10\%)$	$\alpha=0.05(5\%)$	$\alpha=0.01(1\%)$
$p \geqq 0.1$	H_0 채택	H_0 채택	H_0 채택
$0.05 \leqq p < 0.1$	H_0 기각	H_0 채택	H_0 채택
$0.01 \leqq p < 0.05$	H_0 기각	H_0 기각	H_0 채택
$p < 0.01$	H_0 기각	H_0 기각	H_0 기각

유의확률의 의미를 다시 생각하여 보자. 유의확률은 실제로 얻은 표본값으로부터 계산된 제1종 오류를 범할 확률이다. 즉, $H_0 : \mu = \mu_0$가 참인 데도 표본평균값이 μ_0와 차이가 나서 H_0를 기각하는 위험의 정도를 나타내는 값이다.

여기에서는 $H_0 : \mu = \mu_0$ v.s. $H_1 : \mu \neq \mu_0$라는 가설검정에 대해 p값의 개념과 구하는 방법을 설명하였다. p값은 앞으로 자주 접하게 되며 p값이 작으면 H_0를 기각하면 된다. 그러므로 H_0의 내용이 무엇인지를 알아야 함은 당연하다.

보고서나 논문에서는 가설검정을 할 때, 일반적으로 귀무가설과 대립가설의 내용을 구체적으로 밝히지 않고 단순히 '가설'을 설정한다. 그러나 이때 그 가설의 내용이 귀무가설에 해당하는 것인지 대립가설에 해당하는 내용인지를 분명히 알고 있어야만 한다. 예를 들어, 프로그램으로부터 p값이 아주 작게 나온 경우라고 하자. 그러면 H_0를 기각하는 것인데 설정한 가설이 H_0의 내용에 해당하는 것이면 그 가설은 기각되는 것이고, 설정한 가설의 내용이 H_1에 해당하는 것이면 그 가설은 뒷받침되는 것이다. 물론 p값이 큰 경우에도 같은 논리로 그 가설에 관해 결정하여야 한다.

앞으로 다루게 될 여러 가지 형태의 가설검정 문제에서 각각의 가설검정 문제마다 반드시 H_0와 H_1이 존재하고, 그에 맞는 검정통계량이 존재하며 H_0가 참이라는 전제하에서 그 검정통계량의 분포로부터 p값이 얻어지게 됨을 다시 한번 강조한다.

6.6 분산(σ^2)에 대한 가설검정

모집단의 분산도 모수의 하나로서 어떤 특정한 값을 갖는다는 문제에 대해 가설검정이 필요할 것이다. 분산이라는 개념은 위험(risk) 또는 안정성(stability)을 측정하는데 사용될 수 있으므로 중요한 개념 중 하나이다. 이에 대해 간단히 예를 들면, 투자 A는 1억 범위 내에서 벌 수도 있고 잃을 수도 있다고 하고, 투자 B는 벌거나 잃을 수 있는 범위가 1천만 원이라고 하자. 그러면 투자 A가 투자 B보다 더 위험한 투자이다. 또한 볼링 경기에서 130에서 190까지 치는 사람보다 150에서 170까지 치는 사람이 더 안정적인 경기를 한다고 할 수 있다는 점이다.

이제 모집단의 분산에 대한 가설검정을 알아보기로 하자. 모집단의 분산이 특정한 값(σ_0^2)인가를 검정하는 문제는

$$H_0 : \sigma = \sigma_0^2 \text{ v.s. } H_1 : \sigma \neq \sigma_0^2$$

로 표현되는데, 검정통계량으로 S^2을 사용한다. 왜냐하면 S^2이 σ^2에 대한 가장 좋은 추정량이기 때문이다. 앞에서 평균에 대한 가설검정을 다루었을 때와 마찬가지로 H_0가 맞는다는 전제하에서 S^2의 분포, 즉

$$\frac{(n-1)S^2}{\sigma_0^2} \sim \chi^2_{(n-1)}$$

의 분포를 사용하여 가설을 검정한다. 이때 유의수준 α에서 H_0의 기각역은 그림 6.8로부터 얻어질 수 있고

$$\frac{(n-1)S^2}{\sigma_0^2} > \chi^2_{\alpha/2} \text{ 또는 } \frac{(n-1)S^2}{\sigma_0^2} < \chi^2_{1-\alpha/2}$$

가 된다. 다시 정리하면

$$S^2 > \frac{\sigma_0^2}{(n-1)}\chi^2_{\alpha/2} \text{ 또는 } S^2 < \frac{\sigma_0^2}{(n-1)}\chi^2_{1-\alpha/2}$$

가 유의수준 α 에서의 H_0 의 기각역이 된다.

모집단 분산에 대한 단측검정의 설명을 통하여, H_0 의 기각역을 설정하는 문제를 더 자세히 살펴보자. 즉,

$$H_0 : \sigma = \sigma_0^2 \text{ v.s. } H_1 : \sigma > \sigma_0^2$$

의 단측검정(우측검정)을 할 경우, 유의수준 α 는 어느 쪽에 있어야 하는가?

앞의 평균(또는 비율)에서와 마찬가지로 σ^2 의 추정량 S^2 의 값이 σ_0^2 보다 더 커야만 H_0 를 기각할 수 있어서 유의수준 α 는 오른쪽 꼬리에 놓이게 되고(그림 6.9), H_0 의 기각역은

$$S^2 > \frac{\sigma_0^2}{(n-1)}\chi^2_{\alpha}$$

가 된다.

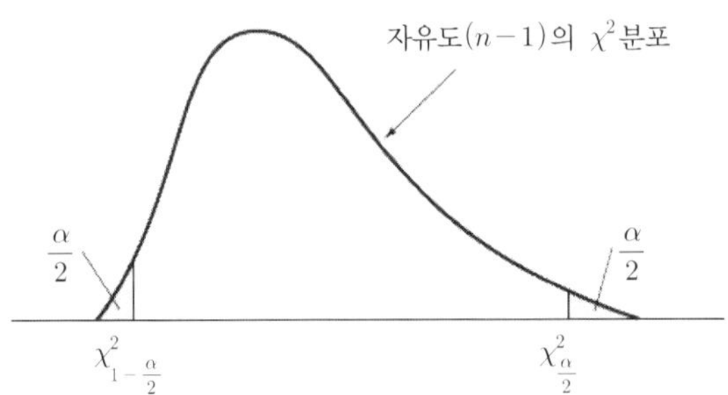

그림 6.8 $(n-1)S^2/\sigma_0^2$ 의 분포와 H_0 의 기각역(양측검정)

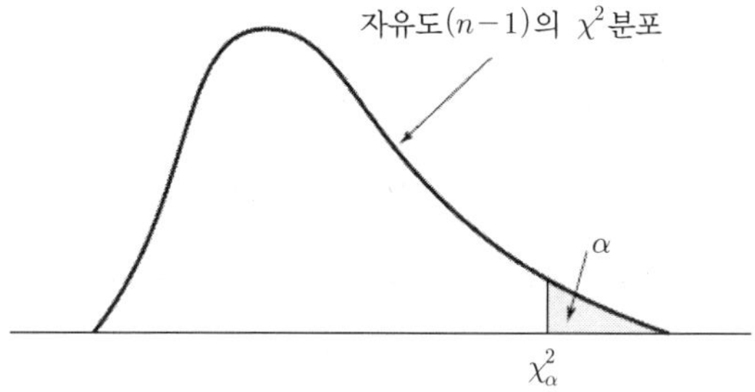

그림 6.9 분산에 대한 우측검정의 기각역

6.7 두 모집단 간의 차에 대한 검정

이제까지는 하나의 모집단에 대하여 통계학의 이론적인 전개 과정을 다루었다. 이러한 통계학의 이해를 바탕으로 실제로 우리가 당면하게 되는 현실적 문제들을 생각하여 본다. 여기서 다루고자 하는 문제는 두 개의 집단을 비교하기 위한 것으로서 분석의 목적, 자료의 형태에 따라 어떤 과정으로 두 집단에 대한 차이를 가설검정할 수 있는지 알아보기로 하자. 우선 서로 독립적인 두 집단에 대해 비교를 하고자 할 경우를 다루고, 다음 절에서는 짝으로 이루어진 자료의 경우와 두 집단의 비율 차이에 대한 경우도 다룬다.

두 개의 서로 독립인 모집단들이 있다고 하자. 즉, 도시 지역과 농촌 지역, 남자와 여자, 서울과 부산, A 은행과 B 은행 등 서로 다른 두 개의 집단에 대해 조사하고자 하는 변수의 평균이 같다고 할 수 있는지를 가설검정하는 문제를 생각해 보자.

두 개의 서로 독립인 모집단에 대해서 어떤 조사하고자 하는 평균값이(μ_1, μ_2라고 하자) 차이가 있는지를 알아보기 위한 가설검정의 틀을 생각해 본다. 먼저 조사하고자 하는 변수를 [모집단 1]에 대해서는 X라 하고 [모집단 2]에 대해서는 Y라 하자. 그리고 그 평균들을 각각 μ_1, μ_2라고 하고 분산들을 각각 σ_1^2, ${\sigma_2}^2$이라고 하자. 그러면 가설은

$$H_0 : \mu_1 = \mu_2 \Leftrightarrow \mu_1 - \mu_2 = 0 \tag{6.17}$$

$$H_0 : \mu_1 \neq \mu_2 \Leftrightarrow \mu_1 - \mu_2 \neq 0$$

가 된다.

즉, 귀무가설은 두 집단 간에는 차이가 없다는 것이고 대립가설은 두 집단 간에 차이가 존재한다는 것이다. 그러면 [모집단 1]과 [모집단 2]에서 각각 서로 다른 크기의 표본을 얻게 될 것이고, 표본평균 $\overline{X}$와 $\overline{Y}$ 간에 얼마나 차이가 나느냐에 따라 모집단 평균 간에 차이가 있다고 할 것인지 없다고 할 것인지를 결정하게 된다. 즉, [모집단 1]에서 $\{X_1, X_2, \cdots, X_{n_1}\}$, [모집단 2]에서 $\{Y_1, Y_2, \cdots, Y_{n_2}\}$를 표본으로 얻는다면 [모집단 1]의 평균($\mu_1$)에 대응되는 표본평균은 $\overline{X}$가 될 것이고 [모집단 2]의 평균(μ_2)에 대응되는 표본평균은 $\overline{Y}$가 될 것이다(그림 6.10).

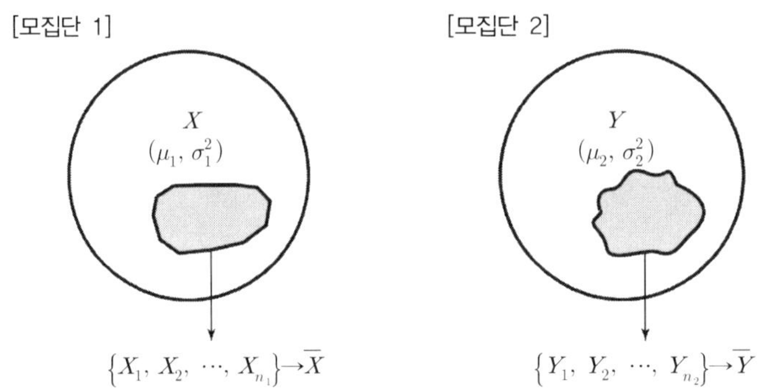

그림 6.10 서로 독립인 두 모집단과 표본

앞의 가설에서 두 집단 간에 차이가 없다는 표현은 곧 $\mu_1 - \mu_2 = 0$ 이므로 검정통계량은 $(\overline{X} - \overline{Y})$가 된다. 그리고 $(\overline{X} - \overline{Y})$의 분포는

$$\overline{X} - \overline{Y} \sim N\left(\mu_1 - \mu_2,\ \frac{\sigma_1^2}{n_1} + \frac{\sigma_2^2}{n_2}\right) \tag{6.18}$$

에 따른다. 그리고 $(\overline{X} - \overline{Y})$를 표준화시키면

$$Z = \frac{(\overline{X} - \overline{Y}) - (\mu_1 - \mu_2)}{\sqrt{\dfrac{\sigma_1^2}{n_1} + \dfrac{\sigma_2^2}{n_2}}} \tag{6.19}$$

이다. 여기서 모집단의 분산들인 σ_1^2과 σ_2^2은 모르는 값(모수)이므로 역시 추정하여 대입하여야만 하는데 (A) 두 집단의 분산들이 같을 경우도 있을 수 있고, (B) 두 모집단 분산들이 다를 경우도 있을 수 있다.

물론 (A)와 (B)의 어느 경우인지는 얻어진 표본에 따라 또 다른 가설검정의 절차에 의해 결정될 것이므로

$$\text{(A)}\ \ H_0 : \sigma_1^2 = \sigma_2^2 \tag{6.20}$$

$$\text{(B)}\ \ H_1 : \sigma_1^2 \neq \sigma_2^2$$

에 대해 먼저 가설검정을 해야만 한다. 그러나 이를 가설검정하는 과정은 여기서 설명하지 않고(6.10절 참조), 예를 통하여 그 사용법과 결과만을 설명하기로 한다. 물론 여기서 설명되는 것은 모집단이 하나인 경우의 평균에 대한 가설검정의 원리와 5.6절에서 설명한 두 집단 차의 신뢰구간에 대한 것과 유사한 내용이다.

6.7.1 $\sigma_1^2 = \sigma_2^2 = \sigma^2$ 인 경우

서로 독립인 두 집단의 평균 차에 대한 검정을 위해 $\sigma_1^2 = \sigma_2^2$의 가정이 타당한지를 먼저 검정하고 타당한 경우에는 다음과 같은 과정으로 가설검정을 하게 된다.

즉, $\sigma_1^2 = \sigma_2^2$일 때 두 개의 모집단 분산이 같으므로 두 표본을 합하여(pool) σ^2을 추정하게 되는데 그 통합분산추정량은 다음과 같다. 즉,

$$S_p^2 = \frac{\sum(X_i - \overline{X})^2 + \sum(Y_i - \overline{Y})^2}{(n_1 - 1) + (n_2 - 1)} \tag{6.21}$$

이다(식 5.20 참조).

그러므로 식 6.19의 σ_1^2과 σ_2^2 대신에 S_p^2을 이용하면

$$T = \frac{(\overline{X} - \overline{Y}) - (\mu_1 - \mu_2)}{S_p\sqrt{\dfrac{1}{n_1} + \dfrac{1}{n_2}}} \tag{6.22}$$

이 되고, 이는 자유도 (n_1+n_2-2)의 t-분포를 따르게 된다.

그러면 귀무가설에서 $(\mu_1-\mu_2)$값이 0이 되므로 $(\overline{X}-\overline{Y})$가 0으로부터 얼마나 멀리 떨어져 있느냐에 따라 H_0를 기각하거나 기각하지 못하는 의사결정을 하게 될 것이다. 그러므로 유의수준 α에서의 H_0의 기각역은

$$\overline{X}-\overline{Y}<0-t_{\alpha/2,\,(n_1+n_2-2)}S_p\sqrt{\frac{1}{n_1}+\frac{1}{n_2}} \tag{6.23}$$

$$\text{또는}\quad \overline{X}-\overline{Y}>0+t_{\alpha/2,\,(n_1+n_2-2)}S_p\sqrt{\frac{1}{n_1}+\frac{1}{n_2}}$$

이다. 식 6.23의 기각역은

$$\frac{(\overline{X}-\overline{Y})-0}{S_p\sqrt{\frac{1}{n_1}+\frac{1}{n_2}}}<-t_{\alpha/2,\,(n_1+n_2-2)} \tag{6.24}$$

$$\text{또는}\quad \frac{(\overline{X}-\overline{Y})-0}{S_p\sqrt{\frac{1}{n_1}+\frac{1}{n_2}}}>t_{\alpha/2,\,(n_1+n_2-2)}$$

로 표현될 수도 있다. 프로그램상에서 자료를 입력하여 서로 독립인 두 집단 차이에 대해 검정을 할 경우, 프로그램에서 식 6.24의 계산된 t값과 그에 대한 p값을 알려준다.

6.7.2 $\sigma_1^2 \neq \sigma_2^2$인 경우

이 경우에는 식 6.19에서 σ_1^2과 σ_2^2 대신 각각 $\{X_1, X_2, \cdots, X_{n_1}\}$, $\{Y_1, Y_2, \cdots, Y_{n_2}\}$로부터 추정한 값, S_1^2과 S_2^2을 사용할 수밖에 없다. 그러면 식 6.19는

$$T=\frac{(\overline{X}-\overline{Y})-(\mu_1-\mu_2)}{\sqrt{\frac{S_1^2}{n_1}+\frac{S_2^2}{n_2}}} \tag{6.25}$$

가 되며 5.6절에서와 같이 식 6.25의 T는 자유도

$$d.f. = \frac{(s_1^2/n_1 + s_2^2/n_2)^2}{(s_1^2/n_1)^2 \,/\, (n_1 - 1) + (s_2^2/n_2)^2 \,/\, (n_2 - 1)} \tag{6.26}$$

의 t-분포를 따른다.

프로그램에서는 $\sigma_1^2 = \sigma_2^2$ 인 경우와 $\sigma_1^2 \neq \sigma_2^2$ 인 경우를 모두 계산하여 준다. 그러면 어떤 결과를 사용해야 하는지 결정하여야 하는데 프로그램에서는 또한 식 6.20의 $H_0 : \sigma_1^2 = \sigma_2^2$ 에 대한 가설검정의 p값을 제공하여 주므로, 그 값을 기초로 사용자가 판단하여 의사결정을 하면 될 것이다. 두 집단의 분산에 대한 가설검정의 이론적 배경은 8.10절에서 다룬다.

예제 6.6

철 함유량을 추정하는데 화학적 분석 방법과 X선 분석 방법의 차이가 있는지를 알아보고자 한다. 다섯 개의 표본을 둘로 쪼개서 한 조각에는 화학적 분석 방법을 사용하였고, 다른 한 조각에는 X선 분석 방법을 사용하여 철 함유량을 측정하였으며 그 결과는 다음과 같다.

분석 방법	표본1	표본2	표본3	표본4	표본5
화학적	2.0	2.0	2.3	2.1	2.4
X선	2.2	1.9	2.5	2.3	2.4

화학적 분석 방법의 표본평균과 표준편차, X선 분석 방법의 표본평균과 표준편차는 다음과 같이 얻어진다.

```
out ▸      count  mean    std     min  25%  50%  75%  max
      g
      A    5.0  2.16  0.181659  2.0  2.0  2.1  2.3  2.4
      B    5.0  2.26  0.230217  1.9  2.2  2.3  2.4  2.5
```

프로그램 코드

```
in ▸    import numpy as np
        import pandas as pd
```

```
x=np.array([2.0,2.0,2.3,2.1,2.4,2.2,1.9,2.5,2.3,2.4]) #x:철 함유량
g=np.repeat(np.array(['A', 'B']), 5)                  #g:분석 방법
d={'g':g, 'x':x}
data=pd.DataFrame(data=d)
data
```

out ▸

```
   g   x
0  A  2.0
1  A  2.0
2  A  2.3
3  A  2.1
4  A  2.4
5  B  2.2
6  B  1.9
7  B  2.5
8  B  2.3
9  B  2.4
```

in ▸

```
A=data[data.g=='A']  #집단 구분  A:화학적
B=data[data.g=='B']  #집단 구분  B:X선

#집단에 따른 기술통계량
data.groupby("g").x.describe()
```

np.repeat( )는 특정 값을 정의한 횟수만큼 반복하는 벡터를 생성한다. groupby는 집단에 따른 연산을 처리하며 data.groupby("g").x.describe( )는 분석 방법(g)에 따른 철 함유량(x)의 기술통계량을 출력한다.

in ▸

```
#정규성 검정
from scipy.stats import shapiro
shapiro(x)
```

out ▸

```
ShapiroResult(statistic=0.9437553882598877, pvalue=0.595504641532898)
```

자료의 정규성과 등분산성 여부를 파악해야 두 집단 차이에 대한 검정(t−test)을 수행할 수 있다. 대부분 프로그램에서는 shapiro 함수를 이용하며 자료의 크기가 아주 큰 경우에는 앤더슨−달링 검정(Anderson−Dariling test)을 사용하기도 한다.

정규성 검정에 대한 p값이 0.05보다 크면 H_0를 채택하여 '자료는 정규분포를 따른다'라는 결론을 내린다. 만약 p값이 0.05보다 작다면 '자료는 정규분포를 따르지 않는

다'라는 결론을 내린다. 본 자료의 정규성 검정 결과, p값은 0.5955이므로 H_0를 기각할 수 없다.

```
in ▸   #정규성 검정
       from scipy.stats import shapiro
       shapiro(x)

out ▸  ShapiroResult(statistic=0.9437553882598877, pvalue=0.595504641532898)

in ▸   #등분산 검정-Bartlett 검정(정규성을 만족할 때)
       from scipy import stats
       stats.bartlett(A.x, B.x)

out ▸  BartlettResult(statistic=0.19769157819919453,
       pvalue=0.6565906251784377)

in ▸   #등분산 검정-Levene 검정(정규성을 만족하지 않을 때)
       stats.levene(A.x, B.x)

out ▸  LeveneResult(statistic=0.05555555555555569, pvalue=0.8195856784525775)
```

shapiro 함수에 의해 자료가 정규성을 만족한다고 판단되면 Bartlett 방법을 이용하고, 정규성을 만족하지 않으면 Levene 방법을 이용하여 등분산 검정을 수행한다. 이에 대한 자세한 내용은 8.11절에서 다룬다. p값이 0.05보다 크면 H_0를 채택하여 '자료는 등분산을 가정한다'는 결론을 내릴 수 있다. 만약 p값이 0.05보다 작다면 '자료는 등분산을 가정하지 않는다'라는 결론을 내린다.

등분산 검정 결과를 보면 통계량 값이 0.0556이고, p값이 0.8196이므로 H_0를 기각하지 못한다(식 6.20 참조). 따라서 $\sigma_1^2 = \sigma_2^2 = \sigma^2$인 경우에 해당하고 식 6.24에 있는 t값은

$$t = \frac{(\overline{X} - \overline{Y}) - 0}{S_p\sqrt{\frac{1}{n_1} + \frac{1}{n_2}}} = \frac{2.16 - 2.26}{0.2074\sqrt{\frac{1}{5} + \frac{1}{5}}}$$

$$= -0.7624$$

이 된다.

```
in ▸   #T 검정-양측검정, 등분산 가정
       from scipy.stats import ttest_ind
       ttest_ind(A.x, B.x, equal_var=True)

out ▸  Ttest_indResult(statistic=-0.7624928516630208,
       pvalue=0.4676497723369858)
```

프로그램에서 계산된 t값은 −0.7624이며 p값은 0.4676으로 0.05보다 크다. 따라서

H_0 : 화학적 분석과 X선 분석에 따라 추정된 철 함유량은 같다.

를 채택하게 된다.

ttest_ind( )는 t 검정을 수행하는 함수로 화학적 분석 방법의 철 함유량(A.x)과 X선 분석 방법의 철 함유량(B.x)에 대한 차이를 검정하며 이때 자료는 등분산(equal_var=True)을 가정한다.

이분산 자료 및 단측검정에 대한 t 검정은 다음과 같이 수행한다.

```
in ▸   #T 검정-단측검정, 등분산 가정
       from statsmodels.stats.weightstats import ttest_ind
       ttest_ind(A.x, B.x, alternative='larger', usevar='pooled')

       #T 검정-단측검정, 이분산 가정
       ttest_ind(A.x, B.x, alternative='smaller', usevar='unequal')

       #T 검정-양측검정, 이분산 가정
       ttest_ind(A.x, B.x, alternative='two-sided', usevar='unequal')

out ▸  (-0.762492851663024, 0.46879774681771313, 7.589533093894303)
```

단측검정은 alternative를 이용하며 가설에 따라 smaller 혹은 larger로 정의한다. 분산에 대한 가정은 usevar을 이용하며 자료가 등분산이면 pooled, 이분산이면 unequal로 정의한다. 또한 자료가 이분산이며 양측검정을 해야 하는 경우에는 alternative를 two-sided로 정의하고, usevar은 uneuqal로 정의한다. 결과는 t값, p값, 자유도 순서로 출력된다. 위의 프로그램 출력 결과는 이분산 자료의 양측검정 결과를 나타내고 있다.

6.8 짝으로 된 자료에 대한 검정

앞 절에서는 서로 독립인 두 모집단 간에 차이가 있는가를 다루었으나, 유사한 문제로서 서로 관련이 있는 두 집단 간의 차이를 검정하여야 할 경우를 고려하여 보자.

짝(pair)으로 얻어지는 자료란 사람의 오른쪽 팔과 왼쪽 팔의 완력(또는 길이), 약을 먹기 전과 후의 몸무게, 아버지와 아들의 키, 기업체들의 지난해와 올해의 부채율 등과 같이 하나의 개체에 대한 두 가지 자료가 있다. 이러한 자료들은 한 묶음으로 생각될 수 있는 블록(block)에 대해 얻어지는 두 가지의 자료를 말한다.

이와 같이 짝으로 된 자료들은 두 집단의 자료로 생각될 수도 있지만, 모집단이 개체 또는 블록에 대한 두 가지 자료로 구성된 것이므로 앞 절에서 다룬 것과는 다르다.

그림 6.11은 짝으로 된 자료의 모집단과 표본을 나타내고 있는데 두 가지 자료의 평균이 같은가를 다루는 문제는 표본 : $\{(X_1,\ Y_1),\ \cdots,\ (X_n,\ Y_n)\}$로부터 $D_1 = X_1 - Y_1,\ \cdots,\ D_n = X_n - Y_n$을 얻을 때 D들의 평균이 0인가를 가설검정하는 문제이다. 즉, 모집단이 하나인 경우와 같다.

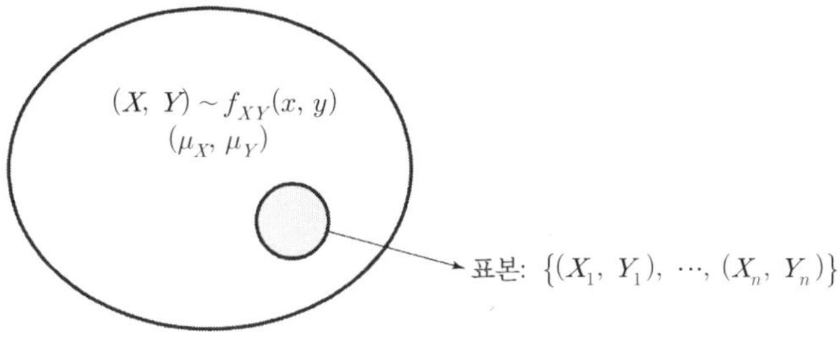

그림 6.11 짝으로 된 모집단과 표본

두 가지 자료의 평균이 같은지를 검정하기 위한 가설은

$$H_0\ :\ \mu_D = 0 \ \text{ v.s. } \ H_1\ :\ \mu_D \neq 0$$

이며 이를 검정하기 위한 표본은 결국

$$\{D_1,\ D_2,\ \cdots,\ D_n\}$$

이다. 이 문제는 5.7절에서 다룬 내용과 같다.

여기서 주목해야 할 것은 가설검정하고자 하는 문제가 앞에서 설명한 서로 독립인 두 모집단의 비교인지 한 모집단의 두 가지 자료 집단의 비교인지를 분명하게 구별해야 한다는 것이다. 왜냐하면 두 가지 분석기법이 판이하기 때문이다.

예제 6.7

가공식품에는 다양한 식품첨가물이 사용되는데 오랫동안 보존하기 위한 보존료(방부제)로는 소르빈산이 대표적으로 사용된다. 버지니아 대학의 식품영양학과에서는 가공 햄의 저장 전후에 따른 소르빈산 잔여량(단위: ppm/햄)을 조사하였다. 저장 전의 햄의 소르빈산 잔여량을 측정하고, 저장하여 60일이 지난 뒤 소르빈산 잔여량을 측정하였으며 그 결과는 다음과 같다.

저장	햄1	햄2	햄3	햄4	햄5	햄6	햄7	햄8
전(X)	224	270	400	444	590	660	1400	680
후(Y)	116	96	239	329	437	597	689	576

저장 전보다 저장 후 햄의 소르빈산 잔여량이 현저히 줄어들었다고 할 수 있는지를 검정하여 보기로 하자.

8개의 표본에 대해서 저장 전후에 따른 차이를 구하면($D = X - Y$)

$$d_1 = 108,\ d_2 = 174,\ d_3 = 161,\ d_4 = 115,$$
$$d_5 = 153\ ,\ d_6 = 63,\ d_7 = 711,\ d_8 = 104$$

인데 이 표본값으로

$$H_0 : \mu_D \leqq 0 \quad \text{v.s.} \quad H_1 : \mu_D > 0$$

을 가설검정하는 문제이다. 여기서 검정하고자 하는 가설이 저장 후의 소르빈산 잔여량이 감소하였는가이므로 그 내용을 대립가설로 설정하며 이는 단측검정의 문제가 된다. 이 예제에서는 $\overline{d} = 198.625$, $s_d = 210.1652$이므로

$$t = \frac{198.625 - 0}{210.1652/\sqrt{8}} = 2.6731$$

이고 자유도가 7인 $t-$분포에서 양측검정의 p값(프로그램 출력 결과)은 0.0319이다. 따라서 소르빈산 잔여량이 감소하였는가에 대한 p값은 0.0159로 유의수준 0.05보다 작아 H_0를 기각할 수 있다. 그러므로 저장한 햄의 소르빈산 잔여량은 저장 전보다 감소하였다고 할 수 있다.

프로그램 코드

in ▸
```
import numpy as np
import pandas as pd
from scipy.stats import ttest_rel

x=np.array([224,270,400,444,590,660,1400,680])
y=np.array([116,96,239,329,437,597,689,576])
d={'y':y, 'x':x}
data=pd.DataFrame(data=d)

#대응 T 검정-양측검정
ttest_rel(x,y)
```

out ▸
```
Ttest_relResult(statistic=2.673117820270042,
pvalue=0.031855388760108426)
```

in ▸
```
#대응 T 검정-단측검정
pval=ttest_rel(x,y)[1]
print('one-sided p-value=', pval/2)
```

out ▸
```
one-sided p-value= 0.015927694380054213
```

예제 6.8

어느 금융업 신입사원의 근속일수(X)는 정규분포를 따른다고 하자. 회사를 떠난 9명 사원의 근속일수는 다음과 같을 때, 이 금융업 신입사원의 근속일수는 1,950일이라고 주장할 수 있는가?

2000, 1975, 1900, 2000, 1950, 1850, 1950, 2100, 1975

먼저 '금융업계 신입사원의 근속일수는 1,950일이다'라는 귀무가설(H_0)의 내용이다(제1절 참조). 왜냐하면 이 문제의 귀무가설과 대립가설은 반드시

H_0 : 금융업계 신입사원의 근속일수는 1,950일이다. $\Leftrightarrow \mu = 1,950$

H_1 : 금융업계신입사원의 근속일수는 1,950일이 아니다. $\Leftrightarrow \mu \neq 1{,}950$

로 설정하여야만 하기 때문이다.

프로그램 코드

in ▸
```
import numpy as np
x=np.array([2000, 1975, 1900, 2000, 1950, 1850, 1950, 2100, 1975])

#일표본 T 검정
import scipy.stats as stats
stats.ttest_1samp(x, popmean=1950)
```

out ▸
```
Ttest_1sampResult(statistic=0.7184212081071027, pvalue=0.49294291575412763)
```

일표본 t 검정은 stats.ttest_1samp()를 이용한다. popmean은 모평균을 의미하며 본 예제의 모평균(μ)이 1,950인지를 가설검정하는 문제이므로 popmean의 값은 1950으로 정의한다.

그 결과 t값은 0.7184이며 p값은 0.4929이므로 H_0를 기각할 수 없다. 즉, 9개의 자료에 의하면 이 금융업의 신입사원 근속일수는 1,950일이라고 주장할 수 있다.

6.9 두 모집단 비율들의 차에 대한 검정

두 개의 집단으로부터 얻게 되는 비율 간의 차이도 우리가 다루고자 하는 문제일 수 있다. 7절에서 다룬 문제를 평균이 아니라 비율의 측면에서 응용한 것으로서 예를 들면, 독감 예방주사를 맞은 사람들과 맞지 않은 사람들의 독감 감염률 간의 차이, 서울과 경기도 간의 중소기업 부도율 간의 차이, A 지역과 B 지역의 K씨에 대한 지지율 차이, A 지역과 B 지역의 시장점유율 차이 등의 문제를 제기해 보자.

하나의 모집단에서 비율의 문제는 제3장에서 다루었던 것과 마찬가지로 베르누이 분포를 따르는 변수(X)에 대한 평균(p)의 문제이다. 여기서는 두 개의 집단에 대한 비율 간의 차이에 대한 문제를 다루고자 하는데 모집단을 그림으로 나타내면 그림 6.12와 같다.

그림 6.12에서 [모집단 1]과 [모집단 2]의 평균이 각각 p_1과 p_2라고 할 때, 두 개의 비율이 같은지를 가설검정하면 가설은

$$H_0 \ : \ p_1 = p_2 \ \Rightarrow \ p_1 - p_2 = 0 \tag{6.27}$$

$$H_0 \ : \ p_1 \neq p_2 \ \Rightarrow \ p_1 - p_2 \neq 0$$

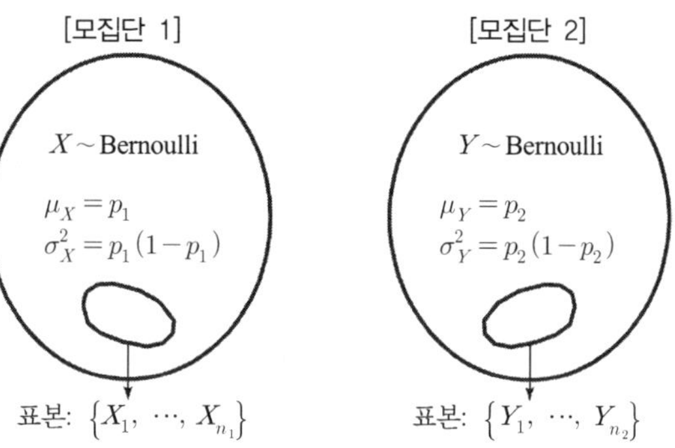

그림 6.12 두 집단의 비율 차

이 될 것이고, 이 가설검정을 위하여 각 집단에서 얻은 표본을 $\{X_1, \cdots, X_{n_1}\}$, $\{Y_1, \cdots, Y_{n_2}\}$라고 하자.

그러면 각 모집단에서 얻어지는 표본비율은

$$\hat{\boldsymbol{p}}_1 = \frac{\sum_{i=1}^{n_1} X_i}{n_1}, \quad \hat{\boldsymbol{p}}_2 = \frac{\sum_{i=1}^{n_2} Y_i}{n_2} \tag{6.28}$$

가 될 것이며 $(\hat{\boldsymbol{p}}_1 - \hat{\boldsymbol{p}}_2)$이 검정통계량이다. 그리고 $(\hat{\boldsymbol{p}}_1 - \hat{\boldsymbol{p}}_2)$은

$$(\hat{\boldsymbol{p}}_1 - \hat{\boldsymbol{p}}_2) \sim N\left(p_1 - p_2, \ \frac{p_1(1-p_1)}{n_1} + \frac{p_2(1-p_2)}{n_2}\right) \tag{6.29}$$

의 분포를 따르는데 여기서 $(\hat{\boldsymbol{p}}_1 - \hat{\boldsymbol{p}}_2)$의 표준오차,

$$\sqrt{\frac{p_1(1-p_1)}{n_1}+\frac{p_2(1-p_2)}{n_2}} \tag{6.30}$$

의 추정량은 귀무가설이 옳다고 가정하고 표본을 합(pool)하였을 경우를 이용하여 두 모집단의 비율이 같다고 가정한 통합표본비율 $\hat{\boldsymbol{p}}$ 을

$$\hat{\boldsymbol{p}} = \frac{\sum X_i + \sum Y_i}{n_1 + n_2} \tag{6.31}$$

과 같이 구할 수 있다. 이는 식 6.21의 통합분산표본추정량을 구할 때와 같은 원리이다. 즉, 식 6.30의 표준오차 추정량은

$$\sqrt{\hat{\boldsymbol{p}}(1-\hat{\boldsymbol{p}})\left(\frac{1}{n_1}+\frac{1}{n_2}\right)} \tag{6.32}$$

로 추정하여 사용한다. 따라서 $(\hat{\boldsymbol{p}}_1 - \hat{\boldsymbol{p}}_2)$ 의 표준화 변수는

$$Z = \frac{(\hat{\boldsymbol{p}}_1 - \hat{\boldsymbol{p}}_2) - (p_1 - p_2)}{\sqrt{\hat{p}(1-\hat{p})\left(\frac{1}{n_1}+\frac{1}{n_2}\right)}} \tag{6.33}$$

로 계산된다. 여기서 $\hat{\boldsymbol{p}}$ 은 p 의 추정치이다.

예제 6.9

어느 회사 제품의 시장점유율이 A 지역과 B 지역 간의 차이가 있는지를 알아보고자 한다. A 지역, B 지역 각 80명씩을 조사한 결과 A 지역은 56명, B 지역은 44명이 이 회사 제품을 사용하고 있을 때, A 지역의 시장점유율이 B 지역보다 높다고 할 수 있는가?

A 지역의 시장점유율(p_A)이 B 지역의 시장점유율(p_B)보다 높은지를 알아보고자 하는 것이므로 귀무가설과 대립가설은

$$H_0 : p_A \leqq p_B \Leftrightarrow p_A - p_B \leqq 0$$
$$H_1 : p_A > p_B \Leftrightarrow p_A - p_B > 0$$

이다. A와 B 지역에서 얻은 표본비율을 $\widehat{p_A}=56/80=0.70$, $\widehat{p_B}=44/80=0.55$이고, A와 B 지역 표본을 합하였을 경우 점유율은

$$\hat{p}=\frac{56+44}{80+80}=\frac{100}{160}=0.625$$

이다. 따라서 식 6.34의 검정통계량 값은

$$z=\frac{(0.70-0.55)-0}{\sqrt{(0.625)(0.375)(\frac{1}{80}+\frac{1}{80})}}=\frac{0.15}{\sqrt{0.00586}}=1.96$$

이다. 표준정규분포표에 의해서 p값은 0.025이므로 A 지역의 시장점유율이 B 지역의 시장점유율보다 높다고 할 수 있다. 다시 말해 A 지역이 B 지역보다 높지 않으나 높다고 주장하는 과오를 범할 확률은 0.025라는 것이다.

프로그램 코드

in ▸
```
import pandas as pd

data=pd.DataFrame([[56,24],[44,37]],index=['A','B'],columns=['use',
'unuse'])

data
```

out ▸

	use	unuse
A	56	24
B	44	37

in ▸
```
from scipy.stats import fisher_exact
fisher_exact(data, alternative='greater')     #모비율 검정
```

out ▸
```
(1.9621212121212122, 0.029289557246881863)
```

프로그램에서 모비율 검정은 피셔의 정확검정(Fisher's exact test)을 이용하며 fisher_exact 함수를 사용한다. althernative는 가설에 따라 less, greater, two-sided로 정의한다. 두 모비율 차이를 검정한 결과, 통계량 값은 1.96으로 나타났으며 p값은 0.0293으로 0.05보다 작아 H_0를 기각할 수 있다.

6.10 두 집단 분산 간의 차에 대한 가설검정

이 주제를 다루기 위해서는 F-분포라는 분포를 소개해야만 한다. 그러나 F-분포는 8장 분산분석에서 다루어지는 개념이다. 하지만 이 주제가 앞의 7절에서 다룬 두 모집단 간의 평균에 대한 검정 문제에도 관련이 있으므로, 이 절에서는 문제해결의 요령만을 설명하기로 한다. 이론적 배경을 이해하기에 앞서 프로그램으로부터 얻어지는 결과로 당분간은 문제를 해결할 수 있을 것이다. 다시 말하면 가설과 p값만을 보고 가설검정을 할 수 있을 것이다.

앞의 7절에서 다루었던 식 6.20을 살펴보자. 즉, 두 집단의 분산이 같은가(H_0) 또는 다른가(H_1)를 결정하는 문제인데 가설검정을 위하여 두 집단에서 각각 표본을 얻어야 함은 물론이다.

예제 6.6의 프로그램 출력 결과에는 두 집단 분산 간의 차이에 대한 검정통계량과 그에 대한 p값이 나와 있다. 즉, 프로그램 출력 결과의 statistic을 검정통계량 F'으로 이해하고 p값(prob > F')을 기준으로 분산 간의 차에 대한 의사결정을 할 수 있다. 이 예제에서는 정규성을 만족하므로 Bartlett 검정을 사용하며 그 p값이 0.6566이므로 H_0를 기각할 수 없다. 프로그램 출력 결과를 다시 보면 다음과 같다.

프로그램 코드

in ▸
```
#등분산 검정-Bartlett 검정(정규성을 만족할 때)
from scipy import stats
stats.bartlett(A.x, B.x)
```

out ▸
```
BartlettResult(statistic=0.19769157819919453, pvalue=0.6565906251784377)
```

in ▸
```
#등분산 검정-Levene 검정(정규성을 만족하지 않을 때)
stats.levene(A.x, B.x)
```

out ▸
```
LeveneResult(statistic=0.05555555555555569, pvalue=0.8195856784525775)
```

연습문제

01 다음의 각 경우에 대해 귀무가설의 기각역을 구하고 가설검정하라.

(1) $H_0 : \mu = 3,000$ v.s. $H_1 : \mu \neq 3,000$

$\bar{x} = 2.958,\ s = 39,\ n = 8,\ \alpha = 0.05$

(2) $H_0 : \mu = 6$ v.s. $H_1 : \mu > 6$

$\bar{x} = 6.3,\ s = 0.3,\ n = 7,\ \alpha = 0.01$

(3) $H_0 : \mu = 22$ v.s. $H_1 : \mu < 22$

$\bar{x} = 13,\ s = 6,\ n = 17,\ \alpha = 0.05$

(4) $H_0 : p = 0.10$ v.s. $H_1 : p > 0.10$

$\hat{p} = 0.13,\ n = 200,\ \alpha = 0.10$

(5) $H_0 : p = 0.05$ v.s. $H_1 : p < 0.05$

$\hat{p} = 0.04,\ n = 1,124,\ \alpha = 0.05$

(6) $H_0 : p = 0.90$ v.s. $H_1 : p \neq 0.90$

$\hat{p} = 0.73,\ n = 125,\ \alpha = 0.01$

02 어느 금융기관의 창구에서 고객의 대기 시간이 2,500초를 넘으면 고객의 불만이 높아진다고 한다. 이 금융기관은 고객의 대기 시간을 7번 측정하여 다음과 같은 결과를 얻었다.

{2610, 2750, 2420, 2510, 2540, 2490, 2680}

(1) 이 금융기관의 고객 대기 시간 평균이 2,500초를 넘는다고 할 수 있는가를 검정하기 위한 가설을 설정하라.

(2) 유의수준 0.05에서 가설검정하라.

(3) 유의수준을 0.1로 할 경우, (2)의 결과가 상이한가?

(4) p값을 구하여 (2)와 (3)의 결과와 비교하고 평가하라.

03 분산이 같은 정규분포하는 두 개의 모집단으로부터 다음과 같이 표본이 각각 얻어졌다고 할 때 유의수준 0.05에서

$$H_0 : \mu_1 = \mu_2 \quad \text{v.s.} \quad H_1 : \mu_1 \neq \mu_2$$

를 검정하라.

모집단 1	모집단 2
4.8	5.0
5.2	4.7
5.0	4.9
4.9	4.8
5.1	

04 정규분포하는 모집단으로부터 $H_0 : \sigma^2 = 9$일 때, 각 문항의 기각역을 구하라.

(1) $H_1 : \sigma^2 > 9,\ n = 20,\ \alpha = 0.01$

(2) $H_1 : \sigma^2 \neq 9,\ n = 20,\ \alpha = 0.01$

(3) $H_1 : \sigma^2 < 9,\ n = 12,\ \alpha = 0.05$

(4) $H_1 : \sigma^2 < 9,\ n = 12,\ \alpha = 0.01$

05 두 개의 정규분포 모집단에서 각각 표본을 얻어 정리한 값이 다음과 같을 경우, 두 모집단 평균 간에 차이가 있는가를 가설검정하라. 이때 유의수준은 0.1로 주어지며 두 집단의 분산은 같다고 가정한다.

모집단 1	모집단 2
$n = 100$	$n = 100$
$\sum x = 270$	$\sum y = 254$
$\sum x^2 = 765$	$\sum y^2 = 685$

06 서로 독립인 두 개의 집단에 대해 얻어진 표본값이 다음과 같다.

모집단 1	16	21	12	24	22	17	19	17	25	28
모집단 2	23	31	13	19	23	17	28	26	28	25

이 자료에 대해

$$H_0 : \mu_1 + 1 = \mu_2$$
$$H_1 : \mu_1 + 1 \neq \mu_2$$

를 검정하라.

07 조깅화 A와 B의 내구력에 차이가 있는가를 알아보기 위해 10명의 사람에게 A와 B를 각각 한 달씩 사용하게 한 후 운동화의 사용 잔여기간을 측정하였다. A의 내구력이 B보다 우수한지 유의수준 0.05에서 가설검정하라.

조깅화 \ 사람	1	2	3	4	5	6	7	8	9	10
A	27	35	19	39	34	32	15	26	18	17
B	23	28	16	31	38	30	17	22	15	16

08 분산이 같은 두 개의 독립적인 정규분포 모집단으로부터 다음과 같이 표본을 얻을 경우, $H_0 : \mu_1 = \mu_2$의 기각역을 구하라.

(1) $H_1 : \mu_1 \neq \mu_2,\ n_1 = 10,\ n_2 = 10,\ \alpha = 0.05$

(2) $H_1 : \mu_1 > \mu_2,\ n_1 = 8,\ n_2 = 4,\ \alpha = 0.10$

(3) $H_1 : \mu_1 < \mu_2,\ n_1 = 6,\ n_2 = 5,\ \alpha = 0.01$

09 맞벌이 부부들의 여가 시간 만족도 조사를 하기 위해 여성 근로자 100명, 남성 근로자 100명을 표본으로 얻었다. 남성 근로자들 100명 중에 여가 시간을 만족하는 사람은 56명, 여성 100명 중에는 40명이 만족한다고 할 때 맞벌이 여성 근로자가 남성에 비해 만족도가 낮은지 가설검정하라.

7장

분류된 자료(범주형)에 대한 분석

통계적으로 분석하고자 하는 자료의 대부분은 **연속적인 자료**(continuous data)의 형태이다. 즉, **실숫값**(real value)으로 측정된 자료가 우리 주변에 많을 뿐만 아니라, 연속적인 자료를 정규분포의 가정하에서 분석할 수 있는 통계기법이 기본적으로 개발되어 있으므로 연속적인 자료에 더 익숙하다.

여기서는 몇 가지 항목으로 분류된 자료의 형태를 분석하는 기법에 대해 설명한다. 예를 들면, 네 가지의 색(A, B, C, D) 중에서 가장 좋아하는 색을 조사한 자료, 다섯 가지로 분류한 직업군별 종사하는 사람들의 수에 관하여 어떤 방식으로 결혼했는가에 대해 조사된 자료 등이다.

이미 분류된 **카테고리**(category) 중 어디에 속하는가를 조사한 자료를 **분류된 자료**(categorized data), 또는 **범주형 자료**라고 부른다. 더욱이 연속적인 자료라 할지라도 때에 따라서는 분류된 자료로 전환할 수 있을 것이다. 이를테면 연령에 대한 자료는 연속적인 자료이지만 분석의 목적에 따라 연령을 다섯 가지의 항목으로 분류하여(20대, 30대, 40대, 50대, 60대 이상) 각 연령대에 몇 명씩인가를 조사하였다면 분류된 자료가 되는 것이다. 실제로 소득에 대한 자료는 분류된 자료로 얻는 것이 바람직한데 그 이유는 '귀하의 소득은 얼마나 됩니까?'라고 주관식으로 질문하는 것보다 '① 200만 원 이하 ② 201만 원 ~ 300만 원 ③ 301만 원 ~ 400만 원 ④ 401만 원 이상'으로 질문하는 것이 효과적이기 때문이다.

7.1 다항분포

분류된 자료란 각 조사대상 자료가 여러 가지로 분류된 항목 중 한 항목에 속하는 경우이다. 즉, 분류된 항목의 수를 k개라고 할 때, 표본값이 k 중의 하나로 얻어질 경우이다. 이를테면 주사위를 던질 때 분류된 항목인 1 ~ 6까지의 눈금 중 하나로 나타날 경우이다. 그러므로 표본의 크기를 n으로 할 경우, k개의 각 항목에 몇 개씩으로 분류되는데 그 결과는 다음 표 7.1과 같다.

표 7.1 다항분포의 예

항목	1	2	⋯	k	
출현 횟수	X_1	X_2	⋯	X_k	$\sum_{i=1}^{k} X_i = n$
확률	p_1	p_2	⋯	p_k	$\sum_{i=1}^{k} p_i = 1$

표 7.1은 n개의 표본이 k개 항목 각각에 $(X_1, X_2, \cdots, X_k)$씩 출현하는 것을 보여주고 있다. 그리고 표본 각각은 k개 항목 중 하나에 반드시 포함되므로 $\sum_{i=1}^{k} X_i = n$의 관계가 성립된다. 또한 각 항목에 대한 확률을 $(p_1, p_2, \cdots\ p_k)$로 표현할 때, $\sum_{i=1}^{k} p_i = 1$이다.

예를 들면, 주사위를 100번 던질 경우(표본의 크기=100), 1번 눈금은 X_1번, ⋯, 6번 눈금은 X_6번 나타날 것이며 $\sum_{i=1}^{6} X_i = 100$이 된다. 그리고 각 눈금이 나타날 확률은 1/6이므로 $p_i = 1/6,\ i = 1,\ 2,\ \cdots,\ 6$이 된다.

이처럼 분류된 자료에 대한 변수 $(X_1, X_2, \cdots, X_k)$의 분포를 **다항분포**(multinomial distribution)라고 부르며 그 분포식의 형태는

$$f_{X_1, \cdots, X_k}(x_1, \cdots, x_k) = \frac{n!}{x_1! \cdots x_k!} p_1^{x_1} \cdots p_k^{x_k} \tag{7.1}$$

이다. 여기서 k개의 변수, $(X_1, X_2, \cdots, X_k)$들은 n개의 표본을 통하여 측정되는 것인데 이들의 합은 반드시 n이 되므로 $\left(\sum_{i=1}^{k} X_i = n\right)$, k개 변수 중 독립적인 변수의 수는 $(k-1)$개이다. 또한 각 확률변수 X_i에 대한 기댓값은

$$E(X_i) = np_i,\ i = 1,\ \cdots,\ k \tag{7.2}$$

이다. 즉, i번째 항목에 대한 기대 횟수는 np_i가 된다는 것이다. 예를 들면 정상적인 주사위를 100번 던질 경우, 3번 눈금이 나올 기대 횟수, $E(X_3)$는 $100 \times (1/6)$이라는 것이다.

앞에서 설명한 k가지 분류 항목에 대한 다항분포의 특이한 예가 **이항분포**(binomial distribution)이다. 이항분포는 분류 항목의 수가 두 개인 경우로서 제3장에서 소개한 베르누이 분포의 n개 표본에 관한 결과로도 설명될 수 있다.

이러한 분류된 자료들로 분석할 수 있는 내용은 적합도검정, 독립성검정, 동질성 검정 등이 있는데 차례대로 검정 방법을 알아보자.

7.2 적합도검정

적합도검정(goodness-of-fit test)이란 어떤 자료가 주어진 분포를 따른다고 할 수 있는가를 검정하는 것이다. 다시 말하면 수집된 어떤 자료가 정규분포한다고 할 수 있는지 또는 새로 얻어진 자료가 전에 알고 있었던 어떤 분포에 따른다고 할 수 있는가 등을 검정하고자 하는 것이다. 예를 들면, 100명의 학생 성적 자료가 정규분포에 적합하다고 할 수 있는가, 또는 다섯 가지의 색상들에 대한 선호색상 분포가 A = 30%, B = 15%, C = 10%, D = 25%, E = 20%인가를 검정하기 위해서 200명을 대상으로 다섯 가지 색상의 선호를 조사하는 경우 등이다.

우선 주사위에 대한 문제를 예로 들자. 정상적인 주사위라면 각 눈금이 나올 확률은 1/6이다. 그러나 모서리가 깨진 주사위가 있을 때, 이 깨진 주사위의 각 눈금이 나올 확률이 정상적인 주사위처럼 1/6일까를 알아보고 싶은 경우, 적합도검정을 한다는 것이다. 이 경우의 가설은

H_0 : 주사위의 각 눈금이 나올 확률은 1/6이다.

$\Leftrightarrow p_1 = p_2 = \cdots = p_6 = 1/6$

H_1 : 주사위 중 적어도 눈금 하나는 나올 확률이 1/6이 아니다.

$\Leftrightarrow p_i \neq 1/6$, (어떤 i에 대하여)

가 된다. 그러면 그 깨진 주사위를 몇 번 던질지 표본의 크기를 결정하고, 각 눈금이 나온 결과로 가설검정을 수행하면 된다.

이를테면 주사위를 100번 던지면 1번 눈금이 X_1 번, …, 6번 눈금이 X_6 번 나올 것이고, H_0 가 옳다면 **기대도수**는 각 눈금에 대해 $E_i = 100 \times (1/6)$ 이 되는데 실제로 얻어지게 되는 **관측도수** X_i 와 기대도수 E_i 간의 차이가 얼마나 큰가에 따라 귀무가설(H_0)의 기각 여부가 결정된다.

이제 k 가지로 분류된 적합도검정의 절차를 정형화시켜 보자. 적합도검정의 가설은

$$H_0 : p_1 = p_{10},\ p_2 = p_{20},\ \cdots,\ p_k = p_{k0} \tag{7.3}$$

$$H_1 : \text{적어도 하나의 등호가 성립하지 않는다}$$

$$\Leftrightarrow p_k \neq p_{k0},\ (\text{어떤 } k \text{에 대해서})$$

가 되며 검정통계량은

$$\chi^2 = \sum_{i=1}^{k} \frac{(X_i - E_i)^2}{E_i} \tag{7.4}$$

이다. 여기서 X_i 는 관측도수, E_i 는 기대도수인데 기대도수는 H_0 에 나와 있는 주어진 확률 $(p_{10}, p_{20}, \cdots, p_{k0})$ 들을 이용하여 얻어진다. 즉, $E_i = np_{i0},\ i = 1, \cdots, k$ 이다. 여기서 사용된 두 번째 하첨자의 0은 주어진 어떤 값을 나타내는 표현 방법일 뿐이다.

그러면 표본의 크기(n)가 충분히 클 때, 식 7.4의 검정통계량 χ^2 은 자유도 $(k-1)$ 의 χ^2 –분포를 따르게 된다. 여기서 주목하여야 할 것은 분류된 자료에 대한 가설검정은 표본의 크기가 충분히 커야 하고, 기대도수(E_i)가 5보다 작은 항목의 수가 전체 항목 수의 20%를 넘을 경우 가설검정 결과를 사용하는 것은 부적절하다. 만일, $[E_i < 5]$ 인 항목의 수가 20%를 넘는다면 기대도수가 5보다 작은 항목들을 이웃 항목과 통합시켜 기대도수가 5보다 크도록 조정하여야 한다. 이와 같은 방법을 **크레머 법칙**(Cramer Rule)이라고 한다.

예제 7.1

한 자동차회사에서는 다섯 가지의 색상으로 승용차 판매를 계획하고 A 색상 30%, B 색상 15%, C 색상 10%, D 색상 25%, E 색상 20%의 비율로 하기로 하였다. 그리고 250명의 고객층을 대상으로 (A, B, C, D, E) 색상 중 선호색상에 대한 자료를 얻어 고객들의 선호색상 분포가 자동차회사의 계획 비율에 적합한가를 알아보고자 한다. 즉, 다음의 표에 나와 있는 관측도수(X_i)와 기대도수(E_i)로 검정통계량을 얻으면

	A	B	C	D	E
관측도수(X_i)	90	30	35	55	40
H_0의 확률(p_{i0})	0.30	0.15	0.10	0.25	0.20
기대도수 $E_i = 250 \times p_{i0}$	75	37.5	25	62.5	50

$$\begin{aligned}\chi^2 &= \sum_{i=1}^{5}\frac{(X_i - E_i)^2}{E_i} \\ &= \frac{(90-75)^2}{75} + \frac{(30-37.5)^2}{37.5} + \frac{(35-25)^2}{25} + \frac{(55-62.5)^2}{62.5} + \frac{(40-50)^2}{50} \\ &= 3 + 1.5 + 4 + 0.9 + 2 = 11.4\end{aligned}$$

가 된다. 여기서 χ^2은 자유도 $(5-1)=4$의 카이제곱분포를 하므로 [부록 4]에서

$$0.01 < p\text{값} < 0.025$$

임을 알 수 있다.

프로그램 코드

in ‣
```
import numpy as np

x=np.array([90,30,35,55,40])     #관측도수
e_x=np.array([0.3,0.15,0.1,0.25,0.2])*250    #기대도수

from scipy.stats import chisquare
chisquare(x,e_x)
```

out ‣
```
Power_divergenceResult(statistic=11.4, pvalue=0.02241796856505753)
```

chisquare를 import하면 chisquare 함수에 관측도수(x)와 기대도수(e_x)를 입력하여 적합도검정을 수행할 수 있다.

적합도검정 수행 결과, 카이제곱통계량은 11.4, p값은 0.0224로 유의수준 0.05보다

작아 H_0를 기각하게 된다. 즉, 자동차회사의 색상 판매 계획 비율과 고객의 색상 선호도 비율은 다른 것으로 나타났다.

앞에서 설명한 대로 얻어진 자료가 특정 분포를 따르는가를 검정하는 것 또한 적합도검정에 해당한다. 이 부분에 대해서는 다음의 예제를 통해 설명하고자 하는데 때에 따라 어려울 수도 있어서 필요하지 않으면 건너뛰어도 무방하다.

예제 7.2

다음 50명의 성적을 순서대로 나열한 것이다. 이 자료가 정규분포를 따르는지를 검정하고자 한다.

23	23	24	27	29	31	32	33	33	35
36	37	40	42	43	43	44	45	48	48
54	54	56	57	57	58	58	58	58	59
61	61	62	63	64	65	66	68	68	70
73	73	74	75	77	81	87	89	93	97

이 문제에 대한 가설은

H_0 : 이 자료는 정규분포를 따른다.

H_1 : 이 자료는 정규분포를 따르지 않는다.

이다. 우선 연속형 자료를 분류된 자료로 바꾸어야 적합도검정이 가능하다. 따라서 자료의 범위(23 ~ 97)를 고려하여 구간(항목)을 [0, 20), [20, 40), [40, 60), [60, 80), [80, 100), [100,)의 6개로 나눈다. 그러면 정규분포를 따른다고 전제하여(H_0는 참), 각 구간의 확률값을 얻어야만 기대도수를 구할 수 있다. 이를 위하여 먼저 50개의 자료로부터 평균 $\bar{x}=55.04$, $s=19.01$을 구한다. 그리고 6개의 구간에 대한 표준화를 시킨 후 표준화정규분포로부터 누적 확률을 구한다. 그 결과는 다음의 표에 나타나 있다.

b_j	20	40	60	80	100
$\frac{(b_j-\bar{x})}{s}$	−1.84	−0.79	0.26	1.31	2.36
$F\left(\frac{(b_j-\bar{x})}{s}\right)$	0.03	0.21	0.60	0.91	0.99

위의 표에서 $F(-1.84)=0.03$, $F(-0.79)=0.21$ 등은 표준정규분포에서 얻어진 누적 확률이므로 6개 구간에 대한 확률은

[0, 20)	[20, 40)	[40, 60)	[60, 80)	[80, 100)	[100,)	합계
0.03	0.18	0.39	0.31	0.08	0.01	1.0

이 된다. 따라서 각 구간의 확률에 표본의 수 $n=50$을 곱하여 얻어진 기대도수와 50개 자료로부터 각 구간에 대한 관측도수를 정리하며 다음과 같다.

	[0, 20)	[20, 40)	[40, 60)	[60, 80)	[80, 100)	[100,)
X_i	0	12	18	15	5	0
E_i	1.5	9.0	19.5	15.5	4.0	0.5

그런데 기대도수(E_i)가 5보다 작은 구간의 수가 전체 6개 구간 중 3개(50%)이므로 크레머 법칙에 따라 해당 구간을 이웃 구간에 통합시킨다. 즉,

	[0, 40)	[40, 60)	[60, 80)	[80,)
X_i	12	18	15	5
E_i	10.5	19.5	15.5	4.5

을 토대로 검정통계량 값을 계산하게 된다.

그러면 $\chi^2 = 0.395$가 얻어지며 자유도 (4−1−2)= 1의 χ^2−분포에서의 유의수준 0.05의 값이 3.841이므로 H_0를 기각할 수는 없다. 자유도에서 2를 뺀 것은 $\bar{x}$와 s, 두 개의 추정값을 구하여 이용했기 때문이다.

앞의 설명은 문제해결 방법을 설명한 것이다. 그러나 이 문제는 프로그램에서 콜모고로프−스미르노프(Kolmogorov−Smirnov; K−S) 검정 방법으로 간단하게 해결할 수 있으며 다음과 같이 수행한다.

프로그램 코드

in ▸

```
import pandas as pd
from scipy import stats

data=pd.read_csv('ex7-2.csv')
data.head()
```

out ▸

```
   X
0  23
```

```
1  23
2  24
3  27
4  29
```

```
in ▸   x=data['X']
```

프로그램 출력 결과 K–S 검정

```
in ▸   stats.kstest(x, 'norm')        #검정방법 1
out ▸  KstestResult(statistic=1.0, pvalue=0.0)
in ▸   stats.kstest(data['X'], 'norm', args=(data['X'].mean(),
       data['X'].std()))
       #검정방법 2
out ▸  KstestResult(statistic=0.08107085426241684, pvalue=0.8711621942265746)
```

K−S 검정은 stats.kstest 함수를 이용하여 수행한다. 데이터와 분포를 정의하면 데이터가 해당 분포를 따르는지를 검정하는데, 간혹 위와 같이 결과가 'KstestResult(statistic=1.0, pvalue=0.0)'로 출력되기도 한다. 이는 데이터가 한쪽으로 치우친 긴 꼬리를 가지는 등의 원인이 있다. 이때 args에서 분포의 모수를 세부적으로 정의하여 표준정규분포가 아닌 정규분포를 고려하는 방법도 사용할 수 있다. 본 예제에서는 자료의 평균과 표준편차를 모수로 하는 정규분포를 정의하였다. 정규성 검정 결과, p값이 0.8712로 유의수준 0.05보다 크므로 H_0를 기각할 수 없다. 따라서 예제의 자료는 정규분포를 따름을 알 수 있다.

보편적으로 정규성 검정은 샤피로 윌크스 검정을 많이 사용하며 이에 대한 코드는 예제 6.6에서 다루고 있다.

예제 7.3

어느 회사는 고객의 등급별 기여도 분포가 다음과 같다고 생각한다.

등급	1	2	3	4	5	6	7
확률	0.03	0.05	0.23	0.3	0.2	0.15	0.04

고객 100명을 대상으로 등급을 책정한 결과

등급	1	2	3	4	5	6	7
관측도수	6	3	18	22	28	20	3

으로 얻어졌을 경우, 회사가 고려하고 있는 기여도 분포가 올바른지를 가설검정하려고 한다. 먼저 가설은

$$H_0 : p_1 = 0.03,\ p_2 = 0.05,\ p_3 = 0.23,\ p_4 = 0.30,\ p_5 = 0.20,$$
$$p_6 = 0.15,\ p_7 = 0.04$$

H_1 : 고려하는 분포를 따르지 않는다

이다. 그리고 H_0를 전제하여 기대도수를 구해보면

등급	1	2	3	4	5	6	7
기대도수	3	5	23	30	20	15	4

이므로 기대도수가 5보다 작은($E_i < 5$) 셀의 수가 29%(2/7)나 된다. 그러므로 이 자료 자체에 대한 카이제곱검정은 무의미하고 기대도수가 5보다 작은 등급을 통합하여 가설검정하여야 한다. 즉 1등급과 2등급을 통합하여

등급	(1, 2)	3	4	5	6	7
관측도수	9	18	22	28	20	3
기대도수	8	23	30	20	15	4

로 정의하면 $E_i < 5$인 셀은 여섯 개 중에서 하나이고 이 자료로 카이제곱검정을 하여 그 결과를 사용하는 데 아무런 문제가 없을 것이다.

프로그램 코드 원자료 적합도검정

in ▸

```
import numpy as np

level=np.array([1,2,3,4,5,6,7])                              #등급
x=np.array([6,3,18,22,28,20,3])                              #관측도수
e_x=np.array([0.03,0.05,0.23,0.3,0.2,0.15,0.04])*np.sum(x) #기대도수
d={'level':level, 'x':x, 'e_x':e_x}

#등급 통합 전 적합도검정
chisquare(x,e_x)
```

```
out ▸  Power_divergenceResult(statistic=12.136956521739128,
       pvalue=0.05898229238402191)
```

프로그램 코드 등급 통합한 자료 적합도검정

```
in ▸   #1, 2등급 통합
       level2=np.array([12,3,4,5,6,7])                              #등급
       x2=np.array([9,18,22,28,20,3])                               #관측도수
       e_x2=np.array([0.08,0.23,0.3,0.2,0.15,0.04])*np.sum(x)       #기대도수
       d2={'level':level2, 'x':x2, 'e_x':e_x2}

       #등급 통합 후 적합도검정
       chisquare(x2,e_x2)
```

```
out ▸  Power_divergenceResult(statistic=8.46195652173913,
       pvalue=0.1325471536238773)
```

등급 통합 전 적합도검정 결과를 살펴보면 p값은 0.058이며 크레머 법칙에 따라 등급 1과 등급 2를 통합한 자료의 적합도검정 결과의 p값은 0.1325로 나타났다. 단, 등급 통합 전의 자료는 7개 중 3개의 기대도수가 5보다 작으므로 크레머 법칙에 의해 이 결과를 사용하는 것은 바람직하지 않고, 등급 1과 등급 2를 통합한 자료의 결과로 적합성을 판단한다. 따라서 p값은 0.1325로 유의수준 0.05보다 크므로 H_0를 기각할 수 없다. 즉, 자료는 회사가 고려하는 등급별 기여도 분포를 따른다고 할 수 있다.

7.3 독립성검정

분류된 자료들에 대한 가장 중요한 분석 목적은 변수 간의 독립성을 검정할 수 있다는 데에 있을 것이다. **독립성검정**(independence test)은 자료가 두 변수에 의하여 분류될 때, 두 변수 간에는 관련이 없는지 관련이 있다면 어느 정도 있는지를 알아내는 검정 방법이다.

독립성검정은 **분할표**(contingency table)를 활용한다. 두 가지 변수 각 분류(항목,

구분)에 대한 조합의 도수를 정리해 놓은 표를 분할표라고 한다.

표 7.2는 A 변수의 p가지 구분(항목)과 B 변수의 q가지 구분에 대한 조합에 속하는 도수들을 나열하여 놓은 분할표이다.

표 7.2 $(p \times q)$분할표

A \ B	B_1	$\cdots$	B_j	$\cdots$	B_q	합계
A_1	X_{11}	$\cdots$	X_{1j}	$\cdots$	X_{1q}	n_{1+}
$\vdots$	$\vdots$		$\vdots$		$\vdots$	$\vdots$
A_i	X_{i1}	$\cdots$	X_{ij}	$\cdots$	X_{iq}	n_{i+}
$\vdots$	$\vdots$		$\vdots$		$\vdots$	$\vdots$
A_p	X_{p1}	$\cdots$	X_{pj}	$\cdots$	X_{pq}	n_{p+}
합계	n_{+1}	$\cdots$	n_{+j}	$\cdots$	n_{+q}	n

여기서 X_{ij}의 i는 행의 번호(A_i 항목), j는 열의 번호(B_j 항목)를 나타내며 n_{i+}는 i번째 행의 합계 $\left(\sum_{j=1}^{q} X_{ij}\right)$, n_{+j}는 j번째 열의 합계 $\left(\sum_{i=1}^{p} X_{ij}\right)$을 나타낸다. 표 7.2와 같이 행의 수는 p, 열의 수는 q인 분할표를 **$(p \times q)$** 분할표라고 한다. 그리고 각 조합에 몇 개의 도수가 나타날 것인가를 모르는 상태에서 X_{ij}는 확률변수이다.

예를 들면, 1,000명의 유권자를 대상으로 소득(A)과 조세 법안 찬성 여부(B)를 조사하였다. 소득은 저소득, 평균 소득, 고소득의 세 가지, 조세 법안에 대해서는 찬성과 반대의 두 가지로 구분할 경우, 표 7.3과 같이 얻어질 수 있다.

표 7.3 직업과 연령에 대한 분할표

법안 \ 소득	저소득	평균 소득	고소득	합계
찬성	182	213	203	598
반대	154	138	110	402
합계	336	351	313	1,000

표 7.3의 법안 찬성 여부는 명목변수이고 소득은 연속변수이지만 구간으로 분류해

놓은 것이다. 이처럼 어떤 형태의 자료라도 분할표 작성이 가능하며 두 변수 간에 독립 여부를 검정할 수 있으므로 독립성검정의 활용범위는 매우 넓다.

독립성검정의 절차에 관해 설명하여 보기로 하자. 우선 가설은

$$H_0 \ : \ \text{A와 B는 독립이다.} \qquad (7.5)$$

$$H_1 \ : \ \text{A와 B는 독립이 아니다.}$$

로 설정되는데 H_0를 수식으로 표현하면

$$H_0 \ : \ p_{ij} = p_i \times p_j, \ \text{모든}(i,\ j)\text{에 대해} \qquad (7.6)$$

이다. 여기서 p_{ij}는 i번째 행과 j번째 열에 해당되는 확률이고 p_i는 i번째 행의 확률, p_j는 j번째 열의 확률을 나타낸다. 그리고 이 가설을 검정하기 위한 검정통계량은

$$\chi^2 = \sum_{i=1}^{p}\sum_{j=1}^{q}\frac{(X_{ij} - E_{ij})^2}{E_{ij}} \qquad (7.7)$$

이다. 이 검정통계량은 식 7.4와 같은 구조이다.

그러면 기대도수 E_{ij}는 어떻게 얻을까? 적합도검정에서 H_0에 나타난 값으로 기대도수를 구한 것처럼 독립성검정도 H_0를 이용하여 기대도수를 구해야 한다. 단, A와 B가 독립이라는 가설하에 수행한다.

즉, $E_{ij} = n \times p_{ij} = n \times p_i \times p_j$ 이므로

$$\widehat{E_{ij}} = n \times \left(\frac{n_{i+}}{n}\right) \times \left(\frac{n_{+j}}{n}\right) \qquad (7.8)$$

로 계산된 값을 사용한다. 다시 말하면 p_i를 (n_{i+}/n)으로 p_j를 (n_{+j}/n)으로 추정하여 계산한 것이다. 이때, 식 7.7의 χ^2은 자유도 $(p-1)\times(q-1)$의 카이제곱분포를 하게 된다.

다음의 예제는 독립성검정과 그 결과를 자세하게 설명하고 있는 좋은 예제이다.

예제 7.4

어느 카드 회사에서는 고객의 등급(A, B, C, D: A가 가장 높은 등급)과 카드 사용액이 관련이 있을 것으로 생각하여 독립성검정을 하기 위해 다음과 같은 분할표를 얻었다. 즉 860명 고객의 사용액과 고객 등급을 조사하여 사용액은 다섯 가지, 고객 등급은 네 가지로 나누어 정리하였다.

카드 사용액과 고객 등급의 분할표

구매액 \ 등급	A	B	C	D
10만 원 이하	21	42	60	5
10 ~ 20	15	122	45	14
20 ~ 40	94	100	16	30
40 ~ 70	120	65	20	18
70만 원 이상	32	9	12	20

카드 사용액과 고객 등급의 기대도수

구매액 \ 등급	A	B	C	D
10만 원 이하	41.97	50.31	22.77	12.95
10 ~ 20	64.27	77.03	34.87	19.83
20 ~ 40	78.70	94.33	42.70	24.28
40 ~ 70	73.12	87.64	39.67	22.56
70만 원 이상	23.94	28.69	12.99	7.38

그러므로 검정통계량 χ^2의 값은

$$\chi^2 = \sum_{i=1}^{5}\sum_{j=1}^{4}\frac{(X_{ij}-E_{ij})^2}{E_{ij}} = 252.058$$

이고, 자유도 $(5-1)(4-1)=12$의 χ^2 −분포에서 p값은 0.001로 얻어지게 되는 것이다.

프로그램 코드 빈도표, 확률표 작성

in ‣
```
import pandas as pd
data=pd.read_csv('ex7-4.csv')
data.head()
```

out ‣
```
    amount level  count
0  10under     A     21
```

```
1    10~20     A     15
2    20~40     A     94
3    40~70     A    120
4  70upper     A     32
```

in ▸
```
#빈도표 작성
pd.crosstab(index=data['amount'], columns=data['level'],
values=data['count'], aggfunc=sum, margins=True, margins_name='전체')
```

out ▸
```
level      A    B    C   D   전체
amount
10under   21   42   60   5  128
10~20     15  122   45  14  196
20~40     94  100   16  30  240
40~70    120   65   20  18  223
70upper   32    9   12  20   73
전체      282  338  153  87  860
```

in ▸
```
#확률표 작성
pd.crosstab(index=data['amount'], columns=data['level'],
values=data['count'], aggfunc=sum, margins=True, margins_name='전체',
normalize='index').round(4)
```

out ▸
```
level         A       B       C       D
amount
10under  0.1641  0.3281  0.4688  0.0391
10~20    0.0765  0.6224  0.2296  0.0714
20~40    0.3917  0.4167  0.0667  0.1250
40~70    0.5381  0.2915  0.0897  0.0807
70upper  0.4384  0.1233  0.1644  0.2740
전체      0.3279  0.3930  0.1779  0.1012
```

프로그램 코드 카이제곱검정 및 기대도수표 작성

in ▸
```
#카이제곱검정 및 기대도수표 작성
from scipy.stats import chi2_contingency

d_table=pd.crosstab(index=data['amount'], columns=data['level'],
values=data['count'], aggfunc=sum, margins=True, margins_name='전체')

#검정결과: 카이제곱통계량, p값, 자유도, 기대도수
chi,p,df,expected=chi2_contingency(d_table)
```

```
expected_table=pd.DataFrame(data=expected, index=d_table.index,
columns=d_table.columns)

expected_table
```

out ▸

```
level        A           B           C          D      전체
amount
10under  41.972093   50.306977   22.772093  12.948837  128.0
10~20    64.269767   77.032558   34.869767  19.827907  196.0
20~40    78.697674   94.325581   42.697674  24.279070  240.0
40~70    73.123256   87.644186   39.673256  22.559302  223.0
70upper  23.937209   28.690698   12.987209   7.384884   73.0
전체    282.000000  338.000000  153.000000  87.000000  860.0
```

in ▸

```
print(chi, p)   #카이제곱통계량, p값 추출
```

out ▸

```
252.05782411526025 4.392425562427717e-42
```

pd.crosstab은 빈도표를 작성하는 함수이며 index는 행 변수, colums는 열변수, values는 셀 값을 정의한다. 빈도의 합계를 계산하기 위해 aggfunc는 sum으로 지정한다. margins는 True인 경우, 행과 열의 합계를 계산하여 주고, marigins_name은 합계에 대한 행과 열 이름을 정의한다.

확률표를 작성할 때는 pd.crosstab의 normalize를 이용한다. normalize가 all이면 전체 백분율, index이면 행 백분율, columns이면 열 백분율을 출력한다.

분할표에 대한 카이제곱검정은 chi2_contingency를 이용한다. 먼저 d_table에 앞서 구한 빈도표를 저장하고, chi2_contingency 함수에 d_table을 입력하면 카이제곱검정 결과를 얻을 수 있다. 검정 결과는 카이제곱통계량, p값, 자유도, 기대도수 순으로 한꺼번에 출력된다. 따라서 chi,p,df,expected=chi2_contingency(d_table)를 통해 검정 결과를 순서대로 각 변수(chi,p,df,expected)에 저장하여 필요한 결과를 보기 쉽게 추출하도록 한다.

기대도수(expected)는 배열로 출력되기 때문에 한눈에 파악하기 어려우므로 pd.DataFrame을 이용하여 표(expected_table)로 만드는 작업을 거친다. 데이터는 expected를 사용하고, 행 이름(index)과 열 이름(columns)은 앞서 작성하였던 빈도표에서 그대로 가져온다(d_table.index, d_table.columns).

결과로부터 추출한 카이제곱검정통계량 값은 252.0578이며 p값은 매우 작아 H_0를 기각한다. 따라서 카드 사용액과 고객 등급은 독립이 아님을 알 수 있다.

7.4 동질성검정

여러 개의 집단에 대해서 어떤 변수(A)의 분포가 같은지 검정하는 방법을 **동질성 검정**(homogeneity test)이라고 한다. 예를 들면, 연령대에 따라 사형제도에 대한 의견이 같다고 할 수 있는지, 지역에 따라 대통령 후보에 대한 지지 비율이 같다고 할 수 있는지 등의 문제를 해결하는 방법이다. 따라서 자료의 형태는 앞에서 보았던 분할표와 같으나, 여기서는 각 집단으로부터 얻어진 표본의 크기가 미리 정해져 있는 점이 다르다.

표 7.4는 동질성검정을 하기 위해 얻은 자료의 형태이다. 즉, 독립성검정과는 다르게 각 부모집단에서 얻어진 A 변수에 대한 관찰도수를 정리하여 놓은 것이다. 여기서 r과 c는 각각 부모집단의 수, A 변수의 분류 항목 수를 나타내는 것이다.

표 7.4 동질성검정의 자료 구조

부모집단 \ A	A_1	A_2	$\cdots$	A_c	합계
1	X_{11}	X_{12}	$\cdots$	X_{1c}	n_1
2	X_{21}	X_{22}	$\cdots$	X_{2c}	n_2
$\vdots$	$\vdots$	$\vdots$		$\vdots$	$\vdots$
r	X_{r1}	X_{r2}	$\cdots$	X_{rc}	n_r

표본크기는 각각 $n_1, n_2, \cdots, n_r$이고 총 표본의 크기는 $n = \sum_{i=1}^{r} n_i$가 될 것이다. 그리고 가설은

H_0 : r개 집단에 대한 A 변수의 분포는 같다.

H_1 : r개 집단에 대한 A 변수의 분포는 모두 같지는 않다.

가 되며 동질성검정의 절차는 독립성검정과 같다. 동질성검정과 독립성검정은 가설의 표현이 다르고 자료를 얻는 방법이 다를 뿐 검정의 과정은 똑같음에 유의하여야 한다. 강조하자면 독립성검정은 전체 표본에 대해서 두 가지 변수에 대한 분할표를

얻어 검정하는 것이고, 동질성검정은 각 집단에 대해 표본을 할당한 후 한 가지 변수에 대한 분포를 얻어 검정하는 것이다.

예제 7.5

어느 공장은 근무 시간대에 따른 불량률이 모두 같은지를 알아보기 위하여 다음과 같은 자료를 얻었다.

상태 \ 시간	낮	저녁	야간
양품	905	890	870
불량품	45	55	70

여기서 분석 목적은 세 작업 시간대에 따른 불량품 분포가 비슷한가를 알아보기 위한 것이므로 동질성검정에 해당하며 이때 가설은

$$H_0 : p_1 = p_2 = p_3$$

$$H_1 : p_1, p_2, p_3 \text{는 모두 같지는 않다.}$$

가 된다.

프로그램 코드 빈도표, 확률표, 카이제곱검정

in ▸
```
import numpy as np
import pandas as pd

time=np.tile(['day', 'evening', 'night'],2)
count=np.array([905, 890, 870, 45, 55, 70])
goods=np.repeat(['O', 'X'],3)              #양품:O  불량품:X
data={'time':time, 'goods':goods, 'count':count}

#빈도표
d_table=pd.crosstab(index=data['goods'], columns=data['time'],
values=data['count'], aggfunc=sum, margins=True, margins_name='전체')
```

out ▸
```
d_table
col_0    day  evening  night   전체
row_0
O        905      890    870   2665
X         45       55     70    170
전체     950      945    940   2835
```

in ▸
```
#확률표
pd.crosstab(index=data['goods'], columns=data['time'],
values=data['count'], aggfunc=sum, margins=True, margins_name='전체',
normalize='index').round(4)
```

out ▸
```
col_0     day     evening  night
row_0
0         0.3396  0.3340  0.3265
X         0.2647  0.3235  0.4118
전체      0.3351  0.3333  0.3316
```

in ▸
```
#카이제곱검정
from scipy.stats import chi2_contingency
chi,p,df,expected=chi2_contingency(d_table)
```

프로그램 코드 기대도수표 작성

in ▸
```
expected_table=pd.DataFrame(data=expected, index=d_table.index,
columns=d_table.columns)

expected_table.round(2)
```

out ▸
```
col_0     day     evening  night   전체
row_0
0         893.03  888.33  883.63  2665.0
X          56.97   56.67   56.37   170.0
전체      950.00  945.00  940.00  2835.0
```

in ▸
```
print(chi.round(4), p.round(4))               #카이제곱통계량, p값 추출
```

out ▸
```
6.2339 0.3975
```

프로그램 출력 결과, 카이제곱통계량은 6.2339이며 p값은 0.3975로 유의수준 0.05보다 크다. 따라서 H_0를 기각할 수 없다. 그러나 확률표를 보면 낮(day)의 불량률은 0.2647, 저녁(evening)의 불량률은 0.3235, 야간(night)의 불량률은 0.4118로 '시간대에 따른 불량률이 모두 같다(H_0가 참)'고 결론을 내리기에는 위험이 따를 것으로 보인다.

7.5 연관성 척도

앞 절에서 다룬 두 변수 간의 독립성검정의 보완작업으로 두 변수 간의 연관성을 어떻게 측정할지 생각하여 보자. 연속적인 값을 갖는 두 변수의 상관관계는 상관계수로서 측정할 수 있지만 분류된 자료인 분할표에서 두 변수 간의 상관관계는 **연관성 척도**(measure of association)를 이용한다. 연관성 척도는 여러 가지가 있는데 그중에서 몇 가지를 소개한다.

7.5.1 파이

이것은 (2×2)분할표에 적합한 연관성 척도로 알려져 있다. 즉, 두 개의 변수가 각각 두 가지로 분류된 분할표에 적용되는데 그 계산식은

$$\phi = \sqrt{\frac{X^2}{n}}$$

이다. **파이**(phi, ϕ)는 검정통계량의 값(X^2)을 표본의 크기(n)로 나눈 것의 제곱근인데 n이 크면 클수록 X^2의 값이 커질 수 있으므로 X^2을 n으로 나눈 것이다. 그러나 최댓값의 한계가 없으므로 그다지 좋은 척도는 아니다.

7.5.2 크레머

크레머(Cramer, $\boldsymbol{V}$)는 (2×2) 분할표보다 차원이 큰 $(p\times q)$분할표에 대해 화이를 수정한 것이다. 다음 식에서 볼 수 있는 것과 마찬가지로 p나 q가 2일 때는 파이와 그 값이 같다. 즉, 다음과 같다.

$$V = \frac{\phi}{\sqrt{\min\{(p-1),\ (q-1)\}}}$$

7.5.3 분할계수

분할계수(contingency coefficient, ***C***)는 분할표에서의 연관성을 나타내는 데 일반적으로 널리 사용되는 척도이다. 분할계수는 상관계수처럼 0보다 크고 1보다 작은 범위 내의 값을 갖는다.

$$C=\sqrt{\frac{X^2}{X^2+n}}$$

7.5.4 람다

분할표를 구성하고 있는 두 변수가 명목변수일 때 람다(lambda, λ)를 사용하는 것이 좋다. 다른 척도와 달리 람다는 A와 B 두 변인의 인과관계에 따라 두 가지로 얻어지게 된다. 람다의 정의를 이해하기 위해 구체적인 예를 들어 보자. 먼저 람다는

$$\lambda=\frac{\begin{pmatrix}A\text{변수의 최대 범주로}\\ A\text{를 예측할 때 발생하는 오차}\end{pmatrix}-\begin{pmatrix}B\text{변수의 각 범주에서}\\ A\text{변수의 최대 범주로}\\ A\text{를 예측할 때 발생하는 오차}\end{pmatrix}}{A\text{변수의 최대 범주로 }A\text{를 예측할 때 발생하는 오차}}$$

로 정의된다.

예를 들어, 대학의 기부금 입학제도에 대한 태도(찬성과 반대)와 지역(수도권, 중부, 남부)에 대한 분할표가 표 7.5와 같을 때 두 변수 간의 연관성을 람다로 측정하여 보자. 여기서 두 변수는 명목변수이다.

표 7.5 기부금 입학제도와 지역에 대한 분할표

태도 \ 지역	수도권	중부	남부	합계
찬성	274	146	88	508
반대	708	222	49	979
합계	982	368	137	1,487

이 분할표에서의 관심은 지역에 따라 기부금 입학제도를 어떻게 생각하는가이다.

따라서 기부금 입학제도에 대한 태도를 A라고 하고, 지역을 B라고 하여 1,487명에 대해서 기부금 입학제도에 대한 태도를 예측한다면, 반대(979명)가 찬성(508명)보다 많으므로 모두(1,487명)가 반대한다고 예측할 때 508명의 오차가 얻어진다. 다시 말해 A 변수의 최대 범주가 반대 979명이므로 모든 사람이 반대한다고 예측할 때 잘못 예측한 것이 508이라는 것이다.

그리고 B 변수(지역)의 각 범주에서 기부금 입학제도에 대한 태도를 예측한다면 '수도권 지역–반대, 중부권 지역–반대, 남부권 지역–찬성'으로 예측하여야 할 것이고, 이때 오차는 각각 274, 146, 49로 얻어지므로

$$\lambda = \frac{508-(274+146+49)}{508} = 0.077$$

이다. 이 경우, 인과관계는 지역에 따라 기부금 입학제도에 대한 태도를 알아보고자 하는 것이므로 지역(B)을 원인, 태도(A)를 결과로 취급하여

$$\lambda(A \mid B) = 0.077$$

로 표현한다.

연습문제

01 다음은 500명 크기의 표본으로 얻어진 자료이다.

$$H_0 : p_1 = 0.1,\ p_2 = 0.1,\ p_3 = 0.5,\ p_4 = 0.1,\ p_5 = 0.2$$

에 대해 가설검정하고자 한다.

분류	1	2	3	4	5	합계
X	27	62	241	69	101	500

(1) 기대도수를 구하라.

(2) X^2 의 값을 구하라.

(3) 이 경우, 대립가설을 구하라.

(4) 이렇게 얻어진 자료는 귀무가설(H_0)을 기각하기에 충분한 근거가 있는지 유의수준 0.05에서 판단하라.

02 주사위를 600번 던진 결과 1부터 6까지 눈금이 나온 횟수는 다음과 같다. 이 주사위는 정상적인 주사위라고 판단할 수 있는지 유의수준 0.05에서 가설검정하라.

눈금	1	2	3	4	5	6
횟수	95	110	90	85	112	108

03 기업의 최고경영자들에게 우편 설문 조사를 수행하기 위하여 1,000명의 CEO들에게 설문지를 보낸 결과 234명만이 응답하였다. 연구수행자는 비응답 편향(nonresponse bias)이 있는지 확인하기 위해 기업들의 매출액을 기준으로 1,000개 기업의 매출액 분포와 응답한 기업들의 매출액 분포가 같은지 검정하려 한다. 주어진 자료로 가설검정하라.

매출액	1,000개 기업	응답한 기업(234개)
<2억 5천만 원	10	13
2억 5천만 ~ 7억 5천만	28	28
7억 5천만 ~ 15억	20	17
15억 ~ 20억	8	7
20억 ~ 40억	16	15
40억 ~ 70억	9	10
70억 ~ 90억	3	3
>90억 이상	6	7
	100%	100%

04 지난 4년간의 과일 생산량 자료가 다음과 같을 때, 과일 종류별 생산량과 연도는 독립적인지 유의수준 0.05에서 가설검정하라.

년도 \ 과일	사과	배	복숭아	딸기
4년 전	50	50	10	10
3년 전	55	50	8	12
2년 전	35	50	20	14
1년 전	60	50	12	14

05 신제품에 대한 마케팅 전략을 수립하고자 전국 소비자를 대상으로 소비자 태도를 우편으로 조사하였다. 전국을 서울, 경기 · 충청, 영남, 호남, 강원, 제주로 크게 6개 권역으로 분류하고, '귀하의 가장 중요한 가치관은 무엇인가?'에 대한 질문의 응답 결과를 정리한 표이다.

중요한 가치관	서울	경기 · 충청	영남	호남	강원	제주
자존심	154	147	55	34	8	12
안전	147	152	62	26	5	6
대인관계	125	90	63	27	3	2
성취감	88	65	38	17	3	3
책임감	74	55	23	24	1	2
체면	65	72	31	4	5	1
소속감	63	49	24	10	4	6
즐거움	34	23	11	8	3	2
합계	750	653	307	150	32	34

(1) 지역과 중요가치관 간에는 독립적이라고 할 수 있는가를 가설검정하라. 이 경우, 크레머 법칙에 대해 검토하고 가설검정하라.

(2) 서울과 경기 · 충청 지역 간에 자존심에 대한 비율이 같은가를 가설검정하라(6.9절 참조).

(3) 만일 각 지역에 표본의 수를 각각 (750, 653, ···, 34)로 하여 면접조사된 결과라면 지역별로 중요한 가치관의 분포가 일치하는가를 가설검정할 수 있다. 이 경우, 검정의 결과에 대해 설명하고 위의 (1)과 어떤 차이가 있는가를 논의하라.

8장

여러 집단 간의 차이(분산분석)

분산분석은 세 개 이상의 집단 평균 간의 차이가 있는지 검정할 수 있는 기본적인 통계분석기법이다. 다시 말하면 어떤 이유에 의해 집단 간의 서로 다른 특성이 있는지 알아보는 분석기법이라 할 수 있다. 예를 들면, 어느 회사에서 제품의 판매 촉진을 위하여 신문, 라디오, TV의 세 가지 광고 매체를 이용할 때, 세 가지의 광고 매체 간의 광고효과 차이가 있는지 알아보는 경우 또는 수도권, 충청권, 영남권, 호남권 등의 네 지역 간의 가구당 월 저축액 평균이 같은지 알아보는 경우 등에 대하여 분산분석의 방법을 사용한다. 분산분석은 이렇게 여러 집단 간의 평균의 차이를 알아보는 수단 이외에도 회귀분석에서 그 분석과정의 중요한 부분을 차지하기 때문에 분산분석을 이해하는 것이야말로 실제로 자료를 처리·분석하는 데 필수적이라 할 수 있다.

8.1 분산분석의 원리

비교 집단 간의 차이가 있는지에 대한 문제는 집단의 평균이 같은지 알아보는 문제와 같다. 간단히 말하면 이 경우, 각 집단으로부터 표본을 얻고 그 표본의 표본평균값이 얼마나 큰 차이가 나는지를 구해보면 될 것이다. 얻어진 표본평균의 값이 비슷하면 모집단들의 평균은 같다고 할 것이고, 큰 차이가 있다면 모집단들의 평균이 모두 같다고 할 수는 없을 것이다. 분산분석의 전제조건은 집단이 서로 독립이고 각 집단의 자료는 정규분포를 따르며 일정한 분산을 갖는다는 것이다.

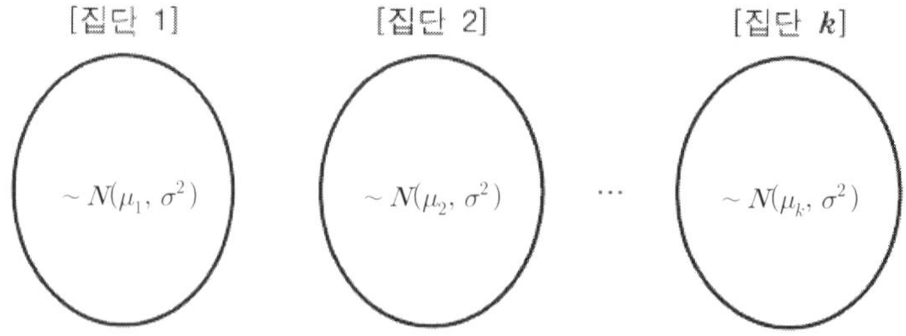

이러한 세 가지 가정에 대해서는 뒤에서 더 설명하기로 하고, 여기서는 예를 활용하여 분산분석의 원리를 이해하는 것을 목적으로 한다.

세 개의 서로 독립인 모집단의 점수 평균이 같은가를 알아보기 위해 표본크기가 4인 표본을 얻었다고 하자(표 8.1). 여기서 얻어진 표본평균($\bar{y}_1 = 4,\ \bar{y}_2 = 6,\ \bar{y}_3 = 5$)이 서로 다른 값을 갖는 원인은 모집단의 평균($\mu_1,\ \mu_2,\ \mu_3$)이 달라서 차이가 있는 것인지 또는 모집단의 평균이 같음에도 불구하고 표본을 추출하는 과정에서 발생한 것인지를 분산분석을 통해 판단한다.

먼저 가설은

H_0 : 세 개 집단의 평균은 같다.

$$\Leftrightarrow \mu_1 = \mu_2 = \mu_3 \Leftrightarrow \mu_i = \mu,\ (i = 1, 2, 3 \text{ 일 때 모든 } i \text{에 대하여})$$

H_1 : 세 개 집단의 평균 중 적어도 하나는 다르다.

$$\Leftrightarrow \mu_i \neq \mu,\ (\text{어떤 } i \text{에 대하여})$$

이다.

가설검정의 절차에 필요한 검정통계량은 얻어진 표본평균이 얼마나 차이가 있는가로써 얻어져야 할 것이다. 다시 말하면 각 집단에서 얻어진 표본평균값의 차이가 크지 않다면 귀무가설(H_0)이 맞는 것이고, 표본평균값 간에 큰 차이가 있다면 H_0를 기각해야 할 것은 당연한 일이다. 그러므로 표본평균값이 서로 떨어져 있는 정도를 표본평균의 분산으로 측정하여 표본평균의 분산이 크다면 표본평균의 차이가 큰 것이므로 H_0를 기각하게 될 것이다. 이렇게 분산분석(Analysis of variance, ANOVA)은 표본평균의 분산을 분석하여 평균 간 차이가 있는지를 판단하는 통계기법이다. 그리고 표본평균의 분산은 표본값의 단위에 따라 크기가 다르므로 표본평균의 분산이 갖는 단위가 제거된 검정통계량을 얻어야 한다.

그러므로 다음과 같이 모집단의 분산을 두 가지 방법으로 추정하여 그 비율(ratio)로 검정통계량을 만든다. 우선 분산분석 수행의 전제조건 중 하나가 모든 집단에 대하여 분산(σ^2)이 같다는 것이므로 이 가정하에서 분산의 두 가지 추정 방법을 생각하여 보자.

첫 번째, 표본평균의 분산($\sigma^2_{\overline{Y}}$)으로부터 모집단의 분산(σ^2)을 추정하는 방법이다. 즉, 제4장에서 설명한 대로 $Var(\overline{Y}) = \sigma^2_{\overline{Y}} = \sigma^2/n$의 관계식으로부터 $\sigma^2 = n\sigma^2_{\overline{Y}}$이므로 실제로 얻어진 표본평균($\overline{y}_1, \overline{y}_2, \overline{y}_3$)로부터 표본평균의 분산 추정치를 얻어 분산($\hat{\sigma}^2_{\overline{Y}}$)의 추정치 $\hat{\sigma}^2$을 구할 수 있다. 다시 말하면

$$\hat{\sigma}^2 = n\hat{\sigma}^2_{\overline{Y}}$$

으로부터 $\hat{\sigma}^2$을 얻게 되는데 이를 **그룹 간**(between-groups) **분산**이라고 부르며

$$\hat{\sigma}^2_{between} = n\hat{\sigma}^2_{\overline{Y}} \tag{8.1}$$

으로 표현한다. 그룹 간 분산은 표본평균의 분산을 기초로 얻어진 분산이며 그룹 간 분산의 단위를 제거하는 표준화 절차가 필요하다.

표 8.1의 자료에 대해 식 8.1의 그룹 간 분산을 얻기 위해서 먼저 표본평균의 분산 추정치 $\hat{\sigma}^2$을 구하여 보면 다음과 같다. 즉, 표본평균값($\overline{y}_1, \overline{y}_2, \overline{y}_3$)의 분산을 얻기 위해서는 먼저 이 값의 평균을 구하여야 한다. 즉, $\overline{\overline{y}} = (\overline{y}_1 + \overline{y}_2 + \overline{y}_3)/3 = (4+6+5)/3 = 5$이며 이를 전체평균 혹은 총평균이라고 부른다.

표 8.1 분산분석의 예

모집단 1	모집단 2	모집단 3
3	5	3
4	7	5
5	6	5
4	6	7
$\overline{y}_1 = 4$	$\overline{y}_2 = 6$	$\overline{y}_3 = 5$

그러면

$$\hat{\sigma}^2_{\overline{Y}} = \frac{(\overline{y}_1 - \overline{\overline{y}})^2 + (\overline{y}_2 - \overline{\overline{y}})^2 + (\overline{y}_3 - \overline{\overline{y}})^2}{3-1}$$

$$= \frac{(4-5)^2 + (6-5)^2 + (5-5)^2}{3-1} = 1$$

로 얻어진다. 여기서 자유도는 $(3-1) = 2$ 이다. 그러므로 그룹 간 분산은

$$\hat{\sigma}^2_{between} = n\hat{\sigma}^2_{\overline{Y}_1} = 4 \times 1 = 4$$

으로 얻어진다. 물론 각 집단에서 얻는 표본의 크기(n)는 달라도 된다. 하지만 설명이 더 복잡하므로 여기서는 각 집단으로부터 같은 크기의 표본을 얻은 경우를 설명하고 있다.

두 번째, 모든 집단의 분산이 같다는 가정하에서 통상적인 분산(σ^2)의 추정치를 얻는 방법은 5.6절에서 다룬 것과 같이 각 집단에서 얻은 표본을 **통합**(pool)하여 σ^2의 추정치를 얻는 방법이다. 즉, 각 표본 내에서 표본값과 표본평균 간의 차이(편차)를 제곱하여 합한 후 그 자유도로 나눈다.

$$\hat{\sigma}^2_{within} = \frac{\sum_{j=1}^{n}(y_{1j} - \overline{y}_1)^2 + \sum_{j=1}^{n}(y_{2j} - \overline{y}_2)^2 + \sum_{j=1}^{n}(y_{3j} - \overline{y}_3)^2}{(n-1)+(n-1)+(n-1)} \quad (8.2)$$

여기서 자유도는 $3(n-1)$ 이다. 이 분산의 추정치는 각 그룹 내에서 표본값(y_{ij})과 표본평균 간의 차이로부터 구해지는 것이므로 **그룹 내**(within-groups) **분산**이라고 부르고 $\hat{\sigma}^2_{within}$ 으로 표현한다.

표 8.1의 자료에 대해서 그룹 내 분산을 구하면,

$$\hat{\sigma}^2_{within} = \frac{(3-4)^2 + \cdots + (4-4)^2 + (5-6)^2 + \cdots + (6-6)^2 + (3-5)^2 + \cdots + (7-5)^2}{(4-1)+(4-1)+(4-1)}$$

$$= \frac{12}{9}$$

이다. 그리고 이제 앞에서 구한 분산 σ^2 의 두 가지 추정치, $\hat{\sigma}^2_{between}$ 과 $\hat{\sigma}^2_{within}$ 의 비

율을 구하면,

$$F = \frac{\hat{\sigma}^2_{between}}{\hat{\sigma}^2_{within}} = \frac{4}{12/9} = 3 \tag{8.3}$$

인데 F값은 두 가지 분산 추정치의 단위가 상쇄되어 단위를 갖지 않는다. 또한 모집단의 분산이 같다는 가정하에서 얻어진 분산의 추정치(그룹 내 분산)를 기준으로 그룹 간 분산이 크면 클수록 모집단의 평균이 같지 않다는 것을 의미하는 것이므로 (H_0 기각), F는 분산분석을 위한 검정통계량이 된다.

이제 F-분포라는 새로운 분포를 소개한다. F-분포는 카이제곱분포를 따르는 변수로 얻어지며 다음과 같이 정의된다.

$$F = \frac{\chi_1^2/d_1}{\chi_2^2/d_2} \sim F_{(d_1,\, d_2)}$$

즉, 카이제곱분포를 따르는 변수(χ_1^2)를 그 자유도(d_1)로 나눈 것과 χ_1^2과 독립이면서 카이제곱분포를 따르는 다른 변수(χ_2^2)를 그 자유도(d_2)로 나눈 것의 비율을 F라고 할 때, 이 F는 F-분포를 따른다고 한다. F-분포는 두 개의 자유도를 갖는데 두 자유도의 순서는 분자의 자유도(d_1)와 분모의 자유도(d_2) 순이다. 몇 개의 F-분포 형태는 그림 8.1과 같다.

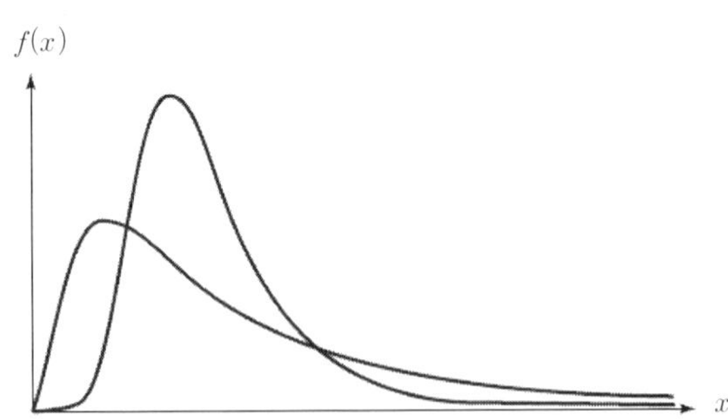

그림 8.1 **F-분포의 몇 가지 형태**

따라서 식 8.3은 자유도(2, 9)인 F-분포를 따르는 검정통계량의 값이며 $F=3$은 $F(2,\ 9)$의 분포상에서 오른쪽 꼬리 부분의 면적이 0.10에 해당하는 값이다(p값= 0.10).

8.2 분산분석의 가정

분산분석은 앞 절에서 설명한 대로 비교하고자 하는 여러 개의 모집단으로부터 얻은 자료를 바탕으로 모집단의 평균 간에 차이가 있는지 판단하는 분석 방법이다. 이 절에서는 어떤 자료에 분산분석을 적용할 수 있는지 체계적으로 알아본다.

먼저 분산분석을 적용할 수 있는 모집단의 구조는 다음 그림 8.2와 같다. 이 그림에서 $Y_1, \cdots, Y_k$는 조사하고자 하는 관찰대상에 대한 확률변수이며 하첨자 $(1, \cdots, k)$를 통해 집단을 구별한다. 이를테면 k개 공단의 만 20세 근로자 월급을 조사할 경우, 근로자 월급을 확률변수 Y로 하는데 공단 1의 근로자 월급을 $Y_1, \cdots,$ 공단 k의 근로자 월급은 Y_k라고 하자. 각 집단의 월급을 나타내는 변수는 정규분포를 따르며 공단 1의 평균은 $\mu_1, \cdots,$ 공단 k의 평균은 μ_k이며 모든 집단의 분산은 일정한 값(σ^2)을 갖는다고 가정한다. 이제 각 모집단으로부터 표본을 얻게 되는데 그 표본은 그림 8.3과 같다.

다시 말하면 각각의 모집단으로부터 표본크기 n의 표본을 얻을 때 모집단의 번호는 첫 번째 하첨자, 표본의 번호는 두 번째 하첨자로 표현하면 표본은 표 8.2와 같이 표현할 수 있다.

표 8.2 모집단에서 얻어지는 표본(확률변수)

표본 1	표본 2	…	표본 k
Y_{11}	Y_{21}	…	Y_{k1}
Y_{12}	Y_{22}	…	Y_{k2}
⋮	⋮	…	⋮
Y_{1n}	Y_{2n}	…	Y_{kn}

여기서 확률변수로 표현된 Y_{ij}를 평균과 오차의 합으로 표현하면

$$Y_{ij} = \mu_i + \epsilon_{ij}, \quad i = 1, \cdots, k \qquad j = 1, \cdots, n \tag{8.4}$$

인데 Y_{ij}는 i번째 공단에서 얻어질 표본 중 j번째 근로자에 대한 월급을 나타내는 확률변수, μ_i는 공단 i의 만 20세 근로자의 평균 월급, ϵ_{ij}는 그 근로자(i번째 공단의 j번째 근로자)가 평균보다 더 받거나 덜 받는 몫에 관해 설명할 수 없는 이유를 함축하고 있는 확률변수이다. 이를 **오차**(error)라고 하며 그리스 문자를 사용하여 ϵ으로 표기하고 입실론(epsilon)이라고 읽는다. 흔히 분산분석과 같은 자료의 통계적 처리를 위해 오차항은 평균 0, 분산 σ^2값을 갖는 정규분포를 따른다고 가정한다. 따라서 만 20세 근로자들의 월급 Y_{ij}는 평균 μ_i, 분산 σ^2을 갖는 정규분포 확률변수로 간주한다.

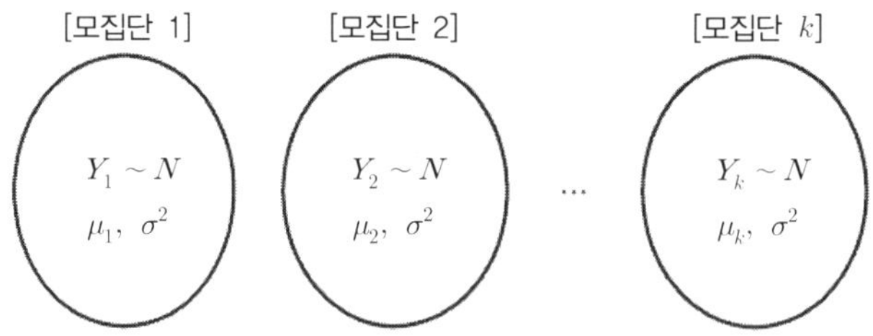

그림 8.2 k개 모집단의 구조

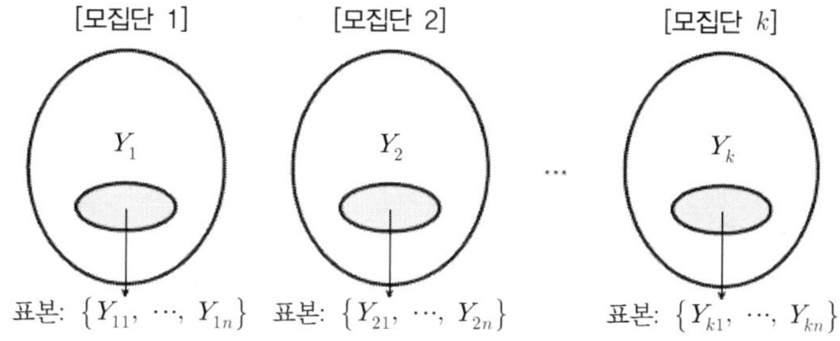

그림 8.3 **모집단과 표본**

통계이론에서 오차는 매우 중요한 역할을 한다. 제3장에서부터 소개하고 설명한 확률변수(Y)를 평균과 오차의 합으로 정의하여 보자. 즉,

$$\begin{aligned} Y &= (Y\text{의 평균}) + (\text{오차}) = E(Y) + \epsilon \\ &= \mu + \epsilon \end{aligned}$$

으로 확률변수를 분할하여 생각하면 Y가 여러 가지 다른 값을 갖는다는 것은 오차(ϵ)가 다른 값을 갖기 때문이다. 오차란 참값과의 차이를 의미한다. 그 차이는 클 수도 있고 작을 수도 있으며 +값 혹은 −값을 갖는다. 예를 들어, 신궁 김씨의 양궁 50 m 거리 1라운드(12번 시도) 성적을 Y라고 하자. 그러면 Y는 (0, 120) 사이의 값을 취하며 한 라운드 성적은 매번 다를 수 있다는 것인데 그 이유를 오차로 설명하는 것이다. 즉, 김씨가 50 m 과녁을 12번 쏠 때, 김씨의 평균(μ)값은 누구도 모른다. 그의 컨디션에 따라 Y는 달라질 수 있는데 여러 가지 원인에 의해 발생하는 오차가 매번 다른 값을 갖기 때문이다.

그리고 오차의 평균은 0이다. 더욱이 오차(ϵ)가

$$\epsilon \sim N(0, \sigma^2)$$

이라고 가정을 하면 $Y = \mu + \epsilon$은

$$Y \sim N(\mu, \sigma^2)$$

이 되는 것이다.

이제 식 8.4와 같이 **모집단 모형**을 설정하고, 얻어진 자료를 바탕으로 두 가지 방

법(그룹 간, 그룹 내)으로 분산 σ^2을 추정한 후, 그 추정값의 비율을 사용하여 귀무가설과 대립가설

$$H_0 : \mu_k = \mu \quad (\text{모든 } k\text{에 대하여}) \tag{8.5}$$
$$H_1 : \mu_k \neq \mu \quad (\text{어떤 } k\text{에 대하여})$$

에 대한 가설검정을 한다. 이때 두 가지로 추정된 분산의 비율은 F-분포를 따른다는 이론적 배경이 필요하므로 분석하고자 하는 자료(Y_{ij})이 정규분포를 따라야 분산분석 수행이 가능하다. 다행스럽게도 대부분의 수치적 자료는 정규분포의 가정을 충족한다. 그러나 때에 따라, 자료의 수가 아주 적거나 정규분포를 따르지 않을 때는 다른 분석 방법을 모색하여야 한다(8.8절 참조).

분산분석의 목적은 앞에서 설명한 대로 평균 간의 차에 대한 검정인데 실제로는 모집단 평균 μ_{ij}를 보다 구체적으로 표현하여 검정한다. 간단한 예로 세 공단(구로공단, 안산공단, 구미공단)에서 일하는 만 20세의 근로자는 같은 월급을 받는지 알아보고자 할 때, 세 모집단의 평균을 각각 μ_1(구로), μ_2(안산), μ_3(구미)라고 하자. 그리고 세 공단에서 일하는 모든 만 20세 근로자의 전체평균 월급을 μ(총평균)라고 하자.

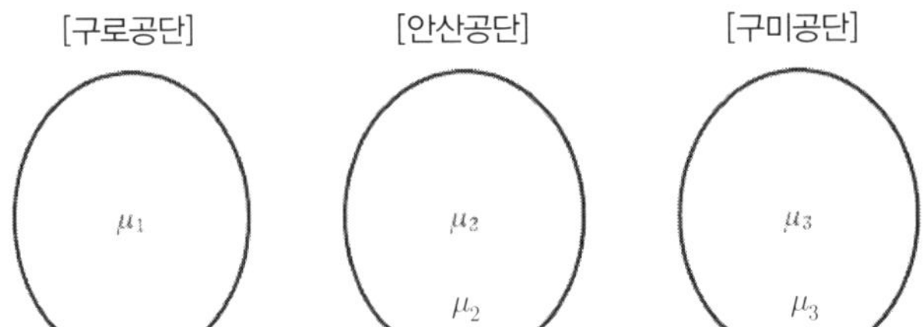

μ(총평균) = 세 공단 전체의 평균 월급

그러면 $\alpha_1 = \mu_1 - \mu$, $\alpha_2 = \mu_2 - \mu$, $\alpha_3 = \mu_3 - \mu$라고 할 때 α_1은 구로공단의 평균이 세 공단 전체평균보다 얼마나 많은지 또는 적은지를 의미하는 값이다. 마찬가지로 α_3는 구미공단과 전체와의 차이를 나타내는 값이다. 만일 $\mu_1 = \mu_2 = \mu_3$이라면 $\alpha_1 = \alpha_2 = \alpha_3 = 0$이 된다. 따라서 '세 공단의 월급 평균은 같다'라는 귀무가설은

$$H_0 : \text{세 공단의 평균은 같다.}$$

$$\Leftrightarrow \mu_1 = \mu_2 = \mu_3$$

$$\Leftrightarrow \alpha_1 = \alpha_2 = \alpha_3 = 0$$

이다. 이때 서로 다른 세 개의 공단을 **처리**(treatment)라고 부르며 α_i는 i번째 모집단(공단)의 효과(고윳값)를 나타내는 값이 되는데 α_i를 i번째 **처리효과**(treatment effect)라고 부른다. 그리고 앞에서 설명한 대로

$$\mu_i = \mu + \alpha_i, \quad i = 1, 2, 3 \tag{8.6}$$

의 관계가 있다. 이처럼 하나의 인자만을 대상으로 할 경우의 **일원배치**(one-way 또는 one-factor)**분산분석**이라 한다.

더욱이 모집단의 평균이 두 개 인자의 수준에 따라 결정될 수도 있다. 즉, 위의 공단 예에서 만 20세 근로자의 월급이 공단의 차이뿐만 아니라 성별(남, 여)에 따라 다른지 알아볼 수도 있다. 이때는 일원배치분산분석을 확장한 이원배치분산분석을 적용할 수 있다. 다음 절에서는 일원배치분산분석을 설명하고 그다음엔 이원배치분산분석을 설명한다.

8.3 일원배치분산분석

일원배치분산분석(one-way analysis of variance)은 모집단 평균이 하나의 인자(A 인자)의 여러 가지 수준(k개)에 따라 결정되는 경우에 사용하는 가장 간단한 실험계획모형의 분석 방법이다. 그러므로 모집단의 분류는 곧 처리(A 인자의 수준)에 따른 분류라고 생각할 수 있어 일원배치분산분석을 위해 조사된 자료는 다음과 같은 형태로 표현될 수 있다.

표 8.3의 자료는 A 인자의 k가지 수준(처리)에 대해 각각 관측치를 $n_1, \cdots, n_k$개씩의 표본크기로 얻은 것을 나타내고 있다. 그러나 각 모집단(또는 처리)에서 다른 크기의 표본을 얻은 경우나 같은 크기(n)로 표본을 얻은 경우나 분석의 과정이나

방법이 같으므로 여기서는 편의상 각각의 모집단으로부터 얻은 표본크기를 n 으로 간주하여 설명해 나가기로 한다. 실험계획(experimental design)에서는 실험을 통해 자료를 얻기 때문에 k 개의 처리를 무작위(random)하게 순서 배열하여 표 8.3의 관찰치를 얻게 된다.

이와 같은 설계를 **완전임의배치법** 혹은 **완전랜덤화설계**(completely randomized design)라고 부르기도 한다. 실험으로부터 얻어지는 것이 아닌 사회 경제 자료는 k 개의 독립적인 모집단으로부터 각각 임의로 얻은 관측치(표본)를 대상으로 분산분석을 한다.

표 8.3 일원배치분산분석의 예

	A 인자의 k 가지 수준(처리) (k 개의 독립적인 모집단)					
	1	2	…	i	…	k
표본 (관측치)	y_{11}	y_{21}		y_{i1}		y_{k1}
	y_{12}	y_{22}		y_{i2}		y_{k2}
	⋮	⋮	…	⋮	…	⋮
	y_{1n_1}	y_{2n_2}		y_{in_i}		y_{kn_k}
표본평균	$\bar{y}_1$	$\bar{y}_2$		$\bar{y}_i$		$\bar{y}_k$

이제 일원배치분산분석의 모집단 모형을 살펴보기로 하자. 이미 앞 절에서 설명한 바와 같이 식 8.4와 식 8.6을 이용하여 일원배치분산분석을 적용하는 경우의 모집단 모형은

$$Y_{ij} = \mu + \alpha_i + \epsilon_{ij}, \quad i = 1, \cdots, k \quad j = 1, \cdots, n_i \tag{8.7}$$

$$(\text{가정}) \ \epsilon_{ij} \sim N(0, \sigma^2)$$

로 표현된다.

그러므로 표 8.3의 i 번째 열의 관측치$(y_{i1}, y_{i2}, \cdots, y_{in})$은 평균 $(\mu + \alpha_i)$, 분산 σ^2 을 갖는 정규분포하는 모집단(또는 처리)으로부터 얻은 실제값이라고 이해하면 된다. 위 모형에서 μ 는 모든 모집단에 걸친 전체평균, α_i 는 i 번째 처리효과를 나타내

는 모수(parameter)이다. 그리고 여기서 다룰 귀무가설과 대립가설은 식 8.5 대신

$$H_0 : \alpha_1 = \cdots = \alpha_k = 0 \tag{8.8}$$

$$H_1 : \text{적어도 하나의 } \alpha_i \text{는 0이 아님}$$

이 되는데 귀무가설(H_0)에서 모든 처리효과가 0이라는 것은

$$\sum_{i=1}^{k} \alpha_i = \sum_{i=1}^{k} (\mu_i - \mu) = 0$$

이기 때문이다. 결국 귀무가설은 모든 모집단의 평균이 같음을 의미한다.

8.3.1 제곱합

분산분석을 하기 위한 도구로서 제곱합(sum of squares, SS)에 대한 이해가 필요하다. **제곱합**이란 자료가 서로 다른 값을 가져서 생기는 변동(variation)을 의미하는데, 식 8.9의 이론적인 모집단의 모형을 실제로 얻은 관측치로 대응시킬 때 제곱합의 관계를 쉽게 파악할 수 있다. 즉, 식 8.9에 대응되는 관측치로부터 얻어지는 관계식은 식 8.10과 같다.

$$\text{(모형)} \quad Y_{ij} = \mu \;+\; \alpha_i \;+\; \epsilon_{ij} \tag{8.9}$$

$$\downarrow \quad \downarrow \quad \downarrow \quad \downarrow$$

$$\text{(표본값)} \quad y_{ij} = \overline{\overline{y}} + (\overline{y}_i - \overline{\overline{y}}) + (y_{ij} - \overline{y}_i) \tag{8.10}$$

식 8.10의 표현은 다시 말하면 분산분석을 수행하기 위해 이론적으로 설정해 놓은 모형에 대해 실제 표본으로부터 얻어진 값을 대응시켜 놓은 것인데, $\overline{\overline{y}}$는 표 8.3에서 모든 관측치의 평균, $\overline{y}_i$는 i번째 모집단(처리)으로부터 얻어진 표본평균값이다. 따라서 $\overline{\overline{y}}$는 μ의 추정치에 해당하고 $(y_i - \overline{\overline{y}})$는 $\alpha_i(= \mu_i - \mu)$의 추정치가 된다. 그러므로 $(y_{ij} - \overline{y}_i)$는 오차 ϵ_{ij}의 실현된(realized) 값으로서 **관측된 오차** 또는 **잔차**(residual)라고 부른다. 잔차 $(y_{ij} - \overline{y}_i)$는 식 8.10의 등호 관계가 성립되기 위해 얻은

것으로 생각하면 쉽게 파악될 것이다. 변수 ϵ을 오차라고 부른다는 점도 유의하여 두어야 할 것이다. 이제 식 8.10을

$$y_{ij} - \overline{\overline{y}} =+ (\overline{y}_i - \overline{\overline{y}}) + (y_{ij} - \overline{y}_i) \tag{8.11}$$

로 정리하여 양변을 제곱한 후 모든 자료를 합하면

$$\begin{aligned}&\sum_{i=1}^{k}\sum_{j=1}^{n}(y_{ij} - \overline{\overline{y}})^2 \\ &= \sum_{i=1}^{k}\sum_{j=1}^{n}(\overline{y}_i - \overline{\overline{y}})^2 + \sum_{i=1}^{k}\sum_{j=1}^{n}(y_{ij} - \overline{y}_i)^2 + 2\sum_{i=1}^{k}\sum_{j=1}^{n}(\overline{y}_i - \overline{\overline{y}})(y_{ij} - \overline{y}_i)\end{aligned}$$

가 되는데 우측의 첫 번째 제곱합과 세 번째 제곱합은 각각

$$\sum_{i=1}^{k}\sum_{j=1}^{n}(\overline{y}_i - \overline{\overline{y}})^2 = n\sum_{i=1}^{k}(\overline{y}_i - \overline{\overline{y}})^2$$

$$\sum_{i=1}^{k}\sum_{j=1}^{n}(\overline{y}_i - \overline{\overline{y}})(y_{ij} - \overline{y}_i) = 0$$

이므로 결국

$$\sum_{i=1}^{k}\sum_{j=1}^{n}(y_{ij} - \overline{\overline{y}})^2 = n\sum_{i=1}^{k}(\overline{y}_i - \overline{\overline{y}})^2 + \sum_{i=1}^{k}\sum_{j=1}^{n}(y_{ij} - \overline{y}_i)^2 \tag{8.12}$$

로 정리된다. 여기서 $\sum_{i=1}^{k}\sum_{j=1}^{n}(y_{ij} - \overline{\overline{y}})^2$은 각 관찰치에서 총평균($\overline{\overline{y}}$)을 뺀 것들을 제곱하여 모두 합한 것으로 **총 제곱합**(total sum of squares, SST)이라 부르고, $n\sum_{i=1}^{k}(\overline{y}_i - \overline{\overline{y}})^2$은 식 8.10에서 α_i(처리효과)에 대응되는 $(\overline{y}_i - \overline{\overline{y}})$을 제곱하여 합한 것이므로 **처리제곱합**(sum of squares for treatment, SS_T), $\sum_{i=1}^{k}\sum_{j=1}^{n}(y_{ij} - \overline{y}_i)^2$은 $(y_{ij} - \overline{y}_i)$들을 제곱하여 합한 것이므로 **잔차제곱합**(sum of squares for residual, SSE)이라고 부른다. 그리고 제곱합은 각각 자유도를 갖는데 SST는 $(kn-1)$, SS_T는 $(k-1)$, SSE는 $k(n-1)$의 자유도를 갖는다.

8.1절에서 분산분석의 원리를 설명하면서 언급한 바와 마찬가지로 분산분석이란 두 가지 방법(그룹 간, 그룹 내)으로 추정된 분산의 비율을 검정통계량으로 삼아 가설검정을 하는 것이다. 그룹 간 분산의 추정값은

$$\hat{\sigma}^2_{between} = \frac{\sum_{i=1}^{k}\sum_{j=1}^{n}(\bar{y}_i - \bar{\bar{y}})^2}{(k-1)} = \frac{SS_T}{(k-1)} \tag{8.13}$$

이고, 그룹 내 분산의 추정값은

$$\hat{\sigma}^2_{within} = \frac{\sum_{i=1}^{k}\sum_{j=1}^{n}(y_{ij} - \bar{y}_i)^2}{k(n-1)} = \frac{SSE}{k(n-1)} \tag{8.14}$$

임을 쉽게 알 수 있고, 이들을 각각 **처리제곱평균**(mean squares for treatment, MST), **잔차제곱평균**(mean squares for residual, MSE)이라 부른다. 그리고

$$F = \frac{\hat{\sigma}^2_{between}}{\hat{\sigma}^2_{within}} = \frac{\frac{SS_T}{(k-1)}}{\frac{SSE}{k(n-1)}} = \frac{MS_T}{MSE} \tag{8.15}$$

의 값 크기에 따라 귀무가설(식 8.8)의 기각 여부를 판단한다. 즉, F값이 아주 크기 때문에 p값이 아주 작을 때는 귀무가설을 기각하는데 p값은 프로그램에서 계산된다. 이상과 같은 분산분석의 과정을 요약하면 표 8.4의 분산분석표가 얻어지게 된다. 분산분석표는 제곱합과 자유도로 만들어진 표임을 알아두기를 바란다.

표 8.4 일원배치분산분석의 분산분석표 결과

요인	제곱합	자유도	평균제곱합	F	유의확률
그룹 간	SS_T	$k-1$	$MS_T = \frac{SS_T}{(k-1)}$	$\frac{MS_T}{MSE}$	
그룹 내	SSE	$k(n-1)$	$MSE = \frac{SSE}{k(n-1)}$		
전체	SST	$kn-1$			

예제 8.1

콘크리트 골재에 따른 콘크리트의 평균 수분 흡수율을 알아보기 위해 다섯 종류 골재의 콘크리트를 각 6개씩 표본으로 구성하여 평균 수분 흡수율을 조사하였으며 그 자료는 다음 표와 같다.

표본 \ 골재	1	2	3	4	5	
1	551	595	639	417	563	
2	457	580	615	449	631	
3	450	508	511	517	522	
4	731	583	573	438	613	
5	499	633	648	415	656	
6	632	517	677	555	679	
합	3,320	3,416	3,663	2,791	3,664	16,854
평균	555.33	569.33	610.50	465.17	610.67	561.80

먼저 귀무가설과 대립가설은

H_0 : 콘크리트 골재에 따른 평균 수분 흡수율은 차이가 없다.
H_1 : 콘크리트 골재에 따른 평균 수분 흡수율은 차이가 있다.

이다.

프로그램 코드

in ▸
```
import pandas as pd
data=pd.read_csv('ex8-1.csv')
data.head(4)      #sample: 표본  aggregate: 골재  y: 평균수분흡수율
```

out ▸
```
   sample aggregate    y
0       1        a1  551
1       2        a1  457
2       3        a1  450
3       4        a1  731
```

in ▸
```
data.groupby("aggregate").y.describe()
```

out ▸
```
           count        mean         std    min     25%    50%     75%    max
aggregate
a1           6.0  553.333333  110.153832  450.0  467.50  525.0  611.75  731.0
a2           6.0  569.333333   47.986109  508.0  532.75  581.5  592.00  633.0
```

```
a3          6.0  610.500000   59.945809  511.0  583.50  627.0  645.75  677.0
a4          6.0  465.166667   57.607002  415.0  422.25  443.5  500.00  555.0
a5          6.0  610.666667   58.783218  522.0  575.50  622.0  649.75  679.0
```

골재(aggregate)에 따른 평균 수분 흡수율(y)에 대한 기술통계량을 보면 평균은 a5>a3>a2>a1>a4의 순서이며 표준편차는 a1이 가장 크고 나머지는 비슷하게 나타났다.

프로그램 출력 결과 분산분석표

in ▸

```
import statsmodels.api as sm
import statsmodels.formula.api as smf
fit=smf.ols('y ~ aggregate', data).fit()

sm.stats.anova_lm(fit, typ=1)
```

out ▸

```
              df         sum_sq        mean_sq         F    PR(>F)
aggregate    4.0   85356.466667  21339.116667  4.301536  0.008752
Residual    25.0  124020.333333   4960.813333       NaN       NaN
```

분산분석표 작성은 statsmodels 모듈의 ols 함수를 사용한다. ols 함수는 ols('종속변수 ~ 설명변수', 데이터)로 표현한다. 골재(aggregate) 종류에 따른 평균 수분 흡수율(y)을 알아보는 것이 목적이므로, 모형은 'y ~ aggregate'로 정의하며 적합한 결과(.fit())를 fit에 저장한다.

분산분석표 출력은 anova_lm 함수를 이용한다. 여기서 typ는 제곱합의 형태를 정의한다. typ=1은 제Ⅰ유형 제곱합(Type Ⅰ SS)을 의미하며 anova_lm 함수의 기본값이다. 변수를 순차적으로 추가하여 제곱합을 계산하는 방법이다. 따라서 독립변수의 순서에 따라 검정 결과가 달라진다. typ=2는 제Ⅱ유형 제곱합(Type Ⅱ SS)을 의미하며 교호작용을 제외하여 제곱합을 계산하므로 교호작용이 유의하지 않을 때 주로 사용한다. 또한 검정 결과는 독립변수 순서의 영향을 받지 않는다. typ=3은 제Ⅲ유형 제곱합(Type Ⅲ SS)을 의미하며 모든 변수와 교호작용을 포함한 모형에서 마지막에 추가된 변수에 의한 변동을 계산한 제곱합이다. 그리고 검정 결과는 독립변수 순서의 영향을 받지 않는다. 따라서 변수가 여러 개인 경우, typ=3을 많이 사용한다. 일원배치분산분석이나 각 집단의 표본 수가 동일한 경우에는 제곱합 유형에 따른 결과 차이는 없다.

분산분석 결과, F값은 4.3015이며 p값은 0.0088로 유의수준 0.05보다 작아 H_0를 기각할 수 있다. 따라서 다섯 가지 골재 종류에 따른 콘크리트의 평균 수분 흡수율은 차이가 있다고 판단할 수 있다.

8.4 이원배치분산분석

이원배치분산분석(two-way analysis of variance)은 분석 대상인 자료가 두 개의 인자에 의해 영향을 받는 경우로 두 개의 인자(A 인자, B 인자)가 각각 p개, q개의 수준으로 나누어져 있다고 가정하자. 두 인자 수준의 조합($p \times q$개)이 곧 처리(treatment)가 되며 이들 pq개의 서로 다른 처리(또는 모집단)에 대한 관찰치를 얻게 된다. 자료의 수집 방법은 원칙적으로 pq개의 처리를 무작위(randomly) 순서로 뽑아 관찰치를 얻어야 한다(8.2절과 예제 8.2 참조). 여기서는 pq개의 처리에 대해 하나씩의 관찰치만 있을 경우와 두 개 이상의 관찰치를 얻을 수 있는 경우로 분류하여 이원배치분산분석을 설명한다.

이원배치분산분석은 이원요인설계 혹은 이원배치법(two-way factorial design)이라고도 한다. 즉, A 인자의 p가지 수준, B 인자의 q가지 수준들의 조합에 대해 관찰치를 얻을 경우 $(p \times q)$ 이원배치법이라고 하는데, 각각의 조합에 하나씩의 관찰치만 있는 반복이 없는 배치법과 두 개 이상(r개씩)의 관찰치가 있는 반복이 있는 배치법으로 나누어 생각할 수 있다. 먼저 반복이 없는 경우의 이원배치분산분석에서 모집단 모형을 살펴보고, 반복이 있는 경우로 확장하여 보면 충분히 이해가 될 것이다.

8.4.1 반복이 없는 이원배치분산분석

우선 pq개의 서로 다른 처리들에 대해 하나씩의 관찰치를 얻는 경우에 대해 알아보기로 한다. 사회과학 분야에서는 관찰치가 한 개씩인 경우가 별로 없지만, 자료를 얻기가 어려울 경우, 즉 비용이 많이 들거나 시간이 오래 걸릴 경우에는 관찰치가 하나뿐일 수도 있다. 자연과학 분야에서는 실험실에서 실험의 결과로 자료가 얻어질 때 한 개의 관측치만을 대상으로 이원배치분산분석을 수행해야 할 경우가 있을 것이다.

반복이 없는 이원배치분산분석을 위한 자료는 다음 표 8.5와 같이 얻어지게 될 것이다. 표 8.5는 A 인자의 p가지 분류와 B 인자의 q가지 분류에 대한 pq개의 처리에 한 개씩의 관찰치 y_{ij}를 정리해 놓은 것이다. A 인자의 p가지 분류에 대한 q개 자료의 평균은 $\overline{y}_{i.}$로 B 인자의 q가지 분류에 대한 p개 자료의 평균은 $\overline{y}_{.j}$로 표현하고, pq개 모든 자료의 평균은 $\bar{y}_{..}$로 표현한다. 즉, $\bar{y}_{i.} = \sum_{j=1}^{q} y_{ij}/q$, $\bar{y}_{.j} = \sum_{i=1}^{p} y_{ij}/p$, $\bar{y}_{..} = \sum_{j=1}^{q}\sum_{i=1}^{p} y_{ij}/pq$이다.

반복이 없는 이원배치분산분석의 이론적 배경이나 분석의 원리는 일원배치분산분석과 같다. 추가된 B 인자에 의한 변동을 함께 고려하면 된다. 이를 위해 반복이 없는 경우의 모집단 모형을 정의하면(식 8.4와 비교),

$$Y_{ij} = \mu_{ij} + \epsilon_{ij}, \quad i = 1, \cdots, p \quad j = 1, \cdots, q \tag{8.16}$$
$$\text{(가정) } \epsilon_{ij} \sim N(0, \sigma^2)$$

이다. 여기서 μ_{ij}는 A 인자의 i번째 수준과 B 인자의 j번째 수준인 (i, j) 처리에 대한 평균을 나타내는 모수이다. 예를 들어, 광고 매체(A 인자) 세 가지(신문, 라디오, TV), 광고 테마(B 인자) 네 가지(가, 나, 다, 라)로 제작하여 광고효과를 조사할 경우, 모두 12가지의 서로 다른 경우(처리, 모집단)들에 대해 광고효과의 평균(μ_{ij})이 얻어지는 것이다($i = 1, 2, 3,\ j = 1, 2, 3, 4$). 그리고 식 8.16의 대문자 Y_{ij}는 앞 절의 일원배치분산분석에서 설명한 식 8.4와 마찬가지로 모형의 표현이기 때문이다.

그러면 pq개의 처리에 대한 평균이 다른지 검정하고자 하는 목적은 일원배치분산분석과 마찬가지로 A 인자와 B 인자의 인자 효과가 있는지를 검정하면 해결할 수 있으므로, 식 8.16의 모집단 모형을

$$Y_{ij} = \mu + \alpha_i + \beta_j + \epsilon_{ij}, \quad i = 1, \cdots, p \quad j = 1, \cdots, q \tag{8.17}$$

로 바꾸어 표현할 수 있다. 물론 이것은 식 8.16의 μ_{ij}를 $(\mu + \alpha_i + \beta_j)$로 바꾼 것에 지나지 않는다. 그러면 위의 두 모형은 다음의 관계에 있음을 알 수 있다. 즉,

$$\mu = \frac{\sum_{i=1}^{p}\sum_{j=1}^{q}\mu_{ij}}{pq} \quad \text{: 모집단 전체의 평균}$$

$$\alpha_i = \frac{\sum_{j=1}^{q}\mu_{ij}}{q} - \mu = \mu_{i.} - \mu \quad \text{: A 인자의 } i\text{번째 수준에 대한 효과(고윳값)}$$

표 8.5 반복이 없는 이원배치분산분석의 예

B 인자 / A 인자	B_1	…	B_j	…	B_q	A 인자 각 수준의 평균
A_1	y_{11}	…	y_{1j}	…	y_{1q}	$\overline{y}_{1.}$
⋮	⋮				⋮	⋮
A_i	y_{i1}	…	y_{ij}	…	y_{iq}	$\overline{y}_{i.}$
⋮	⋮				⋮	⋮
A_p	y_{p1}	…	y_{pj}	…	y_{pq}	$\overline{y}_{p.}$
B 인자 각 수준의 평균	$\overline{y}_{.1}$	…	$\overline{y}_{.j}$	…	$\overline{y}_{.q}$	$\overline{y}_{..}$

$$\beta_i = \frac{\sum_{i=1}^{p}\mu_{ij}}{p} - \mu = \mu_{.j} - \mu \text{ : B 인자의 } j \text{ 번째 수준에 대한 효과(고윳값)}$$

$$\sum\alpha_i = \sum\beta_j = 0$$

이다. 여기서 $\mu_{i.}$과 $\mu_{.j}$는 각각 A 인자의 i번째 수준에서의 평균, B 인자의 j번째 수준에서의 평균이다. 그러므로 반복이 없는 이원배치분산분석에 대한 귀무가설은 결국,

$$\text{(A 인자) } H_0 : \alpha_1 = \cdots = \alpha_p = 0 \tag{8.18}$$
$$\text{(B 인자) } H_0 : \beta_1 = \cdots = \beta_q = 0$$

와 같이 두 가지가 된다. 이러한 모집단에 대한 설명을 바탕으로 표 8.5에서 얻은 관찰치로 분산분석을 위한 제곱합을 얻으려면 y_{ij}를

$$y_{ij} = \overline{y}_{..} + (\overline{y}_{i.} - \overline{y}_{..}) + (\overline{y}_{.j} - \overline{y}_{..}) + (y_{ij} - \overline{y}_{i.} - \overline{y}_{.j} - \overline{y}_{..}) \tag{8.19}$$

로 표현한다. 식 8.19를 모집단 모형인 식 8.17과 대비해 보면 $\overline{y}_{..}$는 μ, $(\overline{y}_{i.} - \overline{y}_{..})$는 α_i, $(\overline{y}_{.j} - \overline{y}_{..})$는 β_j의 추정치이고, 결과적으로 오차 ϵ_{ij}에 대응되는 잔차는 $(y_{ij} - \overline{y}_{i.} - \overline{y}_{.j} - \overline{y}_{..})$이다.

다시 말하면 식 8.17의 모형을 실제로 얻어진 관찰치(표 8.5)로 표현하여 보면 다음과 같은 관계를 보인다.

$$\begin{array}{ccccccccc} Y_{ij} = \mu & + & \alpha_i & + & \beta_j & + & \epsilon_{ij} \\ \downarrow & & \downarrow & & \downarrow & & \downarrow \\ y_{ij} = \bar{y}_{..} & + & (\bar{y}_{i.} - \bar{y}_{..}) & + & (\bar{y}_{.j} - \bar{y}_{..}) & + & (y_{ij} - \bar{y}_{i.} - \bar{y}_{.j} - \bar{y}_{..}) \end{array} \tag{8.20}$$

모형식을 표본값으로 나타내는 요령은 일원배치분산분석에서와 마찬가지인데 식 8.17을 표 8.5의 값으로 추정한 결과이고 잔차 $(y_{ij} - \bar{y}_{i.} - \bar{y}_{.j} - \bar{y}_{..})$는 등호(=)를 만들어야 할 때 얻어지는 결과로 이해하기를 바란다.

일원배치분산분석과 마찬가지로 제곱합은

$$\begin{aligned} \sum_{i=1}^{p}\sum_{j=1}^{q}(y_{ij} - \bar{y}_{..})^2 &= q\sum_{i=1}^{p}(\bar{y}_{i.} - \bar{y}_{..})^2 + p\sum_{j=1}^{q}(\bar{y}_{.j} - \bar{y}_{..})^2 \\ &\quad + \sum_{i=1}^{p}\sum_{j=1}^{q}(y_{ij} - \bar{y}_{i.} - \bar{y}_{.j} - \bar{y}_{..})^2 \end{aligned} \tag{8.21}$$

의 관계에 있다.

여기서 $\sum_{i=1}^{p}\sum_{j=1}^{q}(y_{ij} - \bar{y}_{..})^2$은 총 제곱합$(SST)$, $q\sum_{i=1}^{p}(\bar{y}_{i.} - \bar{y}_{..})^2$은 A 인자의 제곱합$(SS_A)$, $p\sum_{j=1}^{q}(\bar{y}_{.j} - \bar{y}_{..})^2$은 B 인자의 제곱합$(SS_B)$이다. 잔차제곱합$(SSE)$은 $\sum_{i=1}^{p}\sum_{j=1}^{q}(y_{ij} - \bar{y}_{i.} - \bar{y}_{.j} - \bar{y}_{..})^2$이며 각 제곱합의 자유도는

$$\begin{array}{ccccccc} (pq-1) & = & (p-1) & + & (q-1) & + & (p-1)(q-1) \\ SST\text{ 자유도} & & SS_A\text{ 자유도} & & SS_B\text{ 자유도} & & SSE\text{ 자유도} \end{array}$$

의 관계를 갖는다. 식 8.18의 검정에 대한 반복이 없는 이원배치분산분석의 분산분석표는 다음 표 8.6과 같이 얻어진다.

표 8.6 반복이 없는 이원배치분산분석의 분산분석표

요인	제곱합	자유도	평균제곱합	$\boldsymbol{F}$	유의확률
$\boldsymbol{A}$	SS_A	$p-1$	$MS_A = \frac{SS_A}{(p-1)}$	$\frac{MS_A}{MSE}$	
$\boldsymbol{B}$	SS_B	$q-1$	$MS_B = \frac{SS_B}{(q-1)}$	$\frac{MS_B}{MSE}$	
잔차	SSE	$(p-1)(q-1)$	$MSE = \frac{SSE}{(p-1)(q-1)}$		
전체	SST	$pq-1$			

반복이 없는 이원배치분산분석을 **확률화블록설계법** 혹은 **난괴법**(randomized block design)으로 판단할 수도 있다. 난괴법이란 q 개의 블록 안에서 p 개의 수준에 대한 차이가 있는가를 알아보고자 하는 경우를 말한다. 예를 들면, 세 가지 운동화(A, B, C)의 마모 기간 차이가 있는지 알아보기 위해서 10명을 선택하여, 10명 각자에게 세 가지 운동화(A, B, C)를 각각 일정 기간 착용하게 한 후 마모율을 측정한다고 하자. 이 경우, 10명의 사람이 블록(block)이 되며 각 사람에게 A, B, C 운동화를 임의의 순서대로 일정 기간 사용하게 하는 방법이다. 사람마다 운동화의 사용 습관과 착용 빈도가 다를 것이므로 사람이 블록이 된다. 그리고 확률화(randomized)라는 것은 다음 표와 같이 A, B, C를 임의의 순서대로 사용하게 한다는 것인데 사용순서에 따라 마모율이 다를 수 있기 때문이다.

블록	1	2	3	…	10
확률화	B	B	A	…	A
	A	C	C	…	B
	C	A	B	…	C

이와 같은 설계로 마모율 자료(y_{ij})는 다음과 같이 얻어질 것이다. 즉,

제품 \ 블록	1	2	3	…	10
A	y_{11}	y_{12}	y_{13}	…	y_{110}
B	y_{21}	y_{22}	y_{23}	…	y_{210}
C	y_{31}	y_{32}	y_{33}	…	y_{310}

이다.

위의 운동화 마모율 예에서 A, B, C 세 가지 운동화의 일정 기간 사용 후 마모율을 조사한다고 할 때, 일원배치분산분석으로 해결할 수 있다. 그러나 일원배치분산분석에 필요한 표본의 수는 A, B, C 세 가지 운동화에 대해 각각 10명씩으로 총 30명이 필요할 뿐만 아니라 이들의 운동화 착용 정도가 서로 다를 것이기 때문에 일정 기간의 마모율 측정 결과(y_{ij})로 운동화의 평균 마모율을 비교하기에는 적당치 못하다. 이를테면 A 운동화는 다른 운동화에 비해 모양도 좋고 색상도 좋아 표본으로 선정된 10명이 일정 기간 자주 착용하였다면 다른 운동화에 비해 마모율이 그만큼 높을 것이다.

난괴법(확률화블록설계)과 일원배치분산분석(완전랜덤화설계) 간의 차이를 구별하기에는 약간의 어려움이 따를지 모른다. 분산분석을 하는 목적과 그 목적에 맞는 자료를 어떻게 수집할 것인가를 결정하기 위해서 난괴법과 일원배치분산분석 중 어느 것이 타당한지를 판단하여야 한다.

예제 8.2

어느 공장에서는 4대의 서로 다른 조립기계$(A_1,\ A_2,\ A_3,\ A_4)$와 6명의 작업자에 따라 작업 속도에 차이가 있는지를 알아보기 위하여 분산분석을 수행하고자 한다. 또한 작업자의 숙련도에 따라서도 작업 속도가 차이가 있을 것으로 기대된다. 각 작업자에게 무작위의 순서로 기계를 할당하였으며 제품 조립 시간을 초 단위로 기록하였고, 그 자료는 다음과 같이 주어진다.

기계 \ 작업자	1	2	3	4	5	6	합
1	42.5	39.3	39.6	39.9	42.9	43.6	247.8

기계 \ 작업자	1	2	3	4	5	6	합
2	39.8	40.1	40.5	42.3	42.5	43.1	248.3
3	40.2	40.5	41.3	43.4	44.9	45.1	255.4
4	41.3	42.2	43.5	44.2	45.9	42.3	259.4
합	163.8	162.1	164.9	169.8	176.2	174.1	1010.9

이는 반복이 없는 이원배치분산분석에 해당하며 다음의 두 가지 가설검정을 할 수 있다.

H_0 : 기계에 따른 작업 속도는 차이가 없다.
H_1 : 기계에 따른 작업 속도는 차이가 있다.

H_0 : 작업자에 따른 작업 속도는 차이가 없다.
H_1 : 작업자에 따른 작업 속도는 차이가 있다.

프로그램 코드

```
in ▸    import pandas as pd
        data=pd.read_csv('ex8-2.csv')
        data.head()   #A: 기계  B: 작업자  Y: 작업 속도

        import statsmodels.api as sm
        import statsmodels.formula.api as smf
        fit=smf.ols('Y~C(A)+C(B)', data).fit()
        sm.stats.anova_lm(fit, typ=1)
```

데이터에서 기계(A)와 작업자(B)는 숫자로 구성되어 있으므로 범주형으로 인식하도록 C( )를 사용하여 모형을 'Y ~ C(A)+C(B)'로 정의한다.

프로그램 출력 결과 분산분석표

```
out ▸            df     sum_sq   mean_sq         F    PR(>F)
      C(A)       3.0  15.924583  5.308194  3.338779  0.047904
      C(B)       5.0  42.087083  8.417417  5.294435  0.005328
      Residual  15.0  23.847917  1.589861       NaN       NaN
```

첫 번째 가설(기계)의 분산분석 결과 p값은 0.0479이고 두 번째 가설(작업자)의 p값은 0.0053이므로 두 가설에 대한 H_0는 모두 기각할 수 있다. 따라서 기계에 따른 작업 속도와 작업자에 따른 작업 속도는 차이가 있음을 알 수 있다.

8.4.2 반복이 있는 이원배치분산분석

앞 절에서와는 달리 서로 다른 pq개의 처리들에 대해 하나씩의 관찰치를 얻는 경우가 아니라, pq개의 처리에 대해 두 개 이상의 관찰치를 얻을 수 있는 경우를 반복이 있는 이원배치분산분석이라고 한다. 그리고 반복(replication)이 있는 이원배치분산분석에서는 두 개의 인자(A, B) 수준의 조합(combination)으로부터 발생하는 효과를 구할 수 있는 장점이 있는데 이와 같은 효과를 **교호작용** 또는 **교호효과**(interaction effect)라고 한다.

우선 자료의 구조와 모집단 모형에 대해 알아보기로 하자. 먼저 반복이 있는 이원분산분석을 위한 자료는 다음 표 8.7의 구조가 된다. 표 8.7에서 자료는 세 개의 하첨자를 갖는 것으로 표현되고 있는데 첫 번째 하첨자는 A 인자 수준, 두 번째 하첨자는 B 인자 수준을 나타내며 세 번째 하첨자는 표본을 의미한다. 또한

$$\bar{y}_{i..} = A_i \text{에 해당하는 } (i\text{ 번째 행})\text{자료의 평균}$$

$$\bar{y}_{.j.} = B_j \text{에 해당하는 } (j\text{ 번째 행})\text{자료의 평균}$$

$$\bar{y}_{...} = pqr\text{개 전체평균}$$

이며 A 인자의 i번째 수준과 B 인자의 j번째 수준에 해당되는 r개의 관찰치 평균을 $\bar{y}_{ij.}$로 표시한다. 그러면 이 자료(pqr개의 관찰치)는 모집단 모형

$$Y_{ijk} = \mu + \alpha_i + \beta_j + (\alpha\beta)_{ij} + \epsilon_{ijk}, \qquad (8.22)$$
$$i = 1, \cdots, p, \quad j = 1, \cdots, q, \quad k = 1, \cdots, r$$

으로부터 얻어진 것으로 설명할 수 있다. 앞에서 설명한 대로 μ는 전체평균, α_i는 A 인자 i번째 수준의 효과, β_j는 B 인자 j번째 수준의 효과, 그리고 $(\alpha\beta)_{ij}$는 A_i와 B_j의 교호효과를 나타내는 값이다. ϵ_{ijk}는 하첨자에 관계없이 평균 0, 분산 σ^2을 갖는 정규분포를 따른다고 가정한다.

다시 말하면 관측치 $(y_{ij1}, \cdots, y_{ijr})$은 A 인자에 의해 α_i만큼, B 인자에 의해 β_j만큼, 그리고 A와 B 두 인자의 교호작용에 의해 $(\alpha\beta)_{ij}$만큼 영향을 받게 되는데 그

표 8.7 반복이 있는 이원배치분산분석의 예

A 인자 \ **B** 인자	B_1	B_j	…	B_q	**A** 인자 각 수준의 평균
A_1	y_{111}	y_{121}	…	y_{1q1}	
	y_{112}	y_{122}	…	y_{1q2}	$\bar{y}_{1..}$
	⋮	⋮		⋮	
	y_{11r}	y_{12r}	…	y_{1qr}	
A_2	y_{211}	y_{221}	…	y_{2q1}	
	y_{212}	y_{222}	…	y_{2q2}	$\bar{y}_{2..}$
	⋮	⋮		⋮	
	y_{21r}	y_{22r}	…	y_{2qr}	
⋮	⋮			⋮	⋮
A_p	y_{p11}	y_{p21}	…	y_{pq1}	
	y_{p12}	y_{p22}		y_{pq2}	$\bar{y}_{p..}$
	⋮	⋮		⋮	
	y_{p1r}	y_{p2r}		y_{pqr}	
B 인자 각 수준의 평균	$\bar{y}_{.1.}$	$\bar{y}_{.2.}$	…	$\bar{y}_{.q.}$	$\bar{y}_{...}$

밖에 다른 어떤 설명할 수 없는 이유(오차)에 의해 r개의 서로 다른 값이 얻어졌다는 것이다. 그러므로 어느 하나의 관측치 y_{ijk}는 평균이 $(\mu+\alpha_i+\beta_j+(\alpha\beta)_{ij})$, 분산이 σ^2인 정규분포를 따르는 모집단으로부터 얻은 표본이다.

반복이 없는 이원배치분산분석에서의 가설(식 8.18 참조) 외에도 반복에 의해 얻어지게 되는 교호작용의 효과에 대한 가설을 검정할 수 있는데, 반복이 있는 이원배치분산분석에서 검정할 수 있는 귀무가설은 다음과 같다.

(A 인자) H_0 : A 인자의 p 수준에 따른 평균은 차이가 없다. (8.23)

$$\Leftrightarrow \alpha_1 = \cdots = \alpha_p = 0$$

(B 인자) H_0 : B 인자의 q 수준에 따른 평균은 차이가 없다.

$$\Leftrightarrow \beta_1 = \cdots = \beta_q = 0$$

(교호작용) H_0 : A 인자와 B 인자 간의 교호작용은 없다.

$\Leftrightarrow (\alpha\beta)_{ij} = 0$ (모든 i, j에 대해서)

이제 이와 같은 가설을 검정하기 위한 분산분석표는 앞 절과 같이 관찰치(y_{ijk})로 다음 식 8.24처럼 A 인자 효과의 추정치, B 인자 효과의 추정치, 교호작용의 효과의 추정치 그리고 잔차에 의해 작성한다. 즉,

$$y_{ijk} - \overline{y}_{...} = (\overline{y}_{i..} - \overline{y}_{...}) + (\overline{y}_{.j.} - \overline{y}_{...}) + (\overline{y}_{ij.} - \overline{y}_{i..} - \overline{y}_{.j.} + \overline{y}_{...}) + (y_{ijk} - \overline{y}_{ij.}) \quad (8.24)$$

이다. 또한 제곱합 간의 관계 및 자유도는

$$\underbrace{\sum_{i=1}^{p}\sum_{j=1}^{q}\sum_{k=1}^{r}(y_{ijk} - \overline{y}_{...})^2}_{SST\text{(총 제곱합)}} = \underbrace{qr\sum_{i=1}^{p}(\overline{y}_{i..} - \overline{y}_{...})^2}_{SS_A(A\text{ 인자 제곱합})} + \underbrace{pr\sum_{j=1}^{q}(\overline{y}_{.j.} - \overline{y}_{...})^2}_{SS_B(B\text{ 인자 제곱합})} \quad (8.25)$$

$$+ \underbrace{r\sum_{i=1}^{p}\sum_{j=1}^{q}(\overline{y}_{ij.} - \overline{y}_{i..} - \overline{y}_{.j.} - \overline{y}_{...})^2}_{SS_{AB}\text{(교호작용제곱합)}} + \underbrace{\sum_{i=1}^{p}\sum_{j=1}^{q}\sum_{k=1}^{r}(y_{ijk} - \overline{y}_{ij.})^2}_{SSE\text{(잔차제곱합)}}$$

$$\underbrace{(pqr-1)}_{SST\text{ 자유도}} = \underbrace{(p-1)}_{SS_A\text{ 자유도}} + \underbrace{(q-1)}_{SS_B\text{ 자유도}} + \underbrace{(p-1)(q-1)}_{SS_{AB}\text{ 자유도}} + \underbrace{pq(r-1)}_{SS_E\text{ 자유도}} \quad (8.26)$$

이 되어 반복이 있는 이원배치분산분석의 분산분석표는 표 8.8과 같다.

여기서 교호작용에 대해 간단히 설명하여 보기로 하자. 이를테면 관찰치에 대한 A 인자의 효과가 B 인자의 서로 다른 수준에서 다르게 나타날 때 두 인자는 교호(interact)한다고 한다. 예를 들면 시험점수는 공부한 시간(A 인자)과 잠자는 시간(B 인자)에 영향을 받는다고 생각되어 학습 시간과 수면 시간에 대해 각각 두 가지 수준을 설정하고 관찰치(점수)를 얻어 네 가지 조합에 대한 평균값을 얻었다고 하자.

이 자료를 다음과 같이 두 개의 그래프로 나타내 보면 그림 8.4는 교호작용이 전혀 없음을 나타내고 그림 8.5는 교호작용이 존재함을 보여준다.

다시 말하면 그림 8.4는 관찰치에 대한 수면 시간의 효과는 학습 시간에 관계없이

표 8.8 반복이 있는 이원배치분산분석의 분산분석표

요인	제곱합	자유도	평균제곱합	**F**	유의확률
A	SS_A	$p-1$	$MS_A=\dfrac{SS_A}{(p-1)}$	$\dfrac{MS_A}{MSE}$	
B	SS_B	$q-1$	$MS_B=\dfrac{SS_B}{(q-1)}$	$\dfrac{MS_B}{MSE}$	
AB	SS_{AB}	$(p-1)(q-1)$	$MS_{AB}=\dfrac{SS_{AB}}{(p-1)(q-1)}$	$\dfrac{MS_{AB}}{MSE}$	
잔차	SSE	$pq(r-1)$	$MSE=\dfrac{SSE}{pq(r-1)}$		
전체	SST	$pqr-1$			

수면 시간 \ 학습 시간	4시간	6시간
6시간	140	180
8시간	120	160 또는 200

일정하다는 것을 나타내며(2시간 더 자면 20점 하락), 그림 8.5는 관측치에 대한 수면 시간의 효과는 학습 시간의 효과와 더불어 복합적으로 설명될 수 있다는 점을 보여주고 있다. 여기서 강조할 점은 교호작용은 반복이 있는 이원배치분산분석에서 얻어질 수 있으며 식 8.22의 모집단 모형에서 $(\alpha\beta)_{ij}$는 α_i와 β_j의 곱셈이 아니라 A 인자의 i번째 수준과 B 인자의 j번째 수준의 교호효과를 나타내는 모수이다.

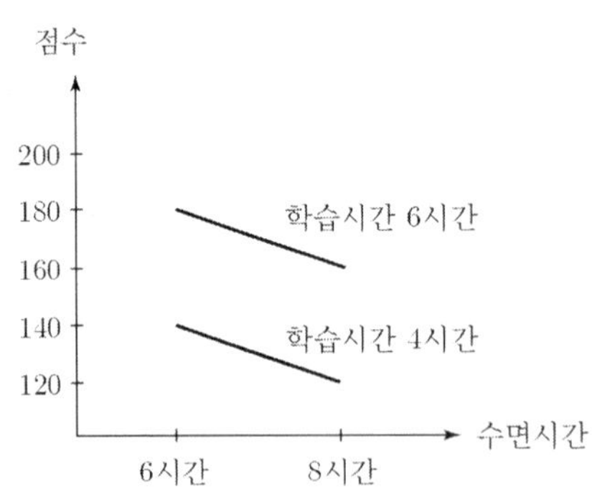

그림 8.4 교호작용이 없는 경우(수면 8시간, 학습 6시간일 때 160점)

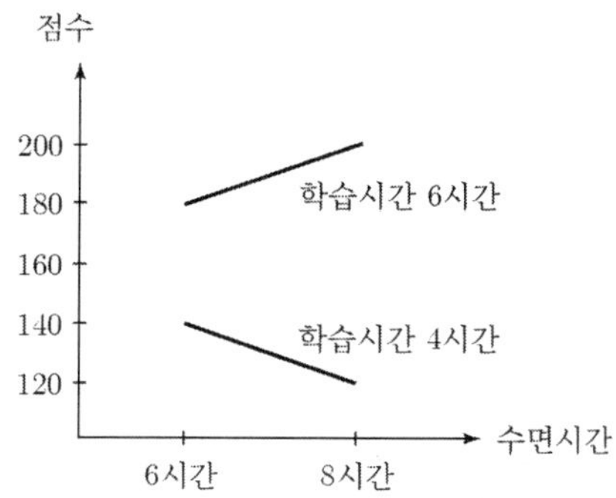

그림 8.5 교호작용이 있는 경우(수면 8시간, 학습 6시간일 때 200점)

예제 8.3

광고효과를 측정하기 위하여 10가지 변수를 사용한다. 이 10가지 변수의 합을 광고효과 점수(Y)라고 하자. 어느 상품의 광고효과는 프로그램(뉴스, 드라마, 오락물)에 따라 그리고 시사 횟수(10회, 15회)에 따라 다른가를 알아보기 위해 분산분석을 수행하기로 하였다. 여기서 시사 횟수란 20초 광고물의 화면이 바뀌는 횟수를 말한다. 광고효과 점수(Y)는 정규분포를 따른다는 전제하에 시사 횟수와 프로그램의 6가지 처리에 대해 각 두 명씩을 대상으로 얻은 광고효과 점수는 다음과 같다. 단 12명은 그 상품의 잠재수요자들로서 비슷한 여건에 있다고 간주한다.

시사 횟수 \ 프로그램	뉴스	드라마	오락물	$\bar{y}_{i..}$
10회	47 43	62 68	41 39	$\bar{y}_{1..}=50$
15회	46 40	67 71	42 46	$\bar{y}_{2..}=52$
$\bar{y}_{.j.}$	$\bar{y}_{.1.}=44$	$\bar{y}_{.2.}=67$	$\bar{y}_{.3.}=42$	$\bar{y}_{...}=51$

따라서 반복이 있는 이원배치분산분석의 세 가지 가설검정은 다음과 같다.

ⓐ H_0 : 시사 횟수와 프로그램의 교호효과는 없다.
H_0 : 시사 횟수와 프로그램의 교호효과는 있다.

ⓑ H_0 : 시사 횟수와 광고 반응의 차이는 없다.
H_0 : 시사 횟수와 광고 반응의 차이는 있다.

ⓒ H_0 : 프로그램과 광고 반응의 차이는 없다.

H_0 : 프로그램과 광고 반응의 차이는 있다.

프로그램 코드

```
in ▸    import pandas as pd
        data=pd.read_csv('ex8-3.csv')
        data.head()
```

```
out ▸          program  number   y
        0         news      10  47
        1         news      10  43
        2        drama      10  63
        3        drama      10  68
        4  entertainment    10  41
```

```
in ▸    import statsmodels.api as sm
        import statsmodels.formula.api as smf
        fit=smf.ols('y ~ program+C(number)+program*C(number)', data).fit()
        sm.stats.anova_lm(fit)
```

데이터에서 시사 횟수(number)는 숫자로 구성되어 있으므로 범주형으로 인식하도록 C( )를 사용하여 모형을 'y ~ program+C(number)+program*C(number)'로 정의한다. program*C(number)은 프로그램과 시사 횟수의 교호항을 의미한다. 데이터는 균일하므로 anova_lm의 typ에 따른 결과는 차이가 없다.

프로그램 출력 결과 분산분석표

```
out ▸                      df  sum_sq    mean_sq          F    PR(>F)
        program            2.0  1544.0  772.000000  74.709677  0.000058
        C(number)          1.0    12.0   12.000000   1.161290  0.322605
        program:C(number)  2.0    24.0   12.000000   1.161290  0.374697
        Residual           6.0    62.0   10.333333        NaN       NaN
```

ⓐ 가설에 대한 p값은 0.3747이므로 유의수준 0.05보다 크기 때문에 교호효과는 없다고 판단되며, ⓑ 가설에 대한 p값은 0.3226이므로 시사 횟수가 달라도 광고 반응은 차이가 없다는 결론을 내릴 수 있다. ⓒ 가설에 대한 p값은 0.0001이므로 유의수준 0.05보다 작아 H_0를 기각하여 프로그램에 따른 광고 반응 효과는 다르다는 결론을 내릴 수 있다.

따라서 시사 횟수(10회, 15회)와는 상관없이 드라마 프로그램에 광고를 하는 것이 바람직하다고 결론을 내릴 수 있다.

8.5 다중비교검정(범위검정)

이제까지는 간단한 모형에서의 분산분석에 대한 일반적인 설명을 하였다. 한편, k 개의 모집단 평균이 같지 않다는 결과를 얻었을 때, 부수적인 문제로서 과연 어떤 모집단의 평균이 같지 않은가 하는 문제가 야기될 것이다. 즉, 귀무가설 $H_0 : \mu_1 = \cdots = \mu_k$이 기각되면 다중비교절차를 통하여 평균이 같지 않다고 인정되는 모집단을 찾아내어 분산분석의 결과를 뒷받침한다.

다중비교(multiple comparison)란 여러 개의 모집단 중에서 두 개의 모집단을 선택하여 평균 간에 차이가 있는가를 검정하는 것으로서 선택 가능한 모든 짝(pair)에 대하여 평균을 비교하는 것이다. 이것은 결국 두 표본평균 간의 차이(절댓값)가 얼마나 커야 모집단 평균 간에 차이가 있다고 인정하는지의 문제이므로 다중범위검정(multiple range test)이라 부르기도 한다. 여러 가지 범위검정 방법 중에서 여기서는 가장 흔히 사용되는 피셔(Fisher)의 방법과 셰페(Scheffe)의 방법을 자세히 설명하기로 한다. 조금씩 다른 통계량을 사용할 뿐 방법에 따라 큰 차이가 있는 것은 아니기 때문이다.

8.5.1 피셔의 최소유의차 검정법

피셔의 **최소유의차**(least significant difference, LSD) 검정법이란 k개의 모집단 중에서 평균끼리 차이가 없다고 인정되는 모집단과 차이가 있다고 인정되는 모집단을 분류하는 작업에 흔히 사용되는 다중비교검정법의 대표적인 방법이다. 이 검정법을 간단히 LSD라 부르기도 하는데 그 과정을 소개하면 다음과 같다.

(1) 일원배치분산분석이나 이원배치분산분석에서 귀무가설이 기각될 때, 즉

(일원배치분산분석) $H_0 : \mu_1 = \cdots = \mu_k \Leftrightarrow H_0 : \alpha_1 = \cdots = \alpha_k = 0$

(이원배치분산분석) $H_0 : \alpha_1 = \cdots = \alpha_p$ 또는 $H_0 : \beta_1 = \cdots = \beta_q = 0$

이 기각될 때

(2) 두 모집단 평균(μ_i와 μ_j) 간 차이가 있는지 판단할 최소유의차(LSD)는 다음과 같이 정의한다. 즉, i 번째 모집단과 j 번째 모집단으로부터 얻은 표본의 크기가 각각 n_i, n_j 이고 유의수준을 α 라 할 때

$$LSD = t_{\alpha/2}\sqrt{s^2\left(\frac{1}{n_i}+\frac{1}{n_j}\right)} \tag{8.27}$$

로 정의하는데, s^2 은 분산분석표의 MSE(평균잔차제곱합)로서 오차의 분산 σ^2 의 추정치이다.

(3) 그리고 $|\bar{y}_i - \bar{y}_j| > LSD$ 이면 μ_i와 μ_j는 같지 않다고 판정한다. 물론 (2)~(3)까지 판정 기준을 두 개씩 선택된 모든 모집단 짝에 대해 반복하여 그 결과를 요약하는 방법이 최소유의차 검정이다.

그러나 피셔의 LSD 방법은 사후검정 방법 중 가장 엄격하지 않아 통계적 유의성 도출이 쉬우므로 자주 사용하지는 않는다.

8.5.2 셰페의 방법

셰페(Scheffe)의 다중비교방법은 피셔(Fisher)의 LSD처럼 모집단 두 개씩을 비교하는 목적 외에도 세 개 이상의 모집단 평균의 특수한 관계에 대한 검정에 더욱 유용한 방법이다. 이를 대비(contrast)라고 부르는데 예를 들면,

$$l_1 = \mu_1 - \frac{\mu_2 + \mu_3}{2}$$

$$l_2 = \mu_1 + \mu_2 - (\mu_3 + \mu_4)$$

와 같은 모집단 평균의 특수한 관계를 생각할 수 있는데, 이를 일반적인 형태로 표시하면

$$l = a_1\mu_1 + a_2\mu_2 + \cdots + a_k\mu_k \left(\text{단, } \sum_{i=1}^{k} a_i = 0\right) \tag{8.28}$$

이 될 것이다. 이제 식 8.28에 대한 가설검정의 문제로

$$H_0 : a_1\mu_1 + \cdots + a_k\mu_k = 0 \tag{8.29}$$
$$H_1 : a_1\mu_1 + \cdots + a_k\mu_k \neq 0$$

의 가설을 설정한다면 대비 l의 추정치, $\hat{l} = a_1\overline{y}_1 + a_2\overline{y}_2 + \cdots + a_k\overline{y}_k$의 크기에 따라 귀무가설의 기각 여부를 결정하게 된다. 즉, 유의수준 α에서 $\hat{l}$의 절댓값이 어떤 값 v보다 클 때 귀무가설을 기각하게 되는데 v는 다음과 같이 정의된다. 따라서

$$v = \sqrt{(k-1)Fs^2\left(\sum \frac{a_i^2}{n_i}\right)} \tag{8.30}$$

이다. 여기서 F는 유의수준 α의 ($k-1$, s^2의 자유도)를 갖는 F값을 말하고 s^2은 분산분석표에서 얻어진 MSE값이다.

위에서 설명한 셰페의 방법에 관한 특수한 형태로서

$$H_0 : \mu_i - \mu_j = 0 \quad v.s. \quad H_1 : \mu_i - \mu_j \neq 0$$

에 대해 가설검정한다면 이것은 곧 앞 절에서 다룬 모집단 평균 짝에 대한 문제이고, $|\overline{y}_i - \overline{y}_j|$의 크기에 따라 귀무가설의 기각 여부를 결정하는 피셔의 LSD 방법과 같은 원리로 다중비교를 하게 된다. 다만 이 경우, 식 8.27의 LSD 대신

$$v = \sqrt{Fs^2\left(\frac{1}{n_i} + \frac{1}{n_j}\right)}$$

를 사용하여, $|\overline{y}_i - \overline{y}_j|$가 v보다 클 때 μ_i와 μ_j는 같지 않다고 판정한다.

그러나 셰페의 방법은 사후검정 방법 중 가장 보수적이어서 통계적 유의성 도출이 어려우므로 자주 사용하지는 않는다.

8.5.3 기타 다중비교검정법

앞에서 다룬 피셔의 LSD 방법이나 셰페의 방법 외에도 던칸(Duncan)의 방법, 튜키(Tukey)의 방법 등 여러 가지 다중비교 절차들이 있다. 이 방법들은 $|\overline{y}_i - \overline{y}_j|$가 얼마나 커야 μ_i와 μ_j가 다르다고 판단하는지 그 기준값을 각각 다르게 제공할 뿐 사용 방법의 큰 차이는 없다. 다음 표 8.9는 각 방법에서 사용하는 기준치를 정리한 것이다.

여기서 $d_\alpha(r, v)$는 [부록 5]에서 또 $q_\alpha(k, v)$는 [부록 6]에서 찾을 수 있는 값으로 v는 s^2의 자유도를 가리키고 r은 표본평균을 크기순으로 배열할 때 크기 순위의 차에 1을 더한 값이다. 또한 던칸의 방법은 각 모집단에서 얻은 표본의 크기가 동일한 경우에만 사용될 수 있는 점에 유의하여야 한다.

표 8.9 기타 다중비교검정법의 기준치

검정 방법	기준치
던칸	$d_\alpha(r, v)\sqrt{\dfrac{s^2}{n}}$ $(n_i = n_j = n$ 임$)$
튜키	$q_\alpha(k, v)\sqrt{s^2\left(\dfrac{1}{n_i}+\dfrac{1}{n_j}\right)}$

예제 8.4

진통제에 따른 진통 시간의 차이가 있는지 알아보기 위하여 38도 이상의 열이 난 환자 25명을 대상으로 진통제를 투여하여 진통 시간을 기록하였으며 그 자료는 다음과 같다.

진통제 A	진통제 B	진통제 C	진통제 D	진통제 E
5.2	9.1	3.2	2.4	7.1
4.7	7.1	5.8	3.4	6.6
8.1	8.2	2.2	4.1	9.3
6.2	6.0	3.1	1.0	4.2
3.0	9.1	7.2	4.0	7.6

프로그램 코드

```
in ▸    import pandas as pd
        data=pd.read_csv('ex8-4.csv')
        data.head()

        import statsmodels.api as sm
        import statsmodels.formula.api as smf
        fit=smf.ols('y~drug', data).fit()
        sm.stats.anova_lm(fit)

        #!pip install scikit_posthocs 콘솔 창에 입력
        #tukey HSD
        import scikit_posthocs as sp
        tukey2=sp.posthoc_tukey_hsd(data['y'],data['drug'])
        print(tukey2)

        #sheffe
        sheffe=sp.posthoc_scheffe(data, val_col='y', group_col='drug')
        print(sheffe)
```

튜키(Tukey)와 셰페(Sheffe) 방법을 사용하기 위해서는 scikit_posthocs를 import해야 한다. import 하기 전에 콘솔 창에 '!pip install scikit_posthocs'을 입력하여 모듈을 설치한다.

posthoc_tukey_hsd는 반응변수와 집단변수를 입력하고, posthoc_scheffe는 데이터세트, 반응변수, 집단변수를 입력하여 실행한다.

프로그램 출력 결과

```
out ▸   #분산분석표 출력 결과
                  df    sum_sq   mean_sq          F    PR(>F)
        drug       4.0  78.4216  19.6054  6.586508  0.001497
        Residual  20.0  59.5320   2.9766       NaN       NaN

        #tukey HSD 결과
        roup1 group2  meandiff  p-adj   lower   upper  reject
        ------------------------------------------------------
            A      B     2.46 0.2009 -0.8054  5.7254  False
            A      C    -1.14 0.8121 -4.4054  2.1254  False
            A      D    -2.46 0.2009 -5.7254  0.8054  False
            A      E     1.52 0.6243 -1.7454  4.7854  False
            B      C     -3.6 0.0263 -6.8654 -0.3346   True
            B      D    -4.92 0.0018 -8.1854 -1.6546   True
```

```
    B      E    -0.94    0.9 -4.2054  2.3254  False
    C      D    -1.32 0.7232 -4.5854  1.9454  False
    C      E     2.66  0.146 -0.6054  5.9254  False
    D      E     3.98 0.0124  0.7146  7.2454   True

#Sheffe 결과
          A         B         C         D         E
A  1.000000  0.314403  0.891980  0.314403  0.746483
B  0.314403  1.000000  0.058667  0.005433  0.943190
C  0.891980  0.058667  1.000000  0.830024  0.244027
D  0.314403  0.005433  0.830024  1.000000  0.030467
E  0.746483  0.943190  0.244027  0.030467  1.000000
```

분산분석 결과, p값은 0.0015이므로 유의수준 0.05보다 작아 H_0를 기각할 수 있다. 따라서 진통제(drug)에 따른 진통 시간(y)은 차이가 있다.

튜키의 HSD 방법의 결과를 보면 집단(A, B, C) 간의 비교 결과를 보여주고 있다. 진통제 A와 진통제 B의 p값(p−adj)은 0.2009로 H_0는 채택(H_1 : False)된다. 즉, 진통제 A와 진통제 B의 진통 시간(y)은 차이가 없다. 진통제 B와 진통제 C의 경우, p값(p−adj)은 0.0263으로 H_0는 기각(H_1 : True)되므로 진통제 B와 진통제 C의 진통 시간(y)은 차이가 있다.

셰페의 방법 결과를 보면 집단별 다중비교 결과 p값을 행렬로 출력한다. 진통제 A와 진통제 B의 p값은 0.3144이므로 H_0는 기각할 수 없다. 즉, 진통제 A와 진통제 B의 진통 시간(y)은 차이가 없다. 진통제 B와 진통제 D의 경우, p값은 0.0054이므로 H_0를 기각하며 진통제 B와 진통제 D의 진통 시간(y)은 차이가 있다는 결론을 내릴 수 있다.

8.6 잔차분석

앞의 8.2절에서 오차(ϵ)는 평균이 0이고 분산이 σ^2인 정규분포를 따른다고 가정하였다. 즉,

$$(\text{가정})\ \epsilon_{ij} \sim N(0, \sigma^2) \tag{8.31}$$

이다.

이를테면 일원배치분산분석을 하기 위한 모집단 모형은

$$\begin{aligned} Y_{ij} &= \mu_i + \epsilon_{ij} \\ &= \mu + \alpha_i + \epsilon_{ij}, \; i=1, \cdots, k, \quad j=1, \cdots, n \end{aligned}$$

이므로 식 8.31의 오차에 대한 가정을 전제하고 분산분석을 수행하는 것이다.

우선 관찰된 자료 n개 각각에 대한 잔차는

$$e = y - M(y) \tag{8.32}$$

로 정의된다. 여기서 y는 관찰치, $M(y)$는 관측치 y의 평균이자 적합값(fitted value) 또는 예측값(predicted value)이라고도 불리는 값이다. 즉, 일원배치분산분석에서는 표 8.3의 y_{ij}는 관측치이고 이 관측치의 평균 $M(y)$는 $\overline{y}_i$가 될 것이다.

또한 반복이 있는 이원배치분산분석에서는 표 8.7의 y_{ijk}가 관측치이고 $M(y)$는 $\overline{y}_{ij.}$이다. 그러므로 앞에서 다룬 세 가지 분산분석모형에 대한 잔차를 다시 정리하면 다음과 같다. 즉,

(일원배치분산분석)	$e = y_{ij} - \overline{y}_i$
(반복이 없는 이원배치분산분석)	$e = y_{ij} - \overline{y}_{i.} - \overline{y}_{.j} + \overline{y}_{..}$
(반복이 있는 이원배치분산분석)	$e = y_{ijk} - \overline{y}_{ij.}$

이다. 잔차란 이렇게 모집단의 이론적 모형에 포함된 오차의 관찰된 값으로 실현되기 때문에 잔차를 통하여 **오차**(ϵ_i) **에 대한 정규분포 가정**의 만족 여부를 조사하게 된다. 잔차에 대한 자세한 분석은 앞으로 회귀분석에서 자세히 다룰 것이고, 여기서는 단순히 잔차의 분포를 여러 가지 형태의 잔차도표(residual plot)로 나타내어 모집단 모형의 이상 유무나 자료변환의 필요 여부를 판단하여 보고자 한다.

잔차는 모집단 모형의 오차항 ϵ_{ij}(또는 ϵ_{ijk})의 실현된 값으로 간주되기 때문에 모

집단 모형에서 가정한 오차항의 분산(σ^2)을 추정하는 데 사용될 수 있다. 즉, 잔차의 평균은 $\bar{e}=0$으로 얻어지므로 잔차의 분산은

$$s^2 = \frac{\sum(e_i - \bar{e})^2}{\text{자유도}} \tag{8.33}$$
$$= \frac{\sum e_i^2}{\text{자유도}}$$

로 구해지는데 이 값이 곧 σ^2의 추정치로 사용되는 것이다. 이 값은 분산분석표의 평균잔차제곱합(MSE)과 똑같은 값을 갖는다.

다시 말하면 앞에서 다룬 일원배치분산분석, 반복이 없는 이원배치분산분석, 반복이 있는 이원배치분산분석 각각에 대해 표 8.4, 표 8.6, 표 8.8에서 얻은 MSE를 오차항의 분산 σ^2의 추정치로 사용하게 되는 것이다.

잔차의 분포 형태를 얻고자 할 때, 잔차는 관찰치의 측정 단위로 나타나기 때문에 잔차를 표준화시키는 것이 바람직하다. 통상적인 표준화(standardization)는 평균이 0, 분산이 1이 되게 하는 것이지만 표준화 잔차는 $(e_i - \bar{e})/s = e_i/s$, 여기서는 스튜던트화(studentized) 잔차를 구하여 잔차도표를 얻음을 유의하여야 한다. 즉,

$$\text{스튜던트화 잔차} = \frac{e_i}{(e_i\text{의 표준오차})} \tag{8.34}$$

으로 정의되는 것으로서 식 8.34의 유도 과정은 이 교재의 수준을 넘어가므로 생략한다. 다만 프로그램이 제공해 주는 스튜던트화 잔차로 잔차도표를 얻을 수 있는데, $(-2, 2)$ 범위를 벗어나는 스튜던트화 잔차값의 관찰치(y_i)를 이상관찰치(outlier)라 하며 이런 관찰차들에 대해서는 주목할 필요가 있다.

이제 앞에서 설명한 잔차의 성질을 토대로 잔차도표를 살펴보기로 하자. 잔차도표는 (1) 잔차의 산점도(scatter plot), (2) 각 인자의 수준에 대한 잔차의 분포, 두 가지 형태로 얻어질 수 있다. 어떤 형태의 잔차도표든 잔차든 다음 그림 8.6(A)에서와 같이 일정한 범위의 (-)와 (+)값 사이에 무작위로 분포된 것이 바람직하다. 왜냐하면 오차항(ϵ_{ij})의 분산이 일정하다고 가정하였기 때문이다. 이를 등분산(equal variance)

가정이라고 부른다.

그러나 그림 8.6(B)에서와 같이 오른쪽으로 갈수록 잔차가 넓게 퍼져있는 패턴을 보일 경우, 모집단 모형을 잘못 구성하였거나, 원자료를 변환시켜 사용하여야 함을 시사한다. 물론 그림 8.6(B) 이외의 비정상적인 형태를 보이는 잔차도표도 있을 수 있다. 그러므로 잔차도표를 통하여 오차에 대한 가정을 점검하여 결론적으로 오차에 대한 가정이 타당하지 않다면 그 분산분석 결과는 사용될 수가 없는 것이다. 이런 경우, 자료를 변환시켜 변환된 자료로써 분산분석을 수행하거나, 다른 분석기법을 찾아보아야 할 것이다.

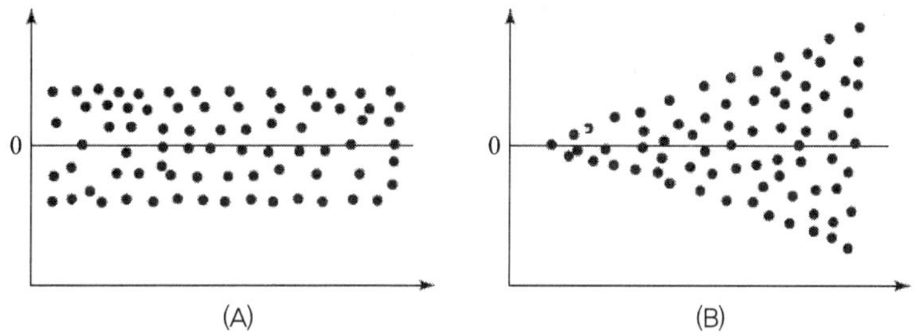

그림 8.6 바람직한 잔차의 산점도(A)와 점차 넓게 분포되는 잔차(B)

예제 8.5

항경련 치료제에 따라 혈청 내 알칼리 인산 효소 활성도의 차이가 있는지 알아보기 위하여 항경련 치료를 받은 적이 있고, 발작증이 있는 45명의 아동을 대상으로 혈청 내 알칼리 인산 효소 활성도를 조사하였으며 그 자료는 다음과 같다(단위: Bessey-Lowry).

D1	49.20	44.54	45.80	95.84	30.10	36.50	82.30	87.35	105.00	95.22
	97.50	105.00	58.05	86.60	58.35	72.80	116.70	45.15	70.35	77.40
D2	97.07	73.40	68.50	91.85	106.60	0.57	0.79	0.77	0.81	
D3	62.10	94.95	142.50	53.00	175.00	79.50	29.50	78.40	127.50	
D4	110.60	57.10	117.60	77.71	150.00	82.90	111.50			

D1: 대조군(항경련 치료 받은 적 없고, 발작증 없음), D2: 페노바르비탈(phenobarbital),
D3: 카르바마제핀(carbamazepine), D4: 기타 항경련제

프로그램 코드

```
in ▸    import pandas as pd
        data=pd.read_csv('ex8-5.csv')
        data.head()

        #분산분석
        import statsmodels.api as sm
        import statsmodels.formula.api as smf
        fit1=smf.ols('Y~DRUG', data).fit()
        sm.stats.anova_lm(fit1, typ=1)

        #잔차도표
        import matplotlib.pylab as plt
        plt.plot(fit1.predict(),fit1.resid_pearson, 'o')
        plt.axhline(y=0, color="k", linewidth=0.3)
        plt.xlabel('predicted value of Y')
        plt.ylabel('studentized Residual')
        plt.show()
```

프로그램 출력 결과

out ▸

	df	sum_sq	mean_sq	F	PR(>F)
DRUG	3.0	13942.272908	4647.424303	3.570808	0.02199
Residual	41.0	53361.697172	1301.504809	NaN	NaN

분산분석 결과를 보면 p값은 0.0220으로 유의수준 0.05보다 작아 H_0를 기각할 수 있다. 즉, 약물 종류(DRUG)에 따른 혈청 내 알칼리 인산 효소 활성도(Y)는 차이가 있는 것으로 나타났다.

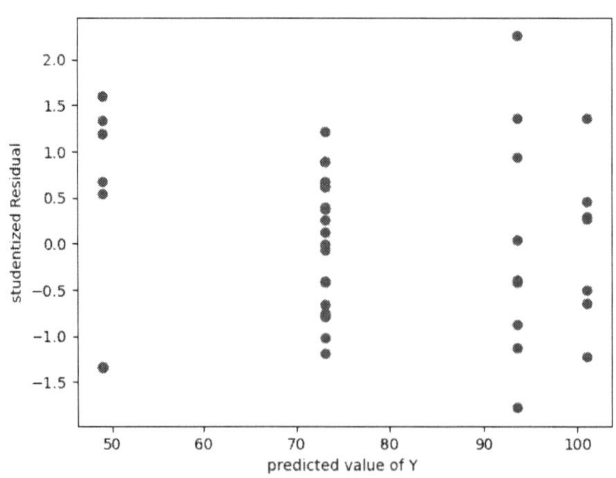

그러나 데이터를 살펴보면 D2에서 0.57, 0.79, 0.77, 0.81은 다른 관찰치보다 너무 작은 값을 가지고 있다. 이러한 관찰치를 이상치(outlier)라고 부른다. 이상치에 대해서는 회귀분석에서도 다루겠지만 여기서는 이상치를 제거한 분석 결과를 위와 비교하여 보기로 하자.

프로그램 코드

```
in ▸    #특정 조건에 맞는 행 제거
        ind=data[(data['DRUG']=='D2')&(data['Y']<1)].index
        data2=data.drop(ind, inplace=False)
        data2

        #분산분석2
        fit2=smf.ols('Y~DRUG', data2).fit()
        sm.stats.anova_lm(fit2, typ=1)

        #잔차도표2
        plt.plot(fit2.predict(),fit2.resid_pearson, 'o')
        plt.axhline(y=0, color="k", linewidth=0.3)
        plt.xlabel('predicted value of Y')
        plt.ylabel('studentized Residual')
        plt.show()
```

ind=data[(data['DRUG']=='D2')&(data['Y']<1)].index는 DRUG행의 값이 D2이고, Y값이 1보다 작은 행의 인덱스를 ind에 저장한다. data.drop은 행의 ind에 저장한 행의 인덱스를 데이터세트에서 제거한다. 이때 inplace가 True이면 데이터세트 원본에서 특정 행을 제거하고, False이면 원본을 변형시키지 않고 특정 행을 제거하여 출력한다. inplace=False로 하고, data2에 저장하여 data2를 출력하면 D2의 특정 값들이 제거된 것을 확인할 수 있다. data2를 기준으로 수행한 분산분석 결과와 잔차도표는 다음과 같다.

프로그램 출력 결과

out ▸

	df	sum_sq	mean_sq	F	PR(>F)
DRUG	3.0	5353.334773	1784.444924	1.802048	0.163739
Residual	37.0	36638.573403	990.231714	NaN	NaN

이상치를 제거하여 수행한 분산분석 결과를 살펴보면 이전의 결과보다 p값이 더 작아진 것을 확인할 수 있다.

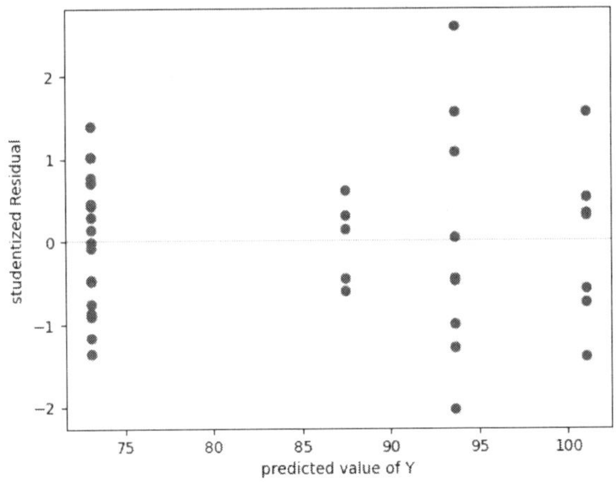

8.7 자료변환

분산분석은 정규분포를 따르는 관찰치를 대상으로 사용하는 분석 수단으로 그 적용의 한계를 갖는다. 특히 각 처리로부터 얻은 표본이 같은 분산값을 갖는다는 전제가 분산분석의 이론적 배경이기 때문에, 각 처리로 얻어진 관찰치의 잔차는 일정한 범위 안에서 분포하여야 한다. 그러나 현실적으로 자료를 분산분석으로 분석하고자 할 때 집단 간에 동일한 분산값을 갖는 자료보다는 서로 다른 처리에서 서로 다른 분산값을 갖는 경우도 많을 것이다. 이에 대해서는 뒤의 8.11절에서 설명할 하틀리(Hartley) 검정 방법으로 검정할 수도 있다. 서로 다른 분산값을 갖는 경우에는 원자료(raw data)를 그대로 분산분석으로 처리해서는 안 될 것이고, 다른 대안적 분석 방법을 찾아야 할 것이다.

모집단 모형의 가정을 충족시킬 수 없는 자료를 분석할 수 있는 여러 가지 대안 중에 우선 여기서는 간단한 함수식을 이용하여 원자료를 변환(transformation)시키는 방법을 설명하기로 한다. 즉, 특정한 함수로 원자료를 변환시킬 때, 변환된 관찰치의 분산이 각 처리에서 비슷해진다면 변환된 자료로써 분산분석의 절차를 수행해야만 할 것이다.

다시 말하면 잔차가 일정한 범위 안에서 분포하지 않고 특별한 패턴을 보일 경우, 자료의 특성에 따라 간단한 함수 관계로 그 자료를 변환시켜 보는 것이다. 그러나 어떤 함수식으로 원자료를 변환시킬 것인지의 문제는 쉽지 않은데, 조사자의 경험을 바탕으로 그 분야에서 통용되는 함수식을 찾을 수 있다면 바람직하다. 여기서는 다음과 같은 중요한 몇 개의 변환을 소개한다.

8.7.1 제곱근변환: $\sqrt{y}$ 또는 $\sqrt{y+0.375}$

이 변환은 각 처리에서의 관찰치의 평균이 커질수록 관찰치 분산이 커지는 자료에 대해 유용하다. 즉, 분산값과 평균값의 1차식 관계, $s^2 = c\bar{y}(c \geq 1)$의 관계에 있는 원자료라면 제곱근으로 변환시키는 것이 바람직하다고 알려져 있다. 여기서 $\sqrt{y+0.375}$의 0.375는 이론적으로 정해진 값으로 생각하면 된다.

8.7.2 대수변환: $\log y$

각 처리에서의 관찰치들 분산이 관찰치의 평균의 증가보다 현저하게 증가할 때 원자료에 대수를 취한다. 즉, $s^2 = c\bar{y}^2$의 관계를 보이는 자료에 적용시키며 대수는 대부분 자연대수(밑이 e인 대수)로 한다.

8.7.3 제곱변환: y^2

제곱근변환의 역관계, 즉 $s^2 = c\bar{y}\,(0 < c < 1)$의 관계에 있는 자료에 사용될 수 있는 변환식이다.

8.7.4 역사인 함수변환: $\sin^{-1} y$

이 변환은 관찰치(y)가 비율로 얻어졌을 경우 사용할 수 있다. 역사인 함수란 예를 들면, $\sin 30° = 0.5$로부터 $\sin^{-1}(0.5) = 30$이 되는 함수이며 역사인 함수는 0과 1 사이의 값을 정수로 바꾸어 주는 함수임을 기억하면 좋을 것이다.

이 외에도 여러 가지의 변환식이 있으나 제곱근변환과 대수변환의 경우에 대하여 분산분석을 적용하기 위한 자료변환을 다음의 예제로 설명한다.

예제 8.6

다음의 자료는 수원(水源)으로 사용하고자 하는 세 지역(A, B, C)에서 각각 10번씩 산소의 용해량을 측정하여 얻은 것이다.

지역	산소용해량(y)										표본평균($\bar{y}$)	표본분산(s^2)
A	0	2	1	3	1	2	3	4	1	5	$\bar{y}_1=2.2$	$s_1^2=2.40$
B	1	3	4	6	8	7	5	3	4	5	$\bar{y}_2=4.6$	$s_2^2=4.28$
C	14	26	25	18	19	22	21	16	20	30	$\bar{y}_3=21.1$	$s_3^2=23.43$

이 자료는 세 지역(처리)에 대한 분산값이 너무 상이하므로 일원배치분산분석을 수행하는 것은 바람직하지 않다. 그러나 세 지역에서의 분산값이 평균값과 거의 같으므로 제곱근으로 변환하고 약간의 변형을 이용하여 $\sqrt{y+0.375}$ 를 사용한다. 그러므로 산소용해량의 변환값을 정리하면 다음과 같다.

지역	산소용해량의 변환값					표본평균	표본분산
A	0.612	1.541	1.173	1.837	1.173	1.53	0.51
	1.541	1.837	2.092	1.173	2.318		
B	1.173	1.837	2.092	2.525	2.894	2.18	0.50
	2.716	2.318	1.837	2.092	2.318		
C	3.791	5.136	5.037	4.287	4.402	4.61	0.52
	4.730	4.623	4.047	4.514	5.511		

변환된 자료는 분산값이 0.5로 거의 일정하므로 등분산 가정이 충족되는 것으로 보이기에, 일원배치분산분석을 사용하여 세 지역의 산소용해량 평균 간의 차이에 대한 검정을 할 수 있다.

프로그램 코드 자료변환

```
in ‣    import numpy as np
        import pandas as pd
        data=pd.read_csv('ex8-6.csv')
        data.head()
```

```
data['sqrty']=np.sqrt(data['y']+0.375)    #변환한 자료 추가
data.head()
```

sqrty에 $\sqrt{y+0.375}$ 값을 계산하여 저장한다. data.head( )로 데이터 윗부분을 출력해보면 변환된 자료 열이 추가된 걸 확인할 수 있다.

프로그램 코드 분산분석표 및 잔차도표

in ‣
```
import statsmodels.api as sm
import statsmodels.formula.api as smf

fit1=smf.ols('y~country', data).fit()
sm.stats.anova_lm(fit1, typ=1)          #원자료 분산분석
fit2=smf.ols('sqrty~country', data).fit()
sm.stats.anova_lm(fit2, typ=1)          #변환한 자료 분산분석

#잔차도표
import matplotlib.pylab as plt
import seaborn as sbn

sbn.scatterplot(fit1.predict(), fit1.resid_pearson, hue='country',
data=data)
plt.axhline(y=0, color="k", linewidth=0.3)
plt.xlabel('predicted value of Y')
plt.ylabel('studentized Residual')
plt.show()

sbn.scatterplot(fit2.predict(),fit2.resid_pearson, hue='country',
data=data)
plt.axhline(y=0, color="k", linewidth=0.3)
plt.xlabel('predicted value of Y')
plt.ylabel('studentized Residual')
plt.show()
```

원자료의 모형은 'y ~ country'로 정의하고, 변환한 자료의 모형은 'sqrty ~ country'로 정의하여 분산분석을 수행한다. 집단별 잔차도표를 출력하기 위하여 seaborn 모듈의 scatterplot을 사용한다. scatterplot의 hue에 집단(범주형 변수)을 입력하면 집단별로 색이 구분된 그래프를 그려준다.

프로그램 출력 결과 분산분석표

```
out ▸ #원자료의 분산분석 결과
              df  sum_sq      mean_sq           F        PR(>F)
      country    2.0  2117.4  1058.700000  105.518272  1.732693e-13
      Residual  27.0   270.9    10.033333         NaN           NaN
      sm.stats.anova_lm(fit2, typ=1)

      #변환한 자료의 분산분석 결과
              df     sum_sq   mean_sq          F        PR(>F)
      country    2.0  52.638841  26.319420  101.49813  2.755373e-13
      Residual  27.0   7.001354   0.259309        NaN           NaN
```

변환한 자료의 분산분석 결과는 p값이 매우 작아 H_0를 기각할 수 있다. 따라서 세 지역의 산소 용해량은 차이가 있다고 판단된다.

원자료의 잔차도표는 지역에 따른 잔차의 폭이 일정하지 않음을 알 수 있다. 이는 표본분산이 서로 다른(2.40, 4.28, 23.43) 것과 관련이 있다. 변환한 자료의 잔차도표를 보면 세 지역의 잔차가 거의 일정한 폭 내에서 분포하고 있음을 알 수 있다. 따라서 잔차도표가 정상적인 형태의 분포를 보이므로 변환한 자료의 분산분석 결과를 사용하는 것이 바람직하다.

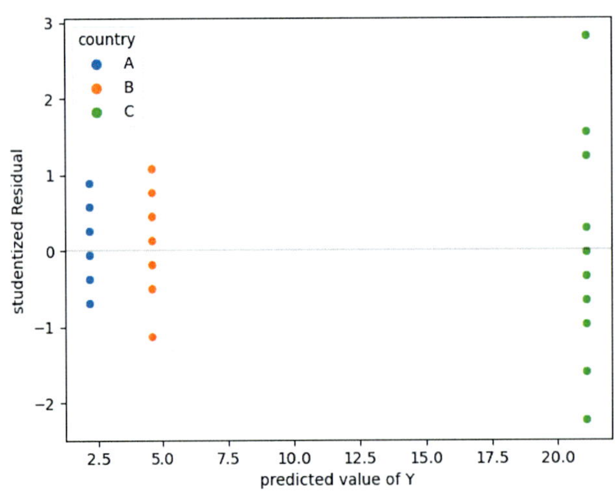

원자료의 잔차도표

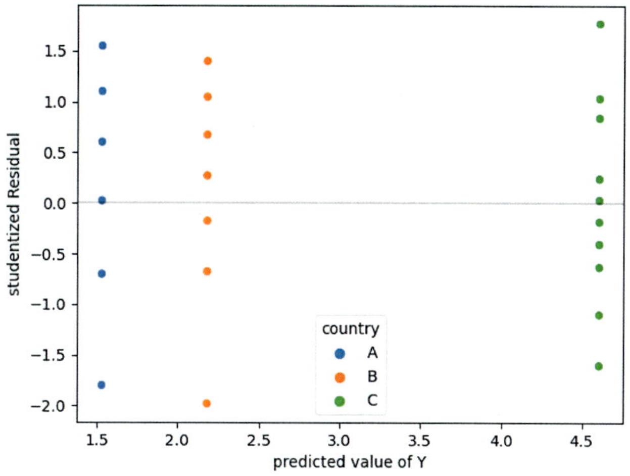

변환한 자료의 잔차도표

예제 8.7

어느 병원에서는 정도가 비슷한 두통 환자 24명을 8명씩 나누고 세 가지 처방(A, B, C)을 하여 고통 해소 시간을 측정하였다.

처방	고통 해소 시간(y)								표본평균($\bar{y}$)	표본분산(s^2)
A	4.2	2.3	6.6	6.1	10.2	11.7	7.0	3.6	$\bar{y}_1 = 6.46$	$s_1^2 = 10.37$
B	4.1	10.7	14.3	10.4	15.3	11.5	19.8	12.6	$\bar{y}_2 = 12.34$	$s_2^2 = 20.52$
C	38.7	26.3	5.4	10.3	16.9	43.1	48.6	29.5	$\bar{y}_3 = 27.35$	$s_3^2 = 748.02$

우선 원자료에 대한 잔차도표는 다음과 같다.

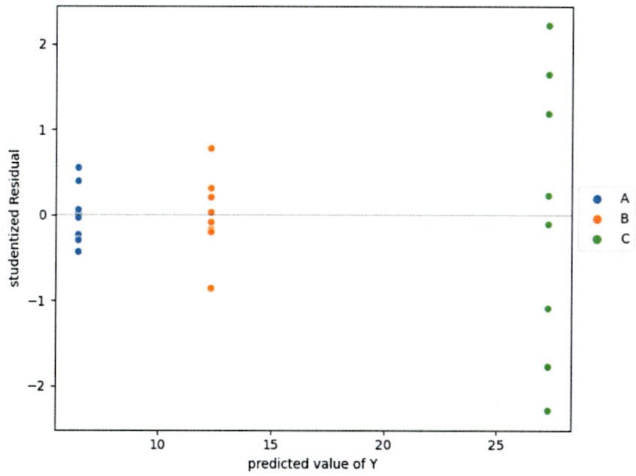

잔차도표를 살펴보면 처방에 따라 분산값이 크게 증가한다. 그러므로 원자료에 대수($\log y$)를 취하여 변환값을 얻으면 다음과 같다.

처방	고통 해소 시간의 변환값					표본평균	표본분산
A	1.435	0.833	1.887	1.808	2.322	1.75	0.54
	2.460	1.946	1.281				
B	1.411	2.370	2.660	2.342	2.728	2.43	0.46
	2.442	2.986	2.534				
C	3.656	3.270	1.686	2.332	2.827	3.10	0.77
	3.764	3.884	3.384				

변환한 값에 대한 잔차도표는 다음과 같다.

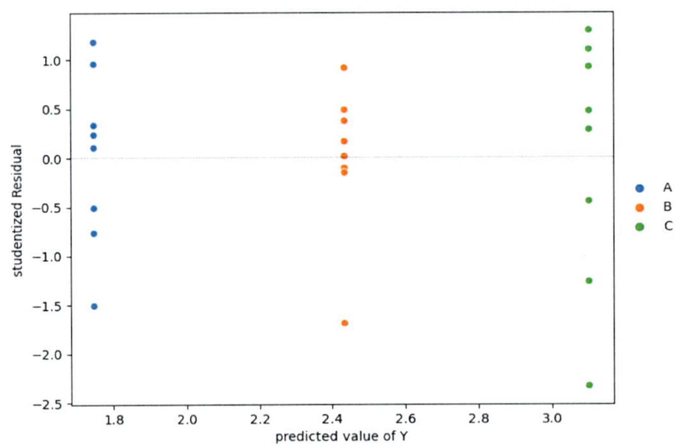

변환한 값은 세 가지 처방에 대해 거의 같은 분산을 갖기 때문에 일원배치분산분석을 사용하기에 적절한 자료의 모습을 갖추었다고 할 수 있다.

프로그램 코드 자료변환 및 분산분석

in ▸
```
import numpy as np
import pandas as pd
data=pd.read_csv('ex8-7.csv')
data.head()

data['logy']=np.log(data['y'])       #자료변환
data.head()

import statsmodels.api as sm
```

```
import statsmodels.formula.api as smf

fit1=smf.ols('y~drug', data).fit()
sm.stats.anova_lm(fit1, typ=1)      #원자료 분산분석

fit2=smf.ols('logy~drug', data).fit()
sm.stats.anova_lm(fit2, typ=1)      #변환한 자료 분산분석
```

logy에 대수변환을 취한 값을 계산하여 저장한다. data.head()로 데이터 윗부분을 출력해보면 변환된 자료 열이 추가된 걸 확인할 수 있다.

원자료의 모형은 'y~drug'로 정의하고, 변환한 자료의 모형은 'logy~drug'로 정의하여 분산분석을 수행하며 그 결과는 다음과 같다.

분산분석 결과 p값이 0.0009로 유의수준 0.05보다 작으므로 H_0를 기각한다. 따라서 처방에 따른 고통 해소 시간은 차이가 있다고 판단된다.

프로그램 출력 결과 분산분석표

```
out ▸  #원자료의 분산분석 결과
                  df        sum_sq     mean_sq          F    PR(>F)
       drug      2.0   1856.475833  928.237917  10.090914  0.000849
       Residual 21.0   1931.737500   91.987500        NaN       NaN

       #변환한 자료의 분산분석 결과
                  df    sum_sq  mean_sq          F    PR(>F)
       drug      2.0  7.332016  3.666008  10.000755  0.000889
       Residual 21.0  7.698035  0.366573        NaN       NaN
```

마지막으로 강조하는 점은 앞의 두 가지 예제에서 살펴본 바와 같이 원자료와 변환한 자료 각각에 대한 분산분석의 가설검정 결과가 같다고 할지라도 변환한 자료를 이용한 결과로 가설검정의 문제를 해결하여야 한다는 것이다.

다시 말하면 예제 8.7에서 원자료에 대한 분산분석표의 p값은 0.0008, 변환한 자료의 p값은 0.0009로 나타나 세 처방의 효과가 다르다는 결론을 도출하는 것은 마찬가지이다. 그러나 원자료와 변환한 자료의 잔차도표를 비교해 볼 때, 결론은 변환한 자료에 의하여 얻어져야 한다는 것이다. 분산분석을 수행한 후, 잔차도표를 반드시 점검해야 한다는 점을 다시 한번 강조한다.

프로그램 코드 잔차도표

```
in ▸  import matplotlib.pylab as plt
      import seaborn as sbn
```

```
sbn.scatterplot(fit1.predict(), fit1.resid_pearson, hue='drug',
data=data)
plt.axhline(y=0, color="k", linewidth=0.3)
plt.xlabel('predicted value of Y')
plt.ylabel('studentized Residual')
plt.legend(loc='center left', bbox_to_anchor=(1.0, 0.5))
plt.show()        #원자료 잔차도표

sbn.scatterplot(fit2.predict(),fit2.resid_pearson, hue='drug',
data=data)
plt.axhline(y=0, color="k", linewidth=0.3)
plt.xlabel('predicted value of Y')
plt.ylabel('studentized Residual')
plt.legend(loc='center left', bbox_to_anchor=(1.0, 0.5))
plt.show()        #변환한 자료의 잔차도표
```

8.8 비모수적 분산분석: 순위자료에 대한 분산분석

분산분석은 여러 차례 지적한 대로 '정규분포하는 모집단으로부터 얻은 표본'에 대해서 적용할 수 있는 분석기법이다. 다시 말하면 수집된 자료가 정규분포를 따른다는 가정하에, 그 자료의 크기에 의존하여 인자 간의 효과에 대한 가설검정을 하게 된다. 그러나 경우에 따라 실제로 얻은 자료가 정규분포와는 다른 분포를 할 수도 있고, 정규분포를 따른다고 가정하기 어려운 경우도 있을 것이다.

이러한 자료를 분석하기 위하여 비모수통계적 방법(nonparametric statistical method)이 흔히 사용된다. 비모수통계적 방법은 '정규분포를 따르는 모집단'이라는 가정보다 단순히 '모집단은 연속형 분포함수를 갖는다' 혹은 '모집단은 연속적이며 대칭인 분포를 따른다' 정도의 가정만을 세우고 추정과 검정을 하는 방법이라고 할 수 있다. 그러므로 이 절에서는 관찰치의 크기나 성격에 따라 순위(rank)를 부여할 수 있는 자료에 적용할 수 있는 분산분석의 방법을 소개하기로 한다.

여기서 순위를 사용하는 이유는 첫째로 정규분포를 가정할 수 없는 경우에는 관찰치 자체보다 관찰치의 순위를 사용하는 것이 정보손실 없이 안전하며, 둘째로 그림대회와 같이 그림에 대한 평가가 실숫값으로 관찰될 수 있다고 하더라도, 그 값 자체보다는 순위가 더욱 큰 의미를 갖는 경우가 있기 때문이다. 자료가 선호순서인 경우도 마찬가지이다.

8.8.1 크루스칼–왈리스 검정

이 검정 방법은 앞에서 설명한 일원배치분산분석에 대응하는 비모수통계적 방법이다. 즉, 모집단 모형에서 오차항에 대한 정규분포의 가정을 할 수 없을 때 또는 관찰치 자체가 순위로 조사되었을 때 집단 간에 차이가 있는가를 검정하는 문제를 해결할 방법이다. 우선 자료의 구성은 표 8.3과 같이 전체 $n\left(\sum_{i=1}^{k} n_i\right)$ 개의 관찰치가 있다고 하자. 그러면 이들 n 개의 관찰치 크기에 따라 작은 것부터 큰 순서로 나열한 다음 각 관찰치에 해당하는 순위(1부터 n 까지)를 부여할 수 있다. 그리고 관찰치 대신 관찰치의 순위로써 분산분석의 원리를 적용하는 것이 크루스칼–왈리스(Kruskal–Wallis) 검정이다. 이제 이론적 전개식은 무시하더라도 크루스칼–왈리스 검정통계량이 얻어지는 과정을 살펴보자.

처리1	처리2	…	처리i	…	처리k
y_{11}	y_{21}		y_{i1}		y_{k1}
y_{12}	y_{22}	…	y_{i2}	…	y_{k2}
⋮	⋮		⋮		⋮
y_{1n_1}	y_{2n_2}		y_{in_i}		y_{kn_k}

위의 자료에서 관찰치 y_{ij} 의 크기 순위가 R_{ij} 라 할 때 관찰치 y_{ij} 자리에 R_{ij} 를 넣어 정리하면 표 8.10이 된다. 여기서 유의해야 할 점은 관찰치의 크기가 똑같을 때는 순위를 어떻게 조정하는가 하는 것이다. 크기가 같은 관찰치에 대해서는 그것들 순위의 평균을 각각에 부여하기로 한다. 예를 들면, 두 번째로 작은 관찰치가 두 개 있을 경우, 각각에 2.5의 순윗값을 부여한다는 것이다.

표 8.10 순위에 의한 자료배열

처리1	처리2	…	처리i	…	처리k
R_{11}	R_{21}	…	R_{i1}	…	R_{k1}
R_{12}	R_{22}		R_{i2}		R_{k2}
$\vdots$	$\vdots$		$\vdots$		$\vdots$
R_{1n_1}	R_{2n_2}		R_{in_i}		R_{kn_k}
$R_1=\sum_{j=1}^{n_1}R_{1j}$	$R_2=\sum_{j=1}^{n_2}R_{2j}$		$R_i=\sum_{j=1}^{n_i}R_{ij}$		$R_k=\sum_{j=1}^{n_k}R_{kj}$

표 8.10의 자료에서 각 처리의 표본평균은

$$(\text{처리 } i \text{ 의 순위평균})\ \overline{R}_i = \sum_{j=1}^{n_i} R_{ij}/n_i = \frac{1}{n_i}R_i \tag{8.35}$$

이고 전체평균은

$$(\text{모든 순위평균})\ \overline{R} = \frac{1}{n}\sum_{i=1}^{k}\sum_{j=1}^{n_i} R_{ij} = \frac{1}{n}\left(\frac{1}{2}n(n+1)\right) = \frac{1}{2}(n+1)$$

이 된다. 여기서 $\sum_{i=1}^{k} n_i = n$ 이며 $\sum\sum R_{ij} = 1+2+\cdots+n = n(n+1)/2$ 이다. 그리고 순위에 대한 처리제곱합은

$$\sum_{i=1}^{k}\sum_{j=1}^{n_i}\left(\overline{R}_i - \frac{n+1}{2}\right)^2 = \sum_{i=1}^{k}\frac{R_i^2}{n_i} - \frac{n(n+1)^2}{4} \tag{8.36}$$

이다. 또한 순위들의 분산을

$$\begin{aligned} S^2 &= \sum_{i=1}^{k}\sum_{j=1}^{n_i}\left(R_{ij} - \frac{n+1}{2}\right)^2/(n-1) \qquad (8.37) \\ &= \left(\sum_{i=1}^{k}\sum_{j=1}^{n_i} R_{ij}^2 - \frac{n(n+1)}{4}\right)^2/(n-1) \end{aligned}$$

로 구하여 검정통계량을 정의하면 다음과 같다. 즉,

$$H = \sum_{i=1}^{k}\sum_{j=1}^{n_i}\left(\overline{R}_i - \frac{n+1}{2}\right)^2 / S^2 \tag{8.38}$$

이다. 이 검정통계량은 특정한 분포를 하지 않으므로 집단의 수(k)가 3개이고 각 처리에서 표본크기가 5개 이하인 몇 가지 경우에 대해 계산된 임계치들이 [부록 8]에 수록되어 있다. 그리고 [부록 8]에 나타나 있지 않은 경우에 대해서는 근사적으로 자유도 $(k-1)$의 카이제곱표([부록 4])에서 그 임계치를 찾게 된다. 물론 프로그램을 이용한다면 부록의 표를 사용할 필요가 없다.

마지막으로 비모수통계적 방법을 사용함에 있어서는 귀무가설과 대립가설을 조금 다르게 표현한다. 즉, 통상적인 분산분석에서 설정하는 가설 대신 크루스칼-왈리스 검정을 사용할 때는

(귀무가설) H_0 : k개 모집단의 분포 형태는 일치한다.

(대립가설) H_1 : 적어도 하나의 모집단은 다른 하나의 모집단보다 큰 관찰치를 포함하고 있다.

로 귀무가설과 대립가설을 표현한다는 것이다. 그러나 대립가설이 의미하는 바는 곧 모집단의 평균이 모두 일치하는 것은 아니라는 것이므로 위와 같은 표현에 크게 신경 쓸 필요는 없다.

예제 8.8

다음의 자료는 세 종류 미사일 체계에 따른 추진체의 연소율을 측정한 자료이다. 이 자료에 대해 통상적인 분산분석 가설검정과 비모수적 방법에 의한 분산분석 결과를 살펴보기로 하자.

원자료를 이용하여 일원배치분산분석 결과와 크루스칼-왈리스 결과는 똑같다. 물론 이 자료는 통상적인 일원배치분산분석을 해도 무방하기 때문이다.

미사일	연소율(y)							
A	24.0	16.7	22.8	19.8	18.9			
B	23.2	19.8	18.1	17.6	20.2	17.8		
C	18.4	19.1	17.3	17.3	19.7	18.9	18.8	19.3

미사일 종류에 따른 순위 자료

미사일	순위								
A	19	1	17	14.5	9.5				$\overline{R_1}=61.0$
B	18	14.5	6	4	16	5			$\overline{R_2}=63.5$
C	7	11	2.5	2.5	13	9.5	8	12	$\overline{R_3}=65.5$

프로그램 코드

in ▸
```
import pandas as pd
data=pd.read_csv('ex8-8.csv')
data.head(4)
```

out ▸
```
  missile    y
0       A  24.0
1       A  16.7
2       A  22.8
3       A  19.8
```

in ▸
```
import statsmodels.api as sm
import statsmodels.formula.api as smf

#분산분석
fit1=smf.ols('y~missile', data).fit()
sm.stats.anova_lm(fit1, typ=1)

#K-W 검정
from scipy.stats import kruskal
kruskal(data[data.missile=='A'].y,data[data.missile=='B'].y,data[data.m
issile=='C'].y)
```

크루스칼-왈리스 검정을 위해 kruskal을 import한다. kruskal 함수에는 반응변수 y값을 집단별로 나눠서 입력한다. data[data.missile=='A'].y는 데이터세트에서 missile 변수가 A인 행의 y값을 의미한다.

프로그램 출력 결과 분산분석표

```
out ▸  #분산분석 결과
                 df     sum_sq   mean_sq         F    PR(>F)
       missile  2.0  10.500368  5.250184  1.328593  0.292544
       Residual 16.0  63.227000  3.951687       NaN       NaN

       #K-W 검정 결과
       KruskalResult(statistic=1.6629947229551505, pvalue=0.4353968515051556)
```

일원배치분산분석 결과 p값은 0.2925로 나타났다. 크루스칼-왈리스 검정의 p값은 0.4354이고, 여기서 검정통계량은 카이제곱통계량이며 1.6630이다. 따라서 유의수준 0.05보다 p값이 크므로 H_0는 기각할 수 없다. 즉, 미사일 체계에 따른 추진체의 연소율은 차이가 없다고 판단된다.

예제 8.9

다음의 자료는 세 종류 계산기의 한 번 충전에 의한 작동 시간을 기록한 자료이다.

계산기	작동 시간(y)						
A	4.9	6.1	4.3	4.6	5.2		
B	5.5	5.4	6.2	5.8	5.5	5.2	4.8
C	6.4	6.8	5.6	6.5	6.3	6.6	

프로그램 코드

```
in ▸   import pandas as pd
       data=pd.read_csv('ex8-9.csv')
       data.head(3)
```

```
out ▸    cal    y
       0   A  4.9
       1   A  6.1
       2   A  4.3
```

프로그램 코드

in ▸
```
import statsmodels.api as sm
import statsmodels.formula.api as smf

#분산분석
fit1=smf.ols('y~cal', data).fit()
sm.stats.anova_lm(fit1, typ=1)

#K-W 검정
from scipy.stats import kruskal
kruskal(data[data.cal=='A'].y,data[data.cal=='B'].y,data[data.cal=='C'
].y)
```

프로그램 출력 결과 분산분석표

out ▸
```
#분산분석 결과
            df    sum_sq  mean_sq          F    PR(>F)
cal        2.0  5.255095  2.627548  10.029051  0.001717
Residual  15.0  3.929905  0.261994        NaN       NaN

#K-W 검정 결과
KruskalResult(statistic=10.603841040035457,
pvalue=0.0049820166504916845)
```

일원배치분산분석 결과 p값은 0.0017, 크루스칼-왈리스 검정의 p값은 0.0050이다. 따라서 유의수준 0.05보다 p값은 작으므로 H_0는 기각할 수 있다. 즉, 계산기별 한 번의 충전에 의한 작동 시간은 차이가 있다고 판단된다.

크루스칼-왈리스 검정은 특수하게 분류된 자료(categorized data)에 대해 자주 사용된다. 즉, 다음의 분할표와 같이 k개의 모집단에 대해 각각 c개의 등급으로 나누어 도수를 조사할 경우 크루스칼-왈리스 검정을 사용하는 것이 바람직하다.

표 8.11은 통상적인 분할표와 구조가 같으나 순위가 있는 등급으로 각 행(row)이 구성된 것이 특징이며, 따라서 첫 번째 행의 관찰치는(총도수 t_1) 똑같은 순위가 부여되고 두 번째 행의 관찰치보다는 낮은 순위를 갖는 것으로 간주된다.

표 8.11 순위분류의 분할표에 대한 크루스칼–왈리스 검정법

등급	모집단 1	모집단 2	…	모집단 k	행의 도수 합	행의 평균순위
1	n_{11}	n_{12}	…	n_{1k}	$t_1=\sum_{j=1}^{k} n_{1j}$	$\frac{t_1+1}{2}$
2	n_{21}	n_{22}	…	n_{2k}	$t_2=\sum_{j=1}^{k} n_{2j}$	$t_1+\frac{t_2+1}{2}$
3	n_{31}	n_{32}	…	n_{3k}	$t_3=\sum_{j=1}^{k} n_{3j}$	$t_1+t_2+\frac{t_3+1}{2}$
⋮	⋮	⋮	…	⋮	⋮	
c	n_{c1}	n_{c2}		n_{ck}	$t_c=\sum_{j=1}^{k} n_{cj}$	$\sum_{i=1}^{c-1} t_i+\frac{t_c+1}{2}$
	$n_1=\sum_{i=1}^{c} n_{i1}$	$n_2=\sum_{i=1}^{c} n_{i2}$	…	$n_k=\sum_{i=1}^{c} n_{ik}$	$n=\sum_{j=1}^{k} n_j$	

그러므로 비교하고자 하는 모집단 k개 각각에서 얻은 표본들의 순위합은

$$R_j = \sum_{i=1}^{c} n_{ij}\overline{R_i} \tag{8.39}$$

으로 계산하고, 식 8.37의 분산은

$$S^2 = \frac{\sum_{i=1}^{c} t_i \overline{R_i^2} - \frac{n(n+1)^2}{4}}{(n-1)} \tag{8.40}$$

이 된다. 식 8.39와 식 8.40에서 얻어진 것을 이용하여 식 8.38의 검정통계량을 다시 정의하면

$$H = \frac{\sum_{j=1}^{k} \frac{R_j^2}{n_i} - \frac{n(n+1)^2}{4}}{S^2} \tag{8.41}$$

이 되며 검정통계량은 근사적으로 자유도 $(k-1)$의 카이제곱분포를 따른다.

예제 8.10

어느 대학의 통계학 과목은 1, 2, 3 세 반으로 분반되어 있고 서로 다른 교수가 담당하고 있다. 이 교수(들) 중 어느 교수(들)는 다른 교수(들)보다 학점을 더 잘 주고 있는가를 검정하고자 다음과 같은 자료를 얻었다.

학점	교수 A	교수 B	교수 C	행의 도수합	평균순위 $(\overline{R_i})$
A	4	10	6	20	10.5
B	14	6	7	27	34
C	17	9	8	34	64.5
D	6	7	6	19	91
F	2	6	1	9	105
학생수	43	38	28	109	

이 자료에 크루스칼-왈리스 검정을 적용하기 위해 식 8.39의 열(column) 순위합을 구하면 $R_1 = 2370.5$, $R_2 = 2156.5$, $R_3 = 1468$ 이고, 식 8.40의 분산은 $S^2 = 941.71$ 이어서 검정통계량의 값 $H = 0.321$ 이다.

[부록 4]에서 자유도 2의 카이제곱 임곗값(유의수준 0.05)는 5.991이므로 귀무가설을 기각할 수 없다. 즉, 어느 교수도 다른 교수보다 높거나 낮은 학점을 준다는 근거를 찾을 수 없다.

8.9 공분산분석

공분산분석(analysis of covariance, ANOCOVA)이란 분산분석과 회귀분석을 혼합한 형태의 분석으로서 분산분석처럼 독립적인 k개 모집단 평균(처리효과) 간에 차이가 있는가를 검정하는 데 사용하지만, 자료(Y)가 다른 변수와 어떤 관계에 있다고 믿어질 때 매우 유용한 분석 수단이다.

간단한 예로 공정 방법 A, B, C에 따른 제품 수명 시간의 차이가 있는지 알아보고자 할 경우, 공정 방법으로 달라지는 제품의 수명 시간은 제품의 원래 수명 시간과 어떤 관계에 있을 것이기 때문에, 똑같은 수명 시간을 갖는 제품을 실험대상으로 하지 않는 한 실험 초기의 수명 시간을 분석에 포함하여야만 A, B, C 간의 차이를 판단할 수 있을 것이다.

이와 같이 관측치(달라진 수명 시간)와 어떤 관계에 있는 변수(실험 전의 수명 시간)를 공변수(covariate)라 부르는데 공변수에 의해 생기는 영향을 제거하여 순수한 처리효과(A, B, C) 간의 차이를 검정하여야 할 것이다.

보다 구체적인 예제로 어느 화장품 회사에서는 대리점을 통해 화장품을 판매하는데, 화장품 판매는 대리점 지역의 생활 수준에 따라 차이가 있는지를 알아보고자 한다. 말하자면 생활 수준이 높은 지역에서 더 많은 매출을 올리고 있는가를 검정하고자 한다. 그러므로 판매 지역을 상, 중, 하의 생활 수준으로 분류하고 세 지역에서 각각 1개의 대리점을 대상으로 2주간 총매출액을 조사하였다. 그런데 매출액은 대리점의 크기(평)에 직접 영향을 받을 것이므로 조사대상 대리점의 크기도 함께 조사하여 얻은 결과는 다음 표 8.12와 같다.

먼저 표 8.12의 자료를 얻게 된 모집단 모형을 하나의 인자(생활 수준: 상, 중, 하)와 하나의 공변수(점포의 크기)를 포함하여 다음과 같이 설정할 수 있다. 즉,

$$Y_{ij} = \mu + \alpha_i + \beta x_{ij} + \epsilon_{ij}, \quad i = 1, \cdots, k \quad j = 1, \cdots, n \tag{8.42}$$

이다. 여기서 β는 공변수 X가 관찰치(Y)에 미치는 영향을 나타내는 회귀계수이자 미지의 값인 모수이다. 이 모형은 완전랜덤화설계(일원배치분산분석)에 대한 모집단 모형에 βx_{ij}항이 추가되어 있을 뿐이므로, 완전랜덤화설계에 대한 **공분산분석모형**으로 부른다. 그리고 모형에서 볼 수 있는 바와 같이 관찰치의 변동 중 X에 의한 것을 제외한 후, 처리 간의 순수한 차이를 검정하고자 하는 것이 공분산분석의 목적이다. 이제 위의 자료에 대한 통상적인 분산분석 결과를 살펴보자. 먼저 대리점들의 매출액(Y)을 생활 수준에 따라 일원배치분산분석 한 결과는 '프로그램 출력 결과'에 나와 있다. 분산분석표에서 p값은 0.0000이므로 생활 수준에 따라 대리점의 판매액이 차이가 있다고 주장할 수 있다. 추가로 잔차분석을 통하여 적절한 자료변환이 필요한가를 살펴볼 여지가 있다.

표 8.12 공분산분석의 예

상		중		하	
y(원)	x(평)	y(원)	x(평)	y(원)	x(평)
1,665,000	13.2	1,465,000	13.2	1,060,000	8.4
2,750,000	20.5	1,285,000	10.8	1,075,000	9.1
1,645,000	12.9	1,790,000	16.9	755,000	8.2
3,300,000	22.1	2,197,000	17.4	880,000	6.7
3,021,000	20.0	1,390,000	10.4	803,000	7.0
2,290,000	19.6	1,310,000	14.0	529,000	7.2
2,018,000	18.4	1,975,000	15.6	701,000	7.1
3,330,000	25.4	1,160,000	9.8	900,000	8.0

그러면 이 자료에 대해 공분산분석을 수행하면 어떤 결과를 얻게 되는가? 대리점의 매출액(Y)은 직접적으로 점포 크기(X)의 영향을 받게 된다는 것은 누구나가 생각해 볼 수 있는 문제이다. 그러므로 점포 크기를 공변수로 하여 공분산분석을 수행할 경우 그 결과는 '프로그램 출력 결과'와 같다.

프로그램 코드 통상적인 분산분석

in ▸
```
import pandas as pd
data=pd.read_csv('8.9.csv')
data.head(2)
```

out ▸
```
   level          y     x
0    1.0  1665000.0  13.2
1    1.0  2750000.0  20.5
```

in ▸
```
import statsmodels.api as sm
import statsmodels.formula.api as smf
fit1=smf.ols('y~C(level)',data).fit()        #분산분석
sm.stats.anova_lm(fit1)
```

프로그램 코드 공분산분석

in ▸
```
fit2=smf.ols('y~x+C(level)',data).fit()
print(fit2.summary())                  #공분산분석모형의 회귀분석 출력
```

```
fit2.params.round(1)             #공분산분석모형의 추정치 소수점1자리 출력
sm.stats.anova_lm(fit2, typ=3)  #공분산분석모형의 분산분석표 출력
```

여기서 typ=3에 주목하여야 한다. 앞서 예제 8.1에서 anova_lm 함수의 typ에 대해서 간략하게 설명했는데 typ=3은 Type Ⅲ SS를 의미한다. X_1(생활 수준)에 대한 Type Ⅲ SS는 매출액을 설명하는 데 있어 공변수(점포 크기)를 사용하고, 지역(생활 수준 상, 중, 하)을 추가할 때 얻어지는 회귀제곱합의 추가분으로서 공분산분석에서의 서로 다른 생활 수준 간에 차이가 있는가를 판단할 수 있는 값이다. 즉, Type Ⅲ SS=9.162114e+10을 자유도 2로 나눈 평균제곱합(mean square)를 다시 잔차(error)의 평균제곱합으로 나눈 값이 $F=0.97$ 이고 이 값은 자유도(2, 20)의 $F-$분포하에서 p 값은 0.3978(3.978043e−01)로 갖는다는 의미이다(9.11절 참조). 그러므로 점포 크기가 매출액에 미치는 영향을 제외한 상태에서 생활 수준이 다르다고 화장품 매출에 차이가 있지 않다는 결과를 얻을 수 있다.

프로그램 출력 결과 분산분석표

```
out ▸  #통상적인 분산분석 결과
                df        sum_sq      mean_sq          F    PR(>F)
       C(level)    2.0  1.113412e+13  5.567059e+12  25.599704  0.000002
       Residual   21.0  4.566781e+12  2.174658e+11        NaN       NaN

       #공분산분석 결과
                      sum_sq    df          F        PR(>F)
       Intercept  5.489001e+09   1.0   0.115700  7.372926e-01
       C(level)   9.162114e+10   2.0   0.965617  3.978043e-01
       x          3.617945e+12   1.0  76.260739  2.933163e-08
       Residual   9.488356e+11  20.0        NaN           NaN
```

공분산분석의 모형

$$Y_{ij}=\mu+\alpha_i+\beta x_{ij}+\epsilon_{ij}$$

에서 '프로그램 출력 결과'의 모형 추정치를 참조하면

$$\hat{\mu} = -104878.2,\ \hat{\alpha}_1 = 0.0,\ \hat{\alpha}_2 = -176640.0\ \ \hat{\alpha}_3 = -114890.0,\ \hat{\beta} = 137133.6$$

이므로 각 집단에 대해

$$\begin{aligned}
&(\text{생활 수준 상}) : y = -104878.2 \qquad\qquad\qquad + 137133.6x \\
&(\text{생활 수준 중}) : y = -104878.2 - 176640.0 + 137133.6x \\
&(\text{생활 수준 하}) : y = -104878.2 - 114890.0 + 137133.6x
\end{aligned}$$

의 관계식을 얻을 수 있다. 그러나 $\hat{\alpha}_2$, $\hat{\alpha}_3$의 p값은 각각, 0.218, 0.587이므로 0으로 간주해도 무방하다.

프로그램 출력 결과 공분산분석모형의 회귀분석 결과

out ▸

```
                            OLS Regression Results
==============================================================================
Dep. Variable:                      y   R-squared:                       0.940
Model:                            OLS   Adj. R-squared:                  0.931
Method:                 Least Squares   F-statistic:                     103.7
Date:                Mon, 13 Dec 2021   Prob (F-statistic):           2.34e-12
Time:                        14:29:05   Log-Likelihood:                -326.86
No. Observations:                  24   AIC:                             661.7
Df Residuals:                      20   BIC:                             666.4
Df Model:                           3
Covariance Type:            nonrobust
==============================================================================
                  coef    std err          t      P>|t|      [0.025      0.975]
------------------------------------------------------------------------------
Intercept   -1.049e+05   3.08e+05     -0.340      0.737   -7.48e+05    5.38e+05
C(level)    -1.766e+05   1.39e+05     -1.271      0.218   -4.67e+05    1.13e+05
[T.2.0]

C(level)    -1.149e+05   2.08e+05      0.552      0.587   -5.49e+05    3.19e+05
[T.3.0]

x            1.371e+05   1.57e+04      8.733      0.000    1.04e+05     1.7e+05
==============================================================================
Omnibus:                        0.075   Durbin-Watson:                   1.957
Prob(Omnibus):                  0.963   Jarque-Bera (JB):                0.187
Skew:                          -0.113   Prob(JB):                        0.911
```

```
Kurtosis:                       2.631   Cond. No.                    124.
==============================================================================
```

프로그램 출력 결과 공분산분석모형의 추정치

```
out ▸   Intercept           -104878.2
        C(level)[T.2.0]     -176640.0
        C(level)[T.3.0]     -114890.0
        x                    137133.6
```

8.10 두 집단 분산 간의 차에 대한 가설검정

여기서는 6장의 가설검정에서 다루지 못하였던 두 개 모집단의 분산 차이에 대한 검정을 설명한다. 왜냐하면 이를 설명하기 위해서는 8.1절에서 소개한 $F-$분포가 필요하기 때문이다.

두 개의 모집단은 각각 σ_1^2과 σ_2^2의 분산을 갖는다고 하고, 두 집단의 분산이 같은지 가설검정한다면 가설은

$$H_0 \; : \; \sigma_1^2 = \sigma_2^2 \quad v.s. \quad H_1 \; : \; \sigma_1^2 \neq \sigma_2^2 \tag{8.43}$$

이다. 이러한 가설을 검정하기 위해서는 두 모집단으로부터 표본을 구하고, 그 표본으로부터 표본분산을 구하여 비교할 수밖에는 없을 것이다. 즉,

$$\begin{aligned} &[\text{모집단 1}] \Rightarrow \left\{X_1,\, X_2,\, \cdots,\, X_{n_1}\right\} \Rightarrow S_1^2 \\ &[\text{모집단 2}] \Rightarrow \left\{Y_1,\, Y_2,\, \cdots,\, Y_{n_2}\right\} \Rightarrow S_2^2 \end{aligned} \tag{8.44}$$

가 얻어진다. 이제 식 8.43의 가설을

$$H_0 : \frac{\sigma_1^2}{\sigma_2^2} = 1 \quad v.s. \quad H_1 : \frac{\sigma_1^2}{\sigma_2^2} \neq 1 \tag{8.45}$$

로 바꾸어 놓으면 검정통계량은

$$\frac{S_1^2}{S_2^2} \tag{8.46}$$

이 된다. 여기서 4.5절에서 다룬 표본분산의 분포와 8.1절의 F-분포 정의로부터

$$F = \frac{\dfrac{(n_1-1)S_1^2}{\sigma_1^2} / (n_1-1)}{\dfrac{(n_2-1)S_2^2}{\sigma_2^2} / (n_2-1)} = \frac{S_1^2/\sigma_1^2}{S_2^2/\sigma_2^2} = \frac{S_1^2}{S_2^2}\left(\frac{\sigma_2^2}{\sigma_1^2}\right)$$

이다.

여기서 위의 F는 $F(n_1-1,\, n_2-1)$ 분포하므로 식 8.46의 검정통계량 S_1^2/S_2^2는 H_0가 맞는다고 전제할 때 자유도 $(n_1-1,\, n_2-1)$의 F-분포함을 알 수 있다.

그러므로 (S_1^2/S_2^2)값이 1을 기준으로 아주 크거나 아주 작을 때 귀무가설(H_0)을 기각하게 되고 그 임계치(critical value)는 [부록 3] F-분포표에서 찾을 수 있다.

[F-분포표]는 분자의 자유도(df_1)와 분모의 자유도(df_2)에 대하여 오른쪽 꼬리 부분의 면적(α)이 0.25, 0.10, 0.05, 0.025, 0.01이 될 때의 F값을 보여주고 있다. 여기서

$$F(df_1,\, df_2;\, 1-\alpha) = \frac{1}{F(df_2,\, df_1;\, \alpha)} \tag{8.47}$$

라는 F-분포의 성질을 이용하여, 오른쪽 꼬리 부분의 면적이 0.75, 0.90, 0.95, 0.975, 0.99인 F값도 찾을 수 있다. 예를 들면, $F_{6,\,4,\,0.025}=9.20$이므로 $F_{4,\,6,\,0.975}=$ $1/9.20=0.1087$이고, $F_{6,\,4,\,0.975}$를 구하기 위해서는 $F_{4,\,6,\,0.025}=6.23$을 이용하여 $F_{6,\,4,\,0.975}= 1/6.23=0.16$이 될 것이다(그림 8.7).

만일 검정하고자 하는 가설이 양측검정이 아니고 단측검정일 경우, 즉

$$H_1 : \sigma_1^2 > \sigma_2^2 \Leftrightarrow \frac{\sigma_1^2}{\sigma_2^2} > 1$$

$$H_1 : \sigma_1^2 < \sigma_2^2 \Leftrightarrow \frac{\sigma_1^2}{\sigma_2^2} < 1$$

에 대해서는 H_0의 기각역이 각각

$$\frac{S_1^2}{S_2^2} > F(df_1,\ df_2,\ \alpha)$$

$$\frac{S_1^2}{S_2^2} < F(df_1,\ df_2,\ 1-\alpha)$$

가 된다.

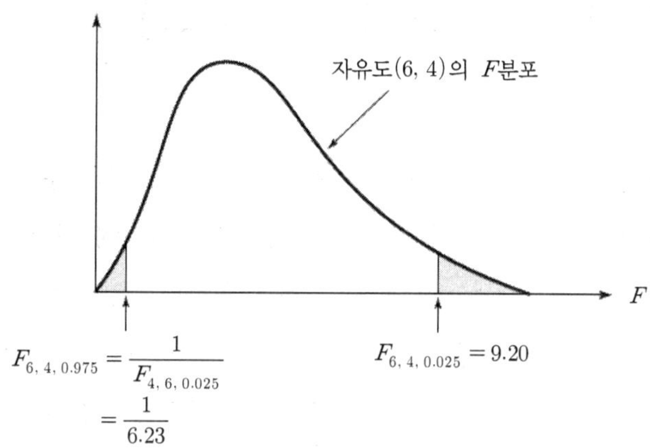

그림 8.7 **F**-분포에서의 값

예제 8.11

서로 다른 두 집단에서 표본의 크기를 각각 7, 5로 하여 표본을 얻고, 여기서 얻어진 표본분산이 각각 $s_1^2 = 10.5$, $s_2^2 = 5.8$이라고 하자.

(1) $H_0 : \sigma_1^2 = \sigma_2^2 \quad v.s. \quad H_1 : \sigma_1^2 \neq \sigma_2^2$

을 가설검정하려면($\alpha = 0.05$)

$$F = \frac{s_1^2}{s_2^2} = 1.81$$

$F_{6,\,4,\,0.025} = 9.20$ 이고, $F_{6,\,4,\,0.975} = 0.16$ 이므로 H_0 를 기각할 수 없다.

(2) $H_0 : \sigma_1^2 = \sigma_2^2 \quad v.s. \quad H_1 : \sigma_1^2 > \sigma_2^2$

을 가설검정하려면

$$F = \frac{s_1^2}{s_2^2} = 1.81$$

이고 $F_{6,\,4,\,0.05} = 6.16$ 이므로 역시 H_0 를 기각할 수 없다.

8.11 등분산 가정에 대한 가설검정

분산분석을 수행하기 위해서는 비교하고자 하는 모집단 간의 분산이 같다는 가정이 필요하다고 언급하였다. 서로 독립인 두 집단 간의 차이에 대한 가설검정(6.7절)에서도 두 집단의 분산이 같은지 알아보는 검정 과정이 있었으므로, 비교하고자 하는 k개 집단의 분산이 같은가를 두 집단씩 짝을 지어 알아볼 수도 있을 것이다. 하지만 여기서는 k개 집단의 분산이 모두 같은지 가설검정하는 방법을 소개한다. 그러나 그 이론적 배경과 계산이 복잡하므로 프로그램에 의존하여 가설검정을 할 수밖에 없음을 이해 바란다.

분산분석을 하고자 하는 집단에 대한 등분산(equal variance) 검정 가설은

$$H_0 : \sigma_1^2 = \sigma_2^2 = \cdots = \sigma_k^2 = \sigma^2$$

$$H_1 : \sigma_k^2 \neq \sigma^2 (\text{어떤 } k\text{에 대해서})$$

이다. 그리고 하트레이(Hartley)가 제시한 검정통계량은

$$F = \frac{\max\left\{S_1^2,\ \cdots,\ S_k^2\right\}}{\min\left\{S_1^2,\ \cdots,\ S_k^2\right\}} = \frac{S_{\max}^2}{S_{\min}^2} \sim F_{(k,\ n-1)}$$

이고, 자유도 $(k, n-1)$의 F-검정을 따르게 된다.

Hartley 검정은 많이 사용되지는 않는데 그 이유는 정규분포를 따르는 자료가 아니면 적합하지 않으며 원칙적으로 각 집단에서 얻어진 표본크기가 같거나 적어도 비슷하여야 하기 때문이다. 그러므로 여기서는 다음의 예제에 나와 있는 **Bartlett 방법**을 소개하기로 한다.

예제 8.12

앞의 예제 8.7에 나와 있는 고통 해소 시간 자료에 대해 세 집단의 등분산 가설검정을 하자.

원자료에 대한 등분산 검정 결과

$$H_0 : \sigma_A^2 = \sigma_B^2 = \sigma_C^2$$

에 대한 p값은 0.0001로 아주 작으므로 등분산을 만족하지 않는다.

프로그램 코드

in ▸
```
import numpy as np
import pandas as pd
data=pd.read_csv('ex8-7.csv')
data.head()

#원자료 등분산 검정
from scipy import stats
stats.bartlett(data[data.drug=='A'].y,
data[data.drug=='B'].y,data[data.drug=='C'].y)

data['logy']=np.log(data['y'])
data.head()

#변환한 자료 등분산 검정
stats.bartlett(data[data.drug=='A'].logy,
data[data.drug=='B'].logy,data[data.drug=='C'].logy)
```

자료에 대해서 y를 logy로 변환시켜 등분산 검정을 수행한 결과, p값은 0.4032로 H_0를 기각할 수 없다. 따라서 변환한 자료는 등분산을 만족한다.

프로그램 출력 결과 등분산 검정 결과

```
out ▸  #원자료 등분산 검정 결과
       BartlettResult(statistic=17.812609036618504,
       pvalue=0.00013553176483261097)

       #변환한 자료 등분산 검정 결과
       BartlettResult(statistic=1.816648806169752,
       pvalue=0.40319925776597243)
```

연습문제

01 한 주간 잡지사는 영업사원을 대상으로 판매 교육을 진행하고 있다. 새로 모집한 영업사원을 네 집단으로 나누어 네 가지의 교육 방법으로 교육한 후, 판매 지역을 무작위로 배정하여 판매에 나서도록 하였다. 한 달간의 판매 실적을 조사하여 얻은 결과는 다음과 같다. 네 가지 교육 방법에 따른 효과의 차이가 있다고 인정되는가를 검정하라.

훈련방법			
1	2	3	4
65	75	59	94
87	69	78	89
73	83	67	80
79	81	62	80
81	72	83	
69	79	76	
	90		

02 어느 공장의 제품은 A, B, C 세 개의 서로 다른 생산라인에서 제작된다고 한다. 세 개 생산라인의 시간당 평균 제품 수가 다른지 알아보기 위해 각 생산라인에서 10개씩(10시간)의 자료를 얻었다. 이 자료로 분산분석하라.

생산라인		
A	B	C
290	258	249
265	276	257
286	277	264
275	243	266
288	248	278
250	259	273
279	265	281
294	282	254
285	275	261
293	268	265

03 어느 광고회사에서는 어린이들의 집중력을 가장 잘 끄는 TV 광고는 어떤 내용인지 알아보고자 한다. 장난감, 음식, 옷 세 가지의 1분짜리 광고를 만들고 10명의 어린이를 선정하였다. 이들을 각 광고에 다섯 명씩 배정하여 1분 중 집중 시간을 관찰해 다음과 같은 자료를 얻었다.

광고	집중 시간(초)				
장난감	45	40	30	25	45
음식	50	25	55	45	50
옷	30	45	40	50	35

(1) 이 자료를 얻기 이전에 고려하여야 할 점에 대해 지적하라(예: 광고내용이나 어린이 선정, 배정 방법 등).

(2) 이 문제에 대한 모집단 모형을 정의하고 분산분석하라.

04 다음은 어느 개인의 퇴근 소요 시간을 요일별로 측정한 것이다. 퇴근 소요 시간이 요일에 따라 다른지 검정하고자 한다. 단, 퇴근 소요 시간은 오후 6시에 직장을 출발한 날에만 측정되었다.

요일	퇴근 소요 시간(분)						
월	59	63	65	61	64	58	60
화	58	61	64	63	57	60	63
수	54	59	55	58	59	56	60
목	62	65	58	59	66	60	63
금	69	70	68	70	66	71	69

(1) 모집단 모형과 귀무가설, 대립가설을 설정하라.

(2) 분산분석표를 작성하여 가설검정하라.

05 어느 시의회에서는 교통정책의 수립을 위하여 도시의 다섯 지역을 택하여 하루의 교통량(오전 7시부터 오후 10시까지)을 측정하기로 하였다. 우선 10일간의 조사 기간 동안 얻은 결과는 다음과 같다.

지역	교통량									
1	344	382	353	395	207	312	407	421	366	222
2	412	441	607	531	486	508	337	419	499	387
3	237	390	365	355	217	268	117	273	288	351
4	518	501	577	642	489	475	532	540	535	490
5	367	445	480	323	366	325	316	381	407	339

(1) 모집단 모형을 설정하고, 위 자료를 얻는 데 필요한 유의사항에 대해 검토하라.

(2) 귀무가설과 대립가설을 세우고 가설검정하라.

(3) 더 자세하고 효과적인 교통량 분석을 위하여 논의하라.

06 서로 다른 5가지의 단열재에 대한 열 손실을 조사하고자 한다. 실내온도를 68℉로 하고 실외온도를 다섯 등급으로 하여 1시간 후의 실내온도변화분(F)을 측정한 결과는 다음과 같다. 이 자료에 대한 분산분석을 행하라.

실외온도	단열재				
	A	B	C	D	E
80	8.4	8.6	9.2	9.1	10.3
60	8.4	8.7	9.3	9.4	10.7
40	8.9	9.1	9.7	9.9	10.9
20	10.4	10.7	10.6	10.5	11.3
0	10.8	11.2	11.1	11.3	11.6

07 망간과 구리 성분에 따른 콩 수확량을 실험하기 위하여 실험용 농지를 16개로 나누고 각각에 대해 서로 다른 망간과 구리의 등급을 사용한 결과 다음과 같은 콩 수확량을 얻었다.

구리 \ 망간	20	50	80	110
1	1,558	2,003	2,490	2,830
3	1,590	2,020	2,620	2,860
5	1,550	2,010	2,490	2,750
7	1,328	1,760	2,280	2,630

(1) 이 자료를 분산분석으로 분석하고자 할 때 모집단 모형을 설정하라.

(2) 분산분석표를 작성한 후 가설검정하라.

(3) 망간과 구리 두 성분의 교호작용에 대해 검정할 수 있는가? 이와 같은 자료에 대한 문제점을 지적하라.

08 교육생에게 세 가지 워드프로세서를 두 가지 교육 방법으로 지도하여 워드프로세서나 교육 방법에 대한 효과를 알아보고자 한다. 워드프로세서와 교육 방법의 각 조합에 각각 2명씩 모두 12명에게 워드 교육을 하고 시험을 치른 결과는 다음과 같다.

워드프로세서	교육 방법	
	A	B
1	38, 42	28, 25
2	33, 37	13, 16
3	31, 29	4, 7

(1) 분산분석을 위한 모집단 모형을 기술하라.

(2) 워드프로세서 교육 방법, 이들의 교호작용에 대해 가설검정하라.

(3) 위 결과로써 어떠한 결론을 얻을 수 있는가?

09 A 인자는 3가지 수준, B 인자는 2가지 수준으로 나뉜 이원배치분산분석 문제(각 처리에서 반복수는 4)를 위한 분산분석표는 아래와 같다. ( ) 안에 값을 채워 넣어라.

요인	제곱합	자유도	제곱평균	F
A	100	( )	( )	( )
B	( )	1	( )	( )
AB	( )	2	2.5	( )
잔차	( )	( )	2.0	
합계	700			

10 전력의 가격은 수요가 많은 시간대와 적은 시간대로 나누어 차등화하는 것이 바람직하다고 한다. 시간대에 따른 가격 차등화를 위하여 수요 폭주 시간대를 3가지(6시간, 9시간, 12시간)로 구분하고 폭주 시간대와 비폭주 시간대의 가격 비율을 3가지(2:1, 4:1, 8:1)로 하여 이들의 조합(9가지)에 대한 만족도를 측정하기로 하였다. 수요자의 만족도를 10 ~ 40까지의 정수로 조사한 결과는 다음과 같다.

		가격 차등					
		2 : 1		4 : 1		8 : 1	
수요 폭주 시간	6시간	25	28	31	29	24	28
		26	27	26	27	25	26
	9시간	26	27	25	24	33	28
		29	30	30	26	25	27
	12시간	22	20	33	27	30	31
		25	21	25	27	26	27

(1) 아홉 가지의 조합에 대한 만족도 평균을 구하여, 가격 차등과 수요 폭주 시간의 교호작용 유무 여부를 그래프로 나타내라.

(2) 위 자료로 가능한 가설검정은 무엇인지 밝히고 검정결과를 설명하라.

11 서로 다른 4가지 종류의 타자기 및 타자수의 타자 속도에 차이가 있는가를 알아보고자 한다. 타자수 1명을 선발하여 각 타자수에 4가지의 타자기를 무작위(random)로 배분하고 이들이 10분간 타자한 단어 수를 기록하였다.

타자기 \ 타자수	1	2	3	4	5	6	7	8
A	79	80	77	75	82	77	78	76
B	74	79	73	70	76	78	72	74
C	82	86	80	78	81	80	80	84
D	79	81	77	78	82	77	77	78

(1) 이와 같은 실험을 하기 위하여 난괴법(확률화블록설계)을 적용한 이유를 설명하라.

(2) 각 블록(타자수)에 타자기를 무작위로 배치하는 이유는 무엇인가?

(3) 분산분석을 행하라.

12 다음은 수시고사(A), 중간고사(B), 기말고사(C) 세 가지 시험에 대한 네 학생의 성적이다.

학생 \ 고사	A	B	C
1	75	80	90
2	78	75	80
3	80	75	60
4	60	70	80

(1) 세 가지 시험 평균의 차이가 있는지 가설검정하기 위한 모형을 설정하고 가설검정하라.

(2) 네 학생 평균의 차이가 있는가를 가설검정하라.

(3) 시험 및 학생에 따른 시험 성적의 차이가 있는지 이원배치분산분석으로 해결하고자 한다. 이 경우, 모형을 설정하고 가설검정하라.

(4) 분산분석을 하기 위한 가정은 무엇인지 구하라.

9장

회귀분석

일반적으로 회귀분석은 변수와 변수 간의 관계를 얻는 분석기법이라고 알려져 있다. 즉, 어떤 변수가 다른 변수와 인과관계가 있다면 결과에 해당하는 변수를 원인에 해당하는 변수로 표현하는 것이 회귀분석이다. 예컨대 성인 남자의 키는 그 부모의 영향을 받는다고 할 때, 성인 남자의 키는 아버지 키 혹은 어머니 키로부터 얼마큼 영향을 받는가를 찾아내는 분석기법이다.

통계학에서 취급하는 자료는 일정한 값을 갖는 것이 아니고 서로 다른 값을 갖기 마련이다. 이 자료는 변수(Y)로 표현된다. 회귀분석이란 서로 다른 값을 갖는 이유를 몇 개의 다른 변수로 설명해 보고자 하는 통계기법이다. 다시 말하면 분석하고자 하는 자료(Y)는

$$Y = (Y\text{의 평균}) + \text{오차} \tag{9.1}$$

로 구성되는데 (Y의 평균) = $E(Y)$를 다른 변수 $(X_1, \cdots, X_p)$로 설명하면 어떻게 되는지 밝혀보고자 하는 것이 회귀분석의 일차적 목적이다. 즉, $E(Y)$가 $(X_1, \cdots, X_p)$와 관계가 있다면 그 관계를

$$E(Y) = \beta_0 + \beta_1 X_1 + \cdots + \beta_p X_p \tag{9.2}$$

이라고 할 때, β값을 추정하는 것이 회귀분석의 목적이다. 이 값을 알아내기 위해서는 자료를 얻어야 하는데, 구하여야 하는 β값이 $(p+1)$개이므로 자료의 수(n)는 $(p+1)$개보다 많아야 한다. 따라서 회귀분석을 하기 위해 얻어진 자료를 표 9.1과 같이 정리해 볼 수 있다.

표 9.1 회귀분석을 위한 자료의 예

Y	X_1	X_2	$\cdots$	X_p
y_1	x_{11}	x_{12}		x_{1p}
y_2	x_{21}	x_{22}	$\cdots$	x_{2p}
$\vdots$	$\vdots$	$\vdots$		$\vdots$
y_n	x_{n1}	x_{n2}		x_{np}

표 9.1에서 X가 갖고 있는 첫 번째 하첨자는 표본의 번호, 두 번째 하첨자는 X의 번호를 나타내고 있다. 각 변수에 대해 n개씩의 자료를 얻었을 때, 식 9.2의 관계에 대한 β값을 추정할 수 있다. 여기서 주목하여야 하는 점은 변수 $(X_1, \cdots, X_p)$는 측정하여 그 값을 얻게 되지만 회귀분석에서는 이 값을 주어진 값으로 취급한다는 것이다. 다시 말하면 X를 변수라고는 부르지만 어떤 분포를 따른다고 하지는 않는다. 이와 같은 전제하에서 식 9.1과 식 9.2를 다시 정리하면

$$\begin{aligned} Y &= E(Y) + \text{오차} \\ &= \beta_0 + \beta_1 x_1 + \cdots + \beta_p x_p + \epsilon \end{aligned} \tag{9.3}$$

이다. 여기서 Y를 **반응변수**(response variable) 또는 종속변수(dependent variable)라고 하고, $x_1, \cdots, x_p$를 **설명변수**(explanatory variable) 또는 독립변수(independent variable)라고 부르며 **오차**(error)를 ϵ으로 표현한다. 오차는 확률변수로 여러 값을 가지므로 Y도 변수이며 여러 값을 갖게 된다. 오차에 대한 가정은 분산분석에서와 같으며 앞으로 더욱 자세히 설명될 것이다. 또한 설명변수가 하나일 경우 단순선형회귀모형, 두 개 이상일 경우를 다중선형회귀모형이라고 한다.

9.1 단순선형회귀모형

여기서는 설명변수가 하나인 경우, 즉 분석하고자 하는 자료 Y를 X라는 하나의 설명변수로 설명하는 경우를 생각해 보자.

예를 들면, 성인 남자의 키(Y)는 사람마다 다른 값을 갖는데 키(Y)는 성인 남자의 키 평균(μ)과 오차(ϵ)의 합으로 이루어진다고 본다. 그러면

$$Y = E(Y) + \epsilon = \mu + \epsilon \tag{9.4}$$

으로 표현되고, 성인 남자의 키 평균(μ)을 아버지의 키(X)만으로 나타내고자 할 경우, **단순선형회귀모형**(simple linear regression model)은

$$Y = \beta_0 + \beta_1 x + \epsilon \tag{9.5}$$

가 된다. 여기서 설명변수인 아버지의 키는 주어진 값으로 간주하여 소문자로 표현하고 있다. 앞에서 언급한 바와 같이 아버지의 키도 측정이 가능한 변수의 개념이지만 주어진 값인 상수로 전제하고 회귀분석을 하게 된다. 그리고 오차(ϵ)는 평균이 0이고 분산이 σ^2인 정규분포를 따른다고 가정한다. 오차의 평균이 0이라는 것은 전혀 어색한 가정이 아니다. 오차는 여러 값으로 나타나기 때문에 분산을 갖는다는 것 또한 당연하다.

그러면 식 9.5의 단순회귀선형모형을 다시 한번 살펴보자. 식 9.5에서 ϵ의 평균이 0이므로 Y의 평균은 $(\beta_0 + \beta_1 x)$이다. 또 $(\beta_0 + \beta_1 x)$는 상수(constant: 주어진 값)이므로 Y의 분산은 σ^2이고, ϵ이 정규분포를 따른다고 가정하므로 Y도 정규분포를 따른다. 즉,

$$\begin{aligned} &\text{(가정)} \quad \epsilon \sim N(0, \sigma^2) \qquad (9.6) \\ \Rightarrow \; &\text{(가정)} \quad Y \sim N(\beta_0 + \beta_1 x, \sigma^2) \end{aligned}$$

이다. 그러므로 회귀분석을 할 자료(Y)는 정규분포를 따라야 한다. 그러나 자료의 정규분포 만족 여부에 크게 구애받을 필요는 없다. 자료의 수가 많거나 Y가 취하는 값의 범위가 크다면 문제가 되지 않는다. 단, 뒤에서 잔차분석과 함께 설명하겠지만 오차(ϵ)에 대한 가정 만족 여부는 검토하여야 한다.

9.1.1 최소제곱법

그러면 식 9.5의 모수 β_0, β_1을 구하기 위해 자료를 얻어야 하는데 그 자료는 표 9.2와 같다. 표 9.2는 Y에 대한 n개의 관찰된 값으로 Y에 대한 표본 $\{y_1, y_2, \cdots y_n\}$이고 각각의 y값에 대한 x값이 $\{x_1, x_2, \cdots, x_n\}$으로 주어졌을 때의 자료를 나타낸다.

이제 (x_1, y_1), (x_2, y_2), $\cdots$, (x_n, y_n)의 자료로 β_0와 β_1의 추정치를 얻어 X와 Y의 관계식을 구하여야 하는데, β_0와 β_1의 추정치를 $\widehat{\beta_0}$, $\widehat{\beta_1}$이라고 한다면

표 9.2 **X**와 **Y**의 짝으로 된 자료의 예

Y	y_1	y_2	$\cdots$	y_n
X	x_1	x_2	$\cdots$	x_n

$$\hat{y} = \widehat{\beta_0} + \widehat{\beta_1} x \tag{9.7}$$

가 된다. 여기서 $\hat{y}$ (y hat)은 **표본회귀식** 혹은 추정된 회귀직선이라고 하며 $\widehat{\beta_0}$과 $\widehat{\beta_1}$이 hat을 쓰고 있으므로 y에도 hat을 씌운다. 식 9.7에서 얻어진 회귀식은 그림 9.1(A)와 같이 n개의 자료가 가장 고르게 지나가는 직선식이 되어야 한다.

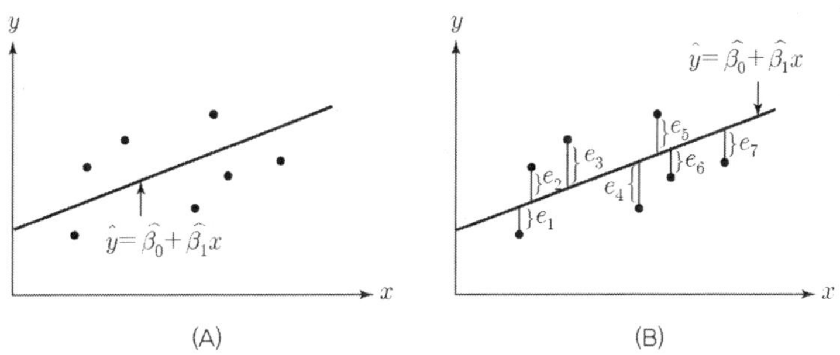

그림 9.1 여러 개의 자료를 지나는 직선(A)과 잔차(B)

여기서 n개의 점을 가장 고르게 지나가는 직선을 얻는 방법이란 그림 9.1(B)에서 볼 수 있는 바와 같이 실제 y값과 직선상의 값($\hat{y}$) 간의 차이, $(y_i - \hat{y_i})$ 제곱의 합계가 가장 작게 되는 직선을 얻는 것을 말한다. 즉, 얻어지는 직선의 절편(β_0)과 기울기(β_1)의 값이 최소가 되는 값이 되어야 하며 식 9.8을 이용하여 얻을 수 있다.

$$\sum_{i=1}^{n}(y_i - \hat{y_i})^2 = \sum_{i=1}^{n}(y_i - \widehat{\beta_0} - \widehat{\beta_1} x_i)^2 = \sum_{i=1}^{n} e_i^2 \tag{9.8}$$

이렇게 $\widehat{\beta_0}$과 $\widehat{\beta_1}$을 얻는 방법을 **최소제곱법**(method of least square)이라고 하고, 이 방법으로 얻어진 추정량을 **최소제곱추정량**(least squares estimation, LSE)이라고 한다. 그리고 $(y_i - \hat{y_i})$을 e_i로 표현하며 **잔차**(residual)라고 한다. 잔차란 오차(ϵ_i)의

실제 얻어진 값이라고 생각하면 된다. 여기서 $(y_i - \widehat{y_i})$ 이 잔차임을 다시 확인해보자. 8장의 식 8.9, 8.10에서와 같이

$$\text{(모형)} \qquad Y_i = \beta_0 + \beta_1 x_i + \epsilon_i$$
$$\text{(표본값)} \quad y_i = \widehat{\beta_0} + \widehat{\beta_1} x_i + (y_i - \widehat{\beta_0} - \widehat{\beta_1} x_i)$$

가 됨을 알 수 있다. 그리고 잔차의 합은 항상 0이기 때문에 식 9.8과 같이 잔차제곱합(sum of squares for residual: SSE)이 최소가 되는 $\widehat{\beta_0}$ 과 $\widehat{\beta_1}$ 을 얻으면 n 개의 자료를 가장 고르게 지나는 직선식이 된다는 것이다. 그리고 잔차제곱합은 SSE 로 표현한다.

식 9.8에서 (x_i, y_i) 값은 측정하여 알고 있는 값이므로 $\widehat{\beta_0}$ 와 $\widehat{\beta_1}$ 을 구하려면 식 9.8을 $\widehat{\beta_0}$ 와 $\widehat{\beta_1}$ 으로 각각 편미분(partial derivative)한 결과가 0인 식을 얻어야 한다. 이 식을 **정규방정식**(normal equation)이라고 부른다.

정규방정식으로부터 $\widehat{\beta_0}$ 과 $\widehat{\beta_1}$ 을 구하면 다음과 같다. 즉,

$$\begin{cases} \widehat{\beta_1} = \dfrac{\sum (x_i - \overline{x})(y_i - \overline{y})}{\sum (x_i - \overline{x})^2} \\ \widehat{\beta_0} = \overline{y} - \widehat{\beta_1}\overline{x} \end{cases} \tag{9.9}$$

이다.

간단한 예로 지난 5개월 동안 광고료(X)와 매출액(Y) 의 자료가 표 9.3과 같을 때 광고료를 통해 매출액을 설명하여 보자.

표 9.3 **매출액과 광고료**

광고료(X)	1	2	3	4	5
매출액(Y)	1	1	2	2	4

이 자료에 대한 산점도(scatter plot)는 그림 9.2(A)와 같은데, 이 5개의 좌표점을 가장 고르게 지나는 직선식을 최소제곱법으로 구하는 것이 회귀분석이다.

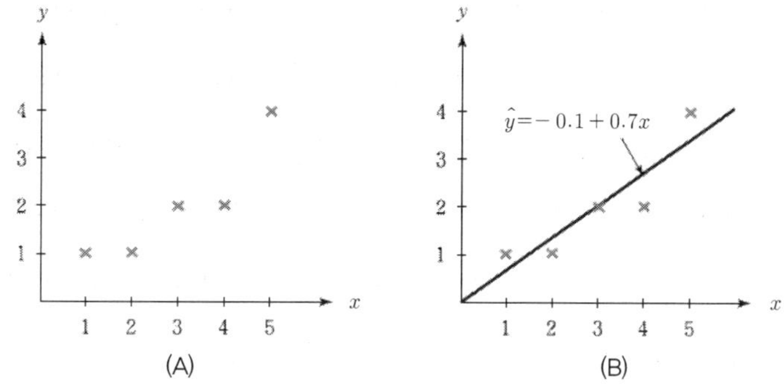

그림 9.2 산포도(A)와 회귀직선(B)

이제 식 9.9의 결과를 얻기 위하여 $(x_i-\overline{x})(y_i-\overline{y})$와 $(x_i-\overline{x})^2$의 값을 얻으면 표 9.4와 같다.

표 9.4 $\widehat{\beta_0}$과 $\widehat{\beta_1}$의 계산과정

x	y	$(x_i-\overline{x})(y_i-\overline{y})$	$(x_i-\overline{x})^2$
1	1	2	4
2	1	1	1
3	2	0	0
4	2	0	1
5	4	4	4
$\overline{x}=3$	$\overline{y}=2$	$\sum(x_i-\overline{x})(y_i-\overline{y})=7$	$\sum(x_i-\overline{x})^2=10$

따라서 β_0와 β_1의 최소제곱법에 의한 추정치들은

$$\widehat{\beta_1}=\frac{\sum(x_i-\overline{x})(y_i-\overline{y})}{\sum(x_i-\overline{x})^2}=\frac{7}{10}=0.7$$

$$\widehat{\beta_0}=\overline{y}-\widehat{\beta_1}\overline{x}=2-(0.7)(3)=-0.1$$

으로 얻어지고, 구하고자 하는 회귀직선은

$$\hat{y}=-0.1+0.7x \tag{9.10}$$

이다. 이 회귀직선은 그림 9.2(B)에서 나타낸다. 식 9.10에 주어진 x의 값을 각각 대입하면 직선상의 값이 각각 얻어지게 되는데 이 식을 적합된 회귀직선(fitted regression line)이라고 부르고, $\hat{y}$ 값을 **적합값**(fitted value)이라고 부른다. 적합치와 잔차 $(y_i - \hat{y_i})$, 잔차제곱합(SSE)의 결과가 표 9.5에 정리되어 있다. 물론 표 9.5에서 $\hat{\beta_0} = -0.1$, $\hat{\beta_1} = 0.7$을 사용하였을 때 잔차제곱합의 값이 1.10으로 가장 작게 되고, 다른 값을 사용할 경우 잔차제곱합은 1.10보다 큰 값으로 얻어질 것이다.

표 9.5 적합값과 잔차, 잔차제곱

x	y	$\hat{y} = -0.1 + 0.7x$	$e_i = y_i - \hat{y_i}$	e_i^2
1	1	0.6	0.4	0.16
2	1	1.3	-0.3	0.09
3	2	2.0	0	0
4	2	2.7	-0.7	0.49
5	4	3.4	0.6	0.36
–	–	–	$\sum e_i = 0$	$SSE = 1.10$

앞서 설명한 표 9.3 자료에 대한 프로그램과 출력 결과는 다음과 같다.

프로그램 코드

in ▸

```
import numpy as np
import pandas as pd
import statsmodels.formula.api as smf

x=np.array([1,2,3,4,5])
y=np.array([1,1,2,2,4])
d={'y':y, 'x':x}
data=pd.DataFrame(data=d)

fit1=smf.ols('y~x', data=data).fit()
print(fit1.summary())

from statsmodels.stats.anova import anova_lm
anova_lm(fit1)
```

np 배열을 사용하고, 데이터 프레임 구조를 적용하기 위해 numpy와 pandas를 import 한다. 그리고 통계적 분석에 널리 사용되는 statsmodels를 import한다. ols는 ordinary least squares의 약자로 최소제곱법으로 회귀분석을 수행하는 함수이다. anova_lm()은 회귀모형에 대한 분산분석표를 출력한다.

프로그램 출력 결과

```
out ▸                        OLS Regression Results
         ==============================================================================
         Dep. Variable:                      y   R-squared:                       0.817
         Model:                            OLS   Adj. R-squared:                  0.756
         Method:                 Least Squares   F-statistic:                     13.36
         Date:                Thu, 18 Nov 2021   Prob (F-statistic):             0.0354
         Time:                        18:39:09   Log-Likelihood:                -3.3094
         No. Observations:                   5   AIC:                             10.62
         Df Residuals:                       3   BIC:                             9.838
         Df Model:                           1
         Covariance Type:            nonrobust
         ==============================================================================
                          coef    std err          t      P>|t|      [0.025      0.975]
         ------------------------------------------------------------------------------
         Intercept     -0.1000      0.635     -0.157      0.885      -2.121       1.921
         x              0.7000      0.191      3.656      0.035       0.091       1.309
         ==============================================================================
         Omnibus:                          nan   Durbin-Watson:                   2.509
         Prob(Omnibus):                    nan   Jarque-Bera (JB):                0.396
         Skew:                          -0.174   Prob(JB):                        0.821
         Kurtosis:                       1.667   Cond. No.                         8.37
```

프로그램 출력 결과에 대한 설명은 9.3절에서 다룬다.

9.1.2 오차의 분산(σ^2) 추정치

단순회귀모형에서 추정되어야 하는 모수는 β_0, β_1, σ^2 이다. 식 9.5에서 β_0와 β_1은 얻어진 표본, $\{(x_1, y_1), \cdots, (x_n, y_n)\}$으로부터 식 9.9와 같이 추정되는데 오차($\epsilon$)라는 확률변수의 분산($\sigma^2$)은 어떻게 추정할 것인가?

당연히 오차(ϵ)의 실현된 값인 잔차값을 표본값처럼 취급하여 σ^2를 추정하면 된다. 즉, 확률변수 ϵ에 대해 얻어진 값이

$$\{\epsilon_1, \epsilon_2, \cdots, \epsilon_n\}$$

이므로 이 잔차로부터 분산을 얻으면

$$\hat{\sigma}^2 = \frac{\sum_{i=1}^{n}(e_i - \overline{e})^2}{\text{자유도}} = \frac{\sum_{i=1}^{n} e_i^2}{\text{자유도}} = \frac{\sum_{i=1}^{n}(y_i - \widehat{\beta_0} - \widehat{\beta_1}x_i)^2}{(n-2)} \tag{9.11}$$

가 σ^2의 추정치이다. 여기서 잔차의 평균($\overline{e}$)은 0이고, 자유도는 제곱하여 합한 것이 n개이지만 그 안에 추정된 모수가 두 개($\widehat{\beta_0}$, $\widehat{\beta_1}$) 있으므로 $(n-2)$가 된다. 다시 말하면 $\widehat{\beta_0}$와 $\widehat{\beta_1}$을 얻을 때 각각 자유도를 하나씩 잃어버린다고 생각하면 된다.

표 9.3의 자료에 대한 식 9.11의 값은 0.367이며 분산분석표의 평균잔차제곱에 나타나게 된다.

9.2 $\hat{\beta}_1$에 대한 통계적 성질

여기서는 앞 절에서 구한 $\widehat{\beta_1}$에 대해 더 자세하게 설명한다. 먼저 $\widehat{\beta_1}$은 단순선형회귀모형에서의 기울기(β_1)에 대한 추정치로 X가 한 단위 증가할 때 Y가 얼마나 증가 혹은 감소하는지를 나타내 주는 지표이다. 그리고 그 값은

$$\widehat{\beta_1} = \frac{\sum(x_i - \overline{x})(y_i - \overline{y})}{\sum(x_i - \overline{x})^2} \tag{9.12}$$

로 계산된다.

즉, X와 Y에 대한 자료가 $\{(x_1, y_1), \cdots, (x_n, y_n)\}$으로 얻어질 때 $\widehat{\beta_1}$값을 계산

할 수 있는데 Y를 확률변수로 표현한다면 즉,

$$\{(x_1,\ Y_1),\ (x_2,\ Y_2),\ \cdots,\ (x_n,\ Y_n)\}$$

이고 이 경우에 대해서는 $\widehat{\beta_1}$ 을

$$\widehat{\boldsymbol{\beta}_1} = \frac{\sum(x_i - \overline{x})(Y_i - \overline{Y})}{\sum(x_i - \overline{x})^2} \tag{9.13}$$

로 표현할 수 있을 것이다.

그러면 Y_i와 $\overline{Y}$가 확률변수이므로 이들로 표현된 $\widehat{\boldsymbol{\beta}_1}$ 은 하나의 통계량으로서 확률변수이며 확률분포를 갖게 된다. 앞의 식 9.6에서 Y_i가 정규분포를 따른다고 가정하였으므로, $\overline{Y}$도 정규분포를 따르고 따라서 $\widehat{\boldsymbol{\beta}_1}$ 도 정규분포를 따르게 된다. 즉,

$$\widehat{\boldsymbol{\beta}_1} \sim N\left(\beta_1,\ \frac{\sigma^2}{\sum(x_i - \overline{x})^2}\right) \tag{9.14}$$

이다. 이 결과를 얻는 과정을 본 교재의 수준을 넘어 생략하며 그 결과만을 놓고 볼 때 $\widehat{\boldsymbol{\beta}_1}$ 은 β_1 의 **불편추정량**(unbiased estimator)임을 알 수 있다. 다시 말하면 이론적으로 $\widehat{\boldsymbol{\beta}_1}$ 의 값들은 알려지지 않은 β_1 을 평균으로 하여 정규분포를 따르게 되는데 Y에 대한 관찰치가 얻어질 때 구체적인 $\widehat{\beta_1}$ 값이 식 9.12로 계산되어 얻어지는 것이다. 이는 $\overline{X}$ 에 대한 분포와 똑같은 원리이다.

이제 계산된 $\widehat{\beta_1}$ 값을 사용해도 좋은지의 여부를 판단하여야 한다. 자료에 따라 $\widehat{\beta_1}$ 의 값은 얼마든지 큰 값이 될 수도 있지만, 이 값이 과연 유의적인가를 결정하려면 다음과 같은 가설검정을 해야만 한다. 즉, 가설은

$$H_0\ :\ \beta_1 = 0 \quad v.s. \quad H_1\ :\ \beta_1 \neq 0$$

와 같다.

귀무가설은 X와 Y가 아무런 관계가 아니어서 직선의 함수 관계를 얻을 수 없다

는 것을 시사한다. 따라서 H_0가 기각되어야 계산된 $\widehat{\beta}_1$값을 사용하여 X와 Y의 관계식을 얻을 수 있다. 가설검정의 과정은 6장에서의 평균에 대한 가설검정 절차와 같다. 즉,

$$\text{검정통계량 : } \widehat{\boldsymbol{\beta}}_{\mathbf{1}} \tag{9.15}$$

$$H_0 \text{의 기각역 : } \widehat{\boldsymbol{\beta}}_{\mathbf{1}} < 0 - t_{\alpha/2}\frac{\hat{\sigma}}{\sqrt{\sum(x_i-\overline{x})^2}}$$

$$\text{또는 } \widehat{\boldsymbol{\beta}}_{\mathbf{1}} > 0 + t_{\alpha/2}\frac{\hat{\sigma}}{\sqrt{\sum(x_i-\overline{x})^2}}$$

이다. 여기서 $\hat{\sigma}$은 식 (9.11)로부터 얻어진 것이다.

또한, H_0의 기각역을

$$\frac{\widehat{\boldsymbol{\beta}}_{\mathbf{1}}}{\hat{\sigma}/\sqrt{\sum(x_i-\overline{x})^2}} < -t_{\alpha/2} \tag{9.16}$$

$$\frac{\widehat{\boldsymbol{\beta}}_{\mathbf{1}}}{\hat{\sigma}/\sqrt{\sum(x_i-\overline{x})^2}} > t_{\alpha/2}$$

로 표현할 수 있다. 프로그램은 입력된 자료로부터 계산된 t값

$$t = \frac{\widehat{\beta}_1}{\hat{\sigma}/\sqrt{\sum(x_i-\overline{x})^2}}$$

으로 자유도 $(n-2)$인 t-분포를 이용하여 정확한 p값을 제공한다.

예제 9.1

앞의 판매액-광고료의 자료에서 얻어진 $\beta_1=0.7$이 유의적인가를 가설검정하여 보자. 물론 가설은

$$H_0 : \beta_1 = 0 \quad v.s. \quad H_1 : \beta_1 \neq 0$$

이고, t 값은

$$t = \frac{\widehat{\beta_1}}{\hat{\sigma}/\sqrt{\sum(x_i - \overline{x})^2}} = \frac{0.7}{0.6055/\sqrt{10}} = \frac{0.7}{0.1915} = 3.656$$

이다.

자유도 (5-2)=3에서 $\alpha = 0.05$에 대한 t 값이 $t_{0.025(3)} = 3.182$이므로 식 9.16의 기각역에 따라 H_0을 기각한다. 또한 프로그램을 사용할 경우 앞의 '프로그램 출력 결과'에서 볼 수 있듯이 계산된 t 값은 3.66이고 이 가설검정의 p값은 0.0354이다.

[$\widehat{\beta_1}$에 대한 p-value]

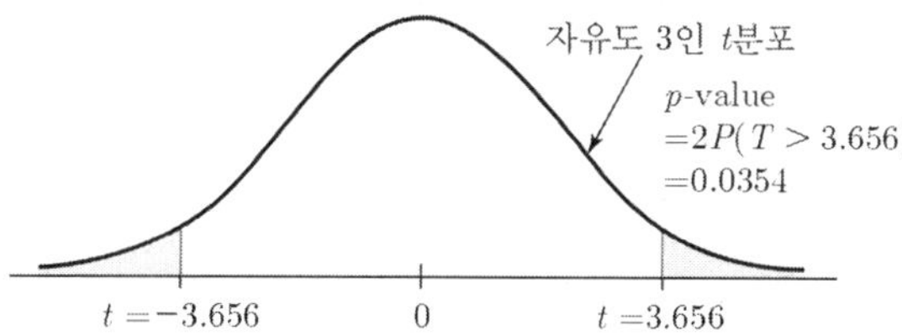

여기서 절편 β_0에 대해서는 그다지 주목할 필요가 없다. 왜냐하면 X와 Y의 관계는 β_1로 결정되는 것이고 β_0는 $x = 0$일 때의 y값을 나타내는 것이기 때문에 경우에 따라서 해석할 필요가 없기 때문이다.

만일 절편이라는 것이 이론적·경험적으로 무의미한 경우에는 원점을 지나는 회귀선을 모형으로 회귀분석을 수행하여야 할 것이다(9.6절 참조).

9.3 $\hat{Y}$에 대한 통계적 성질

앞에서 설명한 대로 절편과 기울기를 추정하여

$$\widehat{y_i} = \widehat{\beta_0} + \widehat{\beta_1} x_i \tag{9.17}$$

의 관계식을 얻었을 때, 주어진 x 값 $\{x_1, x_2, \cdots, x_n\}$에 대한 $\hat{y}$ 값 $\{\widehat{y_1}, \widehat{y_2}, \cdots, \widehat{y_n}\}$

을 **적합값**(fitted value)이라고 부른다. 적합치를 확률변수

$$\widehat{Y}_i = \widehat{\boldsymbol{\beta}_0} + \widehat{\boldsymbol{\beta}_1} \boldsymbol{x_i} \tag{9.18}$$

로 표현할 수도 있는데 $\widehat{\boldsymbol{\beta}_0}$과 $\widehat{\boldsymbol{\beta}_1}$을 추정량으로 표현할 경우 $\widehat{Y}_i$도 추정량이 된다.

식 9.18의 오른쪽 항은 $E(Y_i) = \beta_0 + \beta_1 x_i$에서 β_0와 β_1을 추정하여 대입하는 것이므로 $(\beta_0 + \beta_1 x_i)$를 추정하는 것이고 $E(Y_i)$의 추정량이다. 다시 말하면 주어진 x_i값에서 Y의 평균을 추정하는 것이다.

또한, 식 9.18의 관계식을 이용하여 어떤 값 x_0에서 Y의 값이 얼마일지 예측할 수 있다. 이것은 회귀분석을 하는 2차 목적으로 설명변수의 얻어진 값 $\{x_1, x_2, \cdots, x_n\}$의 범위에서 크게 벗어나지 않는 x값에서 Y를 예측하고자 하는 것이다.

회귀분석의 목적에 따라 $\widehat{Y}_i$의 통계적 성질이 달라지는데 먼저 $\widehat{Y}_i$이 $E(Y_i)$를 추정하기 위해 사용될 경우, $\widehat{Y}_i$은

$$\widehat{Y}_i \sim N\left(E(Y_i),\ \sigma^2\left(\frac{1}{n} + \frac{(x_i - \overline{x})^2}{\sum(x_i - \overline{x})^2}\right)\right) \tag{9.19}$$

의 분포로 취급되고, 둘째로 주어진 어떤 값 x_0에서 Y를 예측할 경우에는

$$\widehat{Y}_0 \sim N\left(\beta_0 + \beta_1 x_0,\ \sigma^2\left(1 + \frac{1}{n} + \frac{(x_0 - \overline{x})^2}{\sum(x_i - \overline{x})^2}\right)\right) \tag{9.20}$$

의 분포가 사용된다. 식 9.19와 식 9.20의 차이점은 분산이 다른 것이다. 즉, 예측의 목적으로 사용될 경우 분산이 σ^2만큼 크다. 이것은 미래의 예측이기 때문에 $\widehat{Y}$값이 더 다양하게 얻어질 수 있다는 것을 의미한다고 생각하면 된다.

앞의 표 9.3 매출액과 광고료 자료에 대해 $\widehat{Y}$을 설명하여 보자. 즉,

(1) 광고료가 4일 경우($x=4$) 매출액의 평균

매출액($\widehat{Y}$)은 평균이 $\beta_0+\beta_1(4)$, 분산이 $\sigma^2\left(1/n+(4-\overline{x})^2/\sum(x_i-\overline{x})\right)$인 정규분포를 따른다는 것이다. 따라서 광고료 4인 경우의 매출액 평균($E(Y)=\beta_0+4\beta_1$)에 대한 95% 신뢰수준에서의 신뢰구간을 얻고자 한다면 그 결과는

$$\widehat{Y}\pm t_{0.025(4)}\hat{\sigma}\sqrt{\frac{1}{n}+\frac{(4-\overline{x})^2}{\sum(x_i-\overline{x})^2}}$$

$$\Rightarrow\ 2.7\pm(3.182)(0.6055)\sqrt{\frac{1}{5}+\frac{(4-3)^2}{10}}$$

$$\Rightarrow\ (1.6445,\ 3.7555)$$

로 얻어진다.

(2) 다음 달에 광고료를 4만큼 지불할 경우 매출액의 예측

다음 달 매출액의 예측값은 $\hat{y}=-0.1+0.7x$에 4를 대입하면 $\hat{y}=2.7$을 얻을 수 있다. 그렇다면 다음 달의 예상 매출액에 대한 구간추정은 식 9.20을 이용하여

$$\widehat{Y}\pm t_{0.025(4)}\hat{\sigma}\sqrt{1+\frac{1}{n}+\frac{(4-\overline{x})^2}{\sum(x_i-\overline{x})^2}}$$

$$\Rightarrow\ 2.7\pm(3.182)(0.6055)\sqrt{1+\frac{1}{5}+\frac{(4-3)^2}{10}}$$

$$\Rightarrow\ (0.5028,\ 4.8972)$$

이다.

두 가지 결과를 비교하면 예상 매출액에 대한 신뢰구간이 평균 매출액을 다룰 때보다 크게 얻어지는데, 앞에서 설명한 대로 미래 시점에 대한 예상치는 보다 큰 범위 내에서 얻어지게 됨을 시사한다.

9.4 결정계수

회귀분석 결과를 해석하는 데에 중요한 요소 중의 하나로서 **결정계수**가 있다. 결정계수란 설명변수가 Y의 변동을 설명하는 지표로서 비율로 얻어진다. 결정계수를 자세히 설명하기 전에 회귀분석에서의 분산분석표에 대해 알아보자.

단순회귀모형 $Y_i = \beta_0 + \beta_1 x_i + \epsilon_i$로부터 분산분석표가 얻어지는데 그 과정은 다음과 같다.

먼저 다음과 같은 식을 생각해 보자. 이 식은 편차 $(y_i - \overline{y})$를 두 개의 항으로 나누어 본 것이다. 즉,

$$y_i - \overline{y} = (y_i - \hat{y_i}) + (\hat{y_i} - \overline{y}) \tag{9.21}$$

$$\Rightarrow (y_i - \overline{y})^2 = (y_i - \hat{y_i})^2 + (\hat{y_i} - \overline{y})^2 + 2(y_i - \hat{y_i})(\hat{y_i} - \overline{y})$$

이므로 모든 자료에 대한 합은

$$\sum_{i=1}^{n}(y_i - \overline{y})^2 = \sum_{i=1}^{n}(y_i - \hat{y_i})^2 + \sum_{i=1}^{n}(\hat{y_i} - \overline{y})^2 \tag{9.22}$$

이 된다. 여기서 $\sum 2(y_i - \hat{y_i})(\hat{y_i} - \overline{y})$는 0이다. 식 9.22의 세 항을 각각

$\sum_{i=1}^{n}(y_i - \overline{y})^2$: 총 제곱합(total sum of squares, SST)

$\sum_{i=1}^{n}(y_i - \hat{y_i})^2$: 잔차제곱합(sum of squares for residual, SSE)

$\sum_{i=1}^{n}(\hat{y_i} - \overline{y})^2$: 회귀제곱합(sum of squares for regression, SSR)

이라고 부른다. 이 제곱합의 자유도는 다음의 관계에 있다. 즉,

$$\underset{SST\ \text{자유도}}{(n-1)} = \underset{SSE\ \text{자유도}}{(n-2)} + \underset{SSR\ \text{자유도}}{1}$$

이다. 그러므로 제곱합과 각각의 자유도로 구성되는 분산분석표는 표 9.6과 같다.

표 9.6 단순회귀모형의 분산분석표 결과

요인	제곱합	자유도	평균제곱합	F	유의확률
모형	SSR	1	$MSR=\dfrac{SSR}{1}$	$\dfrac{MSR}{MSE}$	
잔차	SSE	$n-2$	$MSE=\dfrac{SSE}{(n-2)}$		
전체	SST	$n-1$			

여기서 식 9.22의 세 제곱합의 관계식을 그래프로 이해하여 보자. 우선 다음의 그림 9.3은 한 점 x_i 에서의 편차 $(y_i - \overline{y})$ 가 어떻게 나누어져 있는지를 보여주고 있다. 즉, x_i 에서의 편차 $(y_i - \overline{y})$ 는 $(y_i - \widehat{y_i})$ 과 $(\widehat{y_i} - \overline{y})$ 의 합으로 나타난다(식 9.21 참조).

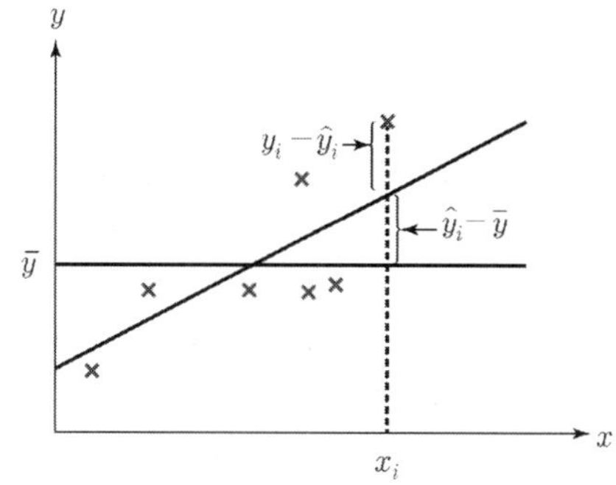

그림 9.3 총 제곱합의 분할

이 두 부분 중에서 $(\widehat{y_i} - \overline{y})$ 는 기울기를 결정하는 부분이다. 그리고 기울기 $\hat{\beta}_1$ 은 X와 Y의 관계를 나타내며 X로 Y가 어떻게 설명되는지 결정해 주는 요소이다. 그러므로 X에 의해 Y가 설명되는 부분 $(\widehat{y_i} - \overline{y})$ 을 제곱하여 합한 회귀제곱합(SSR)을 회귀선에 의해 설명이 되는 변동이라고 한다. 또 다른 부분 $(y_i - \widehat{y_i})$ 은 잔차로

X에 의해 Y가 설명될 수 없는 부분이다. 그러므로 $(y_i - \hat{y_i})$을 제곱하여 합한 잔차 제곱합(SSE)을 회귀선에 의해 설명이 되지 않는 변동이라고 한다. 따라서

$$SST \quad = \quad SSE \quad + \quad SSR$$

⇨ 총 변동 = 회귀선에 의해 설명되지 않는 변동 + 회귀선에 의해 설명되는 변동

으로 표현될 수 있다. 여기서 총 변동 중에서 설명변동이 차지하는 비율을 **결정계수** (determination coefficient)라고 부른다. 즉,

$$R^2 = \frac{SSR}{SST} \tag{9.23}$$

이다. 결정계수란 총 변동 중에서 X에 의해 Y가 설명되는 변동이 차지하는 비율이므로 Y가 설명변수(X)로 어느 정도 설명되는지를 나타내는 지표이다. 물론 $0 \leq R^2 \leq 1$이다.

표 9.3의 매출액–광고료에 대한 분석 결과는 '프로그램 출력 결과'와 같다. 결정계수는 $R^2 = 4.9/6.0 = 0.82$이다. 즉, 광고료로 매출액을 82% 설명할 수 있다.

프로그램 출력 결과

```
out ▸                        OLS Regression Results
       ==============================================================================
       Dep. Variable:                      y   R-squared:                       0.817
       Model:                            OLS   Adj. R-squared:                  0.756
       Method:                 Least Squares   F-statistic:                     13.36
       Date:                Thu, 18 Nov 2021   Prob (F-statistic):             0.0354
       Time:                        18:39:09   Log-Likelihood:                -3.3094
       No. Observations:                   5   AIC:                             10.62
       Df Residuals:                       3   BIC:                             9.838
       Df Model:                           1
       Covariance Type:            nonrobust
       ==============================================================================
                        coef    std err          t      P>|t|      [0.025      0.975]
       ------------------------------------------------------------------------------
       Intercept     -0.1000      0.635     -0.157      0.885      -2.121       1.921
       x              0.7000      0.191      3.656      0.035       0.091       1.309
```

```
==============================================================================
Omnibus:                          nan   Durbin-Watson:                   2.509
Prob(Omnibus):                    nan   Jarque-Bera (JB):                0.396
Skew:                          -0.174   Prob(JB):                        0.821
Kurtosis:                       1.667   Cond. No.                         8.37
------------------------------------------------------------------------------
            df  sum_sq   mean_sq          F    PR(>F)
x          1.0     4.9  4.900000  13.363636  0.035353
Residual   3.0     1.1  0.366667        NaN       NaN
```

결정계수와는 다른 용도로 사용되는 **수정된**(adjusted) **결정계수**가 있다. 수정된 결정계수는 새로 추가된 설명변수가 의미있는지 판단하는 기준으로 사용되며

$$R^2_{adj} = 1 - \frac{SSE/(n-1-p)}{SST/(n-1)} \tag{9.24}$$

로 정의된다.

9.5 잔차분석

앞의 8장의 분산분석에서 설명했던 바와 같이 모형을 설정하고 오차에 대한 가정이 필요하다면 그 가정이 맞는지 검토하여야 한다. 즉, 단순회귀모형

$$Y_i = \beta_0 + \beta_1 x_i + \epsilon_i, \quad i = 1, \cdots, n$$

$$(\text{가정}) \quad \epsilon_i \sim N(0, \sigma^2)$$

는 오차(ϵ_i)의 모든 i에 대해서 평균은 0이고, 분산은 일정하게(equal variance) σ^2인 정규분포를 따른다고 가정하며, X와 Y의 관계를 1차식으로 둔다. 그러므로 오차에 대한 가정 자체가 타당하지 않다면 X와 Y의 1차식 관계도 문제가 있어 회귀분석

결과를 사용할 수 없다. 따라서 오차에 대한 가정의 타당성 여부를 검토하여야 한다.

오차에 대한 가정의 타당성 여부는 잔차로 수행한다. 왜냐하면 X와 Y에 대한 표본값으로 $\hat{y}=\hat{\beta_0}+\hat{\beta_1}x$의 관계가 얻어지고 이 추정된 관계식으로부터 오차에 대한 정보, 즉 잔차가 얻어지기 때문이다.

잔차의 합은 항상 0이다. 그러므로 오차에 대한 정규분포 여부와 등분산을 검토하게 되는데 잔차의 분포가 정규분포를 따르는지는 **정규확률지**(normal probability plot)를 사용하여 확인할 수 있다. 정규분포확률지는 정규분포확률도표라고도 하며 정규분포를 일직선의 형태로 표현하는데, 그 기준선에 자료가 가까울수록 정규분포를 따른다고 할 수 있다. 그림 9.4는 어떤 자료의 정규확률지이며 기준선 위에 거의 모든 자료가 가깝게 분포하므로 이 자료는 정규분포를 따른다고 할 수 있다.

또한 프로그램을 사용할 경우, 샤피로 윌크스(Shapiro−Wilks) 검정을 이용하여 자료의 정규성 여부를 검정할 수 있다. 검정통계량은 W로 표시한다. 가설은

H_0 : 자료는 정규분포를 따른다.

H_1 : 자료는 정규분포를 따르지 않는다.

이며 p값($\Pr < W$로 표현)이 커야만 자료는 정규분포를 따른다고 할 수 있다(2장의 표 2.1 참조).

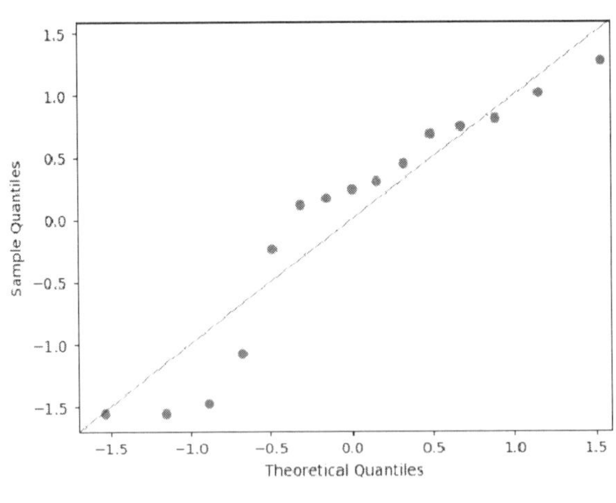

그림 9.4 정규확률지의 예

등분산의 가정은 잔차도표를 보면 알 수 있다. 적합치$(\hat{y})$에 대한 잔차(e_i)의 잔차도표가 아무런 패턴을 보이지 않고 일정한 폭 안에 분포할 경우 그림 9.5(A), 회귀분석모형의 등분산 가정이 성립함을 나타낸다. 그러나 그림 9.5(B)와 같이 $\hat{y}$의 값이 증가할 때 잔차가 폭넓게 분포하거나 그림 9.5(C)와 같이 어떤 패턴(포물선)을 보인다면 등분산 가정은 성립되지 않음을 의미한다. 이 경우에 대해서는 다른 적절한 조치를 취하여 회귀분석을 적용해야 한다(9.7절 참조).

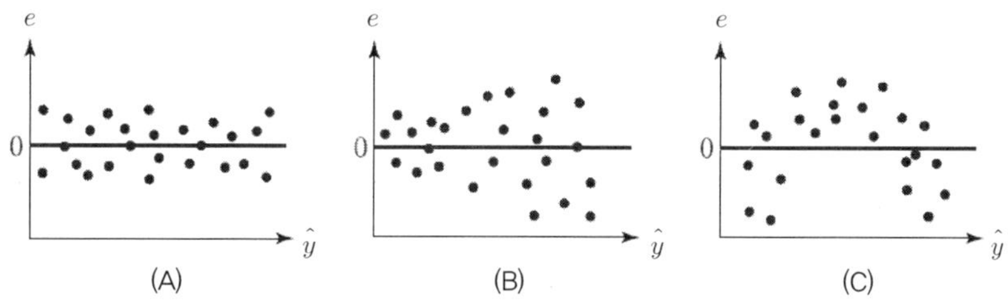

그림 9.5 여러 가지 형태의 잔차분포

9.5.1 스튜던트화 잔차

여기서는 표준화(standardized) 잔차와 스튜던트화(studentized) 잔차에 대해 설명한다. 먼저 표준화 잔차는 단순히 잔차값의 단위를 제거하면서 잔차의 분산이 1이 되도록 하는 것으로

$$\frac{e_i - \bar{e}}{\hat{\sigma}} = \frac{\boldsymbol{e_i}}{\hat{\sigma}}$$

으로 구해진다. 이와 같은 표준화 잔차는 단위를 없애고 분산을 1로 한 것이기 때문에 단위가 있는 잔차로 얻어진 잔차도표와 그 분포의 형태가 같다.

이제 잔차를 확률변수로 생각해 보자. 즉, 잔차를

$$\boldsymbol{e_i} = Y_i - \widehat{Y}_i$$

로 표현하면 확률변수인 $\boldsymbol{e_i}$는 분산을 갖는다. 그러면 $\boldsymbol{e_i}$의 표준화는

$$\frac{\boldsymbol{e_i} - E(\boldsymbol{e_i})}{s.e.(\boldsymbol{e_i})} = \frac{\boldsymbol{e_i}}{s.e.(\boldsymbol{e_i})}$$

가 된다. 이러한 잔차를 스튜던트화 잔차라고 부른다. 위의 식에서 $s.e.(\boldsymbol{e_i})$는 $\boldsymbol{e_i}$의 표준편차인데, 이에 대한 설명은 이 교재의 수준을 벗어나므로 자세한 설명은 생략한다. 다만 프로그램에서는 표준화 잔차, 스튜던트화 잔차 모두 계산이 가능하다. 표준화 잔차는 모든 잔차를 한 값$(\hat{\sigma})$으로 나누어주지만 스튜던트 잔차는 각 잔차의 표준오차로 나누어준 것이므로 잔차도표는 스튜던트화 잔차로 얻는 것이 바람직하다.

즉, 스튜던트화 잔차값(Y－축), 설명변수의 값(X－축)으로 도표를 만들 경우, 스튜던트화 잔차가 0을 기준으로 대칭이며 X_i값에 따라 크게 다르지 않고, $(-2, 2)$ 범위를 벗어나는 스튜던트화 잔차가 많지 않을 때, 오차(ϵ_i)에 대한 가정을 만족한다고 보면 된다.

여기서 $(-2, 2)$ 범위를 벗어나는 스튜던트화 잔차가 있을 경우, 그 잔차에 해당하는 관찰치(y_i)를 이상치(outlier)라고 한다. 이럴 경우, 그 이상치가 얻어진 이유를 별도로 살펴보고 특이한 상황에서 얻어진 관찰치라면 그 관찰치를 제외한 후 다시 회귀분석을 할 수도 있다. 다시 말하면 이상치를 포함할 경우와 제외할 경우를 비교해보는 것도 의미 있는 일이다.

마지막으로 8장에서도 언급하였지만 잔차분석은 회귀분석뿐만 아니라 분산분석에서도 필요하다. 분산분석은 회귀분석의 특수한 경우이기 때문이다. 물론 이 역시 교재의 수준을 벗어난 것이므로 이에 대한 설명은 생략한다.

9.6 원점을 지나는 회귀모형

지금까지 다루었던 회귀모형$(Y_i = \beta_0 + \beta_1 x_i + \epsilon_i)$보다는 원점을 지나는 회귀모형을 다룰 경우도 간혹 있다. 예를 들면, 생산량(X)과 가용 비용(Y) 간의 관계는 X가 0일 때 Y도 0이 되는 경우이므로 원점을 지나는 회귀모형을 설정하여야 한다. 또 다른 예로 편의점에서 판매하는 복권의 종류 수(X)와 복권 판매량(Y) 간의 관계에 대해 회귀모형을 설정한다면, 어떤 편의점에서 복권을 판매하지 않을 경우 $X=0$일 것이고, 이때 $Y=0$인 값이 관찰치로 얻어질 것이므로 원점을 지나는 모형이 적합하다. 따라서 회귀분석하고자 하는 자료의 유형에 따라 원점을 지나는 모형을 고려할 수도 있다.

원점을 지나는 회귀모형은

$$Y_i = \beta_1 x_i + \epsilon_i, \quad i = 1, \cdots, n$$
$$(\text{가정}) \quad \epsilon_i \sim N(0, \sigma^2)$$

이다. 이 모형은 앞에서 다루었던 모형에서 β_0가 제외됐을 뿐이다.

최소제곱법에 의한 β_1의 추정치는

$$\widehat{\beta_1} = \frac{\sum_{i=1}^{n} x_i y_i}{\sum_{i=1}^{n} x_i^2}$$

이고, 잔차는 물론

$$e_i = y_i - \widehat{y_i} = y_i - \widehat{\beta_1} x_i$$

이며 σ^2의 추정치는

$$\sigma^2 = MSE = \frac{\sum_{i=1}^{n} (y_i - \widehat{\beta_1} x_i)^2}{n-1} = \frac{\sum_{i=1}^{n} (y_i - \overline{y}_i)^2}{n-1}$$

이다(식 9.11 참조). 여기서 주목할 점은 원점을 지나는 회귀모형에서 얻어진 잔차의 평균은 반드시 0은 아니라는 점이다.

원점을 지나는 회귀모형을 사용할 때는 유의사항이 있다. 우선 회귀선이 원점을 지나야 한다고 믿어져도 선형이 아닌 비선형일 가능성과 오차의 등분산성을 확인하여야 한다. 또한 표본의 크기가 작지 않으면 원점을 지나는 모형에 적합하기보다 절편이 있는 모형을 회귀분석하여 절편에 대한 유의성 여부를 판단한 후, 원점을 지나는 모형으로 회귀분석하는 것이 더 바람직한 결과를 얻을 수 있다.

예제 9.2

어느 컨설팅 회사에서는 컨설턴트가 프로젝트를 수행하는 데 소요되는 시간(X)과 수주금액(Y)에 대한 관계를 알아보고자 하여 12개의 프로젝트에 대한 X와 Y의 자료를 얻었다.

X	20	196	115	50	122	100	33	154	80	147	182	160
Y	114	921	560	245	575	475	138	727	375	670	828	762

이 문제는 전형적인 원점을 지나는 회귀선을 구하는 문제로 회귀선은

$$\hat{Y} = 4.6853x$$

이다. 여기서 β_1은 시간당 수주액을 의미하므로 컨설턴트의 시간당 수주액의 추정치는 4.6853이며, 시간당 수주액(β_1)의 95% 신뢰구간은 (4.61, 4.76)이다. 다시 말하면 프로젝트를 컨설팅하는 데 시간당 평균적으로 4.6853 수입을 올리고 있다고 말할 수 있다.

프로그램 코드

```
in ▸    import numpy as np
        import pandas as pd
        import statsmodels.formula.api as smf

        x=np.array([20,196,115,50,122,100,33,154,80,147,182,160])
        y=np.array([114,921,560,245,575,475,138,727,375,670,828,762])
        d={'y':y, 'x':x}
        data=pd.DataFrame(data=d)

        fit=smf.ols('y~x-1', data=data).fit()
        print(fit.summary())
```

'statsmodels.formula.api'를 import하면 간단하게 상수항이 제외된 회귀분석을 할 수 있다. 모형식 정의에서 '종속변수~독립변수−1'을 입력하면 되는데 여기서 −1은 상수항을 제외한다는 의미이다.

프로그램 출력 결과 회귀분석 결과

```
out ▸                       OLS Regression Results
     =======================================================================
     Dep. Variable:                  y   R-squared (uncentered):         0.999
     Model:                        OLS   Adj. R-squared (uncentered):    0.999
     Method:             Least Squares   F-statistic:                1.876e+04
     Date:            Fri, 19 Nov 2021   Prob (F-statistic):          3.93e-19
     Time:                    15:48:48   Log-Likelihood:               -48.960
     No. Observations:              12   AIC:                            99.92
     Df Residuals:                  11   BIC:                            100.4
     Df Model:                       1
     Covariance Type:   nonrobust
     =======================================================================
                coef   std err         t   P>|t|   [0.025   0.975]
     -----------------------------------------------------------------------
     x        4.6853     0.034   136.976   0.000    4.610    4.761
     =======================================================================
     Omnibus:                    1.104   Durbin-Watson:                1.482
     Prob(Omnibus):              0.576   Jarque-Bera (JB):             0.902
     Skew:                      -0.542   Prob(JB):                     0.637
     Kurtosis:                   2.207   Cond. No.                      1.00
     =======================================================================
```

프로그램 출력 결과 베타의 신뢰구간

```
out ▸  fit.conf_int(alpha=0.05).round(3)

           0      1
       x  4.61  4.761
```

'fit.conf_int(alpha=0.05).round(3)'는 회귀분석을 해서 계산된 베타에 대하여 95% 신뢰구간을 구한다. round(3)에서는 출력하는 결과의 소수점 자리를 정의한다. '프로그램 출력 결과'를 보면 독립변수가 하나인 원점을 지나는 회귀모형이므로 β_1 에 대한 신뢰구간(4.61, 4.761)만을 도출하였다.

9.7 변수변환

선형회귀모형 $Y = \beta_0 + \beta_1 x + \epsilon$ 이 X와 Y의 관계를 나타내는 데 부적합한 경우도 많이 있다. 더욱이 오차(ϵ)에 대한 가정($\epsilon \sim N(0, \sigma^2)$)이 타당하지 못한 경우도 자주 당면하는 문제이다. 여기서 다루는 문제는 설명변수와 반응변수 간의 관계를 더 정확하게 파악하는 것이 목적이며 설명변수 X나 반응변수 Y를 변환시켜 회귀분석을 수행하는 방법이다.

9.7.1 비선형의 관계: X만을 변환시키는 경우

먼저 오차의 분포가 정규분포에 가깝고, 등분산의 가정도 만족하지만 **비선형**(non-linear)의 관계에 있는 (X, Y)의 자료에 대해서는 설명변수 X를 변환시키면 된다. 이와 같은 경우에는 Y에 대해서는 변환을 시키지 않아야 하는데, Y를 변환시키면 오차에 대한 분포가 달라지기 때문이다.

그림 9.6은 대표적인 비선형의 관계의 X와 Y를 나타내고 있다. 설명변수 X의 값에 대해 Y가 취하는 값들의 범위가 거의 일정하므로 등분산의 가정은 충족되지만, 기본적으로 X와 Y가 직선의 관계를 보이지 않는 경우이다. 그림 9.6(A)와 같은 관계는 X 대신 $\log X$ 또는 $\sqrt{X}$를 사용하면 X와 Y의 관계를 더 잘 나타낼 수 있으며, 그림 9.6(B)에서는 X^2이나 e^X를 사용하는 것이 바람직하다. 그림 9.6(C)와 같다면 $1/X$나 e^{-X}를 X 대신 설명변수로 취하는 것이 바람직하다. 반응변수 Y에

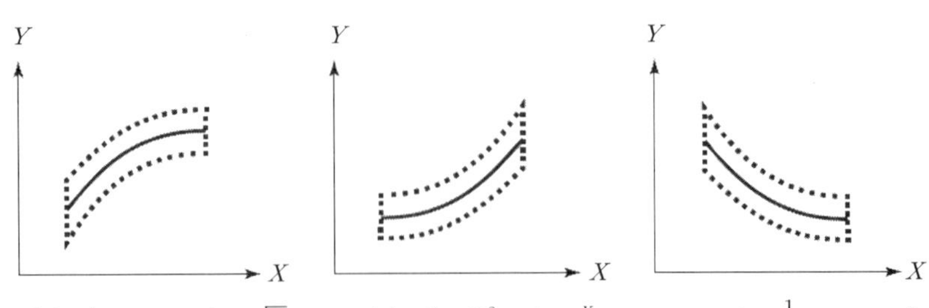

(A) $X' = \log X$ 또는 $\sqrt{X}$ (B) $X' = X^2$ 또는 e^X (C) $X' = \frac{1}{X}$ 또는 e^{-X}

그림 9.6 X의 변수변환

대해서는 변환시키지 않기 때문에 오차(잔차)의 분포는 변함없이 일정한 폭 내에서 (등분산) 정규분포에 가까운 분포를 따를 것이다.

예제 9.3

다음은 신입 영업사원들에 대한 교육 기간(단위: 일)과 실적(Y) 에 대한 자료이다.

X	0.5	0.5	1.0	1.0	1.5	1.5	2.0	2.0	2.5	2.5
Y	46	51	71	75	92	99	105	112	121	125

먼저 단순선형모형을 기준으로 적합하면

$$\widehat{Y} = 34.35 + 36.90\,x$$

와 같은 회귀식을 얻게 된다.

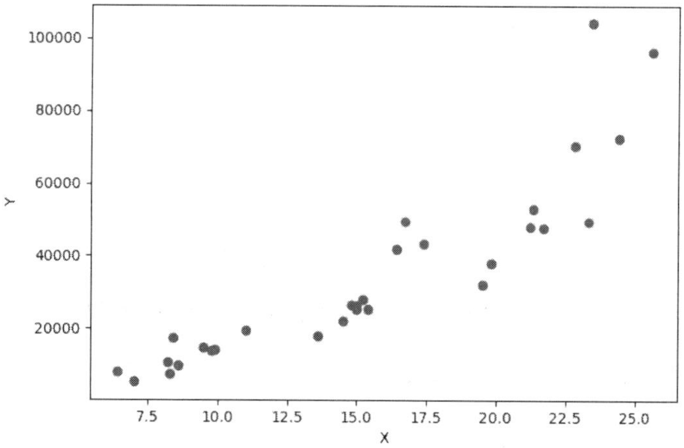

데이터의 산점도

잔차도표를 그려보면 뒤집힌 V형의 모습을 띠고 있으며 정규확률지를 살펴보면 정규분포에 가까운 것을 확인할 수 있다.

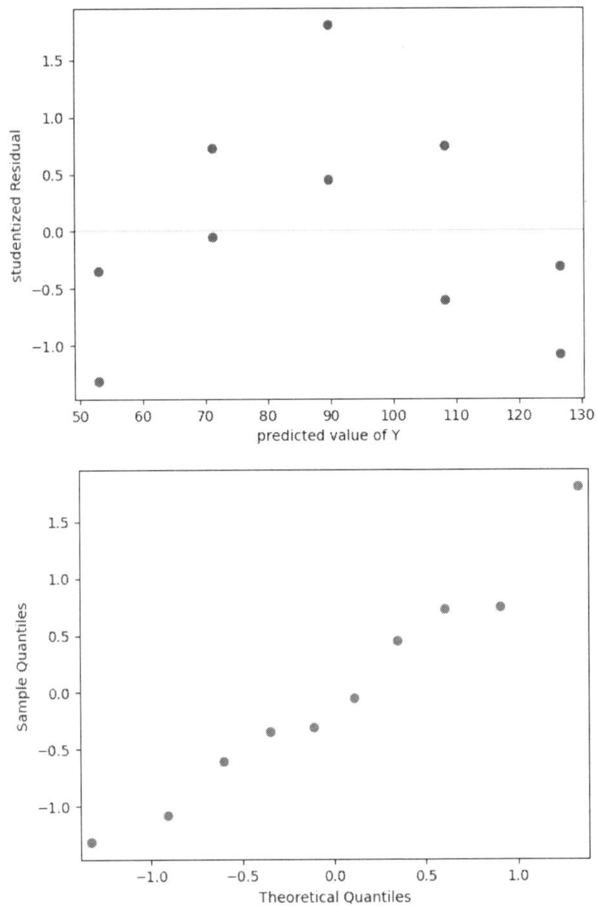

변수변환을 적용하지 않은 모형의 잔차도표와 정규확률지

프로그램 코드 원자료의 산점도, 잔차도표

in ‣

```
import numpy as np
import pandas as pd
import statsmodels.formula.api as smf

X=np.array([0.5,0.5,1.0,1.0,1.5,1.5,2.0,2.0,2.5,2.5])
Y=np.array([46,51,71,75,92,99,105,112,121,125])
data={'Y':Y, 'X':X}
data=pd.DataFrame(data=data)

#산점도
import matplotlib.pylab as plt
plt.plot(data['X'], data['Y'], 'o')
plt.xlabel('X')
plt.ylabel('Y')
```

```
plt.show()

fit1=smf.ols('Y~X', data).fit()   #원자료 회귀분석
print(fit1.summary())

#잔차도표
plt.scatter(fit1.predict(),fit1.resid_pearson, 'o')
plt.axhline(y=0, color="k", linewidth=0.3)
plt.xlabel('predicted value of Y')
plt.ylabel('studentized Residual')
plt.show()
```

fit1.predict( )는 회귀선에 의한 예측값이며 fit1.resid_pearson은 표준화잔차를 의미한다. plt.axhline(y=0, color="k", linewidth=0.3)은 y축의 0을 기준으로 그래프에 선을 추가한다. color="k"는 그래프에 추가하는 선의 색상(black)을 의미하며 linewidth=0.3는 선의 두께를 의미한다.

in ▸
```
import statsmodels.api as sm
p1=sm.qqplot(fit1.resid_pearson, markerfacecolor='dodgerblue',
markeredgecolor='dodgerblue', marker='o')
```

원자료의 정규확률지를 그리기 위해 모듈을 import하고, 'sm.qqplot'으로 정규확률지를 그린다. markerfacecolor는 정규확률지의 마커 색상을 정의하며 markeredgecolor는 마커의 선 색상, marker는 정규확률지 마커의 모양을 정의한다.

이번에는 X를 $\sqrt{X}$로 변수변환하여 반응변수 Y에 대한 회귀분석을 수행하고 잔차도표, 정규확률지를 그려보자.

프로그램 코드 변수변환한 자료의 산점도, 잔차도표

in ▸
```
#변수변환
data[ ' rootX ' ]=np.sqrt(data['X'])
fit2=smf.ols('Y~rootX', data).fit()
data.head(4)
```

out ▸

	Y	X	rootX
0	46	0.5	0.707107
1	51	0.5	0.707107
2	71	1.0	1.000000
3	75	1.0	1.000000

```
in ▸  #변수변환 적용한 모형 회귀분석 결과 출력
      print(fit2.summary())

      #변환한 자료의 잔차도표
      plt.scatter(fit2.predict(),fit2.resid_pearson, 'o')
      plt.axhline(y=0, color="k", linewidth=0.3)
      plt.xlabel('predicted value of Y')
      plt.ylabel('studentized Residual')
      plt.show()

      #변환한 자료의 정규확률지
      p2=sm.qqplot(fit2.resid_pearson, markerfacecolor='dodgerblue',
      markeredgecolor='dodgerblue', marker='o')
```

'data['rootX']=np.sqrt(data['X'])'는 데이터의 변수 X를 $\sqrt{X}$로 변환한 값을 'rootX'로 정의하여 데이터에 변수를 추가하고, 'X' 대신 'rootX'를 사용하여 같은 방법으로 분석을 수행한다.

변수변환을 적용한 모형의 회귀식은

$$Y = -11.6872 + 85.5269\sqrt{x}$$

이다.

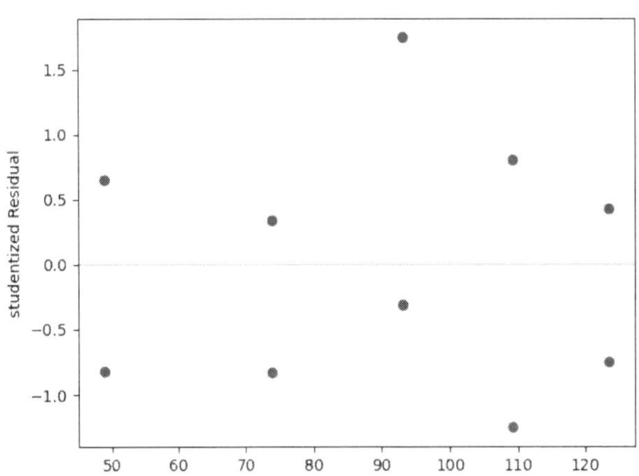

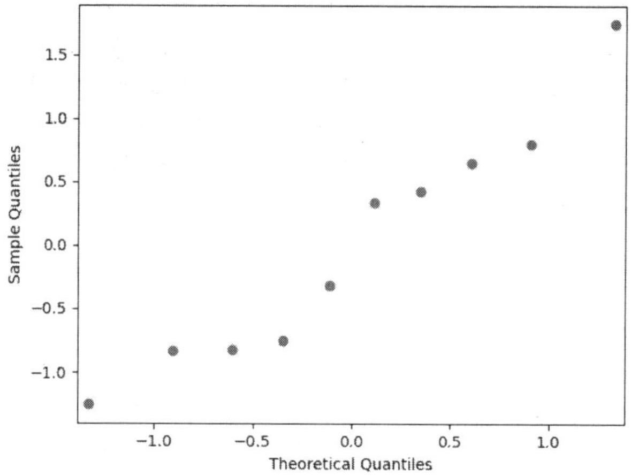

변수변환을 적용한 모형의 잔차도표와 정규확률지

변수변환을 적용한 모형의 잔차도표는 변수변환을 하기 전보다 0을 기준으로 무작위하게 분포하는 것으로 보이며, 정규확률지 역시 보다 직선에 가까운 것을 확인할 수 있다.

또한 회귀분석을 수행한 프로그램 출력 결과를 살펴보면 변수변환 하기 전모형의 F값은 254.4이며 결정계수(R^2)는 0.970로 나타났다. 변수변환을 적용한 모형의 F값은 597.8, 결정계수(R^2)는 0.987로 변수변환을 하기 전보다 값이 증가한 것을 알 수 있다.

프로그램 출력 결과 변수변환 전

```
out ▸                          OLS Regression Results
       ==============================================================================
       Dep. Variable:                      Y   R-squared:                       0.970
       Model:                            OLS   Adj. R-squared:                  0.966
       Method:                 Least Squares   F-statistic:                     254.4
       Date:                Mon, 22 Nov 2021   Prob (F-statistic):           2.39e-07
       Time:                        14:42:41   Log-Likelihood:                -29.508
       No. Observations:                  10   AIC:                             63.02
       Df Residuals:                       8   BIC:                             63.62
       Df Model:                           1
       Covariance Type:            nonrobust
       ==============================================================================
                        coef    std err          t      P>|t|      [0.025      0.975]
       ------------------------------------------------------------------------------
       Intercept     34.3500      3.836      8.954      0.000      25.504      43.196
       X             36.9000      2.313     15.951      0.000      31.566      42.234
```

```
==============================================================================
Omnibus:                        0.534   Durbin-Watson:                   1.887
Prob(Omnibus):                  0.766   Jarque-Bera (JB):                0.398
Skew:                           0.399   Prob(JB):                        0.820
Kurtosis:                       2.436   Cond. No.                         5.11
```

프로그램 출력 결과 변수변환 후

```
out ▸   OLS Regression Results
==============================================================================
Dep. Variable:                      Y   R-squared:                       0.987
Model:                            OLS   Adj. R-squared:                  0.985
Method:                 Least Squares   F-statistic:                     597.8
Date:                Mon, 22 Nov 2021   Prob (F-statistic):           8.36e-09
Time:                        14:49:32   Log-Likelihood:                -25.325
No. Observations:                  10   AIC:                             54.65
Df Residuals:                       8   BIC:                             55.26
Df Model:                           1
Covariance Type:            nonrobust
==============================================================================
                 coef    std err          t      P>|t|      [0.025      0.975]
------------------------------------------------------------------------------
Intercept    -11.6871      4.284     -2.728      0.026     -21.567      -1.808
rootX         85.5269      3.498     24.450      0.000      77.460      93.594
==============================================================================
Omnibus:                        0.536   Durbin-Watson:                   3.423
Prob(Omnibus):                  0.765   Jarque-Bera (JB):                0.549
Skew:                           0.373   Prob(JB):                        0.760
Kurtosis:                       2.128   Cond. No.                         8.00
```

9.7.2 오차의 가정이 성립하지 않을 경우: *Y*를 변환시키는 경우

회귀분석의 전제가 되는 오차에 대한 가정

$$\epsilon \sim N(0, \sigma^2)$$

이 성립하지 않을 경우, 반응변수(Y)를 변환할 수 있다. 반응변수를 변환하게 되면 변환된 Y값의 분포 자체가 변하기 때문에, 잔차의 분포도 그 형태가 바뀔 것이다. 앞 절에서 다룬 것과 다르게 X와 Y가 선형의 관계에 있지 않을 때, X 대신 Y를 변환하여 선형의 관계를 얻을 수 있다.

다음의 그림 9.7(A)는 가구소득(X)과 휴가 경비(Y) 간의 관계를 나타내고 있다. 소득이 높은 가구는 휴가 경비로 지출하는 금액의 범위가 넓고 소득이 낮은 가구는 휴가 경비도 적지만 경비의 범위도 좁은 형태를 보일 것이다. 이러한 자료들은 Y를 $\sqrt{Y}$ 또는 $\sqrt{Y+0.375}$ 로 바꾸어 회귀분석하는 것이 바람직하다. 자료의 산점도가 그림 9.7(B)나 그림 9.7(C)의 형태를 보이면 Y를 $\log Y$ 또는 $1/Y$로 변환하여 회귀분석하는 것이 바람직하다.

여기서 주목할 점은 때때로 Y의 변환과 X의 변환을 동시에 고려할 때보다 더 나은 X와 Y의 관계를 얻을 수도 있다는 점이다. 그러므로 변수 간의 산점도와 잔차도표를 반복적으로 그려보면서 가장 바람직한 관계를 도출하는 변수변환을 고려해야 한다.

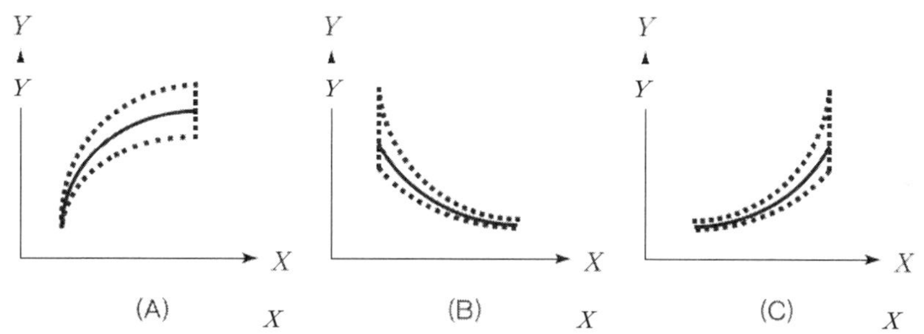

(A) (B) (C)

예제 9.4

톱밥을 압축하여 밀도를 높인 다양한 합판 30장에 대하여 밀도와 강성을 조사하였다.

밀도(X)	강성(Y)	밀도(X)	강성(Y)	밀도(X)	강성(Y)
9.50	14,814	17.40	43,243	25.60	96,305
8.40	17,502	15.00	25,319	23.40	104,170
9.80	14,007	15.20	28,028	24.40	72,594

밀도(X)	강성(Y)	밀도(X)	강성(Y)	밀도(X)	강성(Y)
11.00	19,443	16.40	41,792	23.30	49,512
8.30	7,573	16.70	49,499	19.50	32,207
9.90	14,191	15.40	25,312	21.20	48,218
8.60	9,714	15.00	26,222	22.80	70,453
6.40	8,076	14.50	22,148	21.70	47,661
7.00	5,304	14.80	26,751	19.80	38,138
8.20	10,728	13.60	18,036	21.30	53,045

먼저 단순선형모형을 기준으로 적합하면

$$\widehat{Y} = -0.0002 + 3884.9756x$$

와 같은 회귀식을 얻게 된다. 그러나 잔차도표를 그려보면 0을 기준으로 잔차가 무작위로 분포하지 않으며 정규확률지를 보면 정규성을 만족한다고 확신하기 어렵다.

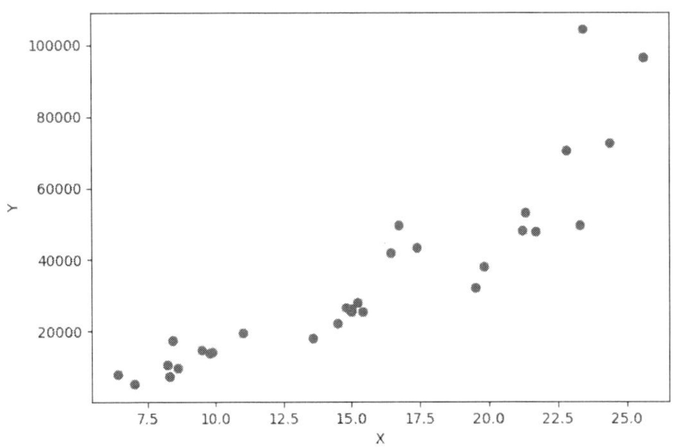

데이터의 산점도

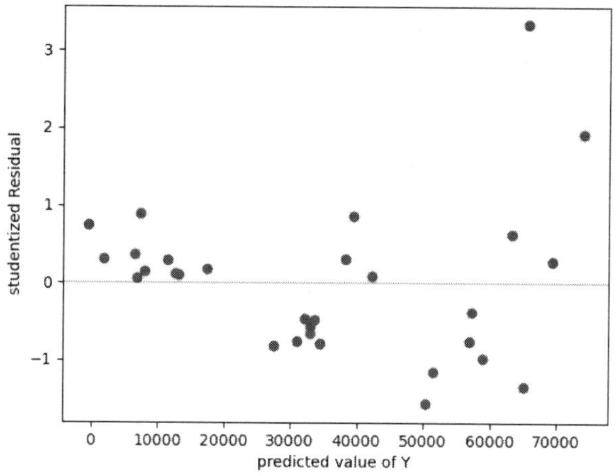

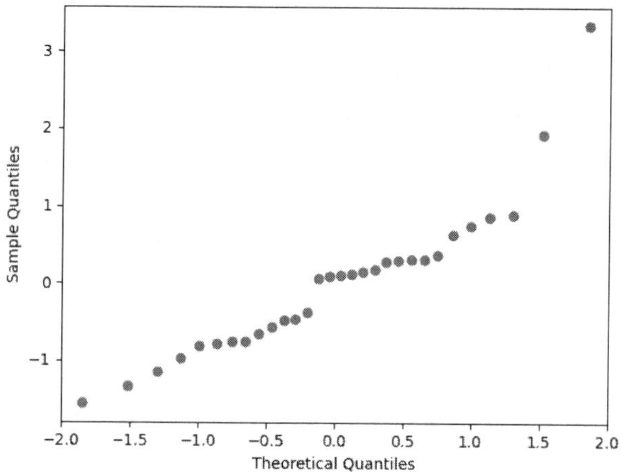

변수변환을 적용하지 않은 모형의 잔차도표와 정규확률지

프로그램 코드 원자료의 회귀분석

in ▸
```
import numpy as np
import pandas as pd
import statsmodels.formula.api as smf

data=pd.read_csv('ex9-4.csv')
data.head(4)
```

out ▸
```
      X      Y
0   9.5  14814
1   8.4  17502
2   9.8  14007
3  11.0  19443
```

```
in ▸    fit1=smf.ols('Y~X', data).fit()
        print(fit1.summary())
```

프로그램 코드 원자료의 산점도, 잔차도표, 정규확률지

```
in ▸    #산점도
        import matplotlib.pylab as plt
        plt.plot(data['X'], data['Y'], 'o')
        plt.xlabel('X')
        plt.ylabel('Y')
        plt.show()

        #잔차도표
        plt.scatter(fit1.predict(),fit1.resid_pearson, 'o')
        plt.axhline(y=0, color="k", linewidth=0.3)
        plt.xlabel('predicted value of Y')
        plt.ylabel('studentized Residual')
        plt.show()

        #원자료의 정규확률지
        import statsmodels.api as sm
        p1=sm.qqplot(std1, markerfacecolor='dodgerblue',
        markeredgecolor='dodgerblue', marker='o')
        plt.xlim([-2, 2])        #정규확률지 X축의 범위 지정
        plt.show()
```

이번에는 Y를 $\log Y$로 변환하여 $\log Y$를 반응변수로 회귀분석을 수행하고 잔차도표, 정규확률지를 그려보자.

프로그램 코드 변환한 자료의 회귀분석

```
in ▸    data["logY"]=np.log(data["Y"])        #변수변환
        fit2=smf.ols('logY~X', data).fit()
        data.head(3)                          #logY가 추가됐는지 확인

out ▸        X      Y      logY
        0  9.5  14814  9.603328
        1  8.4  17502  9.770070
        2  9.8  14007  9.547312

in ▸    print(fit2.summary())
```

‘data["logY"]=np.log(data["Y"])’는 데이터의 변수 Y에 log를 취한 값을 ‘logY’로 정의하여 데이터에 변수를 추가하고, ‘Y’ 대신 ‘logY’를 사용하여 같은 방법으로 분석을 수행한다.

변수변환을 적용한 모형의 회귀식은

$$\widehat{\log Y} = 8.2574 + 0.1249\,x$$

이다.

프로그램 코드 변환한 자료의 잔차도표, 정규확률지

in ‣
```
#변환한 자료의 잔차도표
plt.scatter(fit2.predict(), fit2.resid_pearson, 'o')
plt.axhline(y=0, color="k", linewidth=0.3)
plt.xlabel('predicted value of Y')
plt.ylabel('studentized Residual')
plt.show()

#변환한 자료의 정규확률지
p2=sm.qqplot(fit2.resid_pearson, markerfacecolor='dodgerblue',
markeredgecolor='dodgerblue', marker='o')
plt.show()
```

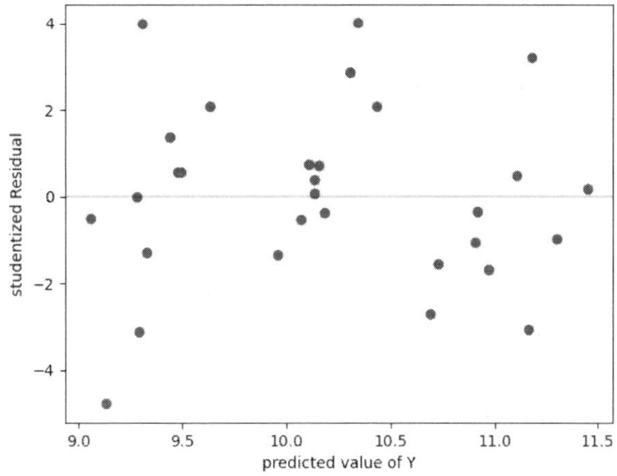

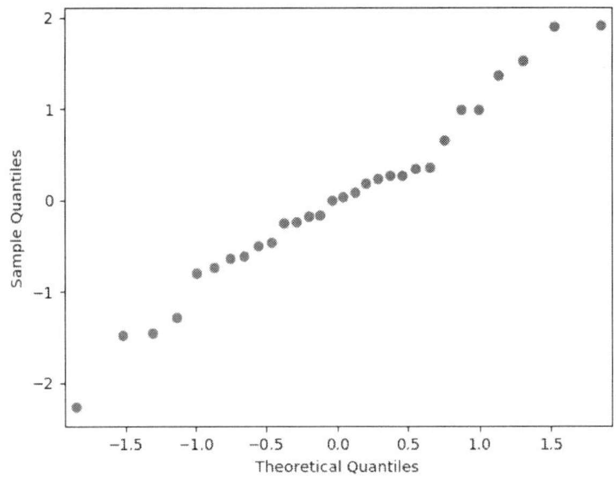

변수변환을 적용한 모형의 잔차도표와 정규확률지

변수변환을 적용한 모형의 잔차도표는 변수변환을 하기 전보다 0을 기준으로 무작위하게 분포하는 것으로 보이며 정규확률지도 보다 직선에 가까운 것을 확인할 수 있다.

또한 회귀분석을 수행한 프로그램 출력 결과를 살펴보면 변수변환 하기 전모형의 F값은 110.2이며 결정계수(R^2)는 0.797로 나타났다. 변수변환을 적용한 모형의 F값은 256.7, 결정계수(R^2)는 0.902로 변수변환을 하기 전보다 값이 증가한 것을 알 수 있다.

프로그램 출력 결과 변수변환 전

out ▸

```
                            OLS Regression Results
==============================================================================
Dep. Variable:                      Y   R-squared:                       0.797
Model:                            OLS   Adj. R-squared:                  0.790
Method:                 Least Squares   F-statistic:                     110.2
Date:                Mon, 22 Nov 2021   Prob (F-statistic):           3.25e-11
Time:                                   12:30:33   Log-Likelihood:     -322.35
No. Observations:                  30   AIC:                             648.7
Df Residuals:                      28   BIC:                             651.5
Df Model:                           1
Covariance Type:            nonrobust
==============================================================================
                 coef    std err          t      P>|t|      [0.025      0.975]
------------------------------------------------------------------------------
Intercept  -2.543e+04   6104.704     -4.166      0.000   -3.79e+04   -1.29e+04
X           3884.9756    370.009     10.500      0.000    3127.046    4642.906
==============================================================================
Omnibus:                       15.208   Durbin-Watson:                   1.187
```

```
Prob(Omnibus):                  0.000   Jarque-Bera (JB):               18.165
Skew:                           1.292   Prob(JB):                     0.000114
Kurtosis:                       5.802   Cond. No.                         47.6
```

프로그램 출력 결과 변수변환 후

```
out ▸                      OLS Regression Results
==============================================================================
Dep. Variable:                   logY   R-squared:                       0.902
Model:                            OLS   Adj. R-squared:                  0.898
Method:                 Least Squares   F-statistic:                     256.7
Date:                Mon, 22 Nov 2021   Prob (F-statistic):           1.24e-15
Time:                        12:31:03   Log-Likelihood:                0.67010
No. Observations:                  30   AIC:                             2.660
Df Residuals:                      28   BIC:                             5.462
Df Model:                           1
Covariance Type:            nonrobust
==============================================================================
                 coef    std err          t      P>|t|      [0.025      0.975]
------------------------------------------------------------------------------
Intercept      8.2574      0.129     64.185      0.000       7.994       8.521
X              0.1249      0.008     16.021      0.000       0.109       0.141
==============================================================================
Omnibus:                        0.176   Durbin-Watson:                   1.553
Prob(Omnibus):                  0.916   Jarque-Bera (JB):                0.007
Skew:                           0.012   Prob(JB):                        0.997
Kurtosis:                       2.931   Cond. No.                         47.6
```

9.8 다중선형회귀모형

앞에서 다룬 내용은 설명변수가 하나인 경우의 단순선형회귀모형이다. 선형회귀모형의 설명변수가 두 개 이상이면 **다중선형회귀**(multiple linear regression)모형이라고 하는데 그 형태는 다음과 같다. 즉,

$$Y_i = \beta_0 + \beta_1 x_{i1} + \beta_2 x_{i2} + \cdots + \beta_p x_{ip} + \epsilon_i, \quad i = 1, \cdots, n \tag{9.25}$$

$$(\text{가정}) \quad \epsilon_i \sim N(0, \sigma^2)$$

이다. 이 모형은 자료(Y)의 변화를 p 개의 설명변수 $(X_1, \cdots, X_p)$로 설명하여 보고자 하는 것이다. 실제로 자료를 회귀분석할 때, 그 자료가 어느 한 변수와 1차식의 관계를 갖는 경우는 흔치 않다. 그러므로 자료는 여러 개의 변수에 의해 영향을 받는다고 할 때 다중회귀모형으로 접근하여야 할 것이다.

다중회귀모형을 다룰 때도 기본적인 원리는 단순회귀모형에서와 같다. 즉, 식 9.25에서의 모수를 추정하기 위하여 자료가 필요하며 최소제곱법에 의하여 $(\beta_0, \beta_1, \cdots, \beta_p)$를 추정하게 된다. 이때 얻어진 자료는 표 9.8과 같이 정리될 것이다.

여기서 설명변수에 대한 자료는 두 개의 하첨자로 표현한다. 첫 번째 하첨자는 표본의 번호 $(1, \cdots, n)$, 두 번째 하첨자는 변수의 번호 $(1, \cdots, p)$를 나타낸다. 이러한 x의 표현을 **행렬**(matrix)이라고 하는데 본 교재에서는 행렬로 설명하는 부분은 다루지 않는다.

이제 설명변수의 수가 3개인 경우의 다중회귀분석을 설명하여 보기로 한다. 즉, 부동산 가격을 책정하기 위한 모형을 개발하기 위해 부동산(상가)의 가격(Y)은 (1) 대지 가격(X_1) (2) 건물 가격(X_2) (3) 상가의 평수(X_3)의 세 가지 변수에 의해 어떻게 설명될 수 있는가를 회귀분석한다고 하자. 그리고 이 변수들에 대한 자료를 표 9.8의 형태로 다음과 같이 얻어졌다고 하자.

표 9.8 다중회귀모형에 대한 자료

표본	Y	X_1	X_2	$\cdots$	X_3
1	y_1	x_{11}	x_{12}	$\cdots$	x_{1p}
2	y_2	x_{21}	x_{22}	$\cdots$	x_{2p}
$\vdots$	$\vdots$	$\vdots$	$\vdots$		$\vdots$
n	y_n	x_{n1}	x_{n2}	$\cdots$	x_{np}

이 자료를 회귀분석하고자 할 때, 그 모형은

$$Y_i = \beta_0 + \beta_1 x_{i1} + \beta_2 x_{i2} + \beta_3 x_{i3} + \epsilon_i, \quad i = 1, \cdots, n \tag{9.26}$$

$$(\text{가정}) \quad \epsilon_i \sim N(0, \sigma^2)$$

이 된다.

부동산 가격과 대지 가격, 건물 가격, 상가의 평수

상가	Y	X_1	X_2	X_3
1	68,900	5,960	44,967	1,873
2	48,500	9,000	27,860	928
3	55,500	9,500	31,439	1,126
4	62,000	10,000	39,592	1,265
5	116,500	18,000	72,827	2,214
6	45,000	8,500	27,317	912
7	38,000	8,000	29,856	899
8	83,000	23,000	47,752	1,803
9	59,000	8,100	39,117	1,204
10	47,500	9,000	29,349	1,725
11	40,500	7,300	40,166	1,080
12	40,000	8,000	31,679	1,529
13	97,000	20,000	58,510	2,455
14	45,500	8,000	23,454	1,151
15	40,900	8,000	20,897	1,173
16	80,000	10,500	56,248	1,960
17	56,000	4,000	20,859	1,344
18	37,000	4,500	22,610	988
19	50,000	3,400	35,948	1,076
20	22,400	1,500	5,779	962

이 자료에 대한 분석 결과는 다음과 같이 얻어진다.

프로그램 코드

in ▸
```
import pandas as pd
import statsmodels.formula.api as smf

data=pd.read_csv('9.8.csv')
data.head()             #데이터 구조
```

out ▸
```
        Y     X1     X2    X3
0   68900   5960  44967  1873
1   48500   9000  27860   928
2   55500   9500  31439  1126
3   62000  10000  39592  1265
4  116500  18000  72827  2214
```

in ▸
```
fit=smf.ols('Y~X1+X2+X3', data).fit()
print(fit.summary())
```

프로그램 출력 결과

out ▸
```
                            OLS Regression Results
==============================================================================
Dep. Variable:                      Y   R-squared:                       0.897
Model:                            OLS   Adj. R-squared:                  0.878
Method:                 Least Squares   F-statistic:                     46.66
Date:                Fri, 19 Nov 2021   Prob (F-statistic):           3.90e-08
Time:                        11:22:07   Log-Likelihood:                -205.69
No. Observations:                  20   AIC:                             419.4
Df Residuals:                      16   BIC:                             423.4
Df Model:                           3
Covariance Type:            nonrobust
==============================================================================
                 coef    std err          t      P>|t|      [0.025      0.975]
------------------------------------------------------------------------------
Intercept   1470.2759   5746.325      0.256      0.801   -1.07e+04    1.37e+04
X1             0.8145      0.512      1.590      0.131      -0.271       1.900
X2             0.8204      0.211      3.885      0.001       0.373       1.268
X3            13.5286      6.586      2.054      0.057      -0.432      27.490
==============================================================================
Omnibus:                        1.579   Durbin-Watson:                   1.242
Prob(Omnibus):                  0.454   Jarque-Bera (JB):                0.392
Skew:                          -0.222   Prob(JB):                        0.822
Kurtosis:                       3.523   Cond. No.                     1.29e+05
==============================================================================
```

우선 분산분석표의 F값은 46.66이며 p은$(\Pr > F)$은 매우 작다(3.90e−08). 이는

$$H_0 : \beta_1 = \beta_2 = \beta_3 = 0$$
$$H_1 : \beta_i \neq 0 \text{ (어떤 } i\text{에 대해서)}$$

를 가설검정한 결과이다. 즉, 귀무가설, H_0는 모든 설명변수(X_1, X_2, X_3)가 모형에 적합하지 않다는 것을 의미하는 것이다. 다중회귀분석을 할 경우, 모든 설명변수가 Y를 설명할 수 없다는 것은 거의 있을 수 없기에 일반적으로 p값은 작게 얻어진다.

출력 결과의 두 번째 단락은 모수별 추정 및 검정 결과를 나타낸다. 그러므로 모형 식 9.26에 대해 추정된 회귀식은

$$\hat{y} = 1470.2759 + 0.8145x_1 + 0.8204x_2 + 13.5286x_3 \qquad (R^2 = 0.897)$$
$$(0.801) \qquad (0.131) \qquad (0.001) \qquad (0.057)$$

가 된다. 위 추정된 회귀식의 추정된 계수들 아래의 ( )안 값은 각각 p값이다. 즉,

$$H_0 : \beta_i = 0$$
$$H_1 : \beta_i \neq 0, \quad i = 1, 2, 3$$

에 대한 p값이다. 여기서 $\widehat{\beta_1}$에 대한 p값이 0.131로 비교적 크기 때문에 H_0를 기각할 수 없는데 이에 대한 자세한 설명은 뒤의 제12절에서 다루기로 한다.

더욱이 위의 부동산 가격 자료에 대한 회귀분석식에서 절편에 해당하는 $\widehat{\beta_0}$값이 1470.2759로 얻어졌고 그에 대한 p값이 0.801로 상당히 큰 값이다. 그러므로 이 절편에 해당하는 부분을 0으로 처리하여야 하지 않는가 하는 문제를 야기할 수 있지만 추정된 회귀식을 이용하여 예측을 할 경우 등에서 위의 추정식을 그대로 사용한다. 즉, 주어진 (x_1, x_2, x_3)값에서 예측을 할 경우, 이 절편 값 1470.2759를 회귀식에 포함해서 예측하여야 한다.

이제 추정된 계수를 설명하여 보기로 하자. 먼저 절편으로 추정된 1470.2759에 대한 설명은 할 필요가 없다. 왜냐하면 모든 설명변수 값이 0일 때의 상가 가격을 나타내는 것이기 때문이다. 변수의 유의성은 우선 차치하고, 0.8145의 의미는 대지 가격

(X_1)이 한 단위 올라갈 때 상가 가격(Y)이 0.8145만큼 증가한다는 것이다. 이때 다른 설명변수는 고정(fixed)이다. 즉, 건물 가격과 상가 평수가 일정하다는 조건에서 대지 가격 한 단위 증가가 상가 가격을 0.8145만큼 증가시킨다는 것이다. 이에 대한 추가 설명은 9.13절 교호모형에서 다룰 것이다.

이와 같이 다중회귀분석을 할 경우에는 설명변수 전체에 대한 유의성 여부와 각각의 모수에 대한 유의성 여부를 가설검정할 수 있다. 특히 유념하여야 할 것은 프로그램 출력 결과에 나타나 있는 수정된 결정계수 R^2_{adj}는 0.878인데, 이 값을 결정계수(R^2)보다 더 좋은 값으로 사용해서는 안 된다는 것이다. 수정된 결정계수의 용도는 식 9.24에 설명되어 있고, 제12절 변수선택에서 사용되는 개념이다.

더불어 앞의 9.5절에서 설명한 잔차분석은 반드시 수행되어야 한다. 즉, 다중회귀분석에서도 설명변수가 하나뿐인 단순회귀분석에서와 모든 원리는 같다. 하지만 설명변수가 많아지므로 조금 더 복잡할 뿐이다.

식 9.25의 일반적인 다중회귀분석 모형에 대해 얻어지는 분산분석표는 다음과 같다.

다중회귀모형의 분산분석표 결과

요인	제곱합	자유도	평균제곱합	F	유의확률
모형	SSR	p	$MSR=\frac{SSR}{p}$	$\frac{MSR}{MSE}$	
잔차	SSE	$n-1-p$	$MSE=\frac{SSE}{(n-1-p)}$		
전체	SST	$n-1$			

여기서 언급하고 넘어가야 할 것은 다중회귀분석에서는 설명변수의 수가 많아지면 많아질수록 결정계수(R^2)의 값이 커진다는 것이다. 예컨대, 성인 남자의 키(Y)와 아버지의 키(X_1)만으로 단순회귀분석 할 경우보다, 아버지의 키(X_1)와 어머니의 키(X_2)를 설명변수로 하여 다중회귀분석을 할 경우가 두 개의 설명변수로 성인 남자의 키를 더 바람직하게 설명할 수 있다는 것이다. 그러나 예를 들어, 가구당 바퀴벌레의 수(X_3)와 같은 무의미한 설명변수를 여기에 추가할 경우 어떻게 되겠는가? 다중회귀분석에서 설명변수를 추가할 경우, 그 설명변수가 유의미하든 무의미하든

설명변수를 추가하면 결정계수 값은 무조건 높아지지만, 수정된 결정계수($Adj\,R^2$)는 작아질 수 있다. 즉, 여기서 가구당 바퀴벌레 수를 조사하여 다중회귀분석에 추가하였을 경우, 수정된 결정계수 값은 작아질 수 있다는 것이다. 다중회귀분석에서 설명변수를 추가했는데 수정된 결정계수의 값이 추가하기 전의 수정된 결정계수 값보다 작아진다면 그 추가된 설명변수는 제외하여야 한다.

9.9 표준화

다중회귀분석을 할 경우, 자료를 **표준화**(standardized)시켜 그 관계를 파악해 볼 필요가 있다. 그 이유는 여러 가지 변수를 측정할 때 그 변수의 측정 단위가 서로 다르므로 변수의 측정 단위를 없애주고자 하는 것이다. 이를테면 매출(Y)에 영향을 주는 변수를 광고료(X_1)와 점포 크기(X_2)로 선택하였을 경우, 점포 크기는 '평(坪)'이라는 단위를 갖고 광고료는 '원'을 단위로 측정하게 된다. 이 경우, 광고료와 점포 크기 중에서 어느 설명변수가 매출(Y)에 더 많은 영향을 주는 변수인지를 판단하려면 설명변수들에 대한 표준화가 불가피하다는 것이다.

표준화를 시키는 방법에는 두 가지가 있는데 일반적으로는 분산이 1이 되도록 하는 표준화 방법을 사용한다. 예를 들어 설명변수가 두 개인 경우,

$$Y_i = \beta_0 + \beta_1 x_{i1} + \beta_2 x_{i2} + \epsilon_i, \quad i = 1, \cdots, n \tag{9.27}$$

에서 모든 변수를 표준화시키고자 할 경우 Y, X_1, X_2를 각각

$$Y_i^* = \frac{Y_i - \overline{y}}{s_Y}, \quad x_{i1}^* = \frac{x_{i1} - \overline{x}_1}{s_1}, \quad x_{i2}^* = \frac{x_{i2} - \overline{x}_2}{s_2} \tag{9.28}$$

로 하여, 표준화된 변수들로써 회귀모형을 만들면

$$Y_i^* = \beta_0^* + \beta_1^* x_{i1}^* + \beta_2^* x_{i2}^* + \epsilon_i^*, \quad i = 1, \cdots, n \tag{9.29}$$

가 된다. 여기서 s_Y는 자료(Y)의 표준편차, s_1은 첫 번째 설명변수(X_1)의 표준편차, s_2는 두 번째 설명변수(X_2)의 표준편차이다. 식 9.28에서 $\bar{y}$, s_Y는 n개의 자료에 대한 평균($\bar{y}$), 표준편차(s_Y)를 의미한다. 우선 식 9.27의 β와 식 9.29의 β^*의 관계를 살펴보기 위해서 식 9.29를 정리하여 보자. 즉,

$$\frac{Y_i - \bar{y}}{s_Y} = \beta_0^* + \beta_1^*\left(\frac{x_{i1} - \bar{x}_1}{s_1}\right) + \beta_2^*\left(\frac{x_{i2} - \bar{x}_2}{s_2}\right) + \epsilon_i^*$$

$$\Rightarrow Y_i = \bar{y} + s_Y\left[\beta_0^* + \beta_1^*\left(\frac{x_{i1} - \bar{x}_1}{s_1}\right) + \beta_2^*\left(\frac{x_{i2} - \bar{x}_2}{s_2}\right) + \epsilon_i^*\right]$$

$$\Rightarrow Y_i = \left(\bar{y} + s_Y\beta_0^* - \beta_1^*\frac{s_Y}{s_1}\bar{x}_1 - \beta_2^*\frac{s_Y}{s_2}\bar{x}_2\right) + \beta_1^*\frac{s_Y}{s_1}x_{i1} + \beta_2^*\frac{s_Y}{s_2}x_{i2} + s_Y\epsilon_i^*$$

가 되므로 식 9.27과 비교하면

$$\beta_0 = \bar{y} + s_Y\beta_0^* - \beta_1^*\frac{s_Y}{s_1}\bar{x}_1 - \beta_2^*\frac{s_Y}{s_2}\bar{x}_2$$

$$\beta_1 = \beta_1^*\left(\frac{s_Y}{s_1}\right)$$

$$\beta_2 = \beta_2^*\left(\frac{s_Y}{s_2}\right)$$

의 관계에 있음을 알 수 있다. 다시 말하면 표준화시킨 후 얻어진 β_1^* 값에 (s_Y/s_1)을 곱하면 β_1 값을 얻게 된다는 것이다. 또는 $\beta_1(s_Y/s_1) = \beta_1^*$의 관계이므로 $\widehat{\beta}_1$에 (s_1/s_Y)를 곱하면 β_1^*을 얻게 된다는 것이다. 표준화시킨 후 회귀분석하여 얻은 계수들을 **베타계수**라고도 부른다.

구체적인 예로 다음의 자료에 대한 회귀분석 결과를 살펴보자.

표 9.9는 매출액(Y)과 광고비(X_1), 대리점 크기(X_2)에 대한 10개 대리점의 자료인데, 다중선형회귀모형에 대한 계산 결과는

$$\hat{y} = -0.65 + 1.55x_1 + 0.76x_2 \qquad (R^2 = 0.901)$$

표 9.9 매출액과 광고비, 대리점 크기

대리점	광고비(단위: 10만 원)	대리점 크기(단위: 평)	매출액(단위: 10만 원)
1	4	4	9
2	8	10	20
3	9	8	22
4	8	5	15
5	8	10	17
6	12	15	30
7	6	8	18
8	10	13	25
9	6	5	10
10	9	12	20

$$\bar{y} = 18.6 \qquad \bar{x}_1 = 8.0 \qquad \bar{x}_2 = 9.0$$

$$s_Y = 6.40 \qquad s_1 = 2.26 \qquad s_2 = 3.68$$

등으로 얻어진다. 따라서 광고비를 1단위(10만 원) 추가할 때 155,000원의 매출이 증가하며, 대리점 크기가 1단위(1평) 더 크면 76,000원의 매출이 증가하는 관계에 있음을 알 수 있다.

그러나 광고비 10만 원과 대리점 크기 1평은 서로 비교할 수 없으므로 광고비와 대리점 크기라는 두 개의 설명변수 중에서 어느 것이 매출을 더 크게 신장시킬 수 있는 변수인지를 판단할 수는 없다. 따라서 표준화시킨 변수에 대한 모형식 9.29에 대한 계산 결과를 얻어야 하는데 그 결과는

$$\hat{y}^* = 0.5482 x_1^* + 0.4373 x_2^*$$

이다. 여기서 $\widehat{\beta_0}^*$의 값은 항상 0이다. 따라서 단위가 없는 두 변수(광고비, 대리점 크기)의 매출액에 대한 관계가 각각 0.5482와 0.4373으로 얻어졌으므로, 광고비가 대리점 크기보다 매출에 더 큰 영향을 미치는 변수가 되며 영향을 미치는 정도는

$$\frac{0.5482}{0.4373} = 1.25$$

이므로 광고료는 대리점 크기 대비 25%나 더 매출액을 신장시킨다고 할 수 있다. 이 예에 대한 프로그램 출력 결과는 다음과 같다.

프로그램 코드

in ▸
```
import numpy as np
import pandas as pd

y=np.array([9,20,22,15,17,30,18,25,10,20])
x1=np.array([4,8,9,8,8,12,6,10,6,9])
x2=np.array([4,10,8,5,10,15,8,13,5,12])

d={'y':y, 'x1':x1, 'x2':x2,}
data=pd.DataFrame(data=d)


import statsmodels.formula.api as smf

#비표준화 회귀분석
fit1=smf.ols('y~x1+x2', data).fit()
print(fit1.summary())

#표준화 회귀분석
from scipy import stats        #모듈 import
data_z =
data.select_dtypes(include=[np.number]).dropna().apply(stats.zscore)
fit2=smf.ols('y~x1+x2', data=data_z).fit()
print(fit2.summary())
```

표준화를 적용하기 위해 필요한 모듈을 import한다. ata.select_dtypes(include=[np.number])에서는 데이터 중 숫자만 선택한다. dropna()을 이용하여 결측치를 제거한 나머지에 대해서 apply(stats.zscore)를 통해 표준화 처리한 데이터를 data_z로 저장한다. data_z를 사용하여 회귀분석을 수행하면 표준화 처리한 회귀분석 결과를 얻을 수 있다.

프로그램 출력 결과 비표준화

```
out ▸                      OLS Regression Results
==============================================================================
Dep. Variable:                      y   R-squared:                       0.901
Model:                            OLS   Adj. R-squared:                  0.873
Method:                 Least Squares   F-statistic:                     32.00
Date:                Thu, 18 Nov 2021   Prob (F-statistic):           0.000301
Time:                        20:17:33   Log-Likelihood:                -20.639
No. Observations:                  10   AIC:                             47.28
Df Residuals:                       7   BIC:                             48.19
Df Model:                           2
Covariance Type:            nonrobust
==============================================================================
                 coef    std err          t      P>|t|      [0.025      0.975]
------------------------------------------------------------------------------
Intercept     -0.6507      2.908     -0.224      0.829      -7.526       6.225
x1             1.5515      0.646      2.401      0.047       0.023       3.080
x2             0.7599      0.397      1.915      0.097      -0.178       1.698
==============================================================================
Omnibus:                        0.383   Durbin-Watson:                   1.362
Prob(Omnibus):                  0.826   Jarque-Bera (JB):                0.464
Skew:                           0.152   Prob(JB):                        0.793
Kurtosis:                       1.989   Cond. No.                         52.0
==============================================================================
```

프로그램 출력 결과 표준화

```
out ▸                      OLS Regression Results
==============================================================================
Dep. Variable:                      y   R-squared:                       0.901
Model:                            OLS   Adj. R-squared:                  0.873
Method:                 Least Squares   F-statistic:                     32.00
Date:                Thu, 18 Nov 2021   Prob (F-statistic):           0.000301
Time:                        20:20:08   Log-Likelihood:                -2.6062
No. Observations:                  10   AIC:                             11.21
Df Residuals:                       7   BIC:                             12.12
Df Model:                           2
Covariance Type:            nonrobust
==============================================================================
                 coef    std err          t      P>|t|      [0.025      0.975]
------------------------------------------------------------------------------
```

```
Intercept   -2.359e-16       0.119-1.99e-15     1.000      -0.281   0.281
x1              0.5482       0.228     2.401     0.047       0.008   1.088
x2              0.4373       0.228     1.915     0.097      -0.103   0.977
==========================================================================
Omnibus:                        0.383    Durbin-Watson:               1.362
Prob(Omnibus):                  0.826    Jarque-Bera (JB):            0.464
Skew:                           0.152    Prob(JB):                    0.793
Kurtosis:                       1.989    Cond. No.                     3.57
==========================================================================
```

표준화한 경우, 상수(intercept)의 값은 0에 가까운 아주 작은 값(−2.359e−16)을 갖는다.

9.10 질적변수의 설명변수 사용

회귀분석에 사용되는 변수들은 반응변수나 설명변수들이 대부분 **양적변수**(quantitative variable)인 경우가 많다. 양적변수는 나이, 수입, 온도, 금액 등과 같이 실숫값으로 수량화될 수 있는 자료이다. 그러나 설명변수로 사용하고자 하는 자료가 성별, 거주지역, 계절 등과 같은 **질적변수**(qualitative variable)일 경우, 어떤 방법으로 사용해야 하는가의 문제를 생각하여 보자. 먼저 성별에 따라 Y에 미치는 영향이 다를 것 같아서 성별을 설명변수(SEX)로 한다면 다음과 같이

$$SEX = \begin{cases} 1, & \text{여자일 경우} \\ 0, & \text{남자일 경우} \end{cases}$$

변수를 정의하여 설명변수로 사용할 수 있는데, 이처럼 0 또는 1의 값을 부여하여 정의한 변수를 **가변수**(dummy variable) 또는 **지적변수**(indicate variable)라고 한다. 또 다른 예로는 계절에 따라 Y가 변동할 것 같아 계절이란 질적변수를 설명변수($SEASON$)로 고려한다면 그 질적변수를

$$SEASON = \begin{cases} 1, \text{ 봄일 경우} \\ 2, \text{ 여름일 경우} \\ 3, \text{ 가을일 경우} \\ 4, \text{ 겨울일 경우} \end{cases}$$

로 정의하여 사용할 수 있는데, 이 질적변수 자체를 설명변수로 사용할 수는 없다. 왜냐하면 이와 같은 형태의 질적변수를 설명변수로 사용한다면 계절의 한 단위 증가라는 의미를 설명할 수 없다. 즉, 추정된 계수를 어떻게 설명할 것인가? 회귀분석을 하는 목적은 계절이란 질적변수를 사용하여 계절 간의 Y에 대한 변동을 파악하고자 하는 것이므로 계절 대신 다음과 같이 세 개의 가변수를 정의하여 설명변수로 삼아야만 한다. 즉,

$$S_1 = \begin{cases} 1, \text{ 봄일 경우} \\ 0, \text{ 봄이 아닐 경우} \end{cases} \qquad S_2 = \begin{cases} 1, \text{ 여름일 경우} \\ 0, \text{ 여름이 아닐 경우} \end{cases}$$

$$S_3 = \begin{cases} 1, \text{ 가을일 경우} \\ 0, \text{ 가을이 아닐 경우} \end{cases}$$

의 세 개의 가변수 (S_1, S_2, S_3)로 계절 변수를 표현할 수 있다. 다시 말하면

$$\begin{array}{ll} & \quad\quad\quad\quad\quad\quad\quad S_1\ S_2\ S_3 \\ SEASON = & \begin{cases} 1, \text{ 봄일 경우} & \rightarrow\ 1\ \ 0\ \ 0 \\ 2, \text{ 여름일 경우} & \rightarrow\ 0\ \ 1\ \ 0 \\ 3, \text{ 가을일 경우} & \rightarrow\ 0\ \ 0\ \ 1 \\ 4, \text{ 겨울일 경우} & \rightarrow\ 0\ \ 0\ \ 0 \end{cases} \end{array}$$

이 된다. 이 예와 같이 질적변수를 가변수로 바꾸어 설명변수로 사용하게 될 경우, 가변수는 항상 (질적변수의 분류 수−1)개가 필요하다.

여기서 특별히 유의하여야 할 점은 두 개 이상의 질적변수를 설명변수로 사용하는 경우이다. 예를 들어, 어느 그룹사의 급여(Y)를 성별(SEX), 교육 수준(EUD), 근무연수$(YEAR)$의 세 변수로 회귀분석하여 보자. 그러면 회귀모형은

$$Y = \beta_0 + \beta_1(SEX) + \beta_2(EDU) + \beta_3(YEAR) + \epsilon \tag{9.30}$$

이 되는데 성별(SEX)과 교육 수준(EDU)은 질적변수이므로 가변수를 정의하여 사용하여야만 한다는 것이다. 성별은 그 자체가 가변수이지만 질적변수인 교육 수준을 다음과 같이

$$EDU = \begin{cases} 1, \text{ 최종학력이 고등학교 졸업인 경우} \\ 2, \text{ 최종학력이 대학교 졸업인 경우} \\ 3, \text{ 최종학력이 대학원 졸업인 경우} \end{cases}$$

표현하여 설명변수로 사용하면 안 되고, 교육 수준을(EDU) 두 개의 가변수, E_1과 E_2를

$$E_1 = \begin{cases} 1, & \text{고등학교 졸업인 경우} \\ 0, & \text{기타} \end{cases}$$

$$E_2 = \begin{cases} 1, & \text{대학교 졸업인 경우} \\ 0, & \text{기타} \end{cases}$$

로 정의하여 설명변수로 사용해야 한다는 것이다. 따라서 회귀모형은

$$Y = \beta_0 + \beta_1(SEX) + \beta_2 E_1 + \beta_3 E_2 + \beta_4(YEAR) + \epsilon \tag{9.31}$$

가 되어야 한다.

이때 모수 β_1, β_2, β_3의 의미를 파악해야만 얻어진 회귀선에 대해 설명을 할 수 있다. 먼저 SEX의 값이 남자일 경우 0, 여자일 경우 1의 값을 갖기 때문에 남자보다 여자가 β_1만큼 Y를 증가시키는 것이다. 그러나 β_2와 β_3에 대해서는 그 의미를 정확히 파악해야 한다.

즉,

$$
\text{교육수준}(X_2) = \begin{cases} 1,\ \text{최종학력이 고등학교 졸업인 경우} & \rightarrow\ 1\quad 0 \\ 2,\ \text{최종학력이 대학교 졸업인 경우} & \rightarrow\ 0\quad 1 \\ 3,\ \text{최종학력이 대학원 졸업인 경우} & \rightarrow\ 0\quad 0 \end{cases}
$$

(오른쪽 열 머리: E_1 E_2)

으로 되므로 $EDU=1$은 $(E_1=1, E_2=0)$, $EDU=2$은 $(E_1=0, E_2=1)$, $EDU=3$은 $(E_1=0, E_2=0)$으로 대체되어 자료가 입력되어야 하고, β_2는 대학원 졸업자에 비해 고등학교 졸업자의 Y(급여) 증가분을 나타내며, β_3은 대학원 졸업자에 비해 대학교 졸업자의 Y(급여) 증가분을 나타내는 값이다.

이를 좀 더 자세히 이해하기 위해서는 두 가지 질적변수의 조합 집단에 대해 Y의 기대값을 표시해 볼 필요가 있다. 표 9.10은 교육 수준과 성별의 두 질적변수의 6가지 조합 집단에 대한 Y의 기대값을 표현한 것이다. 즉, 각 조합 집단에 있어 가변수의 값을 대입한 결과를 나열한 것인데 예를 들어, (대학교 졸업, 여자) 집단에 대해서는 최종학력이 대학교 졸업이므로 $(E_1=0, E_2=1)$이 되고, 여자이므로 $SEX=1$이다. 따라서 Y의 기댓값은

$$E(Y) = \beta_0 + \beta_1 + \beta_3 + \beta_4(YEAR)$$

가 된다. 이와 같이 얻어진 표 9.10의 결과로부터 최종학력과 관계없이 남자보다 여자가 β_1만큼 급여 받고, 성별과 관계없이 대학원 졸업자보다 고등학교 졸업자가 β_2만큼, 대학원 졸업자보다 대학교 졸업자가 β_3만큼 많은 것을 알 수 있다.

표 9.10 질적변수의 분류 조합에 대한 ***Y***의 기대값

조합 집단	$E(Y)=\beta_0+\beta_1(SEX)+\beta_2E_1+\beta_3E_2+\beta_4(YEAR)$
(고졸, 남자)	$\beta_0 + \beta_2 + \beta_4(YEAR)$
(고졸, 여자)	$\beta_0+\beta_1+\beta_2 + \beta_4(YEAR)$
(대졸, 남자)	$\beta_0 + \beta_3+\beta_4(YEAR)$
(대졸, 여자)	$\beta_0+\beta_1 + \beta_3+\beta_4(YEAR)$
(원졸, 남자)	$\beta_0 + \beta_4(YEAR)$
(원졸, 여자)	$\beta_0+\beta_1 + \beta_4(YEAR)$

(원졸 → 고졸: β_2, 원졸 → 대졸: β_3)

이제 식 9.31의 모형에 대해 조사된 자료를 회귀분석하여 다음과 같은 결과가 얻어졌다고 하자('프로그램 출력 결과' 참고).

$$\hat{y} = 192.5585 + 13.3185(SEX) - 38.3964E_1 - 15.6153E_2 + 6.5924(YEAR)$$

이 회귀식을 해석하면 남자보다 여자가 13.3만큼 많고, 대학원 졸업자보다 고등학교 졸업자가 38.3964만큼 덜 받으며, 대학원 졸업자보다 대학교 졸업자가 15.6153만큼 덜 받는다고 볼 수 있다. 그러면 대학교 졸업자는 고등학교 졸업자보다 $-15.6153-(-38.3964)=22.7811$ 만큼 급여가 높음을 알 수 있다. 물론 근무연수가 1년 많을수록 급여는 6.5924만큼 증가한다. 이와 같이 가변수를 설명변수로 사용할 경우, 가변수에 대해 얻어진 계수가 갖는 의미에 대해 유의하여야 한다.

이제는 어느 그룹 회사의 급여(Y)를 성별, 교육 수준, 근무연수 3개의 설명변수로 회귀분석하고자 할 경우, 프로그램에서는 가변수를 어떻게 정의하는지 실습해보기로 한다. 자료는 다음 표에서 나타내고 있다.

급여와 성별, 교육 수준, 근무연수

성별	교육 수준	근무연수	급여
0	1	6	195
1	1	4	190
1	2	4.5	225
0	3	5.5	220
0	2	3	205
1	3	8	260
0	1	7	200
0	1	5	190
1	2	3	200
1	3	4	240
0	2	4	200
1	3	7.5	255

프로그램 코드

```
in ▸    import pandas as pd
        import statsmodels.formula.api as smf

        data=pd.read_csv('9.10.csv')

        data["EDU_DUM1"]=0              #더미변수 처리
        data.loc[data["EDU"]==1, "EDU_DUM1"]=1

        data["EDU_DUM2"]=0              #더미변수 처리
        data.loc[data["EDU"]==2, "EDU_DUM2"]=1

        data.head()
```

```
out ▸      SEX  EDU  YEAR  SAL  EDU_DUM1  EDU_DUM2
        0    0    1   6.0  195         1         0
        1    1    1   4.0  190         1         0
        2    1    2   4.5  225         0         1
        3    0    3   5.5  220         0         0
        4    0    2   3.0  205         0         1
```

```
in ▸    fit=smf.ols('SAL ~ SEX+EDU_DUM1+EDU_DUM2+YEAR', data).fit()
        print(fit.summary())
```

세 개의 교육 수준에 대해서 두 개의 가변수를 생성하기 위해 data[“EDU_DUM1”]=0과 data[“EDU_DUM2”]=0은 모든 값이 0인 가변수 EDU_DUM1과 EDU_DUM2를 생성한다. data.loc[]은 열이나 행의 값을 찾는 명령어로 data.loc[data[“EDU”]==1, “EDU_DUM1”]=1는 데이터에서 EDU 열의 값이 1이면 그때의 EDU_DUM1도 1로 저장한다. 이렇게 하면 EDU_DUM1에서는 교육 수준이 1인 경우에만 1의 값을 가지며, 나머지 교육 수준에 대해서는 0의 값을 갖는 가변수가 된다. 같은 방법으로 EDU_DUM2는 교육 수준이 2인 경우에만 1의 값을 갖도록 처리한다.

따라서 회귀분석 모형은 생성한 가변수를 사용하여 ‘SAL ~ SEX+EDU_DUM1+EDU_DUM2+YEAR’로 정의하게 된다. 프로그램 출력 결과는 앞서 설명한 내용을 뒷받침하고 있다.

프로그램 출력 결과

```
out ▸                        OLS Regression Results
            ==============================================================================
            Dep. Variable:                    SAL   R-squared:                       0.945
            Model:                            OLS   Adj. R-squared:                  0.914
            Method:                 Least Squares   F-statistic:                     30.35
            Date:                Fri, 19 Nov 2021   Prob (F-statistic):           0.000163
            Time:                        10:58:35   Log-Likelihood:                -37.611
            No. Observations:                  12   AIC:                             85.22
            Df Residuals:                       7   BIC:                             87.65
            Df Model:                           4
            Covariance Type:            nonrobust
            ==============================================================================
                             coef    std err          t      P>|t|      [0.025      0.975]
            ------------------------------------------------------------------------------
            Intercept    192.5585     12.410     15.517      0.000     163.214     221.903
            SEX           13.3185      4.616      2.885      0.023       2.402      24.234
            EDU_DUM1     -38.3964      5.835     -6.580      0.000     -52.195     -24.598
            EDU_DUM2     -15.6153      7.093     -2.201      0.064     -32.388       1.158
            YEAR           6.5924      1.774      3.717      0.007       2.399      10.786
            ==============================================================================
            Omnibus:                        0.360   Durbin-Watson:                   3.416
            Prob(Omnibus):                  0.835   Jarque-Bera (JB):                0.462
            Skew:                          -0.290   Prob(JB):                        0.794
            Kurtosis:                       2.234   Cond. No.                         37.7
            ==============================================================================
```

9.11 부분가설검정

회귀분석을 할 경우, 때때로 다양한 형태의 가설검정이 필요할 수도 있다. 즉, 다중선형회귀모형

$$Y_i = \beta_0 + \beta_1 x_{i1} + \beta_2 x_{i2} + \cdots + \beta_p x_{ip} + \epsilon_i \tag{9.32}$$

에 대해서 예를 들면,

(a) $H_0 : \beta_2 = \beta_3 = 0$

(b) $H_0 : \beta_1 = -2\beta_3$

(c) $H_0 : \beta_1 + \beta_4 = 1$

등과 같은 가설검정을 할 경우이다. 이러한 가설은 경험적으로나 이론적으로 알려진 사실에 기초한 것이다. 이와 같은 형태의 가설검정을 하기 위해서 **축차제곱합**(sequential sum of squares)을 소개한다. 우선 두 개의 설명변수 X_1, X_2로 Y를 회귀시키고자 할 경우

$$Y_i = \beta_0 + \beta_1 x_{i1} + \beta_2 x_{i2} + \epsilon_i \tag{9.33}$$

가 되는데 총 제곱합(SST)은 잔차제곱합(SSE)과 회귀제곱합(SSR)으로 나누어진다. 이때 SSR을

$$\begin{aligned} SSR &= \sum_{i=1}^{n} (\hat{y}_i - \bar{y})^2 \\ &= SSR(X_1, X_2) \end{aligned} \tag{9.34}$$

라고 표현하기로 하자. $SSR(X_1, X_2)$는 (X_1, X_2) 모두를 설명변수로 하였을 때의 회귀제곱합인데, X_1만을 설명변수로 하였을 때의 회귀제곱합 $SSR(X_1)$에 X_2를 추가하였을 때의 회귀제곱합의 합으로 얻어진다. 즉,

$$SSR(X_1, X_2) = SSR(X_1) + SSR(X_2 \mid X_1) \tag{9.35}$$

으로 표현된다. 여기서 $SSR(X_2 \mid X_1)$은 X_1을 설명변수로 하는 모형에 X_2를 추가했을 때 증가하는 회귀제곱합의 크기를 나타낸다. 다시 말하면

$$\begin{aligned} Y &= \beta_0 + \beta_1 x_1 + \epsilon & &\Rightarrow SSR(X_1) \\ Y &= \beta_0 + \beta_1 x_1 + \beta_2 x_2 + \epsilon & &\Rightarrow SSR(X_1, X_2) \end{aligned} \quad + SSR(X_2 \mid X_1)$$

이다. 물론 $SSR(X_1, X_2) \neq SSR(X_1) + SSR(X_2)$인데 X_1과 X_2 간의 상관관계가

어느 정도 존재하기 때문이다. 마찬가지로 X_2 만이 있을 때의 회귀제곱합 $SSR(X_2)$ 에 X_1 을 추가할 때의 회귀제곱합 증가분 $SSR(X_1 \mid X_2)$ 을 합하면 (X_1, X_2) 모두를 설명변수로 할 때의 회귀제곱합이 된다.

즉,

$$SSR(X_1, X_2) = SSR(X_2) + SSR(X_1 \mid X_2) \tag{9.36}$$

이다. 이제 p 개의 설명변수 $X_1, X_2, \cdots, X_p$ 가 있다고 하자. 그러면 회귀제곱합은 다음과 같이 분할되는데 즉,

$$\begin{aligned} SSR(X_1, \cdots, X_p) = SSR(X_1) + SSR(X_2 \mid X_1) + SSR(X_3 \mid X_1, X_2) \\ + \cdots + SSR(X_p \mid X_1, X_2, \cdots, X_{p-1}) \end{aligned} \tag{9.37}$$

이다. 여기서 식 9.37의 오른쪽에 있는 항들을 **축차제곱합** 또는 추가제곱합이라고 한다. 다시 말하면 $SSR(X_1, X_2, \cdots, X_p)$ 는 설명변수를 하나씩 추가할 때 얻어지는 회귀제곱합의 증가분을 합하여 얻어지는 것이다.

축차제곱합을 이용하여 설명변수 몇 개의 묶음에 대한 제곱합도 얻어질 수 있다. 예를 들면, 4개의 설명변수(X_1, X_2, X_3, X_4) 를 고려하고 있을 때, 두 개의 설명변수 (X_3, X_4) 가 회귀제곱합에 미치는 영향은

$$\begin{aligned} SSR(X_1, \cdots, X_4) = SSR(X_1, X_2) + SSR(X_3, X_4 \mid X_1, X_2) \\ \Rightarrow SSR(X_3, X_4 \mid X_1, X_2) = SSR(X_1, \cdots, X_4) - SSR(X_1, X_2) \end{aligned} \tag{9.38}$$

의 관계로부터 얻을 수 있다. 또한 식 9.38은

$$SSR(X_3, X_4 \mid X_1, X_2) = SSR(X_3 \mid X_1, X_2) + SSR(X_4 \mid X_1, X_2, X_3) \tag{9.39}$$

로 계산할 수 있다.

표 9.11 부채와 영업손실, 비용, 자본잠식

X_1	X_2	X_3	Y	X_1	X_2	X_3	Y
19.5	43.1	29.1	11.9	31.1	56.6	30.0	25.4
24.7	49.8	28.2	22.8	30.4	56.7	28.3	27.2
30.7	51.9	37.0	18.7	18.7	46.5	23.0	11.7
29.8	54.3	31.1	20.1	19.7	44.2	28.6	17.8
19.1	42.2	30.9	12.9	14.6	42.7	21.3	12.8
25.6	53.9	23.7	21.7	29.5	54.4	30.1	23.9
31.4	58.5	27.6	27.1	27.7	55.3	25.7	22.6
27.9	52.1	30.6	25.4	30.2	58.6	24.6	25.4
22.1	49.9	23.2	21.3	22.7	48.2	27.1	14.8
25.5	53.5	24.8	19.3	25.2	51.0	27.5	21.1

앞에서 설명한 축차제곱합의 관계를 구체적인 예를 들어 설명하여 보자. 표 9.11의 자료는 부채(Y)와 영업손실(X_1), 영업비용(X_2), 자본잠식(X_3)에 대한 20개의 기업체에 대한 조사 결과이다. 우선 이 자료에 대한 몇 가지 계산 결과는

$$SSR(X_1) = 352.27$$
$$SSR(X_2) = 381.97$$
$$SSR(X_1, X_2) = 385.44$$
$$SSR(X_1, X_2, X_3) = 396.98$$
$$SST = 495.39$$

이다. 먼저

$$\begin{aligned} SSR(X_2 \mid X_1) &= SSR(X_1, X_2) - SSR(X_1) \\ &= 385.44 - 352.27 = 33.17 \\ SSR(X_1 \mid X_2) &= SSR(X_1, X_2) - SSR(X_2) \\ &= 385.44 - 381.97 = 3.47 \end{aligned}$$

이다. 그러면 분산분석표의 회귀제곱합은 축차제곱합들로 분할되어 표현할 수 있으

며 표 9.12에서 이를 보여주고 있다.

여기서 설명하는 축차제곱합은 고려하고 있는 설명변수 중에서 몇 개의 설명변수에 대한 유의성 검정, 또는 모수에 대한 특별한 형태의 유의성 검정을 하기 위한 목적이다. 참고로 파이썬에서는 완전모형과 축소모형을 각각 적합하여 출력된 제곱합으로 축차제곱합을 계산하여야 한다. 그러나 부분가설검정에 대한 부분 F 통계량과 p값을 제공하며 이에 대한 설명은 다음 절에서 다룬다.

표 9.12 축차제곱합으로의 분할

제곱합(SS)		자유도
$SSR(X_1, X_2, X_3)$	396.98	3
$SSR(X_1)$	352.27	1
$SSR(X_2 \mid X_1)$	33.17	1
$SSR(X_3 \mid X_1, X_2)$	11.54	1
$SSE(X_1, X_2, X_3)$	98.41	16
SST	495.39	19

9.11.1 $H_0 : \beta_j = \beta_k = 0$에 대한 가설검정

설명변수가 p 개인 모형에서 두 개의 설명변수 x_j와 x_k가 얼마나 유의적인가를 알아보기 위하여 가설검정을 한다고 하자. 다시 말하면 두 개의 설명변수 x_j와 x_k가 모형 내에서 얼마나 설명력을 갖는가 하는 문제인데 이는 다음과 같은 가설검정과 같다. 즉,

$$H_0 : \beta_j = \beta_k = 0 \quad v.s. \quad H_1 : H_0\text{가 아니다.} \tag{9.40}$$

이다. 이와 같은 가설검정을 하기 위해서는 먼저 p개의 설명변수가 모두 포함된 회귀모형을 **완전모형**(full model)이라고 부르고 X_j와 X_k가 모형에 포함되지 않는 경우, 즉 식 9.40의 H_0 내용이 반영된 모형을 **축소모형**(reduced model)이라고 부르자. 그러면 축소모형과 완전모형의 회귀제곱합의 차이가 얼마나 유의적인가를 알아냄으로써 식 9.40의 가설검정을 하게 된다.

예를 들어, 설명변수가 5개인 회귀분석의 문제에서 완전모형은

$$(FM) \quad Y_i = \beta_0 + \beta_1 x_{i1} + \cdots + \beta_5 x_{i5} + \epsilon_i \tag{9.41}$$

이 되고,

$$H_0 : \beta_1 = \beta_2 = 0 \quad v.s. \quad H_1 : \beta_i \neq 0 \text{ (어떤 } i \text{에 대해서)} \tag{9.42}$$

를 가설검정하고자 한다면 축소모형은

$$(RM) \quad Y_i = \beta_0^* + \beta_3^* x_{i3} + \beta_4^* x_{i4} + \beta_5^* x_{i5} + \epsilon_i \tag{9.43}$$

이다. 위 식에서 *를 붙인 이유는 식 9.41에서의 그 값과 다르다는 의미이다. 5개의 설명변수로 회귀분석하여 얻은 회귀제곱합이 3개의 설명변수만 있는 축소모형에서의 회귀제곱합보다 클 것은 당연하다. 그러므로 축소모형에 두 개의 설명변수 X_1과 X_2가 추가될 때의 회귀제곱합의 증가분이 얼마나 큰지에 따라 주어진 가설 식 (9−42)의 검정이 가능하다. 즉,

$$SSR(X_1, X_2 \mid X_3, X_4, X_5) = SSR(X_1, \cdots, X_5) - SSR(X_3, X_4, X_5)$$

이 유의적으로 크면 H_0를 기각하게 된다. 이때, 검정통계량은

$$F = \frac{SSR(X_1, X_2 \mid X_3, X_4, X_5)/2}{SSE(X_1, \cdots, X_5)/(n-5-1)} \tag{9.44}$$

가 되며 자유도가 $(2, n-6)$인 F−분포를 따른다. 여기서 분자의 자유도는 완전모형(FM)의 모수 수(6)에서 축소모형(RM)의 모수 수(4)를 뺀 값이다. $SSR(X_1, X_2 \mid X_3, X_4, X_5)$는 축차제곱합의 합으로 얻을 수 있으며

$$\begin{aligned} & SSR(X_1, X_2 \mid X_3, X_4, X_5) \\ &= SSR(X_2 \mid X_3, X_4, X_5) + SSR(X_1 \mid X_2, X_3, X_4, X_5) \end{aligned}$$

가 된다. 식 9.44의 검정통계량은 $(X_1, X_2, \cdots, X_5)$ 모두를 설명변수로 하였을 때의 잔차제곱합(분모) 중에서 $SSR(X_1, X_2 \mid X_3, X_4, X_5)$가 차지하는 비중을 나타내고 있다.

예제 9.5

다음의 자료는 부하 직원이 상사에 대해 평가한 결과이다. 상사 평가 점수(Y)는 직원의 고충 해결 능력(X_1), 상사의 융통성(X_2), 탐구력(X_3), 성취력(X_4), 통솔력(X_5), 직원의 부서 이전 욕구(X_6) 등과 관련이 있다고 판단하여 회귀분석하고자 한다.

먼저 X_2, X_4, X_5, X_6은 회귀모형에 포함해야 하는 설명변수인가를 판단해 보고자 한다. 그러면 가설은

$$H_0 : \beta_2 = \beta_4 = \beta_5 = \beta_6 = 0 \tag{9.45}$$

이 될 것이다. 따라서 완전모형과 축소모형은 다음과 같다.

$$(FM) \quad Y_i = \beta_0 + \beta_1 x_{i1} + \cdots + \beta_6 x_{i6} + \epsilon_i \ , \quad i = 1, \cdots, 30$$

$$(RM) \quad Y_i = \beta_0^* + \beta_1^* x_{i1} + \beta_3^* x_{i3} + \epsilon_i \ , \quad i = 1, \cdots, 30$$

여기서 (RM)의 모수는 $*$로 표현하여 (FM)의 모수와는 다른 값임을 표시하였다.

Y	X_1	X_2	X_3	X_4	X_5	X_6	Y	X_1	X_2	X_3	X_4	X_5	X_6
43	51	30	39	61	92	36	81	90	50	72	60	54	36
63	64	51	54	63	73	63	74	85	64	69	79	79	63
71	70	68	69	76	86	60	65	60	65	75	55	80	60
61	63	45	47	54	84	46	65	70	46	57	75	85	46
81	78	56	66	71	83	52	50	58	68	54	64	78	52
43	55	49	44	54	49	33	50	40	33	34	43	64	33
58	67	42	56	66	68	41	64	61	52	62	66	80	41
71	75	50	55	70	66	37	53	66	52	50	63	80	37
72	82	72	67	71	83	49	40	37	42	58	50	57	49
67	61	45	47	62	80	33	63	54	42	48	66	75	33
64	53	53	58	58	67	72	66	77	66	63	88	76	72
67	60	47	39	59	74	49	78	75	58	74	80	78	49
69	62	57	42	55	63	38	48	57	44	45	51	83	38
68	83	83	45	59	77	55	85	85	71	71	77	74	55
77	77	54	72	79	77	39	82	82	39	59	64	78	39

그러면

$$SSR(X_2, X_4, X_5, X_6 \mid X_1, X_3) = SSR(FM) - SSR(RM)$$
$$= 3082.1587 - 3042.3177$$
$$= 39.841$$

이고, $SSE(FM) = 1214.8079$ 이므로

$$F = \frac{39.841/4}{1214.8079/23} = 0.1886$$

이 된다. 이 F값은 자유도 (4, 23)의 F분포에서 $\alpha = 0.025$ 의 임계치 1.45보다도 아주 작으므로 H_0 를 기각하지 못한다(즉, p값$\gg 0.25$).

프로그램 코드

in ▸

```
import pandas as pd
import statsmodels.formula.api as smf

data=pd.read_csv('ex9-5.csv')
data.head()
```

out ▸

	y	x1	x2	x3	x4	x5	x6
0	43	51	30	39	61	92	36
1	63	64	51	54	63	73	63
2	71	70	68	69	76	86	60
3	61	63	45	47	54	84	46
4	81	78	56	66	71	83	52

in ▸

```
#회귀분석
fm=smf.ols('y~x1+x2+x3+x4+x5+x6', data).fit()
#완전모형
rm=smf.ols('y~x1+x3', data).fit()                    #축소모형
print(fm.summary())
print(rm.summary())

#분산분석표
import statsmodels.api as sm
aov1=sm.stats.anova_lm(fm)          #완전모형 분산분석표
aov2=sm.stats.anova_lm(rm)          #축소모형 분산분석표
sum(aov1[:-1]['sum_sq'])            #완전모형 회귀제곱합
sum(aov2[:-1]['sum_sq'])            #축소모형 회귀제곱합
```

완전모형(fm)과 축소모형(rm)을 정의하여 회귀분석을 실행한다. 분산분석표를 실행하기 위해 필요한 모듈을 import한다. aov1에는 완전모형의 분산분석표를 저장하고, aov2에는 축소모형의 분산분석표를 저장한다. 분산분석표를 출력하면 '완전모형의 분산분석표'와 같이 각 변수에 대한 제곱합과 잔차에 대한 제곱합이 출력된다.

모든 변수에 대한 회귀제곱합 합계를 구하기 위해 'sum'을 사용한다. aov1[:−1]['sum_sq']은 완전모형의 분산분석표 aov1에서 끝 행(잔차제곱합)을 제거하고, sum_sq 열의 값을 모두 더한다는 의미이다. 같은 방법으로 축소모형의 회귀제곱합도 계산한다.

프로그램 코드 완전모형의 분산분석표

```
out ▸          df       sum_sq      mean_sq          F        PR(>F)
      x1        1.0  2927.584253  2927.584253  55.428052  1.439539e-07
      x2        1.0     7.518562     7.518562   0.142349  7.094157e-01
      x3        1.0   137.247472   137.247472   2.598511  1.206032e-01
      x4        1.0     0.942175     0.942175   0.017838  8.949124e-01
      x5        1.0     0.563837     0.563837   0.010675  9.186042e-01
      x6        1.0     8.302435     8.302435   0.157190  6.954112e-01
      Residual 23.0  1214.807934    52.817736        NaN           NaN
```

프로그램 코드 완전모형과 축소모형의 회귀제곱합

```
in ▸    sum(aov1[:-1]['sum_sq'])          #완전모형의 회귀제곱합

out ▸   3082.1587327003463

in ▸    sum(aov2[:-1]['sum_sq'])          #축소모형의 회귀제곱합

out ▸   3042.3176960737915
```

프로그램 출력 결과 완전모형의 회귀분석 결과

```
out ▸                         OLS Regression Results
        ==============================================================================
        Dep. Variable:                      y   R-squared:                       0.717
        Model:                            OLS   Adj. R-squared:                  0.644
        Method:                 Least Squares   F-statistic:                     9.726
        Date:                Tue, 23 Nov 2021   Prob (F-statistic):           2.27e-05
        Time:                        14:56:43   Log-Likelihood:                -98.085
        No. Observations:                  30   AIC:                             210.2
        Df Residuals:                      23   BIC:                             220.0
        Df Model:                           6
```

```
Covariance Type:        nonrobust
==============================================================================
                 coef    std err          t      P>|t|      [0.025      0.975]
------------------------------------------------------------------------------
Intercept     10.6672     11.947      0.893      0.381     -14.046      35.381
x1             0.7159      0.163      4.390      0.000       0.379       1.053
x2            -0.1407      0.166     -0.847      0.406      -0.484       0.203
x3             0.2324      0.168      1.384      0.180      -0.115       0.580
x4            -0.0478      0.209     -0.229      0.821      -0.480       0.385
x5             0.0099      0.151      0.066      0.948      -0.302       0.321
x6             0.0643      0.162      0.396      0.695      -0.271       0.400
==============================================================================
Omnibus:                        5.107   Durbin-Watson:                   1.904
Prob(Omnibus):                  0.078   Jarque-Bera (JB):                1.764
Skew:                           0.031   Prob(JB):                        0.414
Kurtosis:                       1.814   Cond. No.                     1.36e+03
==============================================================================
```

프로그램 출력 결과 축소모형의 회귀분석 결과

```
out ▸
                            OLS Regression Results
==============================================================================
Dep. Variable:                      y   R-squared:                       0.708
Model:                            OLS   Adj. R-squared:                  0.686
Method:                 Least Squares   F-statistic:                     32.74
Date:                Tue, 23 Nov 2021   Prob (F-statistic):           6.06e-08
Time:                        14:59:54   Log-Likelihood:                -98.569
No. Observations:                  30   AIC:                             203.1
Df Residuals:                      27   BIC:                             207.3
Df Model:                           2
Covariance Type:            nonrobust
==============================================================================
                 coef    std err          t      P>|t|      [0.025      0.975]
------------------------------------------------------------------------------
Intercept      9.8709      7.061      1.398      0.174      -4.618      24.359
x1             0.6435      0.118      5.432      0.000       0.400       0.887
x3             0.2112      0.134      1.571      0.128      -0.065       0.487
==============================================================================
Omnibus:                        6.448   Durbin-Watson:                   1.958
Prob(Omnibus):                  0.040   Jarque-Bera (JB):                1.959
Skew:                          -0.041   Prob(JB):                        0.375
Kurtosis:                       1.751   Cond. No.                         503.
==============================================================================
```

축소모형의 회귀분석 결과, X_3에 대한 유의확률이 0.128로 비교적 높게 나온 것에 대해 문제 삼을 필요는 없다. 이 예제는 단순히 부분가설검정을 다루고 있기 때문이다. 이에 대한 구체적인 절차는 뒤이어 설명한다.

파이썬에서 부분가설검정은 간단한 명령어로 수행할 수 있다.

프로그램 코드 부분가설검정 결과

in ▸
```
hypothesis='(x2=0), (x4=0), (x5=0), (x6=0)'    #가설 정의
f_test=fm.f_test(hypothesis)

print(f_test)  #부분가설검정 결과 출력
```

out ▸
```
<F test: F=0.18857792593989556, p=0.9419365406590389, df_denom=23,
df_num=4>
```

hypothesis에서는 부분가설검정을 하기 위한 가설을 정의하고, f_test를 사용하여 완전모형(fm)을 기준으로 부분가설검정을 실행한다. 그 결과, 부분 F값은 0.1886으로 앞서 부분제곱합을 이용해 구한 값과 같은 결과를 나타낸다. p-value $\gg 0.25$를 보면 0.9419로 0.05보다 매우 커서 H_0를 기각할 수 없다. 따라서 $i=2, 4, 5, 6$에 대해 적어도 하나는 $X_i \neq 0$이며 해당 변수는 회귀모형에 포함할 필요가 있다.

앞에서 설명한 축차제곱합 이외에 **부분제곱합**(partial sum of squares)이라는 것은 특정한 하나의 변수(X_j)가 추가될 때 얻어지는 회귀제곱합의 증가분을 말한다. 즉,

$$SSR(X_j \mid X_1, \cdots, X_{j-1}, X_{j+1}, \cdots, X_p), \quad j=1, \cdots, p$$

를 부분제곱합이라고 한다. 다시 말하면 X_j를 제외한 다른 모든 설명변수로 설명되는 회귀제곱합보다 X_j를 추가하였을 때 회귀제곱합이 얼마나 증가하는가를 나타내어 준다. 따라서 부분제곱합은 X_j가 회귀모형에 필요한가의 여부를 알기 위한 목적으로 사용될 수 있다. 즉, 하나의 모수에 대한 t-검정과 같은 결과를 얻게 된다.

그러므로

$$H_0 : \beta_j = 0 \qquad \text{v.s.} \qquad H_1 : \beta_j \neq 0$$

을 가설검정하는 목적으로

$$\begin{aligned} & SSR(X_j \mid X_1, \cdots, X_{j-1}, X_{j+1}, \cdots, X_p) \\ &= SSR(X_1, \cdots, X_p) - SSR(X_1, \cdots, X_{j-1}, X_{j+1}, \cdots, X_p) \\ &= SSR(FM) - SSR(RM) \end{aligned}$$

를 사용하여, 검정통계량으로 **부분 $\boldsymbol{F}$**(partial−F)

$$F = \frac{SSR(X_j \mid X_1, \cdots, X_{j-1}, X_{j+1}, \cdots, X_p)}{SSE(X_1, \cdots, X_p)/(n-1-p)} \tag{9.46}$$

가 정의된다. 이 부분제곱합은 **부분결정계수**(partial determination coefficient)를 구하는 데 사용되기도 한다. 부분결정계수를 설명하기 위해 우선, 두 개의 설명변수가 있는 모형을 고려하여 보자. 즉,

$$Y_i = \beta_0 + \beta_1 x_{i1} + \beta_2 x_{i2} + \epsilon_i, \quad i = 1, \cdots, n$$

에서 Y와 X_1의 부분결정계수란 X_2가 모형에 포함되어 있을 때 X_2가 Y의 변동을 설명하여 주지 못하는 부분($SSE(X_2)$) 중 X_1이 추가되어 Y를 얼마나 더 설명해 줄 수 있는가를 나타내 주는 것으로

$$R^2_{Y1.2} = \frac{SSR(X_1 \mid X_2)}{SSE(X_2)}$$

로 정의된다. 이를 X_2가 주어졌을 때 X_1과 Y의 부분결정계수라고 부른다. 반대로 X_1이 Y를 설명해 주지 못하는 부분($SSE(X_1)$) 중에서 X_2가 추가되어 Y를 설명할 수 있는 부분($SSR(X_2 \mid X_1)$)의 비율은 X_1이 주어져 있을 때 X_2와 Y의 부분결정계수가 되고,

$$R^2_{Y2.1} = \frac{SSR(X_2 \mid X_1)}{SSE(X_1)}$$

이다. 물론 설명변수가 3개 이상일 경우에도 부분결정계수를 얻을 수 있는데 X_2, X_3가 주어져 있을 때 X_1과 Y의 부분결정계수는

$$R^2_{Y1.23} = \frac{SSR(X_1 \mid X_2, X_3)}{SSE(X_2, X_3)}$$

이 될 것이다. 표 9.11의 자료에 대한 부분결정계수의 몇 가지 결과는 다음과 같다.

$$R^2_{Y2.1} = \frac{SSR(X_2 \mid X_1)}{SSE(X_1)} = \frac{33.17}{143.12} = 0.232$$

$$R^2_{Y3.12} = \frac{SSR(X_3 \mid X_1, X_2)}{SSE(X_1, X_2)} = \frac{11.54}{109.95} = 0.105$$

$$R^2_{Y1.2} = \frac{SSR(X_1 \mid X_2)}{SSE(X_2)} = \frac{3.47}{113.42} = 0.031$$

이다. 여기서 얻어진 부분결정계수를 다른 각도에서 설명하면 예로 $R^2_{Y2.1} = 0.232$는 X_1만으로 회귀분석하였을 때 얻어지는 잔차제곱합($SSE(X_1)$)이 X_2를 추가함으로써 23.2% 줄어든다는 것을 의미한다.

부분결정계수는 다음 절에 설명되는 변수선택 또는 판별분석, 군집분석 등에서 얻어지는 고급 통계량으로서 여기서는 그 개념만 이해하고 넘어가도 충분할 것이다. 여기서는 표 9.11 자료에 대한 부분결정계수(편상관계수의 제곱)를 얻는 방법을 실습하기로 한다.

프로그램 코드

in ▸
```
import pandas as pd
import pingouin as pg

data=pd.read_csv('9.11.1.csv')
data.head()
```

out ▸
```
     X1    X2    X3     Y
0  19.5  43.1  29.1  11.9
1  24.7  49.8  28.2  22.8
```

```
    2  30.7  51.9  37.0  18.7
```

```
in ▸  #편상관계수, 부분결정계수 구하기
      data.partial_corr('X2', 'Y', covar='X1').round(3)
      ry21=data.partial_corr('X2', 'Y', covar='X1').round(3)['r']
      round(ry21**2,3)    #편상관계수 제곱=부분결정계수

      data.partial_corr('X3', 'Y', covar=['X1','X2']).round(3)
      ry312=data.partial_corr('X3', 'Y', covar=['X1','X2']).round(3)['r']
      round(ry312**2,3)  #편상관계수 제곱=부분결정계수
```

부분결정계수는 편상관계수를 구해 제곱하여 얻을 수 있다. 편상관계수를 구하기 위해서는 pingouin을 import해야 한다. 간혹 pingouin을 import하면 'ModuleNotFound-Error: No module named 'pingouin''와 같은 에러가 발생하는데 콘솔 창에서 !pip install pingouin을 입력하여 pingouin 모듈을 설치 후 실행하면 에러가 해결된다.

먼저 X_1이 주어지고 Y와 X_2 간의 편상관계수인 $R_{Y2.1}$을 구해보자. 이 때는 변수에 Y와 X_2를 입력하고, X_1을 통제변수로 입력한다. data.partial_corr('X2', 'Y', covar='X1').round(3)은 편상관계수를 구하는 명령어이다. 여기서 covar은 통제변수를 의미하며 round(3)은 소수점 셋째 자리까지 결과를 출력하겠다는 의미이다. ry21**2는 편상관계수(ry12)를 제곱한 값이며 round를 통해 소수점 셋째 자리까지의 결과를 출력한다.

프로그램 출력 결과 $R_{Y2.1}$과 $R^2_{Y2.1}$

```
out ▸            n      r         CI95%   p-val
      pearson  20  0.481  [0.03, 0.77]  0.037

      pearson    0.231
```

그 결과, $R_{Y2.1}$는 0.481로 얻어졌으며 이 값의 제곱인 부분결정계수 $R^2_{Y2.1}$는 0.231로 나타났다. 같은 방법으로 $R^2_{Y3.12}$도 구할 수 있다. $R_{Y3.12}$는 −0.324이며 이를 제곱한 $R^2_{Y3.12}$는 0.105가 된다.

프로그램 출력 결과 $R_{Y3.12}$와 $R^2_{Y3.12}$

```
out ‣             n       r          CI95%  p-val
       pearson  20 -0.324  [-0.69, 0.17]   0.19

       pearson    0.105
```

9.12 변수선택

회귀분석을 할 때, 어떤 설명변수로 변수 Y를 설명하는 것이 바람직한지를 생각하여야 한다. 기존의 유사한 연구에서 사용되었던 설명변수를 고려하는 것도 바람직한 방법 중 하나이다. 또한 고려되는 모든 설명변수가 모형에 적합한지 알아보아야 한다. 그중 일부는 Y를 설명하는 데 필요하지 않을 수도 있기 때문이다. 고려하는 설명변수가 여러 개일 경우, 가능한 적은 수의 설명변수만으로 회귀모형을 구성하는 것이 바람직하다. **변수선택**(variable selection)의 방법으로는 다음의 세 가지 방법이 있다.

9.12.1 후진제거법

후진제거법(backward delection)이란 고려하고 있는 모든 설명변수를 모형에 포함한 후, 가장 중요하지 않은 설명변수부터 차례대로 제외하는 방법이다. 설명변수를 제외하는 기준은 부분제곱합으로부터 얻어지는 **부분 $\boldsymbol{F}$값**(partial$-F$)이다. 여기서 부분 F값이란 식 9.46을 말한다. 즉, 이 방법은 설명변수 중에서 가장 작은 부분 F값을 갖는 설명변수부터 차례대로 제거하여 나간다. 첫 번째로 작은 부분 F값이 비유의적(p값이 큰 경우)일 때, 그 변수를 제외한 나머지 설명변수 중에서 가장 작은 부분 F값을 갖는 것을 찾고 역시 유의하지 않으면 제거해 나가는 것이다. 이 방법의 문제점은 일단 제외한 설명변수는 다시 선택될 수 없다는 점이다.

9.12.2 전진선택법

전진선택법(forward selection)은 후진제거법과 반대로 고려하고 있는 설명변수 중에서 가장 중요한 설명변수부터 차례대로 모형에 추가시키는 방법이다. 설명변수를 추가하는 기준은 역시 부분 F값으로 결정하는데, 부분 F값이 가장 큰 설명변수가 유의적일 경우 제일 먼저 선택하고, 선택된 설명변수가 있는 모형에 나머지 설명변수 중에서 부분 F값이 가장 큰 설명변수를 추가하여 나가는 과정이다. 물론 더 이상 유의적인 설명변수가 없을 때까지 단계별로 진행된다. 이 방법도 어떤 설명변수가 일단 모형에 선택이 되면 이후에 다른 설명변수의 추가로 인하여 그 설명변수가 중요하지 않게 되더라도 그 변수를 제거할 수 없는 문제점이 있다. 여기서 이해하고 넘어가야 할 것은 여러 개의 설명변수 간에는 상관관계가 존재할 수 있다는 것이다. 따라서 경우에 따라서는 앞의 두 가지 선택법은 바람직한 결과를 제공하여 주지 못할 수가 있다.

9.12.3 단계적 선택법

단계적 선택법(stepwise selection)이란 앞에서 설명한 전진선택법의 문제점을 개선하여 전진선택법에 후진제거법이 가미된 방법이다. 우선 전진선택법에 따라 가장 큰 부분 F값을 갖는 설명변수를 선택하여 모형에 포함하되 새로 추가되는 설명변수로 인하여 필요 없게 되는 설명변수가 있다면, 후진제거법으로 제거하여 나가는 방법이다. 물론 더 이상 추가 혹은 제거할 변수가 없을 때까지 진행하면서 최적의 설명변수만으로 모형을 얻는 방법으로써 고려하고 있는 설명변수 중에서 필요한 것들만 선택하는 데 널리 사용되고 있는 방법이다.

예제 9.6

변수선택의 대표적인 예제인 Hald(1952)가 조사한 자료는 다음과 같다. 4개의 설명변수와 반응변수 Y에 대해 전진선택법과 후진선택법을 수행한 결과를 살펴보자.

표본	Y	X_1	X_2	X_3	X_4
1	78.5	7	26	6	60
2	74.3	1	29	15	52
3	104.3	11	56	8	20
4	87.6	11	31	8	47
5	95.9	7	52	6	33
6	109.2	11	55	9	22
7	102.7	3	71	17	6
8	72.5	1	31	22	44
9	93.1	2	54	18	22
10	115.9	21	47	4	26
11	83.8	1	40	23	34
12	113.3	11	66	9	12
13	109.4	10	68	8	12

파이썬에서는 변수선택법에 대한 함수가 따로 있지 않아 사용자가 변수선택 함수를 정의하여야 한다.

프로그램 코드

in ▸
```
import pandas as pd
import statsmodels.api as sm

data=pd.read_csv('ex9-6.csv')
data.head(4)
```

out ▸
```
   Sample      Y  X1  X2  X3  X4
0       1   78.5   7  26   6  60
1       2   74.3   1  29  15  52
2       3  104.3  11  56   8  20
3       4   87.6  11  31   8  47
```

in ▸
```
y=data.Y
X=data.iloc[:,2:6]
```

예제 데이터 파일은 표본 번호(sample), 반응변수 Y, 4개의 설명변수 X로 구성되어 있다. 변수선택 과정에서 사용할 Y와 X를 데이터세트에서 추출하여 y와 X로 저장한다.

프로그램 코드 전진선택법

```
in ▸   def forward(X, y, level, verbose=False):
         initial_list=[]
         included=list(initial_list)    #선택된 변수를 저장할 리스트
         while True:
           changed=False
           excluded=list(set(X.columns)-set(included))
           pval=pd.Series(index=excluded, dtype='float64')

           for col in excluded:
             if (len(included)==0):

       model=sm.OLS(y,sm.add_constant(pd.DataFrame(X[included+[col]]))).fit()
             else:
               model=sm.OLS(y, pd.DataFrame(X[included+[col]])).fit()
           pval[col]=model.pvalues[col]
         best_pval=pval.min()

         if best_pval < level:
             best_X=pval.idxmin()
             included.append(best_X)
             changed=True

             if verbose:
               print('ADD{:20} with p-val{:25}'.format(best_X, best_pval))
             if not changed:
               break
         return included       #최종 선택 변수 출력
```

included에는 선택된 변수를 저장하고, excluded에는 선택되지 않은 변수가 저장된다. pval은 series를 이용하여 값을 저장하는데 {키:값}의 구조로 가지고 있다.

만약 선택된 변수가 없으면(len(included)==0) 상수항이 추가된 회귀분석(sm.add_constant)을 구성하고, 그렇지 않으면 선택된 변수 included에 다음 변수(col)를 추가하여 구성된 설명변수(X[included+[col]])를 기준으로 회귀분석을 수행한다.

pval에는 모든 p값을 저장하고, 그 중 최솟값의 p값을 best_pval로 저장한다. best_pval가 유의수준보다 작으면 변수로 선택되어 included에 추가된다.

verbose가 True이면 변수선택 과정(변수, p값)을 출력하며 False이면 최종 변수 리스트만 출력한다.

프로그램 코드 후진선택법

```
in ▸    def backward(X, y, level, verbose=False):
            included=list(X.columns)     #선택된 변수를 저장할 리스트
            while True:
            changed=False
              if (len(included)==1):
                model=sm.OLS(y,sm.add_constant(pd.DataFrame(X[included]))).fit()
              else:
                model=sm.OLS(y,sm.add_constant(pd.DataFrame(X[included]))).fit()

              pval=model.pvalues.iloc[1:]
              worst_pval=pval.max()

              if worst_pval > level:
                changed = True
                worst_X=pval.idxmax()
                included.remove(worst_X)

                if verbose:
                  print('DROP{:20} with p-val{:25}'.format(worst_X, worst_pval))
                if not changed:
                  break
            return included       #최종 선택 변수 출력
```

후진선택법은 모든 변수를 추가한 후, 차례차례 제거해 나가는 방식이므로 처음부터 included에 변수 리스트를 저장하고 있다. 따라서 선택된 변수 리스트(len(included)) 길이와는 상관없이 상수항이 추가된 회귀분석(sm.add_constant)을 수행해도 무방하다. 대신 pval에는 상수항에 대한 p값을 제외하고, 설명변수의 p값만을 저장한다.

마찬가지로 pval에는 모든 p값을 저장하되 그 중 최댓값의 p값을 worst_pval로 저장한다. worst_pval가 유의수준보다 크면 included에서 변수가 제거된다.

'프로그램 출력 결과'를 보면 전진선택법에 의해 X_4, X_2, X_1, X_3 순서로 변수가 선택되었으며, 후진선택법에 의해서는 X_1, X_2만이 선택되었다. 여기서 변수를 선택하기 위해 사용된 유의수준은 0.05이다.

이 자료는 특이하므로 전진선택법과 후진선택법의 결과가 다르게 얻어졌다. 대부분의 경우, 어느 선택법을 사용하든 동일한 결과를 얻는다.

프로그램 출력 결과

```
out ▸   forward(X, y, 0.05, verbose=True)
```

```
ADDX4                    with p-val    0.0005762318164885003
ADDX2                    with p-val    5.674585310536363e-10
ADDX1                    with p-val   3.4047952002096724e-05
ADDX3                    with p-val    0.0010367059700243225
Out[20]: ['X4', 'X2', 'X1', 'X3']    #최종 선택 변수

backward(X, y, 0.05, verbose=True)

DROPX3                    with p-val       0.8959226905101204
DROPX4                    with p-val       0.2053954381016896
Out[22]: ['X1', 'X2']                    #최종 선택 변수
```

9.13 교호모형

다중회귀모형에서 각각의 설명변수는 다른 설명변수와 관계없이 그 설명변수가 Y에 어떻게 영향을 주는가를 말한다. 예를 들어, 설명변수가 두 개인 경우

$$E(y) = \beta_0 + \beta_1 x_1 + \beta_2 x_2$$

는 X_1이 한 단위 증가할 때 β_1만큼 Y에 영향을 주는 것이고 X_2가 한 단위 증가할 때는 β_2만큼 Y를 증가시키는 관계를 나타내고 있다. 다시 말하면 β_1은 X_2의 값에 상관없이 X_1이 한 단위 증가할 때의 Y 증가분을 나타내 주는 값이다.

구체적으로 $E(Y) = 10 + 2x_1 + 5x_2$이라면 그림 9.8과 같이 X_2가 어떤 값이든지 X_1이 한 단위 증가함에 따라 Y는 2만큼 증가한다는 것이다. 그림 9.8에서는 $x_2 = 1$인 경우, 즉 $E(Y) = 10 + 2x_1 + 5(1) = 15 + 2x_1$과 $x_2 = 3$인 경우, $E(Y) = 10 + 2x_1 + 5(3) = 25 + 2x_2$를 보여주고 있다.

그러나 X_2의 값에 따라 X_1이 Y에 미치는 영향이 다르다면 1차 선형모형은 적절하지 않고 다음과 같은 **교호모형**(interaction model)이 보다 적합한 모형이 될 수

있다. 즉, 이 경우의 교호모형은

$$Y = \beta_0 + \beta_1 x_1 + \beta_2 x_2 + \beta_3 x_1 x_2 + \epsilon \tag{9.47}$$

로 정의된다. 그러면 이 교호모형은 X_2의 주어진 값에서 X_1이 한 단위 증가하면 $(\beta_1 + \beta_3 x_2)$만큼 Y를 증가시키는 관계를 나타내고 있음을 보여주고 있다. 물론 X_1이 어떤 값(x_1)으로 주어졌을 경우에는 X_2와 Y의 관계가 $(\beta_2 + \beta_3 x_1)$로 설명된다.

예를 들어, X_1, X_2와 Y의 관계식이

$$E(Y) = 10 + 2x_1 + 5x_2 + 0.5x_1 x_2$$

라고 한다면

$$x_2 = 1\text{일 경우, } E(Y) = 15 + 2.5x_1$$
$$x_2 = 3\text{일 경우, } E(Y) = 25 + 3.5x_1$$

의 관계가 되기 때문에 X_2의 값에 따라 X_1의 한 단위 증가가 Y를 증가시키는 정도가 다르다는 것이다. 그림 9.9에서 볼 수 있는 바와 같이 교호모형에서는 X_1과 Y의 관계는 x_2의 값에 따라서 기울기, 절편이 모두 다른 값으로 얻어진다.

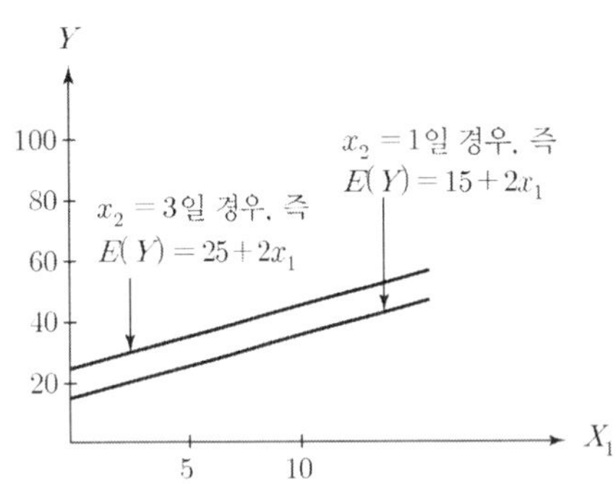

그림 9.8 선형모형의 예

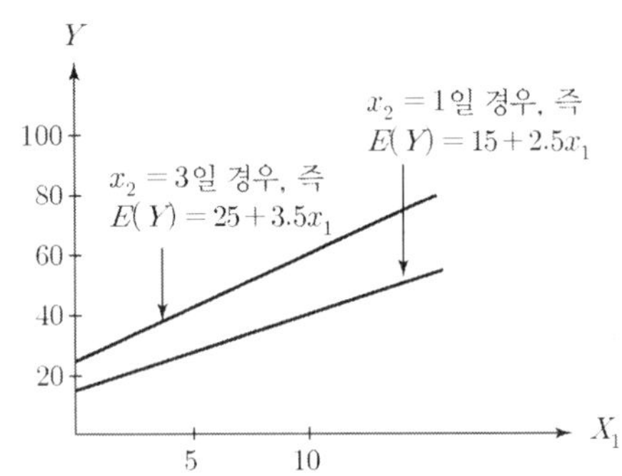

그림 9.9 교호모형의 예

예제 9.7

벨트를 제조하는 어떤 회사는 새로운 벨트 가공 방법(X_1)을 개발하였고, 벨트 가공 방법 A, B에 따라 제조된 벨트 16개에 충격(X_2)을 가한 후 벨트의 수명을 조사하였다.

먼저 교호작용이 없는 모형

$$Y = \beta_0 + \beta_1 x_1 + \beta_2 x_2 + \epsilon$$

을 적합하여 보자.

표본	Y	X_1	X_2
1	18	A	61
2	17.4	A	72
3	14.5	A	85
4	14	A	84
5	13.4	A	98
6	24.4	A	53
7	22.7	A	54
8	12.7	A	89
9	27.1	B	77
10	25.4	B	88
11	33.5	B	76
12	35.6	B	59
13	26.1	B	91
14	36.8	B	65
15	34.9	B	81
16	43.6	B	51

프로그램 코드

in ▸
```
import pandas as pd
import statsmodels.formula.api as smf

data=pd.read_csv('ex9-7.csv')
data.head(3)                          #X1은 문자(A, B)로 구성
```

out ▸
```
    SAMPLE      Y X1  X2
```

```
0       1  18.0  A  61
1       2  17.4  A  72
2       3  14.5  A  85
```

in ‣

```
data.loc[data['X1']=='A', 'X1']=0    #문자를 숫자로 변환
data.loc[data['X1']=='B', 'X1']=1    #문자를 숫자로 변환
fit1=smf.ols('Y~X1+X2', data).fit()
print(fit1.summary())
```

data.head()로 데이터 구조를 살펴보면 X1은 A 혹은 B의 값을 갖는다. 따라서 data.loc [data['X1']=='A', 'X1']=0을 사용해서 X1의 값이 A라면 0으로 변환한다. 같은 방법으로 X1의 값이 B라면 1로 변환하여 데이터를 재구성한다.

프로그램 출력 결과 재구성한 데이터

out ‣

```
      SAMPLE     Y X1  X2
0          1  18.0  0  61
1          2  17.4  0  72
2          3  14.5  0  85
3          4  14.0  0  84
4          5  13.4  0  98
5          6  24.4  0  53
6          7  22.7  0  54
7          8  12.7  0  89
8          9  27.1  1  77
9         10  25.4  1  88
10        11  33.5  1  76
11        12  35.6  1  59
12        13  26.1  1  91
13        14  36.8  1  65
14        15  34.9  1  81
15        16  43.6  1  51
```

데이터(data)를 다시 출력하여보면 위와 같이 문자열이었던 X1이 모두 숫자로 변환된 것을 확인할 수 있다.

프로그램 출력 결과

out ‣

```
                            OLS Regression Results
==============================================================================
Dep. Variable:                      Y   R-squared:                       0.930
```

```
Model:                            OLS   Adj. R-squared:                  0.920
Method:                 Least Squares   F-statistic:                     86.95
Date:                Wed, 24 Nov 2021   Prob (F-statistic):           2.99e-08
Time:                        14:02:30   Log-Likelihood:                -37.169
No. Observations:                  16   AIC:                             80.34
Df Residuals:                      13   BIC:                             82.66
Df Model:                           2
Covariance Type:            nonrobust
==============================================================================
                 coef    std err          t      P>|t|      [0.025      0.975]
------------------------------------------------------------------------------
Intercept     39.7614      3.625     10.967      0.000      31.929      47.594
X1[T.1]       15.4338      1.371     11.259      0.000      12.472      18.395
X2            -0.3037      0.047     -6.476      0.000      -0.405      -0.202
==============================================================================
Omnibus:                        0.035   Durbin-Watson:                   1.052
Prob(Omnibus):                  0.982   Jarque-Bera (JB):                0.258
Skew:                           0.032   Prob(JB):                        0.879
Kurtosis:                       2.381   Cond. No.                         401.
==============================================================================
```

프로그램 출력 결과를 보면 모형의 F값은 86.95이며 p값은 매우 작으므로 해당 모형은 유의하다. 이 모형의 결정계수(R^2)는 0.930이며 각 변수의 p값은 0.000으로 매우 작으므로 $H_0 : \beta_1 = 0$과 $H_0 : \beta_2 = 0$에 대한 검정에서 H_0는 모두 기각된다.

따라서 교호작용이 없는 모형의 회귀선은

$$\hat{y} = 39.7614 + 15.4338 x_1 - 0.3037 x_2$$

이다. $\beta_1 = 15.4338$은 가공 방법 B가 A보다 평균 수명이 15.4338시간이 더 길다는 것을 의미하며 $\beta_2 = -0.3037$은 충격이 클수록 수명은 짧아짐을 의미한다. 가공 방법에 따른 회귀선은 다음과 같다.

$$\begin{aligned} \hat{y} &= 39.7614 - 0.3037 x_2 && : A \text{ 방법으로 가공} \\ \hat{y} &= 39.7614 + 15.4338 - 0.3037 x_2 && : B \text{ 방법으로 가공} \\ &= 55.1952 - 0.3037 x_2 \end{aligned}$$

이번에는 교호작용이 있는 모형

$$Y = \beta_0 + \beta_1 x_1 + \beta_2 x_2 + \beta_3 x_1 x_2 + \epsilon$$

을 적합하여 보자.

프로그램 코드 교호작용을 포함한 모형의 회귀분석

in ‣
```
fit2=smf.ols('Y~X1+X2+X1*X2', data).fit()
print(fit2.summary())
```

교호작용을 포함하기 위해 모형식은 'Y~X1+X2+X1*X2'로 정의한다. 프로그램 출력 결과를 살펴보면 교호작용이 있는 모형의 추정 회귀식은

$$\hat{y}= 35.1636 + 26.7172x_1 - 0.2420x_2 - 0.1527x_1x_2$$

이다. F값은 67.56으로 p값이 매우 작아 모형은 유의하며 결정계수(R^2)는 0.944이다. 교호항 검정에 대한 t값은 −1.712이며 p값은 0.113으로 유의확률이 매우 크기 때문에 $H_0 : \beta_3 = 0$을 채택한다. 즉, 교호항은 무시할 수 있다는 결론을 내릴 수 있으며, 이 자료에 대해서는 교호작용이 없는 $Y = \beta_0 + \beta_1x_1 + \beta_2x_2 + \epsilon$ 모형을 적합시키는 것이 훨씬 바람직하다.

프로그램 출력 결과

out ‣
```
                            OLS Regression Results
==============================================================================
Dep. Variable:                      Y   R-squared:                       0.944
Model:                            OLS   Adj. R-squared:                  0.930
Method:                 Least Squares   F-statistic:                     67.56
Date:                Wed, 24 Nov 2021   Prob (F-statistic):           8.73e-08
Time:                        14:22:14   Log-Likelihood:                -35.420
No. Observations:                  16   AIC:                             78.84
Df Residuals:                      12   BIC:                             81.93
Df Model:                           3
Covariance Type:            nonrobust
==============================================================================
                 coef    std err          t      P>|t|      [0.025      0.975]
------------------------------------------------------------------------------
Intercept     35.1636      4.319      8.142      0.000      25.754      44.574
X1[T.1]       26.7172      6.712      3.980      0.002      12.092      41.342
X2            -0.2420      0.057     -4.268      0.001      -0.365      -0.118
X1[T.1]:X2    -0.1527      0.089     -1.712      0.113      -0.347       0.042
==============================================================================
Omnibus:                        0.550   Durbin-Watson:                   1.377
Prob(Omnibus):                  0.759   Jarque-Bera (JB):                0.031
```

```
Skew:                           0.106   Prob(JB):                       0.985
Kurtosis:                       3.032   Cond. No.                        994.
==============================================================================
```

9.14 꺾은선 회귀모형

회귀분석에서 당면하는 문제 중의 하나로 회귀선이 설명변수의 범위에 따라 다르게 얻어지는 경우가 있다. 즉, X의 어떤 범위 내에서는 Y와 X의 관계가 $\hat{y}=a+bx$인데 X의 다른 범위 내에서는 Y와 X의 관계가 $\hat{y}=c+dx$인 경우이다.

예를 들면, 생산단가(Y)와 생산량(X)의 관계는 생산량(X)이 1,000개까지일 때와 1,000개를 넘을 때 달라진다는 것이다. 제품을 1,000개까지 생산할 때의 원료구매비, 시설비, 인건비 등 경비와 제품을 1,000개 이상 생산할 때의 경비가 확연하게 차이가 난다면 생산비용은 1,000개를 기준으로 매우 달라질 것이다.

구체적으로 비누를 생산하는 데 드는 생산단가(Y)는 1,000상자를 생산할 경우와 1,000상자 이상을 생산할 때 생산량(X)에 따라 어떤 관계가 있는지 회귀분석하고자 할 때, 그 모형은

$$Y_i = \beta_0 + \beta_1 x_{i1} + \beta_2 (x_{i1} - 1{,}000) x_{i2} + \epsilon_i \qquad (9.48)$$

가 되어야 한다. 여기서

$$X_1 = \text{생산량}, \qquad X_2 = \begin{cases} 1, & X_1 > 1{,}000 \\ 0, & X_1 \leq 1{,}000 \end{cases}$$

이다. 식 9.48의 모형에서

$$E(Y) = \beta_0 + \beta_1 x_1 + \beta_2 (x_1 - 1{,}000) x_2$$

를 살펴보면 생산량이 1,000일 때까지는 $x_2 = 0$ 이므로

$$E(Y) = \beta_0 + \beta_1 x_1, \quad x_1 \leq 1,000$$

이고, 생산량이 1,000보다 많을 때는 $x_2 = 1$ 이므로

$$E(Y) = (\beta_0 - 1,000\beta_2) + (\beta_1 + \beta_2)x_1, \quad x_1 > 1,000$$

의 관계가 얻어진다. 이 같은 관계는 그림 9.10에 나타나 있다.

그림 9.10은 생산량이 1,000일 때를 기준으로 서로 다른 절편과 기울기를 갖는 두 개의 직선이 꺾여 있는 형태이다. 즉, 1,000상자까지는 1상자를 생산하는 데 생산단가가 β_1 만큼 감소하며 1,000상자 이상을 생산한다면 상자당 생산단가가 $(\beta_1 + \beta_2)$ 만큼 감소하는 관계를 보여준다.

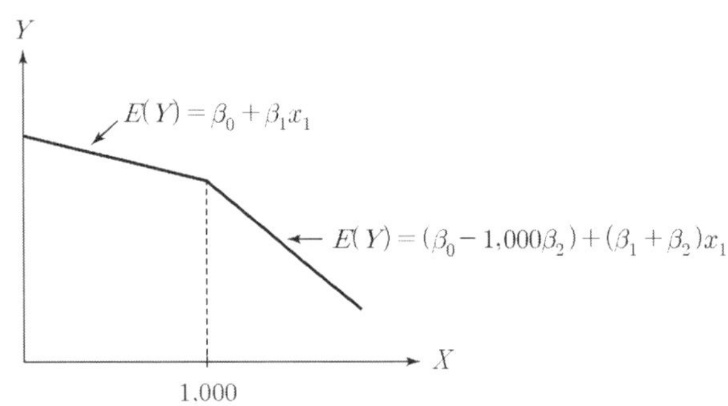

그림 9.10 꺾은선 회귀모형의 예

예제 9.8

다음은 어느 금융기관의 지역 본부별 직원의 수(X)와 직원 1인당 순이익(Y)의 자료이다.

지역본부	1	2	3	4	5	6	7	8
X(명)	65	34	40	80	30	57	72	48
Y(단위: 백만 원)	2.57	4.40	4.52	1.39	4.75	3.55	2.49	3.77

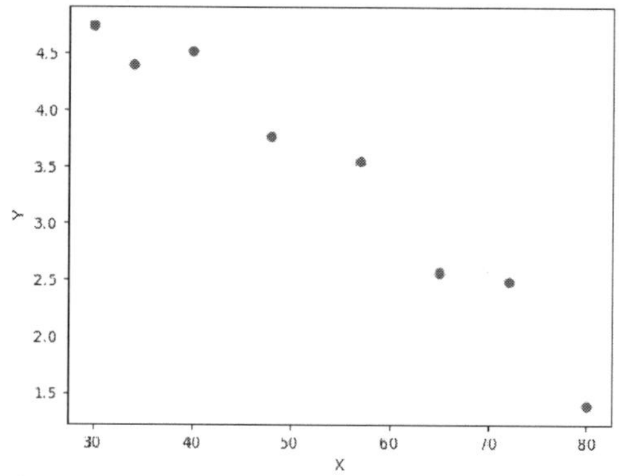

데이터의 산점도

우선 X와 Y를 보면 직원의 수(X)가 50명 이상일 때와 이하일 때 직원의 수와 순이익 간의 관계가 차이를 보이기 때문에 회귀모형을

$$Y_i = \beta_0 + \beta_1 x_i + \beta_2 (x_i - 50) z_i + \epsilon_i$$

$$Z = \begin{cases} 1, & X \geq 50 \\ 0, & X < 50 \end{cases}$$

로 설정하여 회귀분석을 수행하자.

프로그램 코드

in ▸

```
import numpy as np
import pandas as pd
import statsmodels.formula.api as smf

x=np.array([65,34,40,80,30,57,72,48])
y=np.array([2.57,4.40,4.52,1.39,4.75,3.55,2.49,3.77])

d={'y':y, 'x':x}
data=pd.DataFrame(data=d)

#산점도
import matplotlib.pylab as plt
plt.plot(data['x'], data['y'], 'o')
plt.xlabel('X')
plt.ylabel('Y')
plt.show()

#Z 변수 추가
data['Z']=0
data.loc[data['x']>=50, 'Z']=1
```

```
data['x50z']=(x-50)*data['Z']

data.head()
```

out ▸

```
   y     x   Z  x50z
0  2.57  65  1    15
1  4.40  34  0     0
2  4.52  40  0     0
3  1.39  80  1    30
4  4.75  30  0     0
```

in ▸

```
fit1=smf.ols('y~x', data).fit()          #단순회귀분석
print(fit1.summary())

fit2=smf.ols('y~x+x50z', data).fit()     #꺾은선 회귀분석
print(fit2.summary())
```

0으로 구성한 Z 변수에 대해서 데이터의 x값이 50 이상이면 Z의 값을 0에서 1로 변환한다. $(x-50)*Z$를 계산하기 위해 x50z에는 해당 값을 연산하여 저장한다.

꺾은선 회귀분석 모형은 'y~x+x50z'로 정의하여 수행한다.

프로그램 출력 결과 단순회귀모형

out ▸

```
                            OLS Regression Results
==============================================================================
Dep. Variable:                      y   R-squared:                       0.952
Model:                            OLS   Adj. R-squared:                  0.944
Method:                 Least Squares   F-statistic:                     118.8
Date:                Wed, 24 Nov 2021   Prob (F-statistic):           3.53e-05
Time:                        16:31:03   Log-Likelihood:              -0.016565
No. Observations:                   8   AIC:                             4.033
Df Residuals:                       6   BIC:                             4.192
Df Model:                           1
Covariance Type:            nonrobust
==============================================================================
                 coef    std err          t      P>|t|      [0.025      0.975]
------------------------------------------------------------------------------
Intercept      6.7946      0.324     20.963      0.000       6.001       7.588
x             -0.0632      0.006    -10.901      0.000      -0.077      -0.049
==============================================================================
Omnibus:                        1.628   Durbin-Watson:                   2.113
Prob(Omnibus):                  0.443   Jarque-Bera (JB):                0.707
```

```
Skew:                           0.119   Prob(JB):                        0.702
Kurtosis:                       1.564   Cond. No.                         183.
==============================================================================
```

프로그램 출력 결과 꺾은선 회귀모형

```
out ▸                            OLS Regression Results
==============================================================================
Dep. Variable:                      y   R-squared:                       0.969
Model:                            OLS   Adj. R-squared:                  0.957
Method:                 Least Squares   F-statistic:                     79.06
Date:                Wed, 24 Nov 2021   Prob (F-statistic):           0.000165
Time:                        14:57:51   Log-Likelihood:                 1.7825
No. Observations:                   8   AIC:                             2.435
Df Residuals:                       5   BIC:                             2.673
Df Model:                           2
Covariance Type:            nonrobus
==============================================================================
                 coef    std err          t      P>|t|      [0.025      0.975]
------------------------------------------------------------------------------
Intercept      5.8954      0.604      9.757      0.000       4.342       7.449
x             -0.0395      0.015     -2.650      0.045      -0.078      -0.001
x50z          -0.0389      0.023     -1.685      0.153      -0.098       0.020
==============================================================================
Omnibus:                        3.007   Durbin-Watson:                   2.095
Prob(Omnibus):                  0.222   Jarque-Bera (JB):                0.950
Skew:                           0.266   Prob(JB):                        0.622
Kurtosis:                       1.398   Cond. No.                         400.
==============================================================================
```

꺾은선 회귀모형의 프로그램 출력 결과를 살펴보면 F값은 79.06이며 p값은 매우 작으므로 해당 모형은 유의하다. 이 모형의 결정계수(R^2)는 0.969이며 모형의 회귀선은

$$\hat{y} = 5.8954 - 0.0395x - 0.0389(x-50)z$$

이다. $\widehat{\beta_2}$의 p값은 0.153으로 큰 값을 가지고 있으나 단순회귀모형의 결정계수 ($R^2 = 0.952$)에 비하면 결정계수 값이 커졌기 때문에 꺾은선 회귀모형을 고려할 수도 있다.

9.14.1 점프를 포함한 꺾은선 회귀모형

꺾은선 회귀모형의 회귀선이 꺾이는 점에서 점프(jump)하면서 다른 기울기를 갖는 경우도 고려할 수 있다. 예를 들어, 서울의 1급 호텔과 특급 호텔의 연간 총 경비 (Y)를 객실 수(X)로 회귀분석하고자 한다면 객실 수 200개를 기준으로 그림 9.11과 같은 X와 Y의 관계를 얻을 수 있을 것이다.

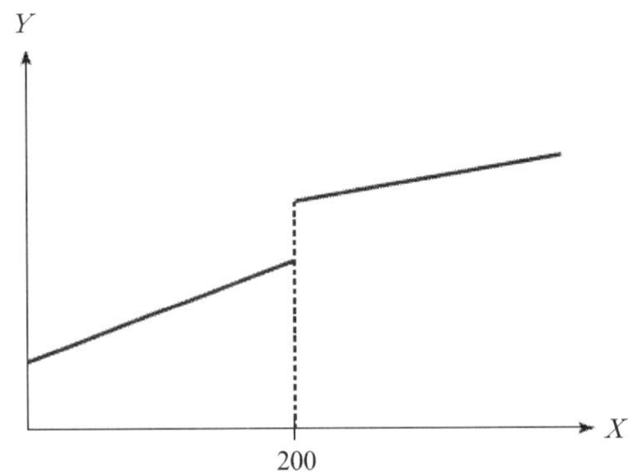

그림 9.11 점프를 포함한 꺾은선 회귀모형

특급 호텔의 경우$(X > 200)$, 총 경비 중에서 기본 경비가 차지하는 비중이 크기 때문에 높은 절편을 갖게 되고 총 경비가 1급 호텔보다는 많지만 객실당 경비는 1급 호텔에 비해 기울기가 작은 관계를 나타내 주고 있다.

이와 같은 점프를 포함하고 있는 꺾은선 회귀모형은 다음과 같이 구성할 수 있다. 즉, 식 9.48의 꺾은선 모형에 점프 부분이 추가되어

$$Y_i = \beta_0 + \beta_1 x_{i1} + \beta_2 (x_{i1} - 200) x_{i2} + \beta_3 x_{i3} + \epsilon_i \tag{9.49}$$

이 된다. 여기서

$$X_1 = \text{객실 수},\ X_2 = \begin{cases} 1, & X_1 > 200 \\ 0, & X_1 \leqq 200 \end{cases},\quad X_3 = \begin{cases} 1, & X_1 > 200 \\ 0, & X_1 \leqq 200 \end{cases}$$

다. 그러면 객실 수와 총 경비의 관계는 $X_1 \leqq 200$일 경우

$$E(Y) = \beta_0 + \beta_1 x_1$$

이고, $X_1 > 200$ 일 경우

$$E(Y) = (\beta_0 - 200\beta_2 + \beta_3) + (\beta_1 + \beta_2)x_2$$

이 된다.

예제 9.9

어느 회사의 수입부서에서는 수입품을 두 곳의 창고로 보내야 하는데 창고에서 발생하는 물류 비용(Y)이 다르므로 수입물량이 250,000개 이하일 경우에는 창고 A, 수입물량이 250,000개를 넘을 때는 창고 B로 보내 보관하도록 한다. 최근에 취급한 10개의 수입물량(X)과 물류 비용(Y)을 조사한 결과 다음과 같은 자료를 얻었다.

(단위: X= 1,000개, Y= 100만 원)

X	225	350	150	200	175	180	325	290	400	125
Y	11.95	14.13	8.93	10.98	10.03	10.13	13.75	13.30	15.00	7.97

이 자료의 산점도로부터 $x = 250,000$ 이상일 경우와 이하일 경우 회귀직선은 굴절되어 있으며 $x = 250,000$ 근처에서 점프가 있음을 알 수 있다.

따라서 적합한 회귀모형은

$$Y_i = \beta_0 + \beta_1 x_i + \beta_2 (x_i - 250) u_i + \beta_3 v_i + \epsilon_i$$

이다. 여기서 수입물량 X에 대해서 U와 V는

$$U = \begin{cases} 1, & X > 250 \\ 0, & X \leq 250 \end{cases}, \quad V = \begin{cases} 1, & X > 250 \\ 0, & X \leq 250 \end{cases}$$

이다.

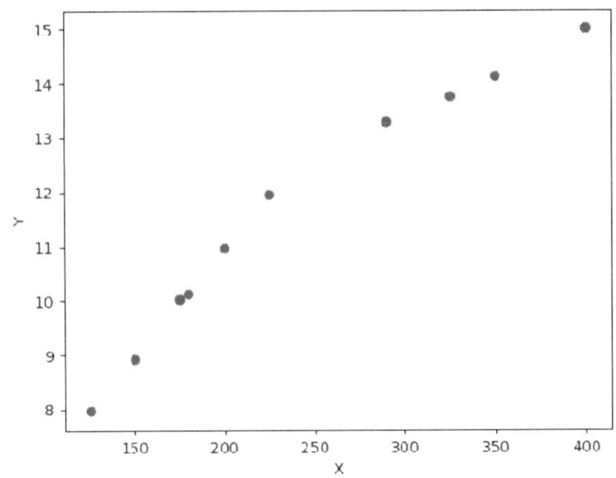

프로그램 코드

in ▸

```
import numpy as np
import pandas as pd
import statsmodels.formula.api as smf

x=np.array([225,350,150,200,175,180,325,290,400,125])
y=np.array([11.95,14.13,8.93,10.98,10.03,10.13,13.75,13.30,15.00,7.97])

d={'y':y, 'x':x}
data=pd.DataFrame(data=d)

#산점도
import matplotlib.pylab as plt
plt.plot(data['x'], data['y'], 'o')
plt.xlabel('X')
plt.ylabel('Y')
plt.show()

#Z 변수 추가
data['U']=0
data.loc[data['x']>250, 'U']=1
data['V']=0
data.loc[data['x']>250, 'V']=1
data['x250u']=(x-250)*data['U']

data.head()
```

```
out ▸          y    x  U  V  x250u
        0  11.95  225  0  0      0
        1  14.13  350  1  1    100
        2   8.93  150  0  0      0
        3  10.98  200  0  0      0
        4  10.03  175  0  0      0
```

```
in ▸    #단순회귀분석
        fit1=smf.ols('y~x', data).fit()
        print(fit1.summary())

        #점프가 있는 꺾은선 회귀분석
        fit2=smf.ols('y~x+x250u+V', data).fit()
        print(fit2.summary())
```

0으로 구성한 U와 V 변수에 대해서 데이터의 x값이 250보다 크면 U와 V의 값을 0에서 1로 변환한다. $(x-250)*U$를 계산하기 위해 x250u에 해당 값을 연산하여 저장한다.

점프가 있는 꺾은선 회귀분석 모형은 'y~x+x250u+V'로 정의하여 수행한다.

프로그램 출력 결과 단순회귀모형

```
out ▸                           OLS Regression Results
        ==============================================================================
        Dep. Variable:                      y   R-squared:                       0.960
        Model:                            OLS   Adj. R-squared:                  0.955
        Method:                 Least Squares   F-statistic:                     193.5
        Date:                Mon, 29 Nov 2021   Prob (F-statistic):           6.90e-07
        Time:                        14:13:27   Log-Likelihood:                -6.1944
        No. Observations:                  10   AIC:                             16.39
        Df Residuals:                       8   BIC:                             16.99
        Df Model:                           1
        Covariance Type:            nonrobust
        ==============================================================================
                         coef    std err          t      P>|t|      [0.025      0.975]
        ------------------------------------------------------------------------------
        Intercept      5.5724      0.463     12.044      0.000       4.505       6.639
        x              0.0250      0.002     13.911      0.000       0.021       0.029
        ==============================================================================
        Omnibus:                        0.302   Durbin-Watson:                   1.475
        Prob(Omnibus):                  0.860   Jarque-Bera (JB):                0.423
```

```
out ▸  Skew:                      -0.006   Prob(JB):                    0.809
       Kurtosis:                   1.993   Cond. No.                     750.
       ==============================================================================
```

프로그램 출력 결과 꺾은선 회귀모형

```
out ▸                            OLS Regression Results
       ==============================================================================
       Dep. Variable:                      y   R-squared:                       1.000
       Model:                            OLS   Adj. R-squared:                  1.000
       Method:                 Least Squares   F-statistic:                     6377.
       Date:                Mon, 29 Nov 2021   Prob (F-statistic):           6.74e-11
       Time:                        14:14:01   Log-Likelihood:                 18.011
       No. Observations:                  10   AIC:                            -28.02
       Df Residuals:                       6   BIC:                            -26.81
       Df Model:                           3
       Covariance Type:            nonrobust
       ==============================================================================
                        coef    std err          t      P>|t|      [0.025      0.975]
       ------------------------------------------------------------------------------
       Intercept      2.9629      0.116     25.445      0.000       2.678       3.248
       x              0.0400      0.001     61.432      0.000       0.038       0.042
       x250u         -0.0245      0.001    -26.709      0.000      -0.027      -0.022
       v             -0.3400      0.083     -4.095      0.006      -0.543      -0.137
       ==============================================================================
       Omnibus:                        2.145   Durbin-Watson:                   1.682
       Prob(Omnibus):                  0.342   Jarque-Bera (JB):                0.949
       Skew:                           0.301   Prob(JB):                        0.622
       Kurtosis:                       1.616   Cond. No.                     2.06e+03
       ==============================================================================
```

꺾은선 회귀모형의 프로그램 출력 결과를 살펴보면 F값은 6377이며 p값은 매우 작으므로 해당 모형은 유의하다. 이 모형의 결정계수(R^2)는 1.000으로 나타났는데, 이는 소수점 반올림에 의한 것이며 SAS 프로그램 출력 결과의 결정계수(R^2)는 0.9997로 나타난다. 점프가 있는 꺾은선 모형의 회귀선은

$$\hat{y} = 2.9629 + 0.0400x - 0.0245(x-250)u - 0.3400v$$

이다. 이 결과를 다시 정리하면

$$\hat{y} = \begin{cases} 8.7479 + 0.0155x_1, & x_1 > 250 \\ 2.9629 + 0.0400x_1 & x_1 \leqq 250 \end{cases}$$

이다. 모든 회귀계수의 p값은 아주 작은 값을 가지고 있어 유의하며 단순회귀모형의 결정계수($R^2 = 0.960$)에 비하면 결정계수 값이 커졌기 때문에 점프가 있는 꺾은선 회귀모형을 고려할 수도 있다.

9.15 두 개 이상의 회귀선 비교

상황에 따라 두 개 또는 그 이상의 집단에 대한 회귀선을 비교하기도 한다. 예를 들면, 어느 은행에서 직원 1인당 고객 수(X_1)에 따른 전국의 지점별 고객 만족도(Y)를 조사하려 한다. 또한 은행 업무의 특성상 지점의 위치(대도시, 기타)에 따라 직원 1인당 고객 수가 만족도에 미치는 영향이 같은가를 판단해 보고자 할 경우, 대도시와 기타지역에서의 회귀선에 차이가 있는지를 알아보아야 한다. 이를테면 대도시와 기타지역에서의 회귀선의 기울기는 비슷하지만 절편이 달라 회귀선의 위치가 다르지는 아니한가 등을 살펴볼 수 있을 것이다.

두 개의 다른 모집단에서 얻어진 자료들에 대한 회귀모형에 대해서 오차항의 등분산 가정이 타당할 때 가변수(지시변수)를 이용하여 두 집단의 회귀선들에 대한 가설검정이 가능하다. 만일 등분산 가정이 타당하지 않다면 변수변환을 통하여 등분산 가정을 만족시켜야 한다.

이제 구체적으로 어느 은행의 전국지점을 대도시지역과 기타지역으로 나누어 직원 1인당 고객 수(X_1)와 고객 만족도(Y) 간의 회귀분석을 하자. 두 지역에서 얻어진 회귀선을 비교하여 차이가 있다면 어떤 이유에서 차이가 발생한 것인지를 알아보고자 대도시지역($X_2 = 1$)과 기타지역($X_2 = 0$)에서 각각 15개 지점, 12개 지점의 자료를 얻어 분석한다(표 9.13).

우선 이 자료에 대한 산점도를 지역별로 구분하여 얻어보면 그림 9.12와 같다.

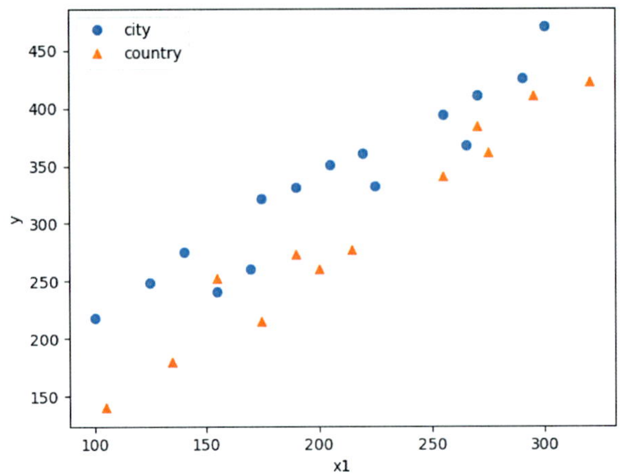

그림 9.12 고객 만족도와 1인당 고객 수의 지역별 산점도

다음과 같은 교호모형을 고려하여 보자. 즉,

$$Y_i = \beta_0 + \beta_1 x_{i1} + \beta_2 x_{i2} + \beta_3 (x_{i1} x_{i2}) + \epsilon_i, \quad i = 1, \cdots, 27 \qquad (9.50)$$

$$X_{i1} = 1\text{인당 고객 수}$$

$$X_{i2} = \begin{cases} 1, & \text{대도시지역 지점} \\ 0, & \text{기타지역 지점} \end{cases}$$

이다.

그리고 식 9.50에 대해 얻어진 회귀선은 '프로그램 출력 결과' 교호작용이 있는 모형의 회귀분석 결과를 참조하여

$$\hat{y} = 7.5745 + 1.3220 x_1 + 90.3909 x_2 - 0.1767 (x_1 x_2) \qquad (9.51)$$
$$(0.720) \quad (0.000) \quad (0.004) \quad (0.184)$$

로 표현할 수 있다.

여기서 '대도시지역과 기타지역의 회귀선이 일치한다고 할 수 있는가'의 가설에 대한 가설검정은 다음과 같은 과정으로 수행될 수 있다. 먼저 이 가설을 식으로 표현하면

표 9.13 고객 만족도와 1인당 고객 수, 지역

지점	만족도	1인당 고객수	지역	지점	만족도	1인당 고객수	지역
i	Y_i	X_{i1}	X_{i2}	i	Y_i	X_{i1}	X_{i2}
1	218	100	1	16	140	105	0
2	248	125	1	17	277	215	0
3	360	220	1	18	384	270	0
4	351	205	1	19	341	255	0
5	470	300	1	20	215	175	0
6	394	255	1	21	180	135	0
7	332	225	1	22	260	200	0
8	321	175	1	23	361	275	0
9	410	270	1	24	252	155	0
10	260	170	1	25	422	320	0
11	241	155	1	26	273	190	0
12	331	190	1	27	410	295	0
13	275	140	1				
14	425	290	1				
15	367	265	1				

H_0 : $\beta_2 = \beta_3 = 0$ $\Leftrightarrow$ 두 지역의 회귀선은 일치한다.

H_1 : $\beta_i \neq 0$ (어떤 i에 대해서)

으로 가설을 설정할 수 있다. 왜냐하면 두 지역의 회귀선에 차이가 없다면 두 지역의 자료를 합하여 하나의 회귀선을 얻게 되는 것이기 때문이다. 그리고 이 가설검정은 부분가설검정의 과정을 거쳐야 한다. 따라서 부분가설검정의 식 9.40과 프로그램 출력 결과를 이용하면 검정통계량의 값이

$$F = \frac{SSR(X_2,\ X_1X_2 \mid X_1)}{2} \Big/ \frac{SSE(X_1,\ X_2,\ X_1X_2)}{(n-4)}$$

$$= \frac{169164.6838 - 149660.9825}{2} \Big/ \frac{9904.0569}{23} = 22.65$$

이므로 H_0 를 기각한다. 즉, 두 지역에서의 직원 1인당 고객 수(X_1)와 고객 만족도(Y)에 대한 회귀선이 일치한다고 할 수는 없다.

그러면 두 지역의 회귀선에서 기울기가 다르기 때문인가를 가설검정을 할 수 있다. 식 9.50의 모형에서 기울기가 다르다는 것은 β_3 의 값이 0이 아님을 의미하므로 이때의 가설은

$$H_0 : \beta_3 = 0$$

$$H_1 : \beta_3 \neq 0 \Leftrightarrow \text{두 지역의 회귀선 기울기는 다르다.}$$

이며 p값은 0.184이다. 따라서 $H_0 : \beta_3 = 0$을 기각할 수 없고, 기울기는 같다고 인정된다.

결론적으로 대도시지역과 기타지역의 직원 1인당 고객 수가 고객 만족도에 미치는 영향은 같지만, 기본적으로 환경이나 기타 서비스에서 차이가 있어 대도시지역이 기타지역에 비해 높은 수준의 고객 만족을 제공하고 있다고 할 수 있다.

이와 같은 결과를 제대로 사용하기 위하여 선행되어야 할 점은 모형에 대한 가정, 즉 오차의 등분산에 대한 검토가 필요하다. 즉, 식 9.51에 대한 잔차를 두 지역(대도시, 기타)으로 나누어 잔차도표를 얻어볼 때, 그림 9.13과 같이 잔차가 무작위로 분포하고, 정규확률지 그림 9.14에서도 잔차의 정규성을 보여주고 있다.

또한 두 지역의 자료에 대한 오차의 분산이 같은지도 검토하여야 하는데, 두 지역 자료를 각각에 대한 회귀식으로부터 얻은 평균잔차제곱합으로 가설검정을 할 수 있다('프로그램 출력 결과' 분산분석표 참고). 즉,

$$\text{(대도시지역)} \quad Y_i = \beta_0 + \beta_1 x_{i1} + \epsilon_i, \quad i = 1, \cdots, 15$$

$$\text{(기타지역)} \quad Y_i = \beta_0 + \beta_1 x_{i1} + \epsilon_i, \quad i = 1, \cdots, 12$$

의 오차에 대한 분산 σ_1^2과 σ_2^2이 같은지 검정하기 위한 절차는 다음과 같다. 다시 말해 두 지역 각각의 모형에 대한 회귀식으로부터 얻어진 두 개의 $\hat{\sigma}^2$로부터

$$F = \frac{492.52}{350.13} = 1.41 \sim F_{(13,\ 10)}$$

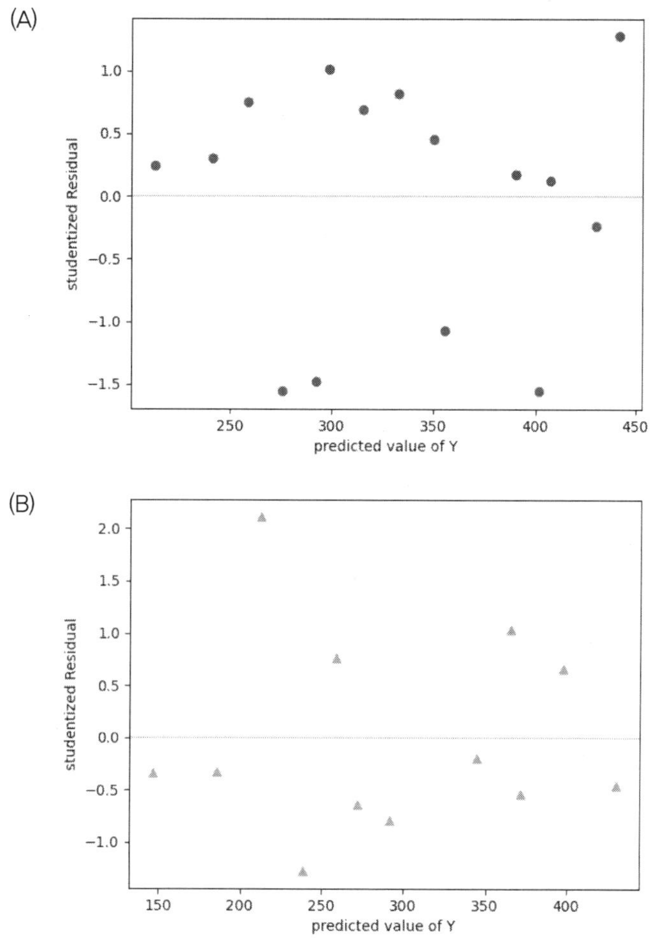

그림 9.13 대도시지역(A)과 기타지역(B)의 잔차도표

를 얻게 되므로 $H_0 : \sigma_1^2 = \sigma_2^2$을 기각할 수 없게 된다.

프로그램 코드

in ▸
```
import numpy as np
import pandas as pd
import matplotlib.pylab as plt
import statsmodels.formula.api as smf

data=pd.read_csv('9.15.csv')
data.head(3)
```

```
out ▸     i    Y   X1  X2
      0   1  218  100   1
      1   2  248  125   1
      2   3  360  220   1
```

```
in ▸  #X2 값을 기준으로 데이터 분할
      d1=data.loc[(data.X2==1),]    #대도시 지역
      d2=data.loc[(data.X2==0),]    #기타 지역
```

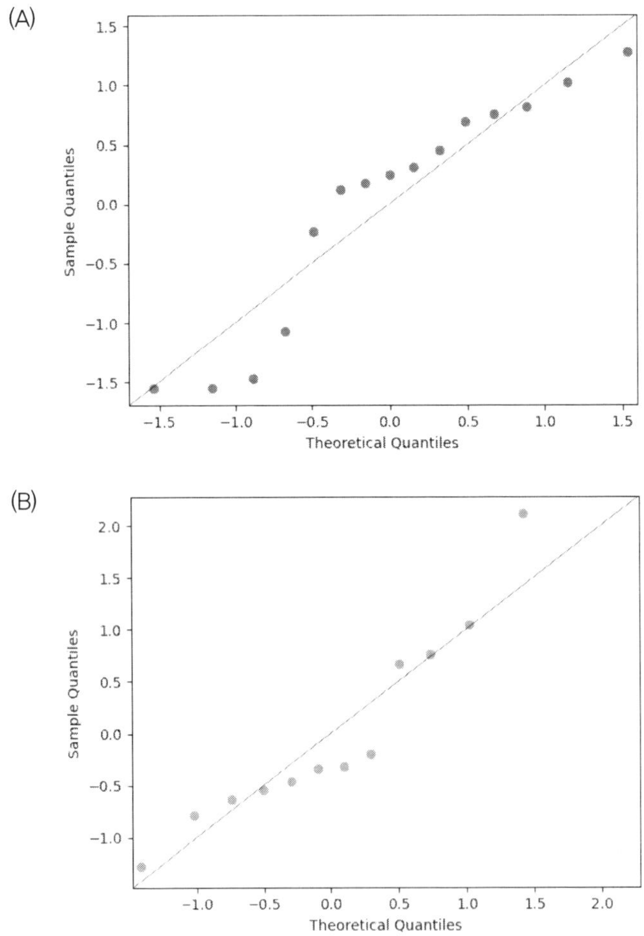

그림 9.14 대도시지역(A)과 기타지역(B)의 정규확률지

프로그램 코드

in ▸
```
#그림 9.12  산점도
plt.plot(d1['X1'], d1['Y'], 'o', label='city')
plt.plot(d2['X1'], d2['Y'], '^', label='country')
plt.legend()
plt.xlabel('X1')
plt.ylabel('Y')

#X2(대도시, 기타)에 따른 회귀분석과 분산분석표
import statsmodels.api as sm
fit1=smf.ols('Y~X1', d1).fit()                    #대도시 회귀분석
sm.stats.anova_lm(fit1)                           #대도시 분산분석표
fit2=smf.ols('Y~X1', d2).fit()                    #기타 회귀분석
sm.stats.anova_lm(fit2)                           #기타 분산분석표

#교호작용이 있는 모형의 회귀분석
data['XX']=data['X1']*data['X2']                  #교호항 변수 정의
data.head()
```

out ▸

	i	Y	X1	X2	XX
0	1	218	100	1	100
1	2	248	125	1	125
2	3	360	220	1	220
3	4	351	205	1	205
4	5	470	300	1	300

in ▸
```
fit3=smf.ols('Y~X1+X2+XX', data).fit()        #완전모형 회귀분석
print(fit3.summary())

#그림 9.13  잔차도표
plt.subplot(2,1,1)
plt.scatter(fit1.predict(),fit1.resid_pearson,
markerfacecolor='dodgerblue', marker='o')
plt.axhline(y=0, color="k", linewidth=0.3)
plt.xlabel('predicted value of Y')
plt.ylabel('studentized Residual')
plt.show()

plt.subplot(2,1,2)
plt.scatter(fit2.predict(),fit2.resid_pearson, color='darkorange',
marker='^')
plt.axhline(y=0, color="k", linewidth=0.3)
plt.xlabel('predicted value of Y')
```

```
plt.ylabel('studentized Residual')
plt.show()
```

프로그램 코드

```
in ▸  #그림 9.14   정규확률지
      import statsmodels.api as sm
      p1=sm.qqplot(fit1.resid_pearson, markerfacecolor='dodgerblue',
      markeredgecolor='dodgerblue', marker='o')       #대도시의 정규확률지
      sm.qqline(p1.axes[0], line='45', color='k', linewidth=0.4)

      p2=sm.qqplot(fit2.resid_pearson, markerfacecolor='darkorange',
      markeredgecolor='darkorange', marker='o')       #기타지역의 정규확률지
      sm.qqline(p2.axes[0], line='45', color='k', linewidth=0.4)
      plt.show()
```

plt.subplot()은 그래프 창의 배열을 의미하며 (행, 열, 차트 위치 인덱스)의 구조를 가져 한 창에 여러 개의 그래프를 출력할 수 있다.

p1과 p2는 지역(대도시, 기타)에 따른 정규확률지를 정의하여 출력한다.

프로그램 출력 결과 대도시에 대한 분산분석표

```
out ▸            df       sum_sq      mean_sq           F        PR(>F)
      X1         1.0  70440.942391  70440.942391  143.020795  2.177027e-08
      Residual  13.0   6402.790942    492.522380         NaN           NaN
```

프로그램 출력 결과 기타지역에 대한 분산분석표

```
out ▸            df       sum_sq      mean_sq           F        PR(>F)
      X1         1.0  87725.650686  87725.650686  250.554089  2.082930e-08
      Residual  10.0   3501.265980    350.126598         NaN           NaN
```

프로그램 출력 결과 교호작용이 있는 모형의 회귀분석

```
out ▸                         OLS Regression Results
      ==============================================================================
      Dep. Variable:                      Y   R-squared:                       0.945
```

```
Model:                            OLS   Adj. R-squared:                  0.937
Method:                 Least Squares   F-statistic:                     130.9
Date:                Mon, 29 Nov 2021   Prob (F-statistic):           1.34e-14
Time:                        15:26:58   Log-Likelihood:                -118.03
No. Observations:                  27   AIC:                             244.1
Df Residuals:                      23   BIC:                             249.2
Df Model:                           3
Covariance Type:            nonrobust
==============================================================================
                 coef    std err          t      P>|t|      [0.025      0.975]
------------------------------------------------------------------------------
Intercept      7.5745     20.870      0.363      0.720     -35.598      50.747
X1             1.3220      0.093     14.273      0.000       1.130       1.514
X2            90.3909     28.346      3.189      0.004      31.753     149.028
X1:X2         -0.1767      0.129     -1.371      0.184      -0.443       0.090
==============================================================================
Omnibus:                        0.440   Durbin-Watson:                   1.799
Prob(Omnibus):                  0.803   Jarque-Bera (JB):                0.574
Skew:                          -0.143   Prob(JB):                        0.751
Kurtosis:                       2.345   Cond. No.                     2.10e+03
==============================================================================
```

프로그램 코드 부분제곱합

```
in ▸  rm=smf.ols('Y~X1', data).fit()         #축소모형 회귀분석
      aov1=sm.stats.anova_lm(fit3)           #완전모형 분산분석표
      aov2=sm.stats.anova_lm(rm)             #축소모형 분산분석표

      sum(aov1[:-1]['sum_sq'])               #완전모형 회귀제곱합
      sum(aov2[:-1]['sum_sq'])               #축소모형 회귀제곱합

      #부분가설검정
      hypothesis='(X2=0),(XX=0)'             #가설 정의
      f_test=fm.f_test(hypothesis)
      print(f_test)                          #부분가설검정 결과 출력
```

$H_0 : \beta_2 = \beta_3 = 0$에 대한 부분가설검정이므로 축소모형은 회귀계수 β_2와 β_3을 제외한 'Y ~ X1'로 정의한다. aov1에는 완전모형, aov2는 축소모형의 분산분석표를 저장한다.

프로그램 출력 결과 완전모형과 축소모형의 분산분석표

```
out ▸   aov1
                 df        sum_sq        mean_sq           F        PR(>F)
        X1      1.0  149660.982533  149660.982533  347.554808  2.224312e-15
        X2      1.0   18694.078707   18694.078707   43.412898  1.008896e-06
        XX      1.0     809.622579     809.622579    1.880171  1.835463e-01
        Residual 23.0   9904.056923     430.611171         NaN           NaN

        aov2
                 df        sum_sq        mean_sq           F        PR(>F)
        X1      1.0  149660.982533  149660.982533  127.229166  2.676093e-11
        Residual 25.0  29407.758208    1176.310328         NaN           NaN

        sum(aov1[:-1]['sum_sq'])
        169164.68381794338

        sum(aov2[:-1]['sum_sq'])
        149660.98253284273
```

sum(aov1[:−1]['sum_sq'])는 완전모형의 분산분석표에서 마지막 행(잔차제곱합)을 제외하여 ['sum_sq']의 합계인 회귀제곱합을 출력하며, 마찬가지로 sum(aov2[:−1]['sum_sq'])는 축소모형에 대한 회귀제곱합을 출력한다. 이 값을 이용하여 부분가설검정에 대한 부분제곱합을 구할 수 있으며, $H_0 : \beta_2 = \beta_3 = 0$ 에 대한 부분가설검정 결과는 다음과 같이 출력된다.

프로그램 출력 결과 부분가설검정

```
out ▸   <F test: F=22.646534296706378, p=3.668925570259616e-06, df_denom=23,
        df_num=2>
```

9.16 자기상관

자기상관(autocorrelation)이란 회귀모형에서 오차(ϵ) 간에 상관관계가 높을 때 자

기상관이 존재한다고 한다. 회귀모형은 오차들에 대한 가정

$$(\text{가정}) \quad \epsilon_i \overset{iid}{\sim} N(0, \sigma^2)$$

을 전제로 하여 설명변수와 반응변수(Y) 간의 관계를 설정하는 것인데 변수의 값이 **시점(t) 별로 측정되었을 경우** 현시점(t)의 Y_t 값이 과거 시점 $(t-1)$의 Y값, Y_{t-1}의 영향을 받기 때문에 오차(ϵ_i)에 대한 가정이 성립하지 않는 경우도 있다. 즉, Y_t가 Y_{t-1}의 영향을 받는 경우라는 것은 ϵ_t가 ϵ_{t-1}의 영향을 받는다는 것이다.

그러므로 자기상관이 있는 경우, 회귀모형은

$$Y_t = \beta_0 + \beta_1 x_t + \epsilon_t \tag{9.52}$$

$$\epsilon_t = k\epsilon_{t-1} + U_t, \quad t = 1, 2, \cdots, n$$

$$(\text{가정}) \quad U_t \sim i.i.d. \ N(0, \sigma^2)$$

로 모형을 설정하여야만 한다. 이 모형은 Y_t가 Y_{t-1}의 영향을 받는 것을 오차(ϵ_i)에 반영한 것으로서, 현시점의 오차(ϵ_t)는 바로 이전 시점 $(t-1)$의 오차(ϵ_{t-1})와 일정한 관계가 있는 것으로 표현한 것이다. 물론 ϵ_t가 과거 여러 시점 $(t-1, t-2, \cdots)$과 관련이 있는 경우도 생각해 볼 수 있지만, 여기서는 ϵ_t가 바로 이전 시점$(t-1)$의 오차(ϵ_{t-1})와 관련이 있는 **1차 자기상관**(first-order autocorrelation)만을 고려하기로 한다.

자기상관의 문제를 쉽게 이해하기 위하여 자기상관이 있을 경,우 통상적인 회귀분석방법이 어떤 결과를 보여주는지 다음과 같은 예의 모형을 설정해 보자. 즉,

표 9.15 생성된 U_t와 ϵ_t

t	0	1	2	3	4	5	6	7	8	9	10
U_t	0	0.5	−0.7	0.3	0	−2.3	−1.9	0.2	−0.3	0.2	−0.1
$\epsilon_t = \epsilon_{t-1} + U_t$	3.0	3.5	2.8	3.1	3.1	0.8	−1.1	−0.9	−1.2	−1.0	−1.1

표 9.16 생성된 오차와 관찰치(y_t)

t	0	1	2	3	4	5	6	7	8	9	10
U_t	0	0.5	−0.7	0.3	0	−2.3	−1.9	0.2	−0.3	0.2	−0.1
$\epsilon_t = \epsilon_{t-1} + U_t$	3.0	3.5	2.8	3.1	3.1	0.8	−1.1	−0.9	−1.2	−1.0	−1.1
$Y_t = 2+0.5t+\epsilon_t$	5	6	5.8	6.6	7.1	5.3	3.9	4.6	4.8	5.5	5.9

$$Y_t = \beta_0 + \beta_1 x_t + \epsilon_t, \quad t = 0,\ 1,\ \cdots,\ 10 \tag{9.53}$$

$$\epsilon_t = \epsilon_{t-1} + U_t$$

$$\text{(가정)} \quad U_t \sim i.i.d.\ N(0,\ \sigma^2)$$

일 때, 10개의 임의로 생성된 U_t 값을 $(0.5,\ -0.7,\ 0.3,\ 0,\ -2.3,\ -1.9,\ 0.2,\ -0.3,\ 0.2,\ -0.1)$라 하고 $\epsilon_0 = 3$ 이라고 하자. 이들 10개의 값은 평균이 0, 분산이 9인 정규분포로부터 얻어진 값이다. 그러면 식 9.53의 관계로부터 표 9.15와 같이 10개의 오차값이 얻어질 것이다.

그리고 $\beta_0 = 2,\ \beta_1 = 0.5$ 라고 하면 $E(Y) = 2 + 0.5t$ 의 관계로부터 얻어지는 Y_t 값은 표 9.16과 같이 될 것이다. 이들 10개의 Y_t 값은 실제로 얻어진 표본값으로 간주되는 것이다.

이와 같은 결과는 자기상관이 존재하는 자료를 만들기 위한 매우 단순한 **시뮬레이션**(simulation) 과정에 의해 얻어진 것으로서 주어진 모수값으로 모형을 만들어 실제 상황을 연출한 것이다. 다시 말하면 t와 Y의 관계를 $E(Y) = 2 + 0.5t$ 로 설정하고 오차 간에 자기상관이 존재하는 모형을 만들어 Y_t 값이 얻어졌을 때, 통상적인 회귀분석의 결과가 얼마나 참값$(\beta_0 = 2,\ \beta_1 = 0.5)$에 접근하는가를 보고자 하는 것이다.

표 9.16에서 얻어진 t 값과 Y값에 대한 통상적인 회귀분석 결과는 $\hat{y} = 5.85 - 0.07t$ 로 얻어진다. 이는 자기상관이 있음에도 불구하고 통상적인 방법으로 회귀분석을 하였기 때문이다(그림 9.15). 다시 말하면 t와 Y의 실제 관계는 $E(Y) = 2 + 0.5t$ 임에도 불구하고 자기상관이 있는 10개의 Y_t 값을 얻어 t와 Y의 관계를 얻은 결과는 엉뚱하게도 $\hat{y} = 5.85 - 0.07t$ 라는 것이다.

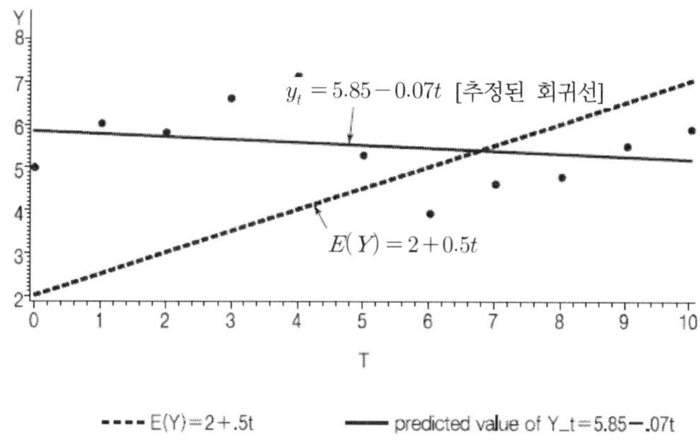

그림 9.15 자기상관 하에서의 통상적인 회귀선

그림 9.15와 같이 자기상관이 존재할 때, 통상적인 회귀선에 대한 잔차는 원래의 잔차보다 작게 나타나므로 잔차제곱합(SSE)이 작게 얻어지며, 따라서 평균잔차제곱합(MSE)도 작게 된다. 그러므로 통상적인 방법으로 얻어진 계수는 매우 유의적인 것으로 나타날 가능성이 크다.

이제 1차 자기상관 회귀모형을 설정하여 자기상관이 존재하는가를 찾는 방법과 자기상관이 있을 경우, 어떻게 해결할 수 있는가를 알아보기로 하자. 식 9.52를 다시 정리하여 보면 1차 자기상관이 있을 경우, 그 모형은

$$Y_t = \beta_0 + \beta_1 x_t + \epsilon_t, \quad t = 1, \cdots, n \tag{9.54}$$
$$\epsilon_t = k\epsilon_{t-1} + U_t$$
$$(\text{가정}) \quad U_t \sim i.i.d. \ N(0, \sigma^2)$$

이며 k를 **자기상관계수**(autocorrelation coefficient)라고 부르고 $0 \leqq k \leqq 1$이다. U_t는 **백색잡음**(whitenoise) 또는 **순오차**(disturbance)라고 부른다. 먼저 1차 자기상관이 있을 경우 오차(ϵ_t)에 대한 몇 가지 성질은 다음과 같다.

(1) $\epsilon_t = k\epsilon_{t-1} + U_t = k(k\epsilon_{t-2} + U_{t-1}) + U_t$
$\quad = k^2\epsilon_{t-2} + kU_{t-1} + U_t = k^2(k\epsilon_{t-3} + U_{t-2}) + kU_{t-1} + U_t$

$$= k^3\epsilon_{t-3} + k^2 U_{t-2} + kU_{t-1} + U_t$$

$$\vdots$$

$$= U_t + kU_{t-1} + k^2 U_{t-2} + \cdots$$

$$= \sum_{s=0}^{\infty} k^s U_{t-s}$$

(2) $E(\epsilon_t) = 0$

(3) $Var(\epsilon_t) = Var(U_t + kU_{t-1} + k^2 U_{t-2} + \cdots)$

$$= Var(U_t) + k^2 Var(U_{t-1}) + k^4 Var(U_{t-2}) + \cdots$$

$$= \sigma^2 + k^2\sigma^2 + k^4\sigma^2 + \cdots$$

$$= \left(\frac{1}{1-k^2}\right)\sigma^2$$

(4) $Cov(\epsilon_t, \epsilon_{t-1}) = E[\epsilon_t \epsilon_{t-1}]$

$$= E[(U_t + kU_{t-1} + \cdots)(U_{t-1} + kU_{t-2} + \cdots)]$$

$$= E[[U_t + k(U_{t-1} + kU_{t-2} + \cdots)](U_{t-1} + kU_{t-2} + \cdots)]$$

$$= E[U_t(U_{t-1} + kU_{t-2} + \cdots)] + E[k(U_{t-1} + kU_{t-2} + \cdots)^2]$$

$$= E[k\epsilon_{t-1}^2] = kVar(\epsilon_{t-1})$$

$$= \left(\frac{k}{1-k^2}\right)\sigma^2$$

(5) $Corr(\epsilon_t, \epsilon_{t-1}) = \dfrac{Cov(\epsilon_t, \epsilon_{t-1})}{\sqrt{Var(\epsilon_t)}\sqrt{Var(\epsilon_{t-1})}} = k$

그러므로 자기상관계수 k는 ϵ_t와 ϵ_{t-1}의 상관계수를 나타내는 값이며, 자기상관이 없느냐 있느냐 하는 문제는 곧 k가 0인가 아닌가를 다루는 문제다. 이 문제에 대한 검정 방법을 더빈–왓슨 검정이라고 한다.

9.16.1 더빈–왓슨 검정

대부분의 경영, 경제 지표는 이전 시점의 값과 현시점의 값 간에 상관이 있기 마련이다. 그러므로 이전 시점에서의 잔차가 +값을 갖는다면, 현시점에서의 잔차도 +

값을 갖게 되는 형태를 띠게 된다. 말하자면 이웃 시점 간의 잔차는 같은 부호(+ 또는 −)를 갖게 되면서 상관이 있게 되면서 이러한 경우 **양**(positive)**의 자기상관**이 있다고 한다. 그림 9.16은 양의 자기상관과 음의 자기상관이 있는 경우를 나타내고 있는데, 음의 자기상관은 이웃 시점 간에 잔차가 반대의 부호를 갖는 경우이다. 따라서 자기상관이 있는 경우 대부분 양의 자기상관관계를 나타낸다고 할 수 있다.

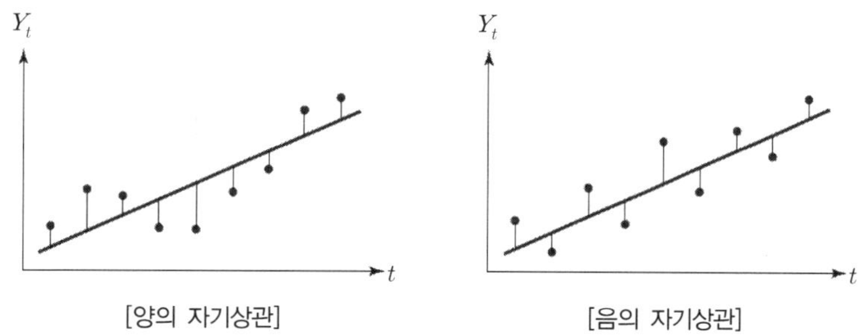

그림 9.16 자기상관의 종류

자기상관이 있는가 여부에 대한 가설검정의 방법을 **더빈-왓슨 검정**(Durbin-Watson test)이라 하며, 가설은

$$H_0 : k = 0 \quad v.s. \quad H_1 : k \neq 0$$

이 되고, 더빈-왓슨 검정통계량은

$$DW = \frac{\sum_{t=2}^{n}(e_t - e_{t-1})^2}{\sum_{i=1}^{n} e_t^2} \tag{9.55}$$

이다. 여기서 e_t는 t시점의 잔차 $(y_t - \hat{y_t})$를 나타낸다. DW 통계량은 항상 0과 4 사이의 값을 갖는다. 어떤 자료에서 구한 DW값이 2에 가까울 때 자기상관은 존재하지 않음을 나타낸다. 그리고 음의 자기상관이 있을 때는 DW값이 4에 가까운 값을 갖게 되고, 양의 자기상관이 있을 때는 0에 가까운 값을 갖게 된다. 그러므로 검정통계량 DW값 크기에 따라 $H_0 : k = 0$과 $H_1 : k \neq 0$의 결과를 판단하게 된다.

즉, 자기상관이 있다면 DW값이 0에 가깝고, DW값이 2에 가까우면 자기상관이 없다고 판단하게 된다. DW값에 따른 가설검정의 결과는 다음과 같다. 즉,

DW값의 위치

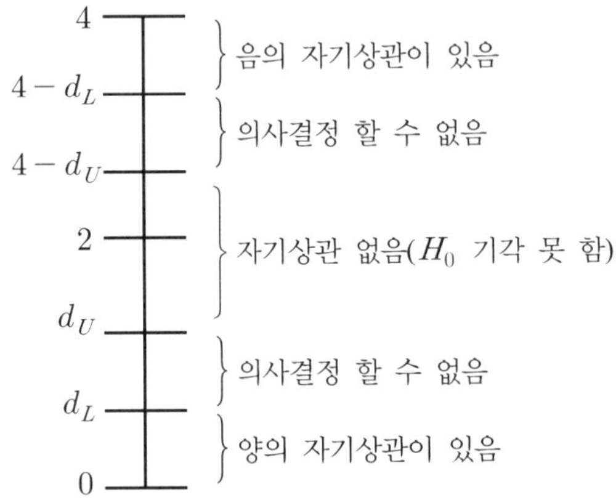

이다.

[부록 7]에는 설명변수의 수(p)와 표본의 크기(n)에 대한 DW 통계량의 $\alpha=0.05$와 $\alpha=0.01$의 d_L과 d_U의 값이 나와 있다. 예를 들어, 설명변수의 수가 1개이고 자료(n)가 40일 경우 계산된 DW값이 0.9라면 $d_L=1.44$, $d_U=1.54$이므로 양의 자기상관이 존재한다고 판단한다.

이 절에서 설명한 자기상관 문제는 주로 시계열자료에서 다루어진다. 자세한 내용은 시계열 자료분석에서 설명한다.

예제 9.10

다음은 1995년 1/4분기부터 2004년 4/4분기까지의 가처분 소득(X_t : 단위 10억 원)과 승용차 판매액(Y_t : 단위 100만 원)의 시계열 자료이다. 승용차 판매액은 가처분 소득에 의해 어떻게 설명될 수 있는가를 알아보고자 한다.

가처분 소득(X)과 승용차 판매액(Y)

Year	Q	t	X_t	Y_t	Year	Q	t	X_t	Y_t
1995	1	1	2742.9	273,792	2000	1	21	3123.6	314,941
1995	2	2	2692.0	261,643	2000	2	22	3189.6	319,813
1995	3	3	2722.5	266,102	2000	3	23	3156.5	325,782
1995	4	4	2777.0	268,958	2000	4	24	3178.7	324,489
1996	1	5	2783.7	272,796	2001	1	25	3227.5	329,102
1996	2	6	2776.7	268,609	2001	2	26	3281.4	335,974
1996	3	7	2814.1	270,843	2001	3	27	3272.6	346,169
1996	4	8	2808.8	264,789	2001	4	28	3266.2	347,554
1997	1	9	2795.0	264,398	2002	1	29	3295.2	341,120
1997	2	10	2824.8	264,647	2002	2	30	3241.7	347,901
1997	3	11	2829.0	265,679	2002	3	31	3285.7	352,830
1997	4	12	2832.6	273,447	2002	4	32	3335.8	350,237
1998	1	13	2843.6	275,171	2003	1	33	3380.1	357,405
1998	2	14	2867.0	283,598	2003	2	34	3386.3	359,433
1998	3	15	2903.0	288,348	2003	3	35	3407.5	359,432
1998	4	16	2960.6	295,986	2003	4	36	3443.1	366,554
1999	1	17	3033.2	301,673	2004	1	37	3473.9	365,028
1999	2	18	3065.9	307,268	2004	2	38	3450.9	367,374
1999	3	19	3102.7	305,127	2004	3	39	3466.9	372,414
1999	4	20	3118.5	311,216	2004	4	40	3493.0	369,017

우선 이 자료의 관계를 알아보기 위해 X_t와 Y_t값의 산점도를 얻으면 다음 그림과 같다.

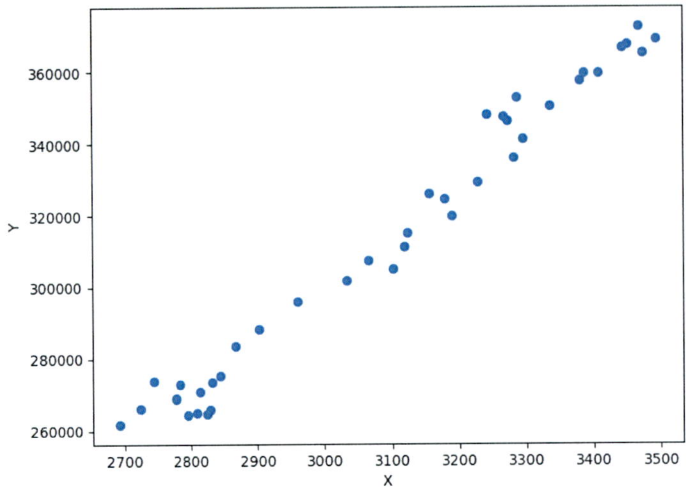

그러므로 X_t와 Y_t 간에는 일정한 선형의 관계에 있음을 알 수 있으며, 그림과 같이 가처분소득(X_t)과 승용차 판매액(Y_t)의 시점(t)에 따른 진행 관계를 알아보기 위해서 시점(t)을 기준으로 그래프를 그려보자. 한 그래프에 X_t와 Y_t를 모두 표현하기 위해서 X_t에 100을 곱한 $100X_t$ 값과 Y_t 값을 사용하여 그래프를 나타내면 다음 그림과 같다. X_t와 Y_t가 시차(time-lag)를 가지고 관계가 있는가를 알아볼 수도 있을 것이다.

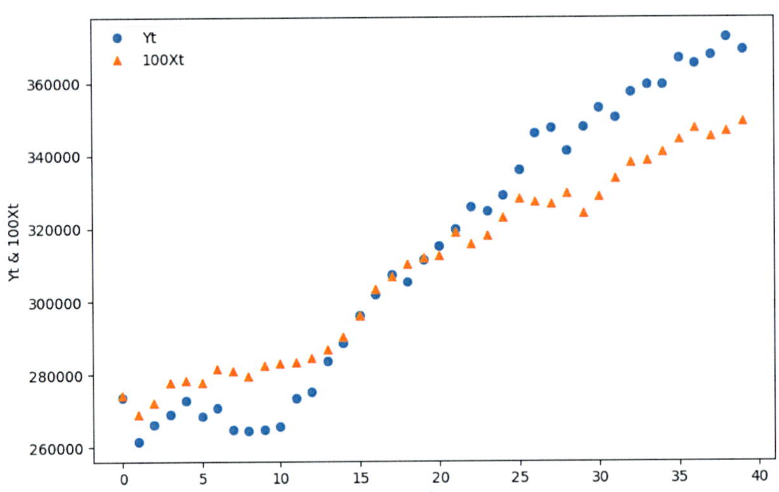

이 자료에 대해서 $\hat{y} = \beta_0 + \beta_1 x + \epsilon$의 모형을 적합시키고 Durbin-Watson d 통계량을 이용하여 $H_0 : \rho = 0$. $H_1 : \rho > 0$에 대한 가설검정을 해보자.

프로그램 코드 더빈-왓슨 방법1

```
in ▸    import pandas as pd
        import statsmodels.formula.api as smf

        data=pd.read_csv('ex9-10.csv')
        data.head(4)
```

```
out ▸      YEAR  Q  t       X       Y
        0  1995  1  1  2742.9  273792
        1  1995  2  2  2692.0  261643
        2  1995  3  3  2722.5  266102
        3  1995  4  4  2777.0  268958
```

```
in ▸    fit=smf.ols('Y~X', data).fit()
        print(fit.summary2())
```

프로그램 코드 더빈-왓슨 방법2

```
in ▸    from statsmodels.stats.stattools import durbin_watson
        residual=fit.resid_pearson
        durbin_watson(residual)
```

더빈-왓슨 d 통계량을 구하는 방법은 두 가지가 있다. 첫 번째 방법은 회귀모형을 적합하면 얻는 출력 결과의 하단에서 더빈-왓슨 d 통계량을 확인할 수 있다. 각 회귀계수의 값이 크거나 작아서 지수로 표현되기도 하는데 summary2()를 사용하면 실수형으로 출력된다.

두 번째 방법은 statsmodels 모듈에서의 durbin_watson 함수를 사용하여 통계량을 얻을 수 있다. durbin_watson 함수를 import하고, 회귀모형을 적합한 결과 fit으로부터 표준화 잔차 fit.resid_pearson를 추출하여 residual에 저장하고, 이를 durbin_watson 함수에 적용한다.

프로그램 출력 결과 더빈-왓슨 방법1

```
out ▸                      Results: Ordinary least squares
       ========================================================================
       Model:                         OLS   Adj. R-squared:              0.977
       Dependent Variable:              Y   AIC:                       08.6336
       Date:             2021-11-30 21:48   BIC:                      812.0114
       No. Observations:               40   Log-Likelihood:            -402.32
       Df Model:                        1   F-statistic:                 1684.
```

```
Df Residuals:                38  Prob (F-statistic):        4.42e-33
R-squared:                0.978  Scale:                  3.3574e+07
--------------------------------------------------------------------
               Coef.  Std.Err.        t  P>|t|      [0.025    0.975]
--------------------------------------------------------------------
Intercept  -142035.5823 11136.8194  -12.7537 0.0000 -164580.8944
-119490.2701
X              147.3361    3.5905  41.0351 0.0000    140.0676  154.6047
--------------------------------------------------------------------
Omnibus:                  0.837      Durbin-Watson:            0.934
Prob(Omnibus):            0.658      Jarque-Bera (JB):         0.905
Skew:                     0.289      Prob(JB):                 0.636
Kurtosis:                 2.543      Condition No.:            37705
====================================================================
```

프로그램 출력 결과 더빈-왓슨 방법2

```
out ▸  durbin_watson(residual)
       Out:
       0.9344731674533778
```

먼저 첫 번째 방법의 프로그램 출력 결과를 살펴보면 회귀선은

$$\hat{y_t} = -142036 + 147.3361 x_t$$

이다. 결정계수(R^2)은 0.977이며 모형의 p값은 매우 작아 유의함을 알 수 있다. 또한 회귀계수 β_1의 p값도 매우 작으므로 유의하다.

더빈-왓슨 통계량을 구하는 두 방법 모두 p값은 제공하지 않으므로 DW값으로 잔차의 자기상관 여부를 판단하여야 한다. 프로그램 출력 결과에서 제공하는 DW값은 0.934이므로 H_0를 기각할 수 없다. 따라서 잔차는 양의 자기상관이 존재함을 알 수 있다. 아래 그림은 잔차도표를 나타내고 있으며 잔차도표 상으로도 양의 자기상관이 있음을 파악할 수 있다.

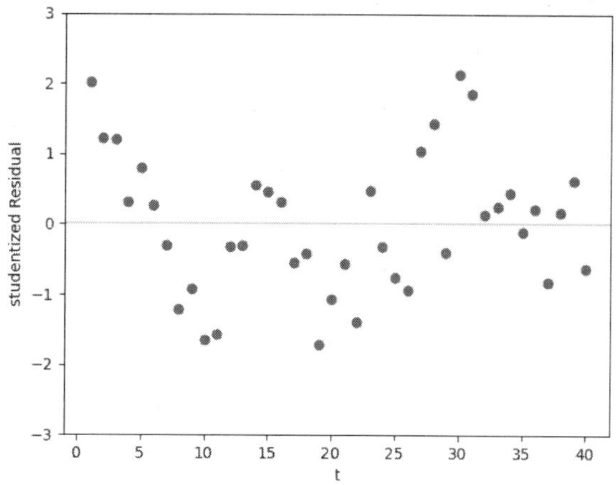

프로그램 코드 그래프

```
in ▸  #Xt와 Yt의 산점도
      import matplotlib.pylab as plt
      plt.plot(data['X'], data['Y'], 'o')
      plt.xlabel('X')
      plt.ylabel('Y')
      plt.show()

      #100Xt와 Yt의 산점도
      plt.plot(data['Y'], 'o', label='Yt')
      plt.plot(data['X']*100, '^', label='100Xt')
      plt.legend()
      plt.xlabel('t')
      plt.ylabel('Yt & 100Xt')
      plt.show()

      #표준화잔차와 hatYt의 산점도
      plt.plot(data['t'], fit.resid_pearson, 'o')
      plt.axhline(y=0, color="k", linewidth=0.3)
      plt.ylim([-3,3])          #y축 범위 지정
      plt.show()
```

9.16.2 코크레인-어컷트 방법

자기상관이 있는 경우 자기상관이 있는 회귀모형을 어떻게 다룰 것인가를 생각하

여 보기로 하자. 코크레인(Cochrane)과 어컷트(Orcutt)는 자기상관이 있는 회귀모형에 대한 접근법으로 **코크레인-어컷트 방법**(Cochrane-Orcutt method)을 제안하였다.

먼저 회귀모형은 오차에 대한 가정, 즉 오차는 평균이 0이고 분산이 일정하며 정규분포를 따른다는 가정이 성립할 때, 그 분석결과를 사용할 수 있으므로 1차 자기상관모형을 다음과 같이 수정한다. 우선

$$Y_t^* = Y_t - kY_{t-1}$$

을 정의하면

$$\begin{aligned} Y_t^* &= Y_t - kY_{t-1} \\ &= (\beta_0 + \beta_1 x_t + \epsilon_t) - k(\beta_0 + \beta_1 x_{t-1} + \epsilon_{t-1}) \\ &= \beta_0(1-k) + \beta_1(x_t - kx_{t-1}) + (\epsilon_t - k\epsilon_{t-1}) \\ &= \beta_0(1-k) + \beta_1(x_t - kx_{t-1}) + U_t \end{aligned} \tag{9.56}$$

가 된다. 여기서 U_t는

$$(\text{가정}) \qquad U_t \sim i.i.d.\ N(0, \sigma^2)$$

로 가정한 것이므로 1차 자기상관이 존재할 경우,

$$\begin{aligned} &Y_t^* = \beta_0^* + \beta_1^* x_t^* + U_t \\ &\beta_0^* = \beta_0(1-k),\ \beta_1^* = \beta_1,\ x_t^* = x_t - kx_{t-1} \end{aligned} \tag{9.57}$$

의 모형에 대해 통상적인 회귀분석을 수행하면 될 것이다.

그러면 단 하나의 문제는 k의 값을 결정하는 문제이다. 코크레인-어컷트 방법은 k가 ϵ_t와 ϵ_{t-1} 간의 상관계수를 나타내므로 자기상관계수 k를 추정하는 방법으로서 통상적인 회귀분석 결과 얻어진 잔차의 상관계수로부터 k의 추정치를 얻고(1단계),

$$\hat{k}^{(1)} = \frac{\sum_{t=2}^{n} e_{t-1} e_t}{\sum_{t=2}^{n} e_{t-1}^2}$$

얻어진 $\hat{k}^{(1)}$ 값을 사용하여 다음과 같이 $(x_t^{*(1)}, y_t^{*(1)})$를 얻어

$$y_t^{*(1)} = y_t - \hat{k}^{(1)} y_{t-1}$$

$$x_t^{*(1)} = x_t - \hat{k}^{(1)} x_{t-1}$$

이 값에 의해 다시 회귀분석한 결과로부터 잔차$(e_t^{(1)})$을 계산하고 다시 k의 추정치를 얻어가면서(2단계),

$$\hat{k}^{(2)} = \frac{\sum_{t=2}^{n} e_{t-1}^{(1)} e_t^{(1)}}{\sum_{t=2}^{n} \left(e_{t-1}^{(1)}\right)^2}$$

$\hat{k}$값이 수렴하는 값을 얻음으로써, k의 추정치를 구하는 방법을 제시하였다.

예제 9.10 (계속)

앞의 예제 9.10에서 본 바와 같이 가처분 소득(X)과 승용차 판매액(Y)의 자료에 대해 파이썬을 이용하여 얻어진 결과는 다음과 같다. 즉, 앞서 구한 통상적인 회귀모형의 프로그램 출력 결과로부터 더빈-왓슨 값이 0.934로 나타났었는데, 이는 양의 자기상관이 존재함을 의미하므로 자기상관모형으로 분석하여야 한다. 자기상관모형 식 9.56에 대한 것으로서 $k = 0.4858$이고, 식 9.56을 정리하여

$$\begin{aligned}\widehat{y_t} &= \widehat{\beta_0} + \widehat{\beta_1} x_1 + k[\hat{y}_{t-1} - (\widehat{\beta_0} + \widehat{\beta_1} x_{t-1})] \\ &= -142870 + 147.3886 x_t + 0.4858[\widehat{y_{t-1}} - (-142870 + 147.3886 x_{t-1})]\end{aligned}$$

을 얻게 된다.

프로그램 코드 코크레인-어컷트 방법

```
in ▸    import statsmodels.api as sm
        Corc = sm.GLSAR(data['Y'],sm.add_constant(data['X']), rho=0.48)
        Corc_fit = Corc.iterative_fit(maxiter=10)
        print(Corc_fit.summary2())   #자기상관 있는 회귀분석 결과 출력
        print(Corc.rho)              #k값 출력
```

자기상관이 있는 회귀분석을 하기 위해서 stats.models.api 모듈의 GLSAR 함수를 사용한다. GLSAR 함수는 (반응변수, 설명변수, rho) 순서대로 정의한다. rho는 초기 모수값을 정의할 수 있으며 본 예제에서는 0.48로 설정하였다. sm.add.constant()는 GLSAR을 사용하여 회귀분석을 수행할 때 상수항을 포함한 모형을 정의하기 위해 사용한다. 자기상관이 있는 회귀분석 모형은 Corc에 저장한다.

Corc.iterative_fit(maxiter=10)은 $\hat{k}$ 추정치를 구하는 데 수렴하기까지의 반복 횟수를 정의한다. 본 예제에서는 최대 반복수를 10회로 설정하였다.

프로그램 출력 결과 자기상관이 있는 회귀분석 결과

```
out ▸             Results: Generalized least squares with AR(p)
        ======================================================================
        Model:                      GLSAR   Adj. R-squared:             0.945
        Dependent Variable:             Y   AIC:                     773.4237
        Date:            2021-11-30 21:23   BIC:                     776.7508
        No. Observations:              39   Log-Likelihood:           -384.71
        Df Model:                       1   F-statistic:                649.1
        Df Residuals:                  37   Prob (F-statistic):      4.62e-25
        R-squared:                  0.946   Scale:                 2.2830e+07
        ----------------------------------------------------------------------
                      Coef.  Std.Err.      t   P>|t|      [0.025      0.975]
        ----------------------------------------------------------------------
        const -142869.566218100.5858 -7.8931  0.0000 -179544.8367 -106194.2956
        X         147.3886     5.7849 25.4782  0.0000     135.6673    159.1099
        ----------------------------------------------------------------------
        Omnibus:                    3.581   Durbin-Watson:              2.137
        Prob(Omnibus):              0.167   Jarque-Bera (JB):           2.472
        Skew:                       0.587   Prob(JB):                   0.291
        Kurtosis:                   3.376   Condition No.:              38061
```

프로그램 출력 결과 k 추정

```
out ▸   print(Corc.rho)
        [0.48582176]
```

자기상관이 있는 회귀모형의 결정계수(R^2)는 0.945로 나타났으며 모형의 p값은 매우 작아 유의한 것으로 나타났다. 특히 DW값은 2.137로 나타났기에 2.0에 가까우므로 잔차끼리는 더 이상 자기상관이 없음을 알 수 있다. 이 결과는 사용하는 프로그램마다 계산과정이 달라 약간의 차이가 발생할 수 있다.

9.17 가중최소제곱법

통상적인 회귀분석의 결과는 회귀모형에 대한 가정이 성립할 경우에만 사용할 수 있다. 즉, 단순선형회귀모형

$$Y_i = \beta_0 + \beta_1 x_i + \epsilon_i, \quad i = 1, \cdots, n$$
$$\text{(가정)} \quad \epsilon_i \sim i.i.d. \;\; N(0, \sigma^2)$$

에서 오차에 대한 가정이 성립할 경우 $\widehat{\beta_0}$과 $\widehat{\beta_1}$의 추정치를 사용하여 X와 Y의 관계를 얻을 수 있다는 것이다. 앞의 잔차분석에서 설명한 바와 같이 오차에 대한 가정을 검색할 수 있는 방법은 오차의 실현된 값인 잔차의 정규성과 등분산성을 검토하여 보아야 할 것이다. 경우에 따라 잔차는 어떤 일정한 패턴을 보이거나 X의 값에 따라 점점 확산 또는 축소하는 형상을 보일 때 오차에 대한 가정이 성립한다고 할 수 없게 된다.

여기서는 오차의 등분산성이 성립되지 않은 경우를 고려하여 보자. 즉, 통상적인 최소제곱법으로 회귀분석한 결과 잔차의 분포가 X값의 변화에 따라 또는 $\widehat{Y}$의 값에 따라 점점 확산되는 경우의 문제를 다루어 보자. 예를 들어, 그림 9.5(B)의 전차도

표와 같이 잔차와 X값 또는 $\hat{Y}$값에 대한 산점도를 얻었을 때, 잔차의 분포가 점점 확산되어 있다면 등분산성은 성립되지 못하고 회귀모형은

$$Y_t = \beta_0 + \beta_1 x_i + \epsilon_i, \quad i = 1, \cdots, n \tag{9.58}$$

$$\text{(가정)} \quad \epsilon_t \sim i.d. \ N(0, \sigma_i^2)$$

이 되어야 할 것이다. 여기서 $i.d.$는 독립적으로 분포한다는 의미이다. 이러한 모형에 대해 모수를 추정하는 방법을 **가중최소제곱법**(weighted least squares method)이라고 하는데 오차의 분산이 같도록 모형을 변형시킨 후 최소제곱법을 적용시키는 절차가 필요하다.

먼저 오차의 분산을 일정하게 하기 위해 위의 모형을

$$\frac{Y_i}{\sigma_i} = \frac{\beta_0}{\sigma_i} + \frac{\beta_1}{\sigma_i} x_i + \frac{\epsilon_i}{\sigma_i} \tag{9.59}$$

$$\Rightarrow \ Y_i^* = \beta_0^* + \beta_1^* x_i + \epsilon_i^*$$

로 변형시키면 식 9.59의 모형에서의 오차 ϵ_i^*는

$$E(\epsilon_i^*) = 0, \quad Var(\epsilon_i^*) = 1$$

이 되므로 식 9.59의 모형에 대한 통상적 회귀분석은 유효하다고 할 것이다. 따라서 가중치(w_i)를

$$w_i = \frac{1}{\sigma_i^2} \tag{9.60}$$

이라고 하면

$$\sqrt{w_i}\, Y_i = \sqrt{w_i}\, \beta_0 + \sqrt{w_i}\, \beta_1 x_i + \sqrt{w_i}\, \epsilon_i \tag{9.61}$$

$$\Rightarrow \ Y_i^* = \beta_0^* + \beta_1^* x_i + \epsilon_i^*$$

이다. 이제 식 9.61의 모형에 대해 최소제곱법으로 $\widehat{\beta_0}$과 $\widehat{\beta_1}$을 구하는 문제는

$$SSE_w = \sum_{i=1}^{n}(\sqrt{w_i}e_i)^2 = \sum_{i=1}^{n} w_i(y_i - \widehat{\beta_0} + \widehat{\beta_1}x_i)^2 \tag{9.62}$$

를 최소로 하는 $\widehat{\beta_0}$과 $\widehat{\beta_1}$을 구하는 문제가 된다. 식 9.62의 SSE_w는 통상적인 SSE를 구하는 식에서 각각의 표본(i)에 가중치(w_i)를 부여하여 얻어진 것이며 결국

$$\widehat{\beta_1} = \frac{\sum_{i=1}^{n} w_i(x_i - \overline{x})(y_i - \overline{y})}{\sum_{i=1}^{n} w_i(x_i - \overline{x})^2}, \qquad \widehat{\beta_0} = \overline{y} - \widehat{\beta_1}\overline{x}$$

$$\overline{x} = \frac{\sum_{i=1}^{n} w_i x_i}{\sum_{i=1}^{n} w_i}, \quad \overline{y} = \frac{\sum_{i=1}^{n} w_i y_i}{\sum_{i=1}^{n} w_i}$$

이다.

그러면 가중치(w_i)는 어떻게 구할 수 있는가 하는 문제가 남게 되는데 식 9.60에서 보는 바와 마찬가지로 가중치를 추정하는 것은 곧 분산을 추정하는 것과 마찬가지이다. 가중치를 얻는 두 가지 방법은 다음과 같다.

(1) 오차의 분산, σ_i^2은 대체로 설명변수(X)의 값에 따라 변하는 경우가 많다. 즉,

(a) $\sigma_i^2 = \sigma^2 x_i$ (b) $\sigma_i^2 = \sigma^2 x_i^2$ (c) $\sigma_i^2 = \sigma^2 \sqrt{x_i}$

등의 함수 관계를 갖고 있는 경우, 가중치(w_i)는 각각

(a) $w_i = \dfrac{1}{x_i}$ (b) $w_i = \dfrac{1}{x_i^2}$ (c) $w_i = \dfrac{1}{\sqrt{x_i}}$

이 될 것이다.

(2) 오차의 분산 σ_i^2이 설명변수의 값과 함수 관계에 있지 않을 경우, 설명변수의 값을 몇 개의 집단으로 나누어 각 집단 내에서 분산을 추정하여 가중치를 얻을 수도 있다. 즉, 설명변수의 값에 따라 j개의 집단으로 나누어 각 집단 내에서의 잔

차값으로 분산의 추정치를 얻어 그 집단 내의 자료에 대한 가중치로 삼는 것이다.

위에서 설명한 가중치를 구하는 방법은 설명변수에 대한 것인데 $\widehat{Y}$ 값에 대해 같은 과정을 거쳐 가중치를 얻을 수도 있을 것이다. 특히, 설명변수가 여러 개인 다중회귀모형에서는 $\widehat{Y}$ 값과 오차의 분산을 비교하는 것이 바람직하다.

예제 9.11

다음은 20세 이상의 여성 54명에 대한 심장이완 혈압(Y)과 연령(X)의 자료이다. 연령에 따른 심장이완 혈압을 선형회귀모형으로 설명하고자 한다.

연령(X)과 심장이완 혈압(Y)

i	X_t	Y_t	i	X_t	Y_t	i	X_t	Y_t
1	27	73	19	37	78	37	42	85
2	21	66	20	38	87	38	44	71
3	22	63	21	33	76	39	46	80
4	26	79	22	35	79	40	47	96
5	25	68	23	30	73	41	45	92
6	28	67	24	37	68	42	55	76
7	24	75	25	31	80	43	54	71
8	25	71	26	39	75	44	57	99
9	23	70	27	46	89	45	52	86
10	20	65	28	49	101	46	53	79
11	29	79	29	40	70	47	56	92
12	24	72	30	42	72	48	52	85
13	20	70	31	43	80	49	57	109
14	38	91	32	46	83	50	50	71
15	32	76	33	43	75	51	59	90
16	33	69	34	49	80	52	50	91
17	31	66	35	40	90	53	52	100
18	34	73	36	48	70	54	58	80

먼저 통상적인 회귀분석의 수행 결과는 바로 다음에 위치하는 '프로그램 출력 결과'

와 같고, 잔차의 분포는 아래의 잔차도표와 같다.

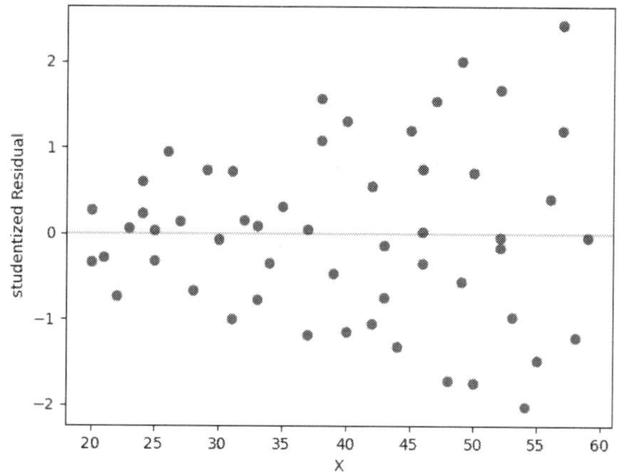

잔차의 분포는 연령(X)이 커질수록 넓게 확산되는 형태를 보이므로 가중회귀분석을 해야 하는 전형적인 유형이다.

프로그램 코드

in ▸

```
import pandas as pd
import statsmodels.formula.api as smf
import matplotlib.pylab as plt

data=pd.read_csv('ex9-11.csv')
data.head(4)
```

out ▸

```
out:
   i  X  Y
0  1  27  73
1  2  21  66
2  3  22  63
3  4  26  79
```

in ▸

```
fit=smf.ols('Y~X', data).fit()
print(fit.summary())

plt.plot(X,fit.resid_pearson, 'o')
plt.axhline(y=0, color="k", linewidth=0.3)
plt.xlabel('X')
plt.ylabel('studentized Residual')
plt.show()
```

프로그램 출력 결과 통상적인 선형회귀분석 결과

out ▸
```
                            OLS Regression Results
==============================================================================
Dep. Variable:                      Y   R-squared:                       0.408
Model:                            OLS   Adj. R-squared:                  0.396
Method:                 Least Squares   F-statistic:                     35.79
Date:                Tue, 30 Nov 2021   Prob (F-statistic):           2.05e-07
Time:                        22:16:34   Log-Likelihood:                -188.87
No. Observations:                  54   AIC:                             381.7
Df Residuals:                      52   BIC:                             385.7
Df Model:                           1
Covariance Type:            nonrobust
==============================================================================
                 coef    std err          t      P>|t|      [0.025      0.975]
------------------------------------------------------------------------------
Intercept     56.1569      3.994     14.061      0.000      48.143      64.171
X              0.5800      0.097      5.983      0.000       0.385       0.775
==============================================================================
Omnibus:                        0.517   Durbin-Watson:                   2.343
Prob(Omnibus):                  0.772   Jarque-Bera (JB):                0.620
Skew:                           0.209   Prob(JB):                        0.733
Kurtosis:                       2.681   Cond. No.                         148.
==============================================================================
```

프로그램 코드

in ▸
```
import numpy as np
data['resid']=fit1.resid
data['abs_resid']=abs(fit1.resid)
data.head(4)
```

out ▸
```
   i   X   Y     resid  abs_resid
0  1  27  73  1.182239   1.182239
1  2  21  66 -2.337576   2.337576
2  3  22  63 -5.917607   5.917607
3  4  26  79  7.762270   7.762270
```

in ▸
```
fit2=smf.ols('abs_resid~X',data).fit()       #가중치를 구할 회귀분석

#가중회귀모형
wfit=smf.wls('Y~X',data,weights=1/np.square(fit2.predict())).fit()
print(wfit.summary())
```

```
#잔차도표
w_X=data['X']*1/np.square(fit2.predict())
plt.plot(w_X, wfit.resid_pearson, 'o')
plt.axhline(y=0, color="k", linewidth=0.3)
plt.xlabel('weighted X')
plt.ylabel('studentized Residual')
plt.show()
```

앞서 설명하였듯이 가중치는 잔차의 분산을 이용하지만, 대부분은 잔차의 분산이 알려지지 않아서 잔차의 추정치를 사용한다. 먼저 통상적인 회귀모형에서 얻은 잔차의 절댓값 abs(fit1.resid)를 데이터에 저장한다. fit2에서는 반응변수를 절댓값잔차(abs_resid), 설명변수가 X인 모형 'abs_resid ~ X'의 회귀분석을 수행하고, 잔차의 추정값을 구한다. 여기서 얻은 잔차 추정값(예측값) predict()를 이용하여 가중치 w를 $1/\widehat{residual}^2$으로 정의한다.

가중회귀모형은 statsmodels.formula.api 모듈의 wls 함수를 사용한다. ols 함수와 같이 모형은 '반응변수 ~ 설명변수'로 정의하고, "weights"에서는 가중치를 정의한다.

가중회귀모형의 잔차도표를 그릴 때는 가중치를 반영한 X를 사용한다. 가중치를 반영한 X(w_X)는 데이터의 X와 가중치 1/np.square(fit2.predict())의 곱을 계산하여 저장하고, plt.plot 함수에서 w_X와 가중회귀모형의 표준화 잔차(wfit.resid_pearson)를 사용하여 잔차도표를 그린다.

프로그램 출력 결과 가중회귀분석 결과

```
out ▸                         WLS Regression Results
      ==============================================================================
      Dep. Variable:                      Y   R-squared:                       0.521
      Model:                            WLS   Adj. R-squared:                  0.512
      Method:                 Least Squares   F-statistic:                     56.64
      Date:                Wed, 01 Dec 2021   Prob (F-statistic):           7.19e-10
      Time:                        12:02:33   Log-Likelihood:                -181.26
      No. Observations:                  54   AIC:                             366.5
      Df Residuals:                      52   BIC:                             370.5
      Df Model:                           1
      Covariance Type:            nonrobust
      ==============================================================================
                       coef    std err          t      P>|t|      [0.025      0.975]
      ------------------------------------------------------------------------------
      Intercept     55.5658      2.521     22.042      0.000      50.507      60.624
```

```
X              0.5963      0.079      7.526      0.000      0.437      0.755
==============================================================================
Omnibus:                    7.974   Durbin-Watson:                   2.284
Prob(Omnibus):              0.019   Jarque-Bera (JB):                2.701
Skew:                       0.122   Prob(JB):                        0.259
Kurtosis:                   1.932   Cond. No.                         100.
==============================================================================
```

가중회귀모형에 대한 '프로그램 출력 결과'를 보면 회귀계수 값은 통상적인 회귀분석 결과와 큰 차이가 없다. 따라서 가중회귀모형의 회귀선을 사용하는 것이 바람직하다. 가중회귀모형의 잔차도표는 이전의 잔차도표에 비하여 패턴이 없는 무작위한 분포를 보이므로 잔차의 등분산성이 만족된다고 판단할 수 있다.

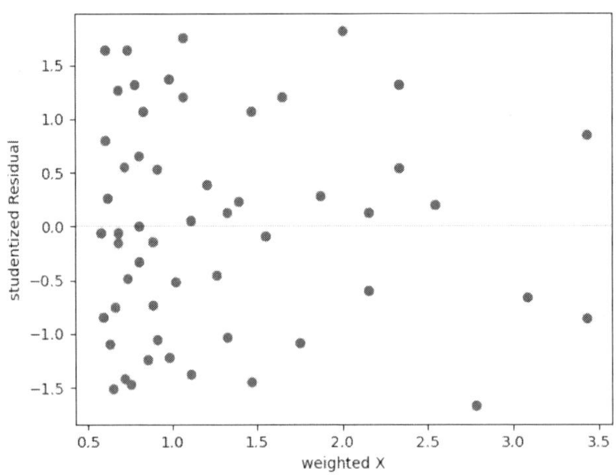

연습문제

01 다음과 같은 자료가 얻어졌다고 하자.

X	−5	−3	−1	0	1	3	5
Y	0.8	1.1	2.5	3.1	5.0	4.7	6.2

(1) 산점도를 그려라.

(2) 최소제곱법에 의하여 회귀직선을 구하라.

(3) 잔차값을 구하라.

02 전화 설문 조사의 어려움은 응답을 거부하는 데 기인한다. 서울을 12개 지역으로 나누어 임의로 전화번호를 선택 조사하였을 때, 거부율(Y)과 그 지역의 평균 가구 소득(X)을 얻은 결과는 다음과 같았다.

지역	Y	X	지역	Y	X
1	0.296	7,737	7	0.429	11,466
2	0.498	12,330	8	0.422	10,000
3	0.386	12,058	9	0.441	10,052
4	0.327	9,927	10	0.191	8,636
5	0.500	6,904	11	0.526	7,445
6	0.333	9,463	12	0.405	9,059

(1) 산점도를 그려라.

(2) 최소제곱법에 의하여 회귀직선을 구하라.

(3) 평균 가구 소득이 1,000인 지역의 거부율을 구하라.

(4) 평균 가구 소득이 1,000인 지역의 평균 거부율에 대한 95% 신뢰구간을 구하라.

03 기업의 가치는 R&D(Research and Development) 지출비에 따라 영향을 받는다고 한다. 그러므로

$$Y = \text{기업가격}/\text{이익}$$

$$X = \frac{R\&D\text{지출비}}{\text{매출액}}$$

로 정의하여 20개 기업에 대해 자료를 얻은 결과는 다음과 같다.

지역	Y	X	지역	Y	X
1	5.6	0.003	11	8.4	0.058
2	7.2	0.004	12	11.1	0.058
3	8.1	0.009	13	11.1	0.067
4	9.9	0.021	14	13.2	0.080
5	6.0	0.023	15	13.4	0.080
6	8.2	0.030	16	11.5	0.083
7	6.3	0.050	17	9.8	0.091
8	10.0	0.037	18	16.1	0.092
9	8.5	0.044	19	7.0	0.064
10	13.2	0.051	20	5.9	0.028

(1) 회귀직선을 구하라.

(2) 분산분석표에서 SSE과 $\hat{\sigma}^2$을 구하라.

(3) 결정계수를 구하라.

(4) X와 Y의 상관계수 r을 구하라.

(5) X와 Y 간에 얻어진 상관계수(r)가 유의적인가를 가설검정하기 위한 가설은

$$H_0 : \rho = 0 \quad v.s. \quad H_1 : \rho \neq 0$$

이다. 그리고 검정통계량은

$$T = \frac{r\sqrt{n-2}}{\sqrt{1-r^2}}$$

이며 자유도 $(n-2)$의 t-분포를 따른다. (4)에서 얻어진 상관계수에 대해서 가설검정하라.

04 어느 상품의 가격(X)과 수요(Y) 간의 자료는 다음과 같다고 한다.

X	1	2	3	4	5
Y	9	7	6	3	1

(1) 최소제곱법에 의한 회귀직선을 구하라.

(2) 가격이 1.5일 때의 수요를 예측하라.

(3) 가격이 1.5일 때의 수요에 대해 95% 신뢰구간을 구하라.

(4) 가격이 2.5일 때의 수요에 대한 95% 신뢰구간을 구하라.

05 중고자동차의 가격(Y)은 신차 가격(X_1)과 차의 상태(X_2)에 따른다고 한다. 10개의 중고차에 대해 얻어진 자료는 다음과 같다.

Y	X_1	X_2
60.0	111	2
32.7	180	2
57.7	200	9
45.5	149	5
47.0	171	8
55.3	208	4
64.5	242	7
42.6	131	4
54.5	190	7
57.5	250	5

(1) Y와 X_1의 산점도를 그리고 회귀분석하라.

(2) Y와 X_2의 산점도를 그리고 회귀분석하라.

(3) $Y = \beta_0 + \beta_1 x_1 + \beta_2 x_2 + \epsilon$의 모형에 대해 회귀분석하고 그 결과를 설명하라.

(4) 위의 모형에서 표준화계수(베타)를 구하고, 설명하라.

(5) 신차 가격이 1,700이고 차의 상태가 3인 중고차의 평균 가격($E(Y)$)에 대해 95% 신뢰구간을 구하라.

(6) 결정계수를 구하라.

(7) 위의 결과를 사용하여 신차 가격이 800이고 차의 상태가 7인 중고차에 대한 가격을 구할 수 있는가? 이에 대하여 설명하라.

06 상가 건물의 가격(Y)은 대지 가격(X_1)과 건물 가격(X_2), 면적(X_3)에 의해 설명된다고 하며, 20개 건물에 대한 자료가 다음과 같이 얻어졌다고 하자.

i	Y	X_1	X_2	X_3
1	68,900	5,960	44,967	1,873
2	48,500	9,000	27,860	928
3	55,500	9,500	31,439	1,126
4	62,000	10,000	39,592	1,265
5	116,500	18,000	72,827	2,214
6	45,000	8,500	27,317	912
7	38,000	8,000	29,856	899
8	83,000	23,000	47,752	1,803
9	59,000	8,100	39,117	1,204
10	47,500	9,000	29,349	1,725
11	40,500	7,300	40,166	1,080
12	40,000	8,000	31,676	1,529
13	97,000	20,000	58,510	2,455
14	45,500	8,000	23,454	1,151
15	40,900	8,000	20,897	1,173
16	80,000	10,500	56,248	1,960
17	56,000	4,000	20,859	1,344
18	37,000	4,500	22,610	988
19	50,000	3,400	35,948	1,076
20	22,400	1,500	5,779	962

(1) $Y = \beta_0 + \beta_1 x_1 + \beta_2 x_2 + \beta_3 x_3 + \epsilon$ 의 모형에 대해 회귀분석하고 회귀식을 구하라.

(2) $H_0 : \beta_1 = \beta_2 = \beta_3 = 0$ 에 대해 가설검정하라.

(3) $H_0 : \beta_i = 0$, $i = 1, 2, 3$ 에 대해 가설검정하라.

(4) X_1 을 모형의 제외 여부에 대하여 판단하라.

힌트 수정된 R^2 또는 변수선택 방법을 고려할 것.

(5) $Y = \beta_0 + \beta_1 x_1 + \beta_2 x_1^2 + \epsilon$ 의 모형에 대해 회귀분석하라.

(6) $Y = \beta_0 + \beta_1 x_1 + \beta_2 x_1^2 + \beta_3 x_2 + \beta_4 x_3 + \epsilon$ 의 모형에 대해 회귀분석하고, 최종적인 결과를 설명하라.

07 연습문제 6번의 자료에 대해

(1) 연습문제 6번-(3)에서 얻어진 잔차를 X_1축과 X_2축에 대해 각각 그래프를 그려라.

(2) 모형을 수정할 필요가 있을 경우, 새로운 모형에 대해 회귀분석하라.

08 다음은 연봉(Y)과 경력 기간(X)에 대한 자료이다.

(X 단위: 년, Y 단위: 천원)

i	X	Y	i	X	Y	i	X	Y
1	7	26,075	18	21	43,628	35	28	99,139
2	28	79,370	19	4	16,105	36	23	52,624
3	23	65,726	20	24	65,644	37	17	50,594
4	18	41,983	21	20	63,022	38	25	53,272
5	19	62,308	22	20	47,780	39	26	65,343
6	15	41,154	23	15	38,853	40	19	46,216
7	24	53,610	24	25	66,537	41	16	54,288
8	13	33,697	25	25	67,447	42	3	20,844
9	2	22,444	26	28	64,785	43	12	32,586
10	8	32,562	27	26	61,581	44	23	71,235
11	20	43,076	28	27	70,678	45	20	36,530
12	21	56,000	29	20	51,301	46	19	52,745
13	18	58,667	30	18	39,346	47	27	67,282
14	7	22,210	31	1	24,833	48	25	80,931
15	2	20,521	32	26	65,929	49	12	32,203
16	18	49,727	33	20	41,721	50	11	38,371
17	11	33,233	34	26	82,641			

(1) $Y = \beta_0 + \beta_1 x + \epsilon$의 모형에 대해 회귀분석하고 $\widehat{Y}$에 대한 잔차도표를 그려라.

(2) 잔차도표를 보고 Y를 $\log Y$로 변환하기로 했다. 이에 대한 회귀분석 결과와 (1)을 비교·평가하고 잔차도표를 그려라.

(3) 얻어진 계수 $\widehat{\beta_1}$의 사용(설명) 방법에 대해 논의하라.

힌트 Y를 $\log Y$로 변환시킨 모형에서 β_1은 설명변수 X의 한 단위 증가에 따른 Y의 백분비(%)가 얼마나 증가 혹은 감소하는지를 나타내는 데 사용된다. 즉,

$$\log y_{(x)} = \beta_1 x \Rightarrow y_{(x)} = e^{\beta_1 x}$$

$$\log y_{(x+1)} = \beta_1 (x+1) \Rightarrow y_{(x+1)} = e^{\beta_1 (x+1)}$$

로부터

$$y_{(x+1)} - y_{(x)} = e^{\beta_1 x + \beta_1} - e^{\beta_1 x} = e^{\beta_1 x}(e^{\beta_1} - 1) = y_{(x)}(e^{\beta_1} - 1)$$

이므로 X의 한 단위 증가에 따른 Y의 백분비 증가분은

$$\frac{y_{(x+1)} - y_{(x)}}{y_{(x)}} = e^{\beta_1} - 1$$

이다. 그러므로 $\hat{\beta}_1 = 0.05$로 얻어졌을 때 $e^{0.05} - 1 = 0.051$이고, 근무연수가 1년 많아질 때 연봉은 5.1%씩 증가한다.

09 다음은 여러 가지 자동차들의 만족도와 내구성 자료이다.

차종	만족도	내구성	제조회사
Benz	138	123	유럽
BMW	120	114	유럽
Cadilac	126	114	유럽
Ford	107	110	미국
Audi	117	108	미국

(1) 만족도와 내구성에 대해 회귀분석하고 그 결과를 설명하라.

(2) 만족도와 제조회사에 대해 회귀분석하고 그 결과를 설명하라.

(3) 제조회사, 지역별 만족도는 차이가 있는가? 이에 대하여 설명하라.

10 다음은 어느 회사에서 35년간 매출액 자료이다.

t	Y	t	Y	t	Y
1	4.8	13	48.4	25	100.3
2	4.0	14	61.6	26	111.7
3	5.5	15	65.6	27	108.2
4	15.6	16	71.4	28	115.5
5	23.1	17	83.4	29	119.2
6	23.3	18	93.6	30	125.2
7	31.4	19	94.2	31	136.3
8	46.0	20	85.4	32	146.8
9	46.1	21	86.2	33	146.1
10	41.9	22	89.9	34	151.4
11	45.5	23	89.2	35	150.9
12	53.5	24	99.1		

(1) DW 통계량을 구하고 양의 자기상관이 있는가를 검정하라.

(2) 이 자료에 대한 적절한 회귀식을 구하라.

11 9.4절에서 설명한 결정계수 외에 수정된 결정계수를 정의하였다(식 9.24). 수정된 결정계수는 어느 설명변수가 모형에 추가되는 것이 바람직한지를 판단하는 데 사용되는 값이다. 결정계수는 어떤 설명변수가 추가될 때 반드시 커지게 되어 있다. 식 9.22와 식 9.23으로 그 이유를 설명하라.

힌트 결정계수가 1.0임은 무엇을 뜻하는지 그 의미를 생각하라.

그러나 수정된 R^2 값은 필요 없는 설명변수가 추가될 때는 오히려 작아지게 된다. 그러므로 설명변수가 추가될 때 수정된 R^2 값의 증감 여부로 그 설명변수의 유효 여부를 판단하는 것이다. 예제 9.7의 자료에 대해 X_1, X_2, X_4, X_3 순서대로 추가할 때의 수정된 R^2 값을 구하라.

부록

분포표

1. 표준정규분포표
2. t-분포표
3. F-분포표
4. χ^2-분포표
5. Duncan의 $d_\alpha(r, v)$
6. Tukey의 $q_\alpha(k, v)$
7. Durbin-Watson
8. Kruskal-Wallis 통계량의 임계값
9. $F_{max} = S^2_{max} / S^2_{min}$

부록 1 표준정규분포표

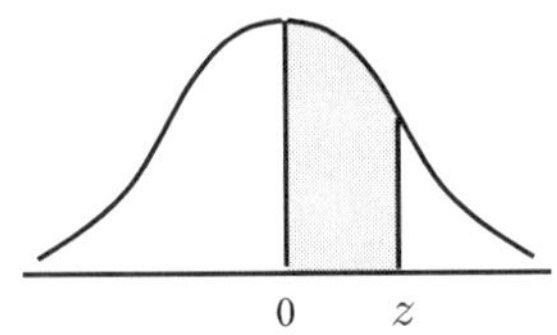

(A) $z : 0 \sim z$

z	.00	.01	.02	.03	.04	.05	.06	.07	.08	.09
0.0	0.0000	0.0040	0.0080	0.0120	0.0160	0.0199	0.0239	0.0279	0.0319	0.0359
0.1	0.0398	0.0438	0.0478	0.0517	0.0557	0.0596	0.0636	0.0675	0.0714	0.0753
0.2	0.0793	0.0832	0.0871	0.0910	0.0948	0.0987	0.1026	0.1064	0.1103	0.1141
0.3	0.1179	0.1217	0.1255	0.1293	0.1331	0.1368	0.1406	0.1443	0.1480	0.1517
0.4	0.1554	0.1591	0.1628	0.1664	0.1700	0.1736	0.1772	0.1808	0.1844	0.1879
0.5	0.1915	0.1950	0.1985	0.2019	0.2054	0.2088	0.2123	0.2157	0.2190	0.2224
0.6	0.2257	0.2291	0.2324	0.2357	0.2389	0.2422	0.2454	0.2486	0.2517	0.2549
0.7	0.2580	0.2611	0.2642	0.2673	0.2704	0.2734	0.2764	0.2794	0.2823	0.2852
0.8	0.2881	0.2910	0.2939	0.2967	0.2995	0.3023	0.3051	0.3078	0.3106	0.3133
0.9	0.3159	0.3186	0.3212	0.3238	0.3264	0.3289	0.3315	0.3340	0.3365	0.3389
1.0	0.3413	0.3438	0.3461	0.3485	0.3508	0.3531	0.3554	0.3577	0.3599	0.3621
1.1	0.3643	0.3665	0.3686	0.3708	0.3729	0.3749	0.3770	0.3790	0.3810	0.3830
1.2	0.3849	0.3869	0.3888	0.3907	0.3925	0.3944	0.3962	0.3980	0.3997	0.4015
1.3	0.4032	0.4049	0.4066	0.4082	0.4099	0.4115	0.4131	0.4147	0.4162	0.4177
1.4	0.4192	0.4207	0.4222	0.4236	0.4251	0.4265	0.4279	0.4292	0.4306	0.4319
1.5	0.4332	0.4345	0.4357	0.4370	0.4382	0.4394	0.4406	0.4418	0.4429	0.4441
1.6	0.4452	0.4463	0.4474	0.4484	0.4495	0.4505	0.4515	0.4525	0.4535	0.4545
1.7	0.4554	0.4564	0.4573	0.4582	0.4591	0.4599	0.4608	0.4616	0.4625	0.4633
1.8	0.4641	0.4649	0.4656	0.4664	0.4671	0.4678	0.4686	0.4693	0.4699	0.4706
1.9	0.4713	0.4719	0.4726	0.4732	0.4738	0.4744	0.4750	0.4756	0.4761	0.4767
2.0	0.4772	0.4778	0.4783	0.4788	0.4793	0.4798	0.4803	0.4808	0.4812	0.4817
2.1	0.4821	0.4826	0.4830	0.4834	0.4838	0.4842	0.4846	0.4850	0.4854	0.4857
2.2	0.4861	0.4864	0.4868	0.4871	0.4875	0.4878	0.4881	0.4884	0.4887	0.4890
2.3	0.4893	0.4896	0.4898	0.4901	0.4904	0.4906	0.4909	0.4911	0.4913	0.4916
2.4	0.4918	0.4920	0.4922	0.4925	0.4927	0.4929	0.4931	0.4932	0.4934	0.4936
2.5	0.4938	0.4940	0.4941	0.4943	0.4945	0.4946	0.4948	0.4949	0.4951	0.4952
2.6	0.4953	0.4955	0.4956	0.4957	0.4959	0.4960	0.4961	0.4962	0.4963	0.4964
2.7	0.4965	0.4966	0.4967	0.4968	0.4969	0.4970	0.4971	0.4972	0.4973	0.4974
2.8	0.4974	0.4975	0.4976	0.4977	0.4977	0.4978	0.4979	0.4979	0.4980	0.4981
2.9	0.4981	0.4982	0.4982	0.4983	0.4984	0.4984	0.4985	0.4985	0.4986	0.4986
3.0	0.4987	0.4987	0.4987	0.4988	0.4988	0.4989	0.4989	0.4989	0.4990	0.4990
3.1	0.4990	0.4991	0.4991	0.4991	0.4992	0.4992	0.4992	0.4992	0.4993	0.4993
3.2	0.4993	0.4993	0.4994	0.4994	0.4994	0.4994	0.4994	0.4995	0.4995	0.4995
3.3	0.4995	0.4995	0.4995	0.4996	0.4996	0.4996	0.4996	0.4996	0.4996	0.4997
3.4	0.4997	0.4997	0.4997	0.4997	0.4997	0.4997	0.4997	0.4997	0.4997	0.4998

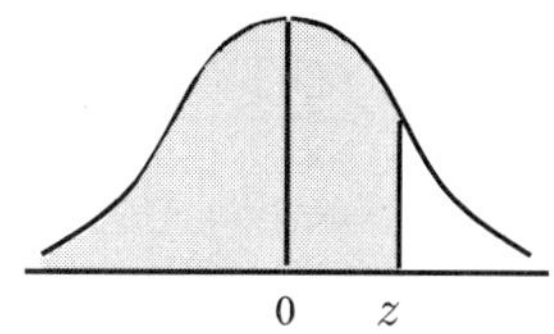

(B) $z : -\infty \sim z$

z	.00	.01	.02	.03	.04	.05	.06	.07	.08	.09
0.0	0.5000	0.5040	0.5080	0.5120	0.5160	0.5199	0.5239	0.5279	0.5319	0.5359
0.1	0.5398	0.5438	0.5478	0.5517	0.5557	0.5596	0.5636	0.5675	0.5714	0.5753
0.2	0.5793	0.5832	0.5871	0.5910	0.5948	0.5987	0.6026	0.6064	0.6103	0.6141
0.3	0.6179	0.6217	0.6255	0.6293	0.6331	0.6368	0.6406	0.6443	0.6480	0.6517
0.4	0.6554	0.6591	0.6628	0.6664	0.6700	0.6736	0.6772	0.6808	0.6844	0.6879
0.5	0.6915	0.6950	0.6985	0.7019	0.7054	0.7088	0.7123	0.7157	0.7190	0.7224
0.6	0.7257	0.7291	0.7324	0.7357	0.7389	0.7422	0.7454	0.7486	0.7517	0.7549
0.7	0.7580	0.7611	0.7642	0.7673	0.7703	0.7734	0.7764	0.7794	0.7823	0.7852
0.8	0.7881	0.1910	0.7939	0.7967	0.7995	0.8023	0.8051	0.8078	0.8106	0.8133
0.9	0.8159	0.8186	0.8212	0.8238	0.8264	0.8289	0.8315	0.8340	0.8365	0.8389
1.0	0.8413	0.8438	0.8461	0.8485	0.8508	0.8531	0.8554	0.8577	0.8599	0.8621
1.1	0.8643	0.8665	0.8686	0.8708	0.8729	0.8749	0.8770	0.8790	0.8810	0.8830
1.2	0.8849	0.8869	0.8888	0.8907	0.8925	0.8944	0.8962	0.8980	0.8997	0.9015
1.3	0.9032	0.9049	0.9066	0.9082	0.9099	0.9115	0.9131	0.9147	0.9162	0.9177
1.4	0.9192	0.9207	0.9222	0.9236	0.9251	0.9265	0.9279	0.9292	0.9306	0.9319
1.5	0.9332	0.9345	0.9357	0.9370	0.9382	0.9394	0.9406	0.9418	0.9429	0.9441
1.6	0.9452	0.9463	0.9474	0.9484	0.9495	0.9505	0.9515	0.9525	0.9535	0.9545
1.7	0.9554	0.9564	0.9573	0.9582	0.9591	0.9599	0.9608	0.9616	0.9625	0.9633
1.8	0.9641	0.9649	0.9656	0.9664	0.9671	0.9678	0.9686	0.9693	0.9699	0.9706
1.9	0.9713	0.9719	0.9726	0.9732	0.9738	0.9744	0.9750	0.9756	0.9761	0.9767
2.0	0.9772	0.9778	0.9783	0.9788	0.9793	0.9798	0.9803	0.9808	0.9812	0.9817
2.1	0.9821	0.9826	0.9830	0.9834	0.9838	0.9842	0.9846	0.9850	0.9854	0.9857
2.2	0.9861	0.9865	0.9868	0.9871	0.9875	0.9878	0.9881	0.9884	0.9887	0.9890
2.3	0.9893	0.9896	0.9898	0.9901	0.9904	0.9906	0.9909	0.9911	0.9913	0.9916
2.4	0.9918	0.9920	0.9922	0.9925	0.9927	0.9929	0.9931	0.9932	0.9934	0.9936
2.5	0.9938	0.9940	0.9941	0.9943	0.9945	0.9946	0.9948	0.9949	0.9951	0.9952
2.6	0.9953	0.9955	0.9956	0.9957	0.9959	0.9960	0.9961	0.9962	0.9963	0.9964
2.7	0.9965	0.9966	0.9967	0.9968	0.9969	0.9970	0.9971	0.9972	0.9973	0.9974
2.8	0.9974	0.9975	0.9976	0.9977	0.9977	0.9978	0.9979	0.9979	0.9980	0.9981
2.9	0.9981	0.9982	0.9982	0.9983	0.9984	0.9984	0.9985	0.9985	0.9986	0.9986
3.0	0.9987	0.9987	0.9987	0.9988	0.9988	0.9989	0.9989	0.9989	0.9990	0.9990
3.1	0.9990	0.9990	0.9991	0.9991	0.9992	0.9992	0.9992	0.9992	0.9993	0.9993
3.2	0.9993	0.9993	0.9994	0.9994	0.9994	0.9994	0.9994	0.9995	0.9995	0.9995
3.3	0.9995	0.9995	0.9995	0.9996	0.9996	0.9996	0.9996	0.9996	0.9996	0.9997
3.4	0.9997	0.9997	0.9997	0.9997	0.9997	0.9997	0.9997	0.9997	0.9997	0.9998

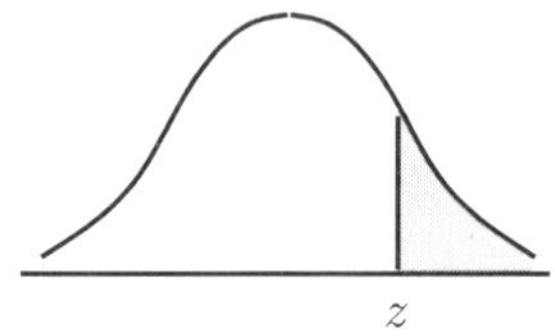

(C) $z : z \sim \infty$

z	.00	.01	.02	.03	.04	.05	.06	.07	.08	.09
0.0	0.5000	0.4960	0.4920	0.4880	0.4840	0.0481	0.4761	0.4721	0.4681	0.4641
0.1	0.4602	0.4562	0.4522	0.4483	0.4443	0.4404	0.4364	0.4325	0.4286	0.4247
0.2	0.4207	0.4168	0.4129	0.4090	0.4052	0.4013	0.3974	0.3936	0.3897	0.3859
0.3	0.3821	0.3783	0.3745	0.3707	0.3669	0.3632	0.3594	0.3557	0.3520	0.3483
0.4	0.3446	0.3409	0.3372	0.3336	0.3300	0.3264	0.3228	0.3192	0.3156	0.3121
0.5	0.3085	0.3050	0.3015	0.2981	0.2946	0.2912	0.2877	0.2843	0.2810	0.2776
0.6	0.2743	0.2709	0.2676	0.2643	0.2611	0.2578	0.2546	0.2514	0.2483	0.2451
0.7	0.2420	0.2389	0.2358	0.2327	0.2296	0.2266	0.2236	0.2206	0.2177	0.2148
0.8	0.2119	0.2090	0.2061	0.2033	0.2005	0.1977	0.1949	0.1922	0.1894	0.1867
0.9	0.1841	0.1814	0.1788	0.1762	0.1736	0.1711	0.1685	0.1660	0.1635	0.1611
1.0	0.1587	0.1562	0.1539	0.1515	0.1492	0.1469	0.1446	0.1423	0.1401	0.1379
1.1	0.1357	0.1335	0.1314	0.1292	0.1271	0.1251	0.1230	0.1210	0.1190	0.1170
1.2	0.1151	0.1131	0.1112	0.1093	0.1075	0.1056	0.1038	0.1020	0.1003	0.0985
1.3	0.0986	0.0951	0.0934	0.0918	0.0901	0.0885	0.0869	0.0853	0.0838	0.0823
1.4	0.0808	0.0793	0.0778	0.0764	0.0749	0.0735	0.0721	0.0708	0.0694	0.0681
1.5	0.0668	0.0655	0.0643	0.0630	0.0618	0.0606	0.0594	0.0582	0.0571	0.0559
1.6	0.0548	0.0537	0.0526	0.0516	0.0505	0.0495	0.0485	0.0475	0.0465	0.0455
1.7	0.0446	0.0436	0.0427	0.0418	0.0409	0.0401	0.0392	0.0384	0.0375	0.0367
1.8	0.0359	0.0351	0.0344	0.0336	0.0329	0.0322	0.0316	0.0307	0.0301	0.0294
1.9	0.0287	0.0281	0.0274	0.0268	0.0262	0.0256	0.0250	0.0244	0.0239	0.0233
2.0	0.0228	0.0222	0.0217	0.0212	0.0207	0.0202	0.0197	0.0192	0.0188	0.0183
2.1	0.0179	0.0174	0.0170	0.0166	0.0162	0.0158	0.0154	0.0150	0.0146	0.0143
2.2	0.0139	0.0136	0.0132	0.0129	0.0125	0.0122	0.0119	0.0116	0.0113	0.0110
2.3	0.0107	0.0104	0.0102	0.0099	0.0096	0.0094	0.0091	0.0089	0.0087	0.0084
2.4	0.0082	0.0080	0.0078	0.0075	0.0073	0.0071	0.0069	0.0068	0.0066	0.0064
2.5	0.0062	0.0060	0.0059	0.0057	0.0055	0.0054	0.0052	0.0051	0.0049	0.0048
2.6	0.0047	0.0045	0.0044	0.0043	0.0041	0.0040	0.0039	0.0038	0.0037	0.0036
2.7	0.0035	0.0034	0.0033	0.0032	0.0031	0.0030	0.0029	0.0028	0.0027	0.0026
2.8	0.0026	0.0025	0.0024	0.0023	0.0023	0.0022	0.0021	0.0021	0.0020	0.0019
2.9	0.0019	0.0018	0.0018	0.0017	0.0016	0.0016	0.0015	0.0015	0.0014	0.0014
3.0	0.0013	0.0013	0.0013	0.0012	0.0012	0.0011	0.0011	0.0011	0.0010	0.0010
3.1	0.0010	0.0009	0.0009	0.0009	0.0008	0.0008	0.0008	0.0008	0.0007	0.0007
3.2	0.0007	0.0007	0.0006	0.0006	0.0006	0.0006	0.0006	0.0005	0.0005	0.0005
3.3	0.0005	0.0005	0.0005	0.0004	0.0004	0.0004	0.0004	0.0004	0.0004	0.0003
3.4	0.0003	0.0003	0.0003	0.0003	0.0003	0.0003	0.0003	0.0003	0.0003	0.0002

부록 2 *t*-분포표

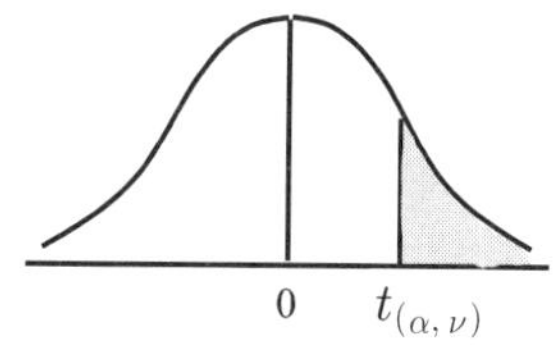

df \ α	.4	.25	.1	.05	.025	.01	.005	.0025	.001	.0005
1	.325	1.000	3.078	6.314	12.706	31.821	63.657	127.32	318.31	636.62
2	.289	.816	1.886	2.920	4.303	6.965	9.925	14.089	22.327	31.598
3	.277	.765	1.638	2.353	3.182	4.541	5.841	7.453	10.214	12.924
4	.271	.741	1.533	2.132	2.776	3.747	4.604	5.598	7.173	8.610
5	.267	.727	1.476	2.015	2.571	3.365	4.032	4.773	5.893	6.869
6	.265	.718	1.440	1.943	2.447	3.143	3.707	4.317	5.208	5.959
7	.263	.711	1.415	1.895	2.365	2.998	3.499	4.029	4.785	5.408
8	.262	.706	1.397	1.860	2.306	2.896	3.355	3.833	4.501	5.041
9	.261	.703	1.383	1.833	2.262	2.821	3.250	3.690	4.297	4.781
10	.260	.700	1.372	1.812	2.228	2.764	3.169	3.581	4.144	4.587
11	.260	.697	1.363	1.796	2.201	2.718	3.106	3.497	4.025	4.437
12	.259	.695	1.356	1.782	2.179	2.681	3.055	3.428	3.930	4.318
13	.259	.694	1.350	1.771	2.160	2.650	3.012	3.372	3.852	4.221
14	.258	.692	1.345	1.761	2.145	2.624	2.977	3.326	3.787	4.140
15	.258	.691	1.341	1.753	2.131	2.602	2.947	3.286	3.733	4.073
16	.258	.690	1.337	1.746	2.120	2.583	2.921	3.252	3.686	4.015
17	.257	.689	1.333	1.740	2.110	2.567	2.898	3.222	3.646	3.965
18	.257	.688	1.330	1.734	2.101	2.552	2.878	3.197	3.610	3.922
19	.257	.688	1.328	1.729	2.093	2.539	2.861	3.174	3.579	3.883
20	.257	.687	1.325	1.725	2.086	2.528	2.845	3.153	3.552	3.850
21	.257	.686	1.323	1.721	2.080	2.518	2.831	3.135	3.527	3.819
22	.256	.686	1.321	1.717	2.074	2.508	2.819	3.119	3.505	3.792
23	.256	.685	1.319	1.714	2.069	2.500	2.807	3.104	3.485	3.767
24	.256	.685	1.318	1.711	2.064	2.491	2.797	3.091	3.467	3.745
25	.256	.684	1.316	1.708	2.060	2.485	2.787	3.078	3.450	3.725
26	.256	.684	1.315	1.706	2.056	2.479	2.779	3.067	3.435	4.707
27	.256	.684	1.314	1.703	2.052	2.473	2.771	3.057	3.421	3.690
28	.256	.683	1.313	1.701	2.048	2.467	2.763	3.047	3.408	3.674
29	.256	.683	1.311	1.699	2.045	2.462	2.756	3.038	3.396	3.659
30	.256	.683	1.310	1.697	2.042	2.457	2.750	3.030	3.385	3.646
40	.255	.681	1.303	1.684	2.021	2.423	2.704	2.971	3.307	3.551
60	.254	.679	1.296	1.671	2.000	2.390	2.660	2.915	3.232	3.460
120	.254	.677	1.289	1.658	1.980	2.358	2.617	2.860	3.160	3.373
∞	.253	.674	1.282	1.645	1.960	2.326	2.576	2.807	3.090	3.291

부록 3 *F*–분포표

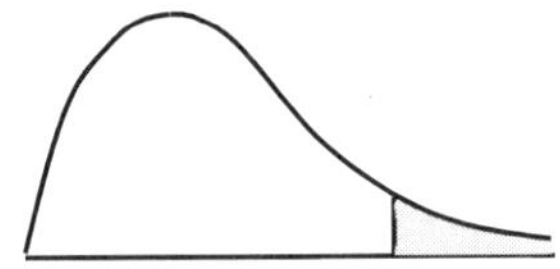

(A) $\alpha = 0.10$

df_2 \ df_1	1	2	3	4	5	6	7	8	9	10
1	39.86	49.50	53.59	55.83	57.24	58.20	58.91	59.44	59.86	60.19
2	8.53	9.00	9.16	9.24	9.29	9.33	9.35	9.37	9.38	9.39
3	5.54	5.46	5.39	5.34	5.31	5.28	5.27	5.25	5.24	5.23
4	4.54	4.32	4.19	4.11	4.05	4.01	3.98	3.95	3.94	3.92
5	4.06	3.78	3.62	3.52	3.45	3.40	3.37	3.34	3.32	3.30
6	3.78	3.46	3.29	3.18	3.11	3.05	3.01	2.98	2.96	2.94
7	3.59	3.26	3.07	2.96	2.88	2.83	2.78	2.75	2.72	2.70
8	3.46	3.11	2.92	2.81	2.73	2.67	2.62	2.59	2.56	2.54
9	3.36	3.01	2.81	2.69	2.61	2.55	2.51	2.47	2.44	2.42
10	3.29	2.92	2.73	2.61	2.52	2.46	2.41	2.38	2.35	2.32
11	3.23	2.86	2.66	2.54	2.45	2.39	2.34	2.30	2.27	2.25
12	3.18	2.81	2.61	2.48	2.39	2.33	2.28	2.24	2.21	2.19
13	3.14	2.76	2.56	2.43	2.35	2.28	2.23	2.20	2.16	2.14
14	3.10	2.73	2.52	2.39	2.31	2.24	2.19	2.15	2.12	2.10
15	3.07	2.70	2.49	2.36	2.27	2.21	2.16	2.12	2.09	2.06
16	3.05	2.67	2.46	2.33	2.24	2.18	2.13	2.09	2.06	2.03
17	3.03	2.64	2.44	2.31	2.22	2.15	2.10	2.06	2.03	2.00
18	3.01	2.62	2.42	2.29	2.20	2.13	2.08	2.04	2.00	1.98
19	2.99	2.61	2.40	2.27	2.18	2.11	2.06	2.02	1.98	1.96
20	2.97	2.59	2.38	2.25	2.16	2.09	2.04	2.00	1.96	1.94
21	2.96	2.57	2.36	2.23	2.14	2.08	2.02	1.98	1.95	1.92
22	2.95	2.56	2.35	2.22	2.13	2.06	2.01	1.97	1.93	1.90
23	2.94	2.55	2.34	2.21	2.11	2.05	1.99	1.95	1.92	1.89
24	2.93	2.54	2.33	2.19	2.10	2.04	1.98	1.94	1.91	1.88
25	2.92	2.53	2.32	2.18	2.09	2.02	1.97	1.93	1.89	1.87
26	2.91	2.52	2.31	2.17	2.08	2.01	1.96	1.92	1.88	1.86
27	2.90	2.51	2.30	2.17	2.07	2.00	1.95	1.91	1.87	1.85
28	2.89	2.50	2.29	2.16	2.06	2.00	1.94	1.90	1.87	1.84
29	2.89	2.50	2.28	2.15	2.06	1.99	1.93	1.89	1.86	1.83
30	2.88	2.49	2.28	2.14	2.05	1.98	1.93	1.88	1.85	1.82
40	2.84	2.44	2.23	2.09	2.00	1.93	1.87	1.83	1.79	1.76
60	2.79	2.39	2.18	2.04	1.95	1.87	1.82	1.77	1.74	1.71
120	2.75	2.35	2.13	1.99	1.90	1.82	1.77	1.72	1.68	1.65
∞	2.71	2.30	2.08	1.94	1.85	1.77	1.72	1.67	1.63	1.60

$\alpha =\ 0.10$(계속)

df_2 \ df_1	12	15	20	24	30	40	60	120	∞
1	60.71	61.22	61.74	62.00	62.26	62.53	62.79	63.06	63.33
2	9.41	9.42	9.44	9.45	9.46	9.47	9.47	9.48	9.49
3	5.22	5.20	5.18	5.18	5.17	5.16	5.15	5.14	5.13
4	3.90	3.87	3.84	3.83	3.82	3.80	3.79	3.78	3.76
5	3.27	3.24	3.21	3.19	3.17	3.16	3.14	3.12	3.10
6	2.90	2.87	2.84	2.82	2.80	2.78	2.76	2.74	2.72
7	2.67	2.63	2.59	2.58	2.56	2.54	2.51	2.49	2.47
8	2.50	2.46	2.42	2.40	2.38	2.36	2.34	2.32	2.29
9	2.38	2.34	2.30	2.28	2.25	2.23	2.21	2.18	2.16
10	2.28	2.24	2.20	2.18	2.16	2.13	2.11	2.08	2.06
11	2.21	2.17	2.12	2.10	2.08	2.05	2.03	2.00	1.97
12	2.15	2.10	2.06	2.04	2.01	1.99	1.96	1.93	1.90
13	2.10	2.05	2.01	1.98	1.96	1.93	1.90	1.88	1.85
14	2.05	2.01	1.96	1.94	1.91	1.89	1.86	1.83	1.80
15	2.02	1.97	1.92	1.90	1.87	1.85	1.82	1.79	1.76
16	1.99	1.94	1.89	1.87	1.84	1.81	1.78	1.75	1.72
17	1.96	1.91	1.86	1.84	1.81	1.78	1.75	1.72	1.69
18	1.93	1.89	1.84	1.81	1.78	1.75	1.72	1.69	1.66
19	1.91	1.86	1.81	1.79	1.76	1.73	1.70	1.67	1.63
20	1.89	1.84	1.79	1.77	1.74	1.71	1.68	1.64	1.61
21	1.87	1.83	1.78	1.75	1.72	1.69	1.66	1.62	1.59
22	1.86	1.81	1.76	1.73	1.70	1.67	1.64	1.60	1.57
23	1.84	1.80	1.74	1.72	1.69	1.66	1.62	1.59	1.55
24	1.83	1.78	1.73	1.70	1.67	1.64	1.61	1.57	1.53
25	1.82	1.77	1.72	1.69	1.66	1.63	1.59	1.56	1.52
26	1.81	1.76	1.71	1.68	1.65	1.61	1.58	1.54	1.50
27	1.80	1.75	1.70	1.67	1.64	1.60	1.57	1.53	1.49
28	1.79	1.74	1.69	1.66	1.63	1.59	1.56	1.52	1.48
29	1.78	1.73	1.68	1.65	1.62	1.58	1.55	1.51	1.47
30	1.77	1.72	1.67	1.64	1.61	1.57	1.54	1.50	1.46
40	1.71	1.66	1.61	1.57	1.54	1.51	1.47	1.42	1.38
60	1.66	1.60	1.54	1.51	1.48	1.44	1.40	1.35	1.29
120	1.60	1.55	1.48	1.45	1.41	1.37	1.32	1.26	1.19
∞	1.55	1.49	1.42	1.38	1.34	1.30	1.24	1.17	1.00

(B) $\alpha = 0.05$

df_2 \ df_1	1	2	3	4	5	6	7	8	9	10
1	161.45	199.50	215.71	224.58	230.16	233.99	236.77	238.88	240.54	241.88
2	18.51	19.00	19.16	19.25	19.30	19.33	19.35	19.37	19.38	19.40
3	10.13	9.55	9.28	9.12	9.01	8.94	8.89	8.85	8.81	8.79
4	7.71	6.94	6.59	6.39	6.26	6.16	6.09	6.04	6.00	5.96
5	6.61	5.79	5.41	5.19	5.05	4.95	4.88	4.82	4.77	4.74
6	5.99	5.14	4.76	4.53	4.39	4.28	4.21	4.15	4.10	4.06
7	5.59	4.74	4.35	4.12	3.97	3.87	3.79	3.73	3.68	3.64
8	5.32	4.46	4.07	3.84	3.69	3.58	3.50	3.44	3.39	3.35
9	5.12	4.26	3.86	3.63	3.48	3.37	3.29	3.23	3.18	3.14
10	4.96	4.10	3.71	3.48	3.33	3.22	3.14	3.07	3.02	2.98
11	4.84	3.98	3.59	3.36	3.20	3.09	3.01	2.95	2.90	2.85
12	4.75	3.89	3.49	3.26	3.11	3.00	2.91	2.85	2.80	2.75
13	4.67	3.81	3.41	3.18	3.03	2.92	2.83	2.77	2.71	2.67
14	4.60	3.74	3.34	3.11	2.96	2.85	2.76	2.70	2.65	2.60
15	4.54	3.68	3.29	3.06	2.90	2.79	2.71	2.64	2.59	2.54
16	4.49	3.63	3.24	3.01	2.85	2.74	2.66	2.59	2.54	2.49
17	4.45	3.59	3.20	2.96	2.81	2.70	2.61	2.55	2.49	2.45
18	4.41	3.55	3.16	2.93	2.77	2.66	2.58	2.51	2.46	2.41
19	4.38	3.52	3.13	2.90	2.74	2.63	2.54	2.48	2.42	2.38
20	4.35	3.49	3.10	2.87	2.71	2.60	2.51	2.45	2.39	2.35
21	4.32	3.47	3.07	2.84	2.68	2.57	2.49	2.42	2.37	2.32
22	4.30	3.44	3.05	2.82	2.66	2.55	2.46	2.40	2.34	2.30
23	4.28	3.42	3.03	2.80	2.64	2.53	2.44	2.37	2.32	2.27
24	4.26	3.40	3.01	2.78	2.62	2.51	2.42	2.36	2.30	2.25
25	4.24	3.39	2.99	2.76	2.60	2.49	2.40	2.34	2.28	2.24
26	4.23	3.37	2.98	2.74	2.59	2.47	2.39	2.32	2.27	2.22
27	4.21	3.35	2.96	2.73	2.57	2.46	2.37	2.31	2.25	2.20
28	4.20	3.34	2.95	2.71	2.56	2.45	2.36	2.29	2.24	2.19
29	4.18	3.33	2.93	2.70	2.55	2.43	2.35	2.28	2.22	2.18
30	4.17	3.32	2.92	2.69	2.53	2.42	2.33	2.27	2.21	2.16
40	4.08	3.23	2.84	2.61	2.45	2.34	2.25	2.18	2.12	2.08
60	4.00	3.15	2.76	2.53	2.37	2.25	2.17	2.10	2.04	1.99
120	3.92	3.07	2.68	2.45	2.29	2.18	2.09	2.02	1.96	1.91
∞	3.84	3.00	2.60	2.37	2.21	2.10	2.01	1.94	1.88	1.83

$\alpha =$ 0.05(계속)

df_2 \ df_1	12	15	20	24	30	40	60	120	∞
1	243.91	245.95	248.01	249.05	250.10	251.14	252.20	253.25	254.3
2	19.41	19.43	19.45	19.45	19.46	19.47	19.48	19.49	19.50
3	8.74	8.70	8.66	8.64	8.62	8.59	8.57	8.55	8.53
4	5.91	5.86	5.80	5.77	5.75	5.72	5.69	5.66	5.63
5	4.68	4.62	4.56	4.53	4.50	4.46	4.43	4.40	4.36
6	4.00	3.94	3.87	3.84	3.81	3.77	3.74	3.70	3.67
7	3.57	3.51	3.44	3.41	3.38	3.34	3.30	3.27	3.23
8	3.28	3.22	3.15	3.12	3.08	3.04	3.01	2.97	2.93
9	3.07	3.01	2.94	2.90	2.86	2.83	2.79	2.75	2.71
10	2.91	2.85	2.77	2.74	2.70	2.66	2.62	2.58	2.54
11	2.79	2.72	2.65	2.61	2.57	2.53	2.49	2.45	2.40
12	2.69	2.62	2.54	2.51	2.47	2.43	2.38	2.34	2.30
13	2.60	2.53	2.46	2.42	2.38	2.34	2.30	2.25	2.21
14	2.53	2.46	2.39	2.35	2.31	2.27	2.22	2.18	2.13
15	2.48	2.40	2.33	2.29	2.25	2.20	2.16	2.11	2.07
16	2.42	2.35	2.28	2.24	2.19	2.15	2.11	2.06	2.01
17	2.38	2.31	2.23	2.19	2.15	2.10	2.06	2.01	1.96
18	2.34	2.27	2.19	2.15	2.11	2.06	2.02	1.97	1.92
19	2.31	2.23	2.16	2.11	2.07	2.03	1.98	1.93	1.88
20	2.28	2.20	2.12	2.08	2.04	1.99	1.95	1.90	1.84
21	2.25	2.18	2.10	2.05	2.01	1.96	1.92	1.87	1.81
22	2.23	2.15	2.07	2.03	1.98	1.94	1.89	1.84	1.78
23	2.20	2.13	2.05	2.01	1.96	1.91	1.86	1.81	1.76
24	2.18	2.11	2.03	1.98	1.94	1.89	1.84	1.79	1.73
25	2.16	2.09	2.01	1.96	1.92	1.87	1.82	1.77	1.71
26	2.15	2.07	1.99	1.95	1.90	1.85	1.80	1.75	1.69
27	2.13	2.06	1.97	1.93	1.88	1.84	1.79	1.73	1.67
28	2.12	2.04	1.96	1.91	1.87	1.82	1.77	1.71	1.65
29	2.10	2.03	1.94	1.90	1.85	1.81	1.75	1.70	1.64
30	2.09	2.01	1.93	1.89	1.84	1.79	1.74	1.68	1.62
40	2.00	1.92	1.84	1.79	1.74	1.69	1.64	1.58	1.51
60	1.92	1.84	1.75	1.70	1.65	1.59	1.53	1.47	1.39
120	1.83	1.75	1.66	1.61	1.55	1.50	1.43	1.35	1.25
∞	1.75	1.67	1.57	1.52	146	1.39	1.32	1.22	1.00

(C) $\alpha = 0.025$

df_2 \ df_1	1	2	3	4	5	6	7	8	9	10
1	647.79	799.50	864.16	899.58	921.85	937.11	948.22	956.66	963.28	968.63
2	38.51	39.00	39.17	39.25	39.30	39.33	39.36	39.37	39.39	39.40
3	17.44	16.04	15.44	15.10	14.88	14.73	14.62	14.54	14.47	14.42
4	12.22	10.65	9.98	9.60	9.36	9.20	9.07	8.98	8.90	8.84
5	10.01	8.43	7.76	7.39	7.15	6.98	6.85	6.76	6.68	6.62
6	8.81	7.26	6.60	6.23	5.99	5.82	5.70	5.60	5.52	5.46
7	8.07	6.54	5.89	5.52	5.29	5.12	4.99	4.90	4.82	4.76
8	7.57	6.06	5.42	5.05	4.82	4.65	4.53	4.43	4.36	4.30
9	7.21	5.71	5.08	4.72	4.48	4.32	4.20	4.10	4.03	3.96
10	6.94	5.46	4.83	4.47	4.24	4.07	3.95	3.85	3.78	3.72
11	6.72	5.26	4.63	4.28	4.04	3.88	3.76	3.66	3.59	3.53
12	6.55	5.10	4.47	4.12	3.89	3.73	3.61	3.51	3.44	3.37
13	6.41	4.97	4.35	4.00	3.77	3.60	3.48	3.39	3.31	3.25
14	6.30	4.86	4.24	3.89	3.66	3.50	3.38	3.29	3.21	3.15
15	6.20	4.77	4.15	3.80	3.58	3.41	3.29	3.20	3.12	3.06
16	6.12	4.69	4.08	3.73	3.50	3.34	3.22	3.12	3.05	2.99
17	6.04	4.62	4.01	3.66	3.44	3.28	3.16	3.06	2.98	2.92
18	5.98	4.56	3.95	3.61	3.38	3.22	3.10	3.01	2.93	2.87
19	5.92	4.51	3.90	3.56	3.33	3.17	3.05	2.96	2.88	2.82
20	5.87	4.46	3.86	3.51	3.29	3.13	3.01	2.91	2.84	2.77
21	5.83	4.42	3.82	3.48	3.25	3.09	2.97	2.87	2.80	2.73
22	5.79	4.38	3.78	3.44	3.22	3.05	2.93	2.84	2.76	2.70
23	5.75	4.35	3.75	3.41	3.18	3.02	2.90	2.81	2.73	2.67
24	5.72	4.32	3.72	3.38	3.15	2.99	2.87	2.78	2.70	2.64
25	5.69	4.29	3.69	3.35	3.13	2.97	2.85	2.75	2.68	2.61
26	5.66	4.27	3.67	3.33	3.10	2.94	2.82	2.73	2.65	2.59
27	5.63	4.24	3.65	3.31	3.08	2.92	2.80	2.71	2.63	2.57
28	5.61	4.22	3.63	3.29	3.06	2.90	2.78	2.69	2.61	2.55
29	5.59	4.20	3.61	3.27	3.04	2.88	2.76	2.67	2.59	2.53
30	5.57	4.18	3.59	3.25	3.03	2.87	2.75	2.65	2.57	2.51
40	5.42	4.05	3.46	3.13	2.90	2.74	2.62	2.53	2.45	2.39
60	5.29	3.93	3.34	3.01	2.79	2.63	2.51	2.41	2.33	2.27
120	5.15	3.80	3.23	2.89	2.67	2.52	2.39	2.30	2.22	2.16
∞	5.02	3.69	3.12	2.79	2.57	2.41	2.29	2.19	2.11	2.05

$\alpha =$ 0.025(계속)

df_2 \ df_1	12	15	20	24	30	40	60	120	∞
1	976.71	984.87	993.10	997.25	1001.41	1005.60	1009.80	1014.02	1018
2	39.41	39.43	39.45	39.46	39.46	39.47	39.48	39.49	39.50
3	14.34	14.25	14.17	14.12	14.08	14.04	13.99	13.95	13.90
4	8.75	8.66	8.56	8.51	8.46	8.41	8.36	8.31	8.26
5	6.52	6.43	6.33	6.28	6.23	6.18	6.12	6.07	6.02
6	5.37	5.27	5.17	5.12	5.07	5.01	4.96	4.90	4.85
7	4.67	4.57	4.47	4.41	4.36	4.31	4.25	4.20	4.14
8	4.20	4.10	4.00	3.95	3.89	3.84	3.78	3.73	3.67
9	3.87	3.77	3.67	3.61	3.56	3.51	3.45	3.39	3.33
10	3.62	3.52	3.42	3.37	3.31	3.26	3.20	3.14	3.08
11	3.43	3.33	3.23	3.17	3.12	3.06	3.00	2.94	2.88
12	3.28	3.18	3.07	3.02	2.96	2.91	2.85	2.79	2.72
13	3.15	3.05	2.95	2.89	2.84	2.78	2.72	2.66	2.60
14	3.05	2.95	2.84	2.79	2.73	2.67	2.61	2.55	2.49
15	2.96	2.86	2.76	2.70	2.64	2.59	2.52	2.46	2.40
16	2.89	2.79	2.68	2.63	2.57	2.51	2.45	2.38	2.32
17	2.82	2.72	2.62	2.56	2.50	2.44	2.38	2.32	2.26
18	2.77	2.67	2.56	2.50	2.44	2.38	2.32	2.26	2.19
19	2.72	2.62	2.51	2.45	2.39	2.33	2.27	2.20	2.13
20	2.68	2.57	2.46	2.41	2.35	2.29	2.22	2.16	2.09
21	2.64	2.53	2.42	2.37	2.31	2.25	2.18	2.11	2.04
22	2.60	2.50	2.39	2.33	2.27	2.21	2.14	2.08	2.00
23	2.57	2.47	2.36	2.30	2.24	2.18	2.11	2.04	1.97
24	2.54	2.44	2.33	2.27	2.21	2.15	2.08	2.01	1.94
25	2.51	2.41	2.30	2.24	2.18	2.12	2.05	1.98	1.91
26	2.49	2.39	2.28	2.22	2.16	2.09	2.03	1.95	1.88
27	2.47	2.36	2.25	2.19	2.13	2.07	2.00	1.93	1.85
28	2.45	2.34	2.23	2.17	2.11	2.05	1.98	1.91	1.83
29	2.43	2.32	2.21	2.15	2.09	2.03	1.96	1.89	1.81
30	2.41	2.31	2.20	2.14	2.07	2.01	1.94	1.87	1.79
40	2.29	2.18	2.07	2.01	1.94	1.88	1.80	1.72	1.64
60	2.17	2.06	1.94	1.88	1.82	1.74	1.67	1.58	1.48
120	2.05	1.94	1.82	1.76	1.69	1.61	1.53	1.43	1.31
∞	1.94	1.83	1.74	1.64	1.57	1.48	1.39	1.27	1.00

(D) $\alpha = 0.01$

df_2 \ df_1	1	2	3	4	5	6	7	8	9	10
1	4052.18	4999.50	5403.35	5624.58	5763.65	5858.99	5928.36	5981.07	6022.47	6055.85
2	98.50	99.00	99.17	99.25	99.30	99.33	99.36	99.37	99.39	99.40
3	34.12	30.82	29.46	28.71	28.24	27.91	27.67	27.49	27.35	27.23
4	21.20	18.00	16.69	15.98	15.52	15.21	14.98	14.80	14.66	14.55
5	16.26	13.27	12.06	11.39	10.97	10.67	10.46	10.29	10.16	10.05
6	13.75	10.92	9.78	9.15	8.75	8.47	8.26	8.10	7.98	7.87
7	12.25	9.55	8.45	7.85	7.46	7.19	6.99	6.84	6.72	6.62
8	11.26	8.65	7.59	7.01	6.63	6.37	6.18	6.03	5.91	5.81
9	10.56	8.02	6.99	6.42	6.06	5.80	5.61	5.47	5.35	5.26
10	10.04	7.56	6.55	5.99	5.64	5.39	5.20	5.06	4.94	4.85
11	9.65	7.21	6.22	5.67	5.32	5.07	4.89	4.74	4.63	4.54
12	9.33	6.93	5.95	5.41	5.06	4.82	4.64	4.50	4.39	4.30
13	9.07	6.70	5.74	5.21	4.86	4.62	4.44	4.30	4.19	4.10
14	8.86	6.51	5.56	5.04	4.69	4.46	4.28	4.14	4.03	3.94
15	8.68	6.36	5.42	4.89	4.56	4.32	4.14	4.00	3.89	3.80
16	8.53	6.23	5.29	4.77	4.44	4.20	4.03	3.89	3.78	3.69
17	8.40	6.11	5.18	4.67	4.34	4.10	3.93	3.79	3.68	3.59
18	8.29	6.01	5.09	4.58	4.25	4.01	3.84	3.71	3.60	3.51
19	8.18	5.93	5.01	4.50	4.17	3.94	3.77	3.63	3.52	3.43
20	8.10	5.85	4.94	4.43	4.10	3.87	3.70	3.56	3.46	3.37
21	8.02	5.78	4.87	4.37	4.04	3.81	3.64	3.51	3.40	3.31
22	7.95	5.72	4.82	4.31	3.99	3.76	3.59	3.45	3.35	3.26
23	7.88	5.66	4.76	4.26	3.94	3.71	3.54	3.41	3.30	3.21
24	7.82	5.61	4.72	4.22	3.90	3.67	3.50	3.36	3.26	3.17
25	7.77	5.57	4.68	4.18	3.85	3.63	3.46	3.32	3.22	3.13
26	7.72	5.53	4.64	4.14	3.82	3.59	3.42	3.29	3.18	3.09
27	7.68	5.49	4.60	4.11	3.78	3.56	3.39	3.26	3.15	3.06
28	7.64	5.45	4.57	4.07	3.75	3.53	3.36	3.23	3.12	3.03
29	7.60	5.42	4.54	4.04	3.73	3.50	3.33	3.20	3.09	3.00
30	7.56	5.39	4.51	4.02	3.70	3.47	3.30	3.17	3.07	2.98
40	7.31	5.18	4.31	3.83	3.51	3.29	3.12	2.99	2.89	2.80
60	7.08	4.98	4.13	3.65	3.34	3.12	2.95	2.82	2.72	2.63
120	6.85	4.79	3.95	3.48	3.17	2.96	2.79	2.66	2.56	2.47
∞	6.63	4.61	3.78	3.32	3.02	2.80	2.64	2.51	2.41	2.32

$\alpha = \ 0.01$(계속)

df_2 \ df_1	12	15	20	24	30	40	60	120	∞
1	6106.32	6157.28	6208.73	6234.63	6260.65	6286.78	6313.03	6339.39	6366
2	99.42	99.43	99.45	99.46	99.47	99.47	99.48	99.49	99.50
3	27.05	26.87	26.69	26.60	26.50	26.41	26.32	26.22	26.13
4	14.37	14.20	14.02	13.93	13.84	13.75	13.65	13.56	13.46
5	9.89	9.72	9.55	9.47	9.38	9.29	9.20	9.11	9.02
6	7.72	7.56	7.40	7.31	7.23	7.14	7.06	6.97	6.88
7	6.47	6.31	6.16	6.07	5.99	5.91	5.82	5.74	5.65
8	5.67	5.52	5.36	5.28	5.20	5.12	5.03	4.95	4.86
9	5.11	4.96	4.81	4.73	4.65	4.57	4.48	4.40	4.31
10	4.71	4.56	4.41	4.33	4.25	4.17	4.08	4.00	3.91
11	4.40	4.25	4.10	4.02	3.94	3.86	3.78	3.69	3.60
12	4.16	4.01	3.86	3.78	3.70	3.62	3.54	3.45	3.36
13	3.96	3.82	3.66	3.59	3.51	3.43	3.34	3.25	3.17
14	3.80	3.66	3.51	3.43	3.35	3.27	3.18	3.09	3.00
15	3.67	3.52	3.37	3.29	3.21	3.13	3.05	2.96	2.87
16	3.55	3.41	3.26	3.18	3.10	3.02	2.93	2.84	2.75
17	3.46	3.31	3.16	3.08	3.00	2.92	2.83	2.75	2.65
18	3.37	3.23	3.08	3.00	2.92	2.84	2.75	2.66	2.57
19	3.30	3.15	3.00	2.92	2.84	2.76	2.67	2.58	2.49
20	3.23	3.09	2.94	2.86	2.78	2.69	2.61	2.52	2.42
21	3.17	3.03	2.88	2.80	2.72	2.64	2.55	2.46	2.36
22	3.12	2.98	2.83	2.75	2.67	2.58	2.50	2.40	2.31
23	3.07	2.93	2.78	2.70	2.62	2.54	2.45	2.35	2.26
24	3.03	2.89	2.74	2.66	2.58	2.49	2.40	2.31	2.21
25	2.99	2.85	2.70	2.62	2.54	2.45	2.36	2.27	2.17
26	2.96	2.81	2.66	2.58	2.50	2.42	2.33	2.23	2.13
27	2.93	2.78	2.63	2.55	2.47	2.38	2.29	2.20	2.10
28	2.90	2.75	2.60	2.52	2.44	2.35	2.26	2.17	2.06
29	2.87	2.73	2.57	2.49	2.41	2.33	2.23	2.14	2.03
30	2.84	2.70	2.55	2.47	2.39	2.30	2.21	2.11	2.01
40	2.66	2.52	2.37	2.29	2.20	2.11	2.02	1.92	1.80
60	2.50	2.35	2.20	2.12	2.03	1.94	1.84	1.73	1.60
120	2.34	2.19	2.03	1.95	1.86	1.76	1.66	1.53	1.38
∞	2.18	2.04	1.88	1.79	1.70	1.50	1.47	1.32	1.00

부록 4 χ^2-분포표

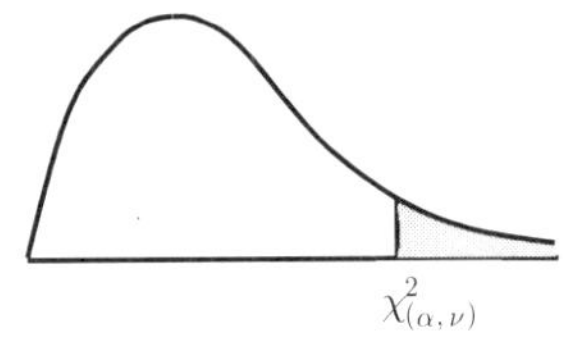

df \ α	.005	.010	.025	.050	.100	.900	.950	.975	.990	.995
1	7.8794	6.6349	5.0239	3.8415	2.7055	0.0158	0.0039	0.0010	0.0002	0.0000
2	10.5966	9.2103	7.3778	5.9915	4.6052	0.2107	0.1026	0.0506	0.0201	0.0100
3	12.8382	11.3449	9.3484	7.8147	6.2514	0.5844	0.3518	0.2158	0.1148	0.0717
4	14.8603	13.2767	11.1433	9.4877	7.7794	1.0636	0.7107	0.4844	0.2971	0.2070
5	16.7496	15.0863	12.8325	11.0705	9.2364	1.6103	1.1455	0.8312	0.5543	0.4117
6	18.5476	16.8119	14.4494	12.5916	10.6446	2.2041	1.6354	1.2373	0.8721	0.6757
7	20.2777	18.4753	16.0128	14.0671	12.0170	2.8331	2.1673	1.6899	1.2390	0.9893
8	21.9550	20.0902	17.5345	15.5073	13.3616	3.4895	2.7326	2.1797	1.6465	1.3444
9	23.5894	21.6660	19.0228	16.9190	14.6837	4.1682	3.3251	2.7004	2.0879	1.7349
10	25.1882	23.2093	20.4832	18.3070	15.9872	4.8652	3.9403	3.2470	2.5582	2.1559
11	26.7568	24.7250	21.9200	19.6751	17.2750	5.5778	4.5748	3.8157	3.0535	2.6032
12	28.2995	26.2170	23.3367	21.0261	18.5493	6.3038	5.2260	4.4038	3.5706	3.0738
13	29.8195	27.6882	24.7356	22.3620	19.8119	7.0415	5.8919	5.0088	4.1069	3.5650
14	31.3193	29.1412	26.1189	23.6848	21.0641	7.7895	6.5706	5.6287	4.6604	4.0747
15	32.8013	30.5779	27.4884	24.9958	22.3071	8.5468	7.2609	6.2621	5.2293	4.6009
16	34.2672	31.9999	28.8454	26.2962	23.5418	9.3122	7.9616	6.9077	5.8122	5.1422
17	35.7185	33.4087	30.1910	27.5871	24.7690	10.0852	8.6718	7.5642	6.4078	5.6972
18	37.1565	34.8053	31.5264	28.8693	25.9894	10.8649	9.3905	8.2307	7.0149	6.2648
19	38.5823	36.1909	32.8523	30.1435	27.2036	11.6509	10.1170	8.9065	7.6327	6.8440
20	39.9968	37.5662	34.1696	31.4104	28.4120	12.4426	10.8508	9.5908	8.2604	7.4338
21	41.4011	38.9322	35.4789	32.6706	29.6151	13.2396	11.5913	10.2829	8.8972	8.0337
22	42.7957	40.2894	36.7807	33.9244	30.8133	14.0415	12.3380	10.9823	9.5425	8.6427
23	44.1813	41.6384	38.0756	35.1725	32.0069	14.8480	13.0905	11.6886	10.1957	9.2604
24	45.5585	42.9798	39.3641	36.4150	33.1962	15.6587	13.8484	12.4012	10.8564	9.8862
25	46.9279	44.3141	40.6465	37.6525	34.3816	16.4734	14.6114	13.1197	11.5240	10.5197
26	48.2899	45.6417	41.9232	38.8851	35.5632	17.2919	15.3792	13.8439	12.1981	11.1602
27	49.6449	46.9629	43.1945	40.1133	36.7412	18.1139	16.1514	14.5734	12.8785	11.8076
28	50.9934	48.2782	44.4608	41.3371	37.9159	18.9392	16.9279	15.3079	13.5647	12.4613
29	52.3356	49.5879	45.7223	42.5570	39.0875	19.7677	17.7084	16.0471	14.2565	13.1211
30	53.6720	50.8922	46.9792	43.7730	40.2560	20.5992	18.4927	16.7908	14.9535	13.7867
40	66.7659	63.6907	59.3417	55.7585	51.8051	29.0505	26.5093	24.4331	22.1643	20.7065
50	79.4900	76.1539	71.4202	67.5048	63.1671	37.6886	34.7642	32.3574	29.7067	27.9907
60	91.9517	88.3794	83.2976	79.0819	74.3970	46.4589	43.1879	40.4817	37.4848	35.5346
70	104.215	100.425	95.0231	90.5312	85.5270	55.3289	51.7393	48.7576	45.4418	43.2752
80	116.321	112.329	106.629	101.879	96.5782	64.2778	60.3915	57.1532	53.5400	51.1720
90	128.299	124.116	118.136	113.145	107.565	73.2911	69.1260	65.6466	61.7541	59.1963
100	140.169	135.807	129.561	124.342	118.498	82.3581	77.9295	74.2219	70.0648	67.3276

부록 5 Duncan의 $d_\alpha(r, v)$

v	r=표본평균값들의 크기순위의 차이+1													
	a	2	3	4	5	6	7	8	9	10	12	14	16	18	20
1	.05	18.0	18.0	18.0	18.0	18.0	18.0	18.0	18.0	18.0	18.0	18.0	18.0	18.0	18.0
	.01	90.0	90.0	90.0	90.0	90.0	90.0	90.0	90.0	90.0	90.0	90.0	90.0	90.0	90.0
2	.05	6.09	6.09	6.09	6.09	6.09	6.09	6.09	6.09	6.09	6.09	6.09	6.09	6.09	6.09
	.01	14.0	14.0	14.0	14.0	14.0	14.0	14.0	14.0	14.0	14.0	14.0	14.0	14.0	14.0
3	.05	4.50	4.50	4.50	4.50	4.50	4.50	4.50	4.50	4.50	4.50	4.50	4.50	4.50	4.50
	.01	8.26	8.5	8.6	8.7	8.8	8.9	8.9	9.0	9.0	9.0	9.1	9.2	9.3	9.6
4	.05	3.93	4.01	4.02	4.02	4.02	4.02	4.02	4.02	4.02	4.02	4.02	4.02	4.02	4.02
	.01	6.51	6.8	6.9	7.0	7.1	7.1	7.2	7.2	7.3	7.3	7.4	7.4	7.5	7.5
5	.05	3.64	3.74	6.79	3.83	3.83	3.83	3.83	3.83	3.83	3.83	3.83	3.83	3.83	3.83
	.01	5.70	5.93	6.11	6.18	6.26	6.33	6.40	6.44	6.5	6.6	6.6	6.7	6.7	6.8
6	.05	3.46	3.58	3.64	3.68	3.68	3.68	3.68	3.68	3.68	3.68	3.68	3.68	3.68	3.68
	.01	5.24	5.51	5.65	5.73	5.83	5.81	5.95	6.00	6.0	6.1	6.2	6.2	6.3	6.3
7	.05	3.35	3.47	3.54	3.58	3.60	3.61	3.61	3.61	3.61	3.61	3.61	3.61	3.61	3.61
	.01	4.95	5.22	5.37	5.45	5.53	5.61	5.69	5.73	5.8	5.8	5.9	5.9	6.0	6.0
8	.05	3.26	3.39	3.47	3.52	3.55	3.56	3.56	3.56	3.56	3.56	3.56	3.56	3.56	3.56
	.01	4.74	5.00	5.14	5.23	5.32	5.40	5.47	5.51	5.5	5.6	5.7	5.7	5.8	5.8
9	.05	3.20	3.34	3.41	3.47	3.50	3.52	3.52	3.52	3.52	3.52	3.52	3.52	3.52	3.82
	.01	4.60	4.86	4.99	5.08	5.17	5.25	5.32	5.36	5.4	5.5	5.5	5.6	5.7	5.7
10	.05	3.15	3.30	3.37	3.43	3.46	3.47	3.47	3.47	3.47	3.47	3.47	3.47	3.47	3.48
	.01	4.48	4.73	4.88	4.96	5.06	5.13	5.20	5.24	5.28	5.36	5.42	5.48	5.54	5.55
11	.05	3.11	3.27	3.35	3.39	3.43	3.44	3.45	3.46	3.46	3.46	3.46	3.46	3.47	3.48
	.01	4.39	4.63	4.77	4.86	4.94	5.01	5.06	5.12	5.15	5.24	5.28	5.34	5.38	5.39
12	.05	3.08	3.23	3.33	3.36	3.40	3.42	3.44	3.44	3.46	3.46	3.46	3.46	3.47	3.48
	.01	4.32	4.55	4.68	4.76	4.84	4.92	4.96	5.02	5.07	5.13	5.17	5.22	5.23	5.26
13	.05	3.06	3.21	3.30	3.35	3.38	3.41	3.42	3.44	3.45	3.45	3.46	3.46	3.47	3.47
	.01	4.26	4.48	4.62	4.69	4.74	4.84	4.88	4.94	4.98	5.04	5.08	5.13	5.14	5.15
14	.05	3.03	3.18	3.27	3.33	3.37	3.39	3.41	3.42	3.44	3.45	3.46	3.46	3.47	3.47
	.01	4.21	4.42	4.55	4.63	4.70	4.78	7.83	4.87	4.91	4.96	5.00	5.04	5.06	5.07
15	.05	3.01	3.16	3.25	3.31	3.36	3.38	3.40	3.42	3.43	3.44	3.45	3.46	3.47	3.47
	.01	4.17	4.37	4.50	4.58	4.64	4.72	4.77	4.81	4.84	4.90	4.94	4.97	4.99	5.00
16	.05	3.00	3.15	3.23	3.30	3.34	3.37	3.39	3.41	3.48	3.44	3.45	3.46	3.47	3.47
	.01	4.13	4.31	4.45	4.54	4.60	4.67	4.72	4.76	4.79	4.84	4.88	4.91	4.93	4.94
17	.05	2.98	3.13	3.22	3.28	3.33	3.36	3.38	3.40	3.42	3.44	3.45	3.46	3.47	3.47
	.01	4.10	4.30	4.41	4.50	4.56	4.63	4.68	4.72	4.75	4.80	4.83	4.86	4.88	4.89
18	.05	2.97	3.12	3.21	3.27	3.32	3.35	3.37	3.39	3.41	3.43	3.45	3.46	3.47	3.47
	.01	4.07	4.27	4.38	4.46	4.53	4.59	4.64	4.68	4.71	4.76	4.79	4.82	4.84	4.85
19	.05	2.96	3.11	3.19	3.26	3.31	3.35	3.37	3.39	3.41	3.43	3.44	3.46	3.47	3.47
	.01	4.05	4.24	4.35	4.43	4.50	4.56	4.61	4.64	4.67	4.72	4.76	4.79	4.81	4.82
20	.05	2.95	3.10	3.18	3.25	3.30	3.34	3.36	3.38	3.40	3.43	3.44	3.46	3.46	3.47
	.01	4.02	4.22	4.33	4.40	4.47	4.53	4.58	4.61	4.65	4.69	4.73	4.76	4.78	4.79
22	.05	2.93	3.08	3.17	3.24	3.29	3.32	3.35	3.37	3.39	3.42	3.44	3.45	3.46	3.47
	.01	3.99	4.17	4.28	4.36	4.42	4.48	4.53	4.57	4.60	4.65	4.68	4.71	4.74	4.75
24	.05	2.92	3.07	3.15	3.22	3.28	3.31	3.34	3.37	3.38	3.41	3.44	3.45	3.46	3.47
	.01	3.96	4.14	4.24	4.33	4.39	4.44	4.49	4.53	4.57	4.62	4.64	4.67	4.70	4.72
26	.05	2.91	3.06	3.14	3.21	3.27	3.30	3.34	3.36	3.38	3.41	3.43	3.45	3.46	3.47
	.01	3.93	4.11	4.21	4.30	4.36	4.41	4.46	4.50	4.53	4.58	4.62	4.65	4.67	4.69
28	.05	2.90	3.04	3.13	3.20	3.26	3.30	3.33	3.35	3.37	3.40	3.43	3.45	3.46	3.47
	.01	3.91	3.08	4.18	4.28	4.34	4.39	4.43	4.47	4.51	4.56	4.60	4.62	4.65	4.67
30	.05	2.89	3.04	3.12	3.20	3.25	3.29	3.32	3.35	3.37	3.40	3.43	3.44	3.46	3.47
	.01	3.89	4.06	4.16	4.22	4.32	4.36	4.41	4.45	4.48	4.54	4.58	4.61	4.63	4.65
40	.05	2.86	3.01	3.10	3.17	3.22	3.27	3.30	3.33	3.35	3.39	3.42	3.44	3.46	3.47
	.01	3.82	3.99	4.10	4.17	4.24	4.30	4.34	4.37	4.41	4.46	4.51	4.54	4.57	4.59
60	.05	2.83	2.98	3.08	3.14	3.20	3.24	3.28	3.31	3.33	3.37	3.40	3.43	3.45	3.47
	.01	3.76	3.92	4.03	4.12	4.17	4.23	4.27	4.31	4.34	4.39	4.44	4.47	4.50	4.53
100	.05	2.80	2.95	3.05	3.12	3.18	3.22	3.26	3.29	3.32	3.36	3.40	3.42	3.45	3.47
	.01	3.71	3.86	3.93	4.06	4.11	4.17	4.21	4.25	4.29	4.35	4.38	4.42	4.45	4.48
∞	.05	2.77	2.92	3.02	3.09	3.15	3.19	3.23	3.26	3.29	3.34	3.38	3.41	3.44	3.47
	.01	3.64	3.80	3.90	3.98	4.04	4.09	4.14	4.17	4.20	4.26	4.31	4.34	4.38	4.41

부록 6 Tukey의 $q_\alpha(k, v)$

(A) $\alpha = 0.05$

df \ k	2	3	4	5	6	7	8	9	10
1	17.97	26.98	32.82	37.08	40.41	43.12	45.40	47.36	49.07
2	6.085	8.331	9.798	10.88	11.74	12.44	13.03	13.54	13.99
3	4.501	5.910	6.825	7.502	8.037	8.478	8.853	9.177	9.462
4	3.927	5.040	5.757	6.287	6.707	7.053	7.347	7.602	7.826
5	3.635	4.602	5.218	5.673	6.033	6.330	6.582	6.802	6.995
6	3.461	4.339	4.896	5.305	5.628	5.895	6.122	6.319	6.493
7	3.344	4.165	4.681	5.060	5.359	5.606	5.815	5.998	6.158
8	3.261	4.041	4.529	4.886	5.167	5.399	5.597	5.767	5.918
9	3.199	3.949	4.415	4.756	5.024	5.244	5.432	5.595	5.739
10	3.151	3.877	4.327	4.654	4.912	5.124	5.305	5.461	5.599
11	3.113	3.820	4.256	4.574	4.823	5.028	5.202	5.353	5.487
12	3.082	3.773	4.199	4.508	4.751	4.950	5.119	5.265	5.395
13	3.055	3.735	4.151	4.453	4.690	4.885	5.049	5.192	5.318
14	3.033	3.702	4.111	4.407	4.639	4.829	4.990	5.131	5.254
15	3.014	3.674	4.076	4.367	4.595	4.782	4.940	5.077	5.198
16	2.998	3.649	4.046	4.333	4.557	4.741	4.897	5.031	5.150
17	2.984	3.628	4.020	4.303	4.524	4.705	4.858	4.991	5.108
18	2.971	3.609	3.997	4.277	4.495	4.673	4.824	4.956	5.071
19	2.960	3.593	3.977	4.253	4.469	4.645	4.794	4.924	5.038
20	2.950	3.578	3.958	4.232	4.445	4.620	4.768	4.896	5.008
24	2.919	3.532	3.901	4.166	4.373	4.541	4.684	4.807	4.915
30	2.888	3.486	3.845	4.102	4.302	4.464	4.602	4.720	4.824
40	2.858	3.442	3.791	4.039	4.232	4.389	4.521	4.635	4.735
60	2.829	3.399	3.737	3.977	4.163	4.314	4.441	4.550	4.646
120	2.800	3.356	3.685	3.917	4.096	4.241	4.363	4.468	4.560
∞	2.772	3.314	3.633	3.858	4.030	4.170	4.286	4.387	4.474

$\alpha =$ 0.05(계속)

df \ k	11	12	13	14	15	16	17	18	19
1	50.59	51.96	53.20	54.33	55.36	56.32	57.22	58.04	58.83
2	14.39	14.75	15.08	15.38	15.65	15.91	16.14	16.37	16.57
3	9.717	9.946	10.15	10.35	10.53	10.69	10.84	10.98	11.11
4	8.027	8.208	8.373	8.525	8.664	8.794	8.914	9.028	9.134
5	7.168	7.324	7.466	7.596	7.717	7.828	7.932	8.030	8.122
6	6.649	6.789	6.917	7.034	7.143	7.244	7.338	7.426	7.508
7	6.302	6.431	6.550	6.658	6.759	6.852	6.939	7.020	7.097
8	6.054	6.175	6.287	6.389	6.483	6.571	6.653	6.729	6.802
9	5.867	5.983	6.089	6.186	6.276	6.359	6.437	6.510	6.579
10	5.722	5.833	5.935	6.028	6.114	6.194	6.269	6.339	6.405
11	5.605	5.713	5.811	5.901	5.984	6.062	6.134	6.202	6.265
12	5.511	5.615	5.710	5.798	5.878	5.953	6.023	6.089	6.151
13	5.431	5.533	5.625	5.711	5.789	5.862	5.931	5.995	6.055
14	5.364	5.463	5.554	5.637	5.714	5.786	5.852	5.915	5.974
15	5.306	5.404	5.493	5.574	5.649	5.720	5.785	5.846	5.904
16	5.256	5.352	5.439	5.520	5.593	5.662	5.727	5.786	5.843
17	5.212	5.307	5.392	5.471	5.544	5.612	5.675	5.734	5.790
18	5.174	5.267	5.352	5.429	5.501	5.568	5.630	5.688	5.743
19	5.140	5.231	5.315	5.391	5.462	5.528	5.589	5.647	5.701
20	5.108	5.199	5.282	5.357	5.427	5.493	5.553	5.610	5.663
24	5.012	5.099	5.179	5.251	5.319	5.381	5.439	5.494	5.545
30	4.917	5.001	5.077	5.147	5.211	5.271	5.327	5.379	5.429
40	4.824	4.904	4.977	5.044	5.106	5.163	5.216	5.266	5.313
60	4.732	4.808	4.878	4.942	5.001	5.056	5.107	5.154	5.199
120	4.641	4.714	4.781	4.842	4.898	4.950	4.998	5.044	5.086
∞	4.552	4.622	4.685	4.743	4.796	4.845	4.891	4.934	4.974

$\alpha =$ 0.05(계속)

df \ k	20	22	24	26	28	30	32	34	36
1	59.56	60.91	62.12	63.22	64.23	65.15	66.01	66.81	67.56
2	16.77	17.13	17.45	17.75	18.02	18.27	18.50	18.72	18.92
3	11.24	11.47	11.68	11.87	12.05	12.21	12.36	12.50	12.63
4	9.233	9.418	9.584	9.736	9.875	10.00	10.12	10.23	10.34
5	8.208	8.368	8.512	8.643	8.764	8.875	8.979	9.075	9.165
6	7.587	7.730	7.861	7.979	8.088	8.189	8.283	8.370	8.452
7	7.170	7.303	7.423	7.533	7.634	7.728	7.814	7.895	7.972
8	6.870	6.995	7.109	7.212	7.307	7.395	7.477	7.554	7.625
9	6.644	6.763	6.871	6.970	7.061	7.145	7.222	7.295	7.363
10	6.467	6.582	6.686	6.781	6.868	6.948	7.023	7.093	7.159
11	6.326	6.436	6.536	6.628	6.712	6.790	6.863	6.930	6.994
12	6.209	6.317	6.414	6.503	6.585	6.660	6.731	6.796	6.858
13	6.112	6.217	6.312	6.398	6.478	6.551	6.620	6.684	6.744
14	6.029	6.132	6.224	6.309	6.387	6.459	6.526	6.588	6.647
15	5.958	6.059	6.149	6.233	6.309	6.379	6.445	6.506	6.564
16	5.897	5.995	6.084	6.166	6.241	6.310	6.374	6.434	6.491
17	5.842	5.940	6.027	6.107	6.181	6.249	6.313	6.372	6.427
18	5.794	5.890	5.977	6.055	6.128	6.195	6.258	6.316	6.371
19	5.752	5.846	5.932	6.009	6.081	6.147	6.209	6.267	6.321
20	5.714	5.807	5.891	5.968	6.039	6.104	6.165	6.222	6.275
24	5.594	5.683	5.764	5.838	5.906	5.968	6.027	6.081	6.132
30	5.475	5.561	5.638	5.709	5.774	5.833	5.889	5.941	5.990
40	5.358	5.439	5.513	5.581	5.642	5.700	5.753	5.803	5.849
60	5.241	5.319	5.389	5.453	5.512	5.566	5.617	5.664	5.708
120	5.126	5.200	5.266	5.327	5.382	5.434	5.481	5.526	5.568
∞	5.012	5.081	5.144	5.201	5.253	5.301	5.346	5.388	5.427

(B) $\alpha =$ 0.01

df \ k	2	3	4	5	6	7	8	9	10
1	90.03	135.0	164.3	185.6	202.2	215.8	227.2	237.0	245.6
2	14.04	19.02	22.29	24.72	26.63	28.20	29.53	30.68	31.69
3	8.261	10.62	12.17	13.33	14.24	15.00	15.64	16.20	16.69
4	6.512	8.120	9.173	9.958	10.58	11.1	11.55	11.93	12.27
5	5.702	6.976	7.804	8.421	8.913	9.321	9.669	9.972	10.24
6	5.243	6.331	7.033	7.556	7.973	8.318	8.613	8.869	9.097
7	4.949	5.919	6.543	7.005	7.373	7.679	7.939	8.166	8.368
8	4.746	5.635	6.204	6.625	6.960	7.237	7.474	7.681	7.863
9	4.596	5.428	5.957	6.348	6.658	6.915	7.134	7.325	7.495
10	4.482	5.270	5.769	6.136	6.428	6.669	6.875	7.055	7.213
11	4.392	5.146	5.621	5.970	6.247	6.476	6.672	6.842	6.992
12	4.320	5.046	5.502	5.836	6.101	6.321	6.507	6.670	6.814
13	4.260	4.964	5.404	5.727	5.981	6.192	6.372	6.528	6.667
14	4.210	4.895	5.322	5.634	5.881	6.085	6.258	6.409	6.543
15	4.168	4.836	5.252	5.556	5.796	5.994	6.162	6.309	6.439
16	4.131	4.786	5.192	5.489	5.722	5.915	6.079	6.222	6.349
17	4.099	4.742	5.140	5.430	5.659	5.847	6.007	6.147	6.270
18	4.071	4.703	5.094	5.379	5.603	5.788	5.944	6.081	6.201
19	4.046	4.670	5.054	5.334	5.554	5.735	5.889	6.022	6.141
20	4.024	4.639	5.018	5.294	5.510	5.688	5.839	5.970	6.087
24	3.956	4.546	4.907	5.168	5.374	5.542	5.685	5.809	5.919
30	3.889	4.455	4.799	5.048	5.242	5.401	5.536	5.653	5.756
40	3.825	4.367	4.696	4.931	5.114	5.265	5.392	5.502	5.599
60	3.762	4.282	4.595	4.818	4.991	5.133	5.253	5.356	5.447
120	3.702	4.200	4.497	4.709	4.872	5.005	5.118	5.214	5.299
∞	3.643	4.120	4.403	4.603	4.757	4.882	4.987	5.078	5.157

$\alpha = 0.01$(계속)

df \ k	11	12	13	14	15	16	17	18	19
1	253.2	260.0	266.2	271.8	277.0	281.8	286.3	290.4	294.3
2	32.59	33.40	34.13	34.81	35.43	36.00	36.53	37.03	37.50
3	17.13	17.53	17.89	18.22	18.52	18.81	19.07	19.32	19.55
4	12.57	12.84	13.09	13.32	13.53	13.73	13.91	14.08	14.24
5	10.48	10.70	10.89	11.08	11.24	11.40	11.55	11.68	11.81
6	9.301	9.485	9.653	9.808	9.951	10.08	10.21	10.32	10.43
7	8.548	8.711	8.860	8.997	9.124	9.242	9.353	9.456	9.554
8	8.027	8.176	8.312	8.436	8.552	8.659	8.760	8.854	8.943
9	7.647	7.784	7.910	8.025	8.132	8.232	8.325	8.412	8.495
10	7.356	7.485	7.603	7.712	7.812	7.906	7.993	8.076	8.153
11	7.128	7.250	7.362	7.465	7.560	7.649	7.732	7.809	7.883
12	6.943	7.060	7.167	7.265	7.356	7.441	7.520	7.594	7.665
13	6.791	6.903	7.006	7.101	7.188	7.269	7.345	7.417	7.485
14	6.664	6.772	6.871	6.962	7.047	7.126	7.199	7.268	7.333
15	6.555	6.660	6.757	6.845	6.927	7.003	7.074	7.142	7.204
16	6.462	6.564	6.658	6.744	6.823	6.898	6.967	7.032	7.093
17	6.381	6.480	6.572	6.656	6.734	6.806	6.873	6.937	6.997
18	6.310	6.407	6.497	6.579	6.655	6.725	6.792	6.854	6.912
19	6.247	6.342	6.430	6.510	6.585	6.654	6.719	6.780	6.837
20	6.191	6.285	6.371	6.450	6.523	6.591	6.654	6.714	6.771
24	6.017	6.106	6.186	6.261	6.330	6.394	6.453	6.510	6.563
30	5.849	5.932	6.008	6.078	6.143	6.203	6.259	6.311	6.361
40	5.686	5.764	5.835	5.900	5.961	6.017	6.069	6.119	6.165
60	5.528	5.601	5.667	5.728	5.785	5.837	5.886	5.931	5.974
120	5.375	5.443	5.505	5.562	5.614	5.662	5.708	5.750	5.790
∞	5.227	5.290	5.348	5.400	5.448	5.493	5.535	5.574	5.611

$\alpha = 0.01$(계속)

df \ k	20	22	24	26	28	30	32	34	36
1	298.0	304.7	310.8	316.3	321.3	326.0	330.3	334.3	338.0
2	37.95	38.76	39.49	40.15	40.76	41.32	41.84	42.33	42.78
3	19.77	20.17	20.53	20.86	21.16	21.44	21.70	21.95	22.17
4	14.40	14.68	14.93	15.16	15.37	15.57	15.75	15.92	16.08
5	11.93	12.16	12.36	12.54	12.71	12.87	13.02	13.15	13.28
6	10.54	10.73	10.91	11.06	11.21	11.34	11.47	11.58	11.69
7	9.646	9.815	9.970	10.11	10.24	10.36	10.47	10.58	10.67
8	9.027	9.182	9.322	9.450	9.569	9.678	9.779	9.874	9.964
9	8.573	8.717	8.847	8.966	9.075	9.177	9.271	9.360	9.443
10	8.226	8.361	8.483	8.595	8.698	8.794	8.883	8.966	9.044
11	7.952	8.080	8.196	8.303	8.400	8.491	8.575	8.654	8.728
12	7.731	7.853	7.964	8.066	8.159	8.246	8.327	8.402	8.473
13	7.548	7.665	7.772	7.870	7.960	8.043	8.121	8.193	8.262
14	7.395	7.508	7.611	7.705	7.792	7.873	7.948	8.018	8.084
15	7.264	7.374	7.474	7.566	7.650	7.728	7.800	7.869	7.932
16	7.152	7.258	7.356	7.445	7.527	7.602	7.673	7.739	7.802
17	7.053	7.158	7.253	7.340	7.420	7.493	7.563	7.627	7.687
18	6.968	7.070	7.163	7.247	7.325	7.398	7.465	7.528	7.587
19	6.891	6.992	7.082	7.166	7.242	7.313	7.379	7.440	7.498
20	6.823	6.922	7.011	7.092	7.168	7.237	7.302	7.362	7.419
24	6.612	6.705	6.789	6.865	6.936	7.001	7.062	7.119	7.173
30	6.407	6.494	6.572	6.644	6.710	6.772	6.828	6.881	6.932
40	6.209	6.289	6.362	6.429	6.490	6.547	6.600	6.650	6.697
60	6.015	6.090	6.158	6.220	6.277	6.330	6.378	6.424	6.467
120	5.827	5.897	5.959	6.016	6.069	6.117	6.162	6.204	6.244
∞	5.645	5.709	5.766	5.818	5.866	5.911	5.952	5.990	6.026

부록 7 Durbin-Waston

(A) $\alpha = 0.05$

n	$p=1$		$p=2$		$p=3$		$p=4$		$p=5$	
	d_L	d_U	d_L	d_U	d_L	d_U	d_L	d_U	d_L	d_U
15	1.08	1.36	0.95	1.54	0.82	1.75	0.69	1.97	0.56	2.21
16	1.10	1.37	0.98	1.54	0.86	1.73	0.74	1.93	0.62	2.15
17	1.13	1.38	1.02	1.54	0.90	1.71	0.78	1.90	0.67	2.10
18	1.16	1.39	1.05	1.53	0.93	1.69	0.82	1.87	0.71	2.06
19	1.18	1.40	1.08	1.53	0.97	1.68	0.86	1.85	0.75	2.02
20	1.20	1.41	1.10	1.54	1.00	1.68	0.90	1.83	0.79	1.99
21	1.22	1.42	1.13	1.54	1.03	1.67	0.93	1.81	0.83	1.96
22	1.24	1.43	1.15	1.54	1.05	1.66	0.96	1.80	0.86	1.94
23	1.26	1.44	1.17	1.54	1.08	1.66	0.99	1.79	0.90	1.92
24	1.27	1.45	1.19	1.55	1.10	1.66	1.01	1.78	0.93	1.90
25	1.29	1.45	1.21	1.55	1.12	1.66	1.04	1.77	0.95	1.89
26	1.30	1.46	1.22	1.55	1.14	1.65	1.06	1.76	0.98	1.88
27	1.32	1.47	1.24	1.56	1.16	1.65	1.08	1.76	1.01	1.86
28	1.33	1.48	1.26	1.56	1.18	1.65	1.10	1.75	1.03	1.85
29	1.34	1.48	1.27	1.56	1.20	1.65	1.12	1.74	1.05	1.84
30	1.35	1.49	1.28	1.57	1.21	1.65	1.14	1.74	1.07	1.83
31	1.36	1.50	1.30	1.57	1.23	1.65	1.16	1.74	1.09	1.83
32	1.37	1.50	1.31	1.57	1.24	1.65	1.18	1.73	1.11	1.82
33	1.38	1.51	1.32	1.58	1.26	1.65	1.19	1.73	1.13	1.81
34	1.39	1.51	1.33	1.58	1.27	1.65	1.21	1.73	1.15	1.81
35	1.40	1.52	1.34	1.58	1.28	1.65	1.22	1.73	1.16	1.80
36	1.41	1.52	1.35	1.59	1.29	1.65	1.24	1.73	1.18	1.80
37	1.42	1.53	1.36	1.59	1.31	1.66	1.25	1.72	1.19	1.80
38	1.43	1.54	1.37	1.59	1.32	1.66	1.26	1.72	1.21	1.79
39	1.43	1.54	1.38	1.60	1.33	1.66	1.27	1.72	1.22	1.79
40	1.44	1.54	1.39	1.60	1.34	1.66	1.29	1.72	1.23	1.79
45	1.48	1.57	1.43	1.62	1.38	1.67	1.34	1.72	1.29	1.78
50	1.50	1.59	1.46	1.63	1.42	1.67	1.38	1.72	1.34	1.77
55	1.53	1.60	1.49	1.64	1.45	1.68	1.41	1.72	1.38	1.77
60	1.55	1.62	1.51	1.65	1.48	1.69	1.44	1.73	1.41	1.77
65	1.57	1.63	1.54	1.66	1.50	1.70	1.47	1.73	1.44	1.77
70	1.58	1.64	1.55	1.67	1.52	1.70	1.49	1.74	1.46	1.77
75	1.60	1.65	1.57	1.68	1.54	1.71	1.51	1.74	1.49	1.77
80	1.61	1.66	1.59	1.69	1.56	1.72	1.53	1.74	1.51	1.77
85	1.62	1.67	1.60	1.70	1.57	1.72	1.55	1.75	1.52	1.77
90	1.63	1.68	1.61	1.70	1.59	1.73	1.57	1.75	1.54	1.78
95	1.64	1.69	1.62	1.71	1.60	1.73	1.58	1.75	1.56	1.78
100	1.65	1.69	1.63	1.72	1.61	1.74	1.59	1.76	1.57	1.78

(B) $\alpha = 0.01$

n	$p=1$		$p=2$		$p=3$		$p=4$		$p=5$	
	d_L	d_U	d_L	d_U	d_L	d_U	d_L	d_U	d_L	d_U
15	0.81	1.07	0.70	1.25	0.59	1.46	0.49	1.70	0.39	1.96
16	0.84	1.09	0.74	1.25	0.63	1.44	0.53	1.66	0.44	1.90
17	0.87	1.10	0.77	1.25	0.67	1.43	0.57	1.63	0.48	1.85
18	0.90	1.12	0.80	1.26	0.71	1.42	0.61	1.60	0.52	1.80
19	0.93	1.13	0.83	1.26	0.74	1.41	0.65	1.58	0.56	1.77
20	0.95	1.15	0.86	1.27	0.77	1.41	0.68	1.57	0.60	1.74
21	0.97	1.16	0.89	1.27	0.80	1.41	0.72	1.55	0.63	1.71
22	1.00	1.17	0.91	1.28	0.83	1.40	0.75	1.54	0.66	1.69
23	1.02	1.19	0.94	1.29	0.86	1.40	0.77	1.53	0.70	1.67
24	1.04	1.20	0.96	1.30	0.88	1.41	0.80	1.53	0.72	1.66
25	1.05	1.21	0.98	1.30	0.90	1.41	0.83	1.52	0.75	1.65
26	1.07	1.22	1.00	1.31	0.93	1.41	0.85	1.52	0.78	1.64
27	1.09	1.23	1.02	1.32	0.95	1.41	0.88	1.51	0.81	1.63
28	1.10	1.24	1.04	1.32	0.97	1.41	0.90	1.51	0.83	1.62
29	1.12	1.25	1.05	1.33	0.99	1.42	0.92	1.51	0.85	1.61
30	1.13	1.26	1.07	1.34	1.01	1.42	0.94	1.51	0.88	1.61
31	1.15	1.27	1.08	1.34	1.02	1.42	0.96	1.51	0.90	1.60
32	1.16	1.28	1.10	1.35	1.04	1.43	0.98	1.51	0.92	1.60
33	1.17	1.29	1.11	1.36	1.05	1.43	1.00	1.51	0.94	1.59
34	1.18	1.30	1.13	1.36	1.07	1.43	1.01	1.51	0.95	1.59
35	1.19	1.31	1.14	1.37	1.08	1.44	1.03	1.51	0.97	1.59
36	1.21	1.32	1.15	1.38	1.10	1.44	1.04	1.51	0.99	1.59
37	1.22	1.32	1.16	1.38	1.11	1.45	1.06	1.51	1.00	1.59
38	1.23	1.33	1.18	1.39	1.12	1.45	1.07	1.52	1.02	1.58
39	1.24	1.34	1.19	1.39	1.14	1.45	1.09	1.52	1.03	1.58
40	1.25	1.34	1.20	1.40	1.15	1.46	1.10	1.52	1.05	1.58
45	1.29	1.38	1.24	1.42	1.20	1.48	1.16	1.53	1.11	1.58
50	1.32	1.40	1.28	1.45	1.24	1.49	1.20	1.54	1.16	1.59
55	1.36	1.43	1.32	1.47	1.28	1.51	1.25	1.55	1.21	1.59
60	1.38	1.45	1.35	1.48	1.32	1.52	1.28	1.56	1.25	1.60
65	1.41	1.47	1.38	1.50	1.35	1.53	1.31	1.57	1.28	1.61
70	1.43	1.49	1.40	1.52	1.37	1.55	1.34	1.58	1.31	1.61
75	1.45	1.50	1.42	1.53	1.39	1.56	1.37	1.59	1.34	1.62
80	1.47	1.52	1.44	1.54	1.42	1.57	1.39	1.60	1.36	1.62
85	1.48	1.53	1.46	1.55	1.43	1.58	1.41	1.60	1.39	1.63
90	1.50	1.54	1.47	1.56	1.45	1.59	1.43	1.61	1.41	1.64
95	1.51	1.55	1.49	1.57	1.47	1.60	1.45	1.62	1.42	1.64
100	1.52	1.56	1.50	1.58	1.48	1.60	1.46	1.63	1.44	1.65

부록 8 Kruskal-Wallis 통계량의 임계값

(n_1, n_2, n_3)	$\alpha=0.10$	$\alpha=0.05$	$\alpha=0.01$
2, 2, 2	3.7143	4.5714	4.5714
3, 2, 1	3.8574	4.2857	4.2857
3, 2, 2	4.4643	4.5000	5.3571
3, 3, 1	4.0000	4.5714	5.1429
3, 3, 2	4.2500	5.1389	6.2500
3, 3, 3	4.6000	5.0667	6.4889
4, 2, 1	4.0179	4.8214	4.8214
4, 2, 2	4.1667	5.1250	6.0000
4, 3, 1	3.8889	5.0000	5.8333
4, 3, 2	4.4444	5.4000	6.3000
4, 3, 3	4.7000	5.7273	6.7091
4, 4, 1	4.0667	4.8667	6.1667
4, 4, 2	4.4455	5.2364	6.8727
4, 4, 3	4.7730	5.5758	7.1364
4, 4, 4	4.5000	5.6538	7.5385
5, 2, 1	4.0500	4.4500	5.2500
5, 2, 2	4.2933	5.0400	6.1333
5, 3, 1	3.8400	4.8711	6.4000
5, 3, 2	4.4946	5.1055	6.8218
5, 3, 3	4.4121	5.5152	6.9818
5, 4, 1	3.9600	4.8600	6.8400
5, 4, 2	4.5182	5.2682	7.1182
5, 4, 3	4.5231	5.6308	7.3949
5, 4, 4	4.6187	5.6176	7.7440
5, 5, 1	4.0364	4.9091	6.8364
5, 5, 2	4.5077	5.2462	7.2692
5, 5, 3	4.5363	5.6264	7.5429
5, 5, 4	4.5200	5.6429	7.7914
5, 5, 5	4.5000	5.6600	7.9800

부록 6 $F_{max} = S^2_{max} / S^2_{min}$

(A) $\alpha =$ 0.05

$n-1$ \ k	2	3	4	5	6	7	8	9	10	11	12
2	39.0	87.5	142	202	266	333	403	475	550	626	704
3	15.4	27.8	39.2	50.7	62.0	72.9	83.5	93.9	104	114	124
4	9.6	15.5	20.6	25.2	29.5	33.6	37.5	41.1	44.6	48.0	51.4
5	7.15	10.8	13.7	16.3	18.7	20.8	22.9	24.7	26.5	28.2	29.9
6	5.82	8.38	10.4	12.1	13.7	15.0	16.3	17.5	18.6	19.7	20.7
7	4.99	6.94	8.44	9.70	10.8	11.8	12.7	13.5	14.3	15.1	15.8
8	4.43	6.00	7.18	8.12	9.03	9.78	10.5	11.1	11.7	12.2	12.7
9	4.03	5.34	6.31	7.11	7.80	8.41	8.95	9.45	9.91	10.3	10.7
10	3.72	4.85	5.67	6.34	6.92	7.42	7.87	8.28	8.66	9.01	9.34
12	3.28	4.16	4.79	5.30	5.72	6.09	6.42	6.72	7.00	7.25	7.48
15	2.86	3.54	4.01	4.37	4.68	4.95	5.19	5.40	5.59	5.77	5.93
20	2.46	2.95	3.29	3.54	3.76	3.94	4.10	4.24	4.37	4.49	4.59
30	2.07	2.40	2.61	2.78	2.91	3.02	3.12	3.21	3.29	3.36	3.39
60	1.67	1.85	1.96	2.04	2.11	2.17	2.22	2.26	2.30	2.33	2.36
∞	1.00	1.00	1.00	1.00	1.00	1.00	1.00	1.00	1.00	1.00	1.00

(B) $\alpha =$ 0.01

$n-1$ \ k	2	3	4	5	6	7	8	9	10	11	12
2	199	448	729	1036	1362	1705	2063	2432	2813	3204	3605
3	47.5	85	120	151	184	21(6)	24(9)	28(1)	31(0)	33(7)	36(1)
4	23.2	37	49	59	69	76	89	97	106	113	120
5	14.9	22	28	33	38	42	46	50	54	57	60
6	11.1	15.5	19.1	22	25	27	30	32	34	36	37
7	8.89	12.1	14.5	16.5	18.4	20	22	23	24	26	27
8	7.50	9.9	11.7	13.2	14.5	15.8	16.6	17.9	18.9	19.8	21
9	6.54	8.5	9.9	11.1	12.1	13.1	13.9	14.7	15.3	16.0	16.6
10	5.85	7.4	8.6	9.6	10.4	11.1	11.8	12.4	12.9	13.4	13.9
12	4.91	6.1	6.9	7.6	8.2	8.7	9.1	9.5	9.9	10.2	10.6
15	4.07	4.9	5.5	.60	6.4	6.7	7.1	7.3	7.5	7.8	8.0
20	3.32	3.8	4.3	4.6	4.9	5.1	5.3	5.5	5.6	5.8	5.9
30	2.63	3.0	3.3	3.4	3.6	3.7	3.8	3.9	4.0	4.1	4.2
60	1.96	2.2	2.3	2.4	2.4	2.5	2.5	2.6	2.6	2.7	2.7
∞	1.00	1.0	1.0	1.0	1.0	1.0	1.0	1.0	1.0	1.0	1.0

연습문제 풀이

2장

[1] (1) $\bar{x}=8, \bar{y}=25$

(2) $median(X)=6.5$, $median(Y)=24.5$

(3) $Q_1=2.5$, $Q_3=13.5$이므로 $Q.D.(X)=(13.5-2.5)/2=5.5$

$Q_1=21.5$, $Q_3=29$이므로 $Q.D.(Y)=(29-21.5)/2=3.75$

(4) $s_X \simeq 7.439$, $s_Y \simeq 3.964$

[2] (1) $\bar{x}=43.2$, $\bar{y}=32.8$, $s_X \simeq 5.933$, $s_Y \simeq 6.419$

(2) $\bar{z}=38$, $s_Z \simeq 8$

10명 중 어렵다는 사람과 쉽다는 사람의 수는 5명으로 같다. 그러므로 10명의 평균은 (1)에서 구한 평균의 평균이다. 그러나 표준편차는 8로 (1)에서 구한 것보다 크게 나타났는데 이는 두 집단의 차이가 반영된 것이다. 즉, 퍼짐의 정도가 크다.

[3] (1) 3

(2) 1.214

[4] (1) $\bar{x} \simeq 24.646$, $s_X \simeq 4.090$

(2) $\bar{x} \simeq 24.683$, $s_X \simeq 4.219$

(3) 24.5

(4) 82개의 자료 중 중위수는 41.5번째 값이며 세 번째 계급인(24.5-27.5)에 위치하는 값이므로 $Median=24.5+[(41.5-41)/19]\times 3=24.58$이다.

(5)

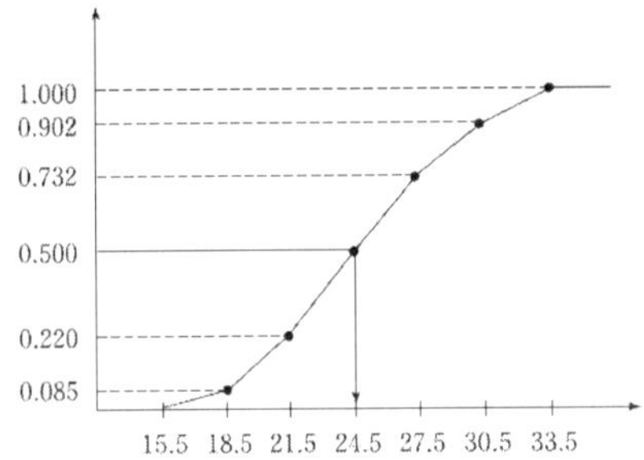

중위수는 50%에 해당하는 값이므로 종축의 0.5에 해당되는 횡축의 값이 중위수가 된다.

[5] (1) 8.3

(2) 4.9

(3)

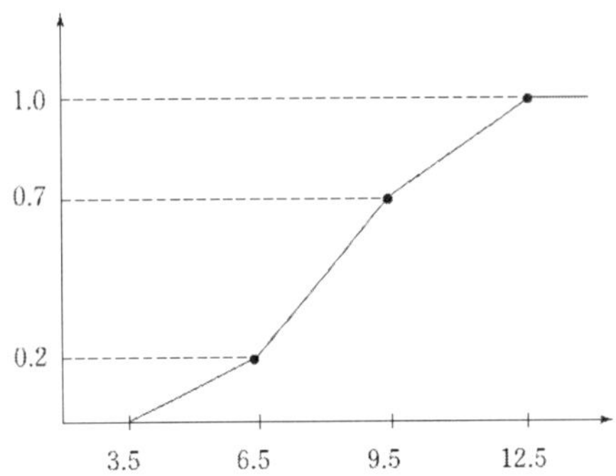

[6] (1)

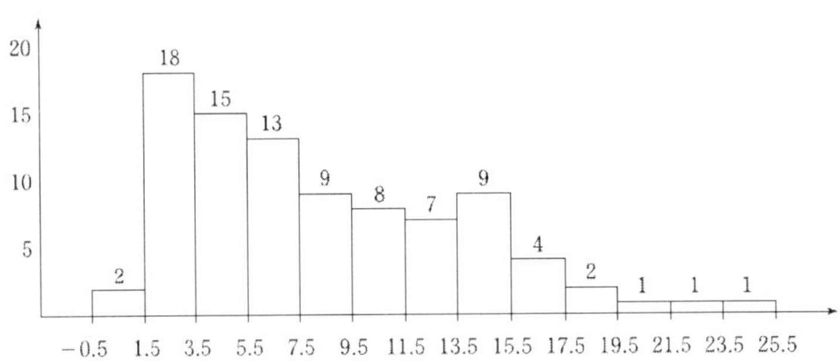

(2)

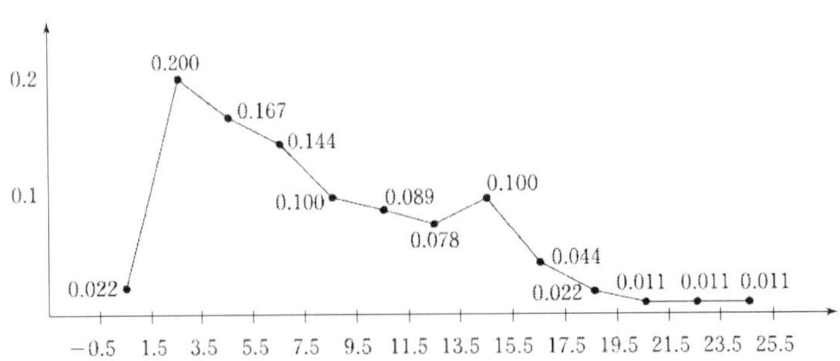

(3) 8.3

(4) 90개 자료 중 45.5번째에 해당하는 값이며 (5.5~7.5) 계급 내에 위치하고 있으므로 $Median = 5.5 + \frac{10.5}{13} \times 2 \simeq 7.115$이다.

(5) $P_{25} \simeq 3.9$, $P_{75} \simeq 12.357$, $Q.D. \simeq 4.229$

(6) 5.389

(7)
$$왜도 = \frac{\sum(x_i - \overline{x})^3/n}{[\sum(x_i - \overline{x})^2/(n-1)]^{3/2}} \simeq 0.756$$

$$첨도 = \frac{\sum(x_i - \overline{x})^4/n}{[\sum(x_i - \overline{x})^2/(n-1)]^2} - 3 \simeq 0.126$$

[7] (1) $\overline{x} \simeq 677767.333$, $\overline{y} = 95$

(2) $\overline{x}_{10\%trim.} \simeq 420466.154$, $\overline{x}_{20\%trim.} \simeq 142309.091$

(3) $\overline{y}_{10\%trim.} \simeq 79.75$, $\overline{y}_{20\%trim.} \simeq 59.727$

(4) 두 자료(X, Y) 모두 이상치를 가지고 있는데 표본의 수가 적을수록 이상치가 전체 평균에 미치는 영향이 커진다. 따라서 이상치를 어느 정도 제외한 후에 평균을 내는 것이 효율적인데 제외하는 비율이 커지면 데이터의 손실이 많아지므로 적당한 비율로 제외하는 것이 좋다.

3장

[3] (1)

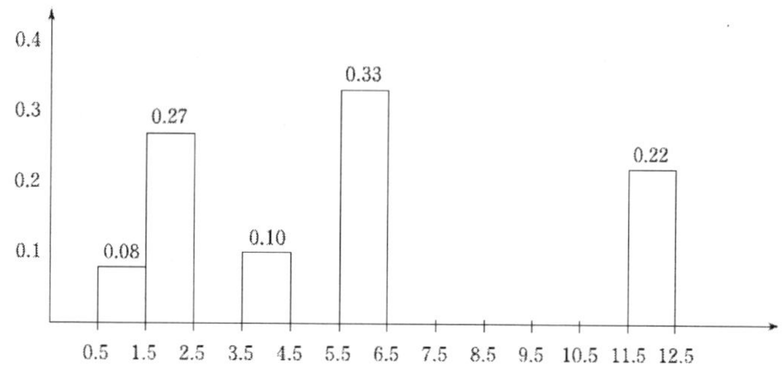

(2) 5.64

(3) 0.70

[4] (1) 0.3, 0.6

(2) 1.1, 0.89

[5] (1) 0.35, 0.2

(2)

$X+Y$	0	1	2	3
$f_{X+Y}(x+y)$	0.1	0.5	0.3	0.1

(3) 0.55, 0.85, 0.2475, 0.4275

(4) −0.0175, −0.0538

(5)

$2X+Y$	0	1	2	3
$f_{2X+Y}(2x+y)$	0.1	0.5	0.3	0.1

(6) 1.95, 1.3475

[7] (1) 0.5926

(2) 0.3124

(3) 0.1003

[8] (1) 0.3364

(2) $P(Z < -0.524) \simeq 0.3$이므로

$P(Z < -0.524) = P(5 \times Z + 160 < 5 \times (-0.524) + 160)$

157.38cm 이하

[9] (1) 77.5

(2) 81.15

(3) 매 시험마다 평균과 표준편차가 달라질 수 있으며 학생이 공부를 얼마나 많이 했는지 컨디션이 어떠했는지에 따라 성적이 달라질 수 있다. 이런 점을 고려한다면, 각 시험에서 학생의 표준화 점수가 얼마나 되는지를 기준으로 학생의 최종점수를 얻는 방법이 더 좋은 평가 방법이라고 생각할 수 있다.

[10] (1) 2

(2) $\frac{2}{3}$

(3)

X	0	1	2	3
Z	-2.450	-1.225	0	1.225
$f_Z(z)$	$\frac{1}{27}$	$\frac{6}{27}$	$\frac{12}{27}$	$\frac{8}{27}$

[11] $r_{xy} =-0.185$

[12] (1) 9.6%

(2) 225

4장

[1] (1) 0.9924

(2) 0.0038

[2] 0.0256

[3] 0.05

[4]

$\overline{X}$	4	16/3	20/3	8	28/3	32/3	12	40/3	44/3	16	52/3	20
도수	1	3	6	7	9	9	10	6	6	3	3	1

$11,\ \frac{35}{3}$

[5] (1) {M, N}, {M, O}, {M, P}, {M, Q}, {N, O}, {N, P}, {N, Q}, {O, P}, {O, Q}, {P, Q}

(2)

$\overline{X}$	1.5	2	2.5	3	3.5	4
도수	1	1	3	2	2	1

(3) $2.8,\ 0.51$

[6] (1)

$\{X_1, X_2\}$	{A, A}	{A, B}	{A, C}	{B, A}	{B, B}	{B, C}	{C, A}	{C, B}	{C, C}
지지율	1	0.5	0.5	0.5	0	0	0.5	0	0

(2)

$\hat{p}$	0	0.5	1
도수	4	4	1

(3) $\frac{1}{3}$, $\frac{1}{9}$

[7] (1)

X	1	2	3	4
Z	−1.528	−0.436	0.655	1.746
$f_Z(z)$	0.2	0.3	0.4	0.1

(2)

$\overline{X}$	1	1.5	2	2.5	3	3.5	4
$f_{\overline{X}}(\overline{x})$	0.04	0.12	0.25	0.28	0.22	0.08	0.01

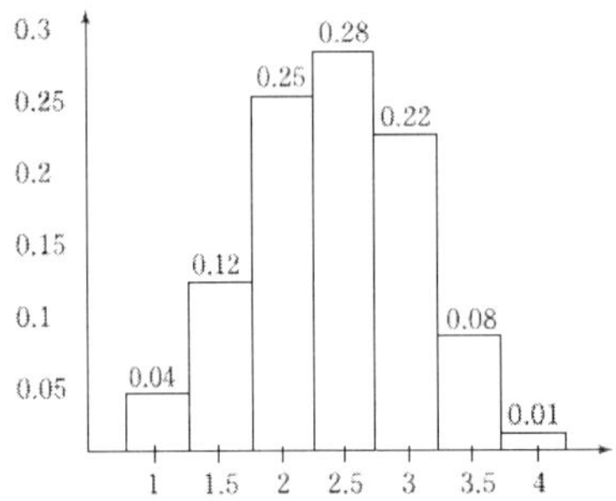

(3)

$\overline{X}$	1	4/3	5/3	2	7/3	8/3	3	10/3	11/3	4
도수	0.008	0.036	0.102	0.183	0.240	0.219	0.142	0.057	0.012	0.001

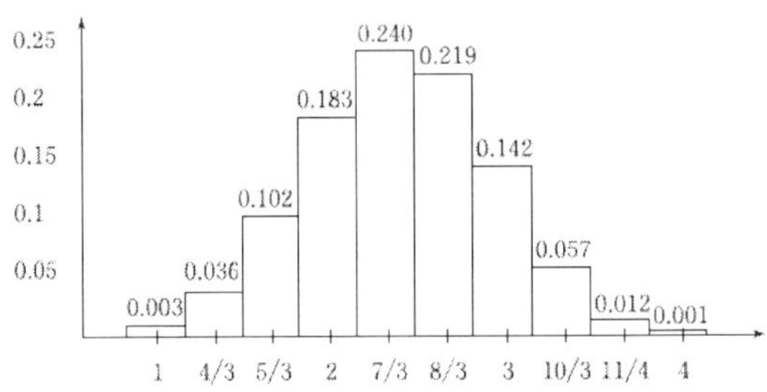

(4) n이 충분히 크면 $\overline{X}_n$은 평균이 2.4, 분산이 $\frac{0.84}{n}$인 정규분포를 따른다.

(5)

$\overline{X}$	1	1.5	2	2.5	3	3.5	4
Z	−2.160	−1.389	−0.617	0.154	0.926	1.697	2.469
$f_Z(z)$	0.04	0.12	0.025	0.028	0.022	0.08	0.01

[8] (1)

X_1	0	1	X_2	0	1	X_3	0	1
$f_{X_1}(x_1)$	0.6	0.4	$f_{X_2}(x_2)$	0.6	0.4	$f_{X_3}(x_3)$	0.6	0.4

(2)

X_1	0	1
Z	-0.816	1.225
$f_Z(z)$	0.6	0.4

(3)

$\overline{X}$	0	1/3	2/3	1
$f_{\overline{X}}(\overline{x})$	0.216	0.432	0.288	0.064

5장

[1] (1)

$\overline{X}-\overline{Y}$	4	5	6	8	9	10
$f_{\overline{X}-\overline{Y}}(\overline{x}-\overline{y})$	1/6	1/6	1/6	1/6	1/6	1/6

(2) $\mu_{\overline{X}-\overline{Y}}=7,\ \mu_{\overline{X}}=171,\ \mu_{\overline{Y}}=164,\ \mu_{\overline{X}}-\mu_{\overline{Y}}=7$

(3) $\sigma^2_{\overline{X}-\overline{Y}}=\frac{14}{3},\ \sigma^2_{\overline{X}}=\frac{2}{3},\ \sigma^2_{\overline{Y}}=4,\ \sigma^2_{\overline{X}}+\sigma^2_{\overline{Y}}=\frac{14}{3}$

[2] $(14.564,\ 15.436)$

[3] (1) $(49.401,\ 54.599)$

(2) $(48.903,\ 55.097)$

(3) $(50.452,\ 53.548)$

(2)의 결과와 비교하여 신뢰구간의 폭이 더욱 작아졌다. 이는 표본이 많을수록 더 정확한 결과를 얻을 수 있음을 보여주는 결과이다.

[4] $P[-t_{\alpha/2}<T<t_{\alpha/2}]=1-\alpha$

$$\Rightarrow P\left[-t_{\alpha/2}<\frac{\overline{X}-\mu}{S/\sqrt{n}}<t_{\alpha/2}\right]=1-\alpha$$

$$\Rightarrow P\left[-t_{\alpha/2}\frac{S}{\sqrt{n}}<\overline{X}-\mu<t_{\alpha/2}\frac{S}{\sqrt{n}}\right]=1-\alpha$$

$$\Rightarrow P\left[-\overline{X}-t_{\alpha/2}\frac{S}{\sqrt{n}}<\mu<-\overline{X}+t_{\alpha/2}\frac{S}{\sqrt{n}}\right]=1-\alpha$$

$$\Rightarrow P\left[\overline{X}-t_{\alpha/2}\frac{S}{\sqrt{n}}<\mu<\overline{X}+t_{\alpha/2}\frac{S}{\sqrt{n}}\right]=1-\alpha$$

[5] (1) 171.7, 2.452

(2) (169.946, 173.454)

[6] (1) U_1, U_2, U_3 모두 불편추정량이다.

(2) U_1

[7] (1) 표본의 크기는 충분히 크다.

(2) 최소한 50명 이상이어야 한다.

[8] 본문에 있는 대로 여러 가지 추정 방법이 가능하다. 여기서는 항아리에 들어 있는 콩의 수를 추정하는 문제이지만, 무게를 이용하여 추정할 수도 있다는 것이다. 즉, 임의로 30개 정도의 콩을 꺼내 콩 하나의 무게를 계산한 다음 항아리 속에 있는 콩 전체의 무게를 측정하면, 전체 콩의 수를 추정할 수 있다. 물론 항아리의 무게는 별도로 측정해야 할 것이다.

[9] 최소한 2마리 이상의 표본이 필요하다.

6장

[1] (1) 기각역 : $\overline{X}<2967.39$ 또는 $\overline{X}>3032.61$ 검정결과 : H_0 기각

(2) 기각역 : $\overline{X}>6.356$ 검정결과 : H_0 채택

(3) 기각역 : $\overline{X}<19.459$ 검정결과 : H_0 기각

(4) 기각역 : $\hat{p}>0.127$ 검정결과 : H_0 기각

(5) 기각역 : $\hat{p}<0.039$ 검정결과 : H_0 채택

(6) 기각역 : $\hat{p}>0.969$ 또는 $\hat{p}<0.831$ 검정결과 : H_0 기각

[2] (1) $H_0: \mu=2500$ v.s. $H_1: \mu<2500$

(2) 검정통계량 값은 2571.429로 기각역 임계값 $t_{0.05}(6)=2584.526$보다 작아 H_0를 기각할 수 없다.

(3) 검정통계량 값은 2571.429로 기각역 임계값 $t_{0.01}(6)=2562.644$보다 크

다. 따라서 H_0를 기각한다.

(4) 검정통계량 값은 1.642이며 $t_{0.05}(6)=1.943$, $t_{0.10}(6)=1.440$이다. 따라서 유의수준 0.05에서는 H_0를 기각할 수 없으며 유의수준 0.1에서는 H_0를 기각한다.

[3] 검정통계량 값이 0.15로 기각역은 $|(\overline{X_1}-\overline{X_2})|>0.232$이다. 따라서 검정통계량값이 기각역보다 작아 H_0를 기각할 수 없다.

[4] (1) $S^2>17.143$

(2) $S^2>18.276$ 또는 $S^2<3.242$

(3) $S^2<3.743$

(4) $S^2<4.564$

[5] 가설 : $H_0:\mu_1=\mu_2$ v.s. $H_1:\mu_1\neq\mu_2$

기각역 : $(\overline{x}_1-\overline{x}_2)>0.144$ 또는 $(\overline{x}_1-\overline{x}_2)<-0.144$

검정결과 : 검정통계량이 2.946이며 기각역보다 크므로 H_0 기각.

[6] 먼저 분산의 동질성 여부를 확인해본다.

가설은 $H_0:\sigma_A^2=\sigma_B^2$, $H_1:\sigma_A^2\neq\sigma_B^2$로 설정하여 검정통계량을 구한 결과 0.751로 유의수준 0.05에서 $F_{9,9}$의 값보다 작다. 따라서 H_0를 채택하며 등분산성이 성립함을 알 수 있다.

$H_0:\mu_1+1=\mu_2$ v.s. $H_1:\mu_2+1\neq\mu_2$

위 가설에 대한 검정통계량은 -0.946으로 유의수준 0.10에서 자유도가 18인 t-분포 임계값보다 작으므로 H_0를 기각할 수 없다.

[7] 가설 : $H_0:\mu_D=0$ v.s. $H_1:\mu_D>0$

검정통계량 : $\overline{d}=2.6$

기각역 : $\overline{D}>2.235$

검정결과 : 검정통계량 값이 기각역보다 크므로 H_0 기각.

[8] (1) $(\overline{X_1}-\overline{X_2})>0.940s_p$ 또는 $(\overline{X_1}-\overline{X_2})<-0.940s_p$

(2) $(\overline{X_1}-\overline{X_2})>0.840s_p$

(3) $(\overline{X_1} - \overline{X_2}) < -1.708 s_p$

[9] 가설 : $H_0 : p_M = p_W$ v.s. $H_1 : p_M > p_W$

기각역 : $p(z > 2.265) \cong 0.0119$

검정결과 : 검정통계량 값이 2.65로 기각역보다 크므로 H_0 기각.

7장

[1] (1)

분류	1	2	3	4	5
기대도수	50	50	250	50	100

(2) 21.014

(3) H_1 : 적어도 하나의 등호가 성립하지 않는다.

(4) 검정통계량 값은 21.014이며 기각역 $\chi^2_{0.05}(4) = 9.488$보다 크므로 H_0를 기각할 수 있다.

[2] 가설 : $H_0 : p_i = \frac{1}{6},\ i = 1,\ \cdots,\ 6$ v.s. $H_1 : p_i \neq \frac{1}{6}$, 어떤 i에 대해서

검정통계량 값은 6.58이며 기각역 $\chi^2_{0.05}(7) = 11.070$보다 작으므로 H_0를 기각할 수 없다.

[3] 가설 : H_0 : 응답 기업의 분포가 실제 매출액 분포와 같다.

H_1 : 응답 기업의 분포가 실제 매출액 분포와 다르다.

검정통계량 값은 4.248이며 기각역 $\chi^2_{0.05}(7) = 14.067$보다 작으므로 H_0를 기각할 수 없다.

[4] 가설 : H_0 : 과일 생산량은 연도와 독립이다.

H_1 : 과일 생산량은 연도와 독립이 아니다.

검정통계량 값은 13.446이며 기각역 $\chi^2_{0.05}(9) = 16.919$보다 작으므로 H_0를 기각할 수 없다.

[5] (1) 가설 : H_0 : 지역은 중요가치관과 독립이다.

H_1 : 지역은 중요가치관과 독립이 아니다.

지역과 중요가치관이 독립이라는 가정하에 기대도수를 구하면 $E_i < 5$인 항목의 수가 10개로 20%를 넘게 된다. 따라서 크레머 법칙에 의하여 일부 항목을 통합해야 하는데 이는 연구자가 주관적으로 결정한다. 여기서는 강원과 제주를 통합시킨다.

통합시킨 후 구한 검정통계량 값은 48.762이며 기각역 $\chi^2_{0.05}(28) = 41.337$보다 크므로 H_0를 기각한다.

(2) 가설 : $H_0 : p_s = p_k$ v.s. $H_1 : p_s \neq p_k$

검정통계량 값은 -0.900이며 검정통계량의 절댓값이 기각역 $z_{0.10} = 1.282$보다 작으므로 H_0를 기각할 수 없다.

(3) 가설 : H_0 : 지역별 중요가치관의 분포는 동일하다.

H_1 : 지역별 중요가치관의 분포는 동일하지 않다.

이에 대한 검정결과는 (1)번과 같다.

8장

[1] 가설 : H_0 : 네 가지 훈련 방법에 따른 효과는 차이가 없다.

H_1 : 네 가지 훈련 방법에 따른 효과는 차이가 있다.

요인	제곱합	자유도	평균제곱합	F	p-value
그룹간	559.369	3	186.456	2.86	0.0644
그룹내	1240.631	19	65.296		
합계	1800.000	22			

유의수준 0.05에서 p값이 더 크므로 H_0를 기각할 수 없다.

[2] 가설 : H_0 : 생산라인의 시간당 평균 제품 수가 같다.

H_1 : 생산라인의 시간당 평균 제품 수가 다르다.

요인	제곱합	자유도	평균제곱합	F	p-value
그룹간	1612.467	2	806.233	5.17	0.0125
그룹내	4207.000	27	155.815		
합계	5819.467	29			

유의수준 0.05에서 p값이 더 작으므로 H_0를 기각한다.

[3] (1) 가장 중요한 것은 랜덤으로 어린이들을 배정하고 광고 내용에 대한 이해도를 비슷하게 만드는 것이다. 특히 집중력이 좋거나 나쁜 어린이 그룹이 있다면 세 그룹에 골고루 나누어 배정하여야 한다. 물론, 대상 아이들의 수준이 비슷한 것이 좋다.

(2) 모형 : $Y_{ij} = \mu + \alpha_i + \epsilon_{ij}$, $i = 1, 2, 3$ $j = 1, 2, 3, 4, 5$

μ : 집중시간 전체평균, α_i : 광고별 효과, ϵ_{ij} : 오차

가설 : H_0 : 광고별 어린이들의 집중 시간은 같다.

H_1 : 광고별 어린이들의 집중 시간은 다르다.

요인	제곱합	자유도	평균제곱합	F	p-value
그룹간	163.333	2	81.667	0.87	0.4448
그룹내	1130.000	12	94.167		
합계	1293.333	14			

유의수준 0.05에서 p값이 더 크므로 H_0를 기각할 수 없다.

[4] (1) 모형 : $Y_{ij} = \mu + \alpha_i + \epsilon_{ij}$, $i = 1, \cdots, 5$ $j = 1, \cdots, 7$

μ : 평균 퇴근 소요 시간, α_i : 요일별 효과, ϵ_{ij} : 오차

가설 : H_0 : 요일별 퇴근 소요 시간은 같다.

H_1 : 요일별 퇴근 소요 시간은 다르다.

(2)

요인	제곱합	자유도	평균제곱합	F	p-value
그룹간	509.886	4	127.471	20.47	0.0000
그룹내	186.857	30	6.229		
합계	696.743	34			

유의수준 0.05에서 p값이 더 작으므로 H_0를 기각한다.

[5] (1) 가장 중요한 것은 지역을 제외한 요소들을 최대한 같게 만드는 것이다. 예를 들면, 도로의 특성이 같은 곳(교차로, 2차선, 공사 등)에서 교통량을 측정하거나 실험의 시작과 종료 시점에서 어느 위치에 있는 차까지 측정을 할지에 대한 기준을 맞춰야 한다.

모형 : $Y_{ij} = \mu + \alpha_i + \epsilon_{ij}$, $i = 1, \cdots, 5$ $j = 1, \cdots, 10$

μ : 평균 교통량, α_i : 지역별 효과, ϵ_{ij} : 오차

(2) 가설 : H_0 : 지역별 교통량은 같다.

H_1 : 지역별 교통량은 다르다.

요인	제곱합	자유도	평균제곱합	F	p-value
그룹간	378952.8	4	94738.2	19.69	0.0000
그룹내	216517.7	45	4811.504		
합계	595470.5	49			

유의수준 0.05에서 p값이 더 작으므로 H_0 를 기각한다.

(3) 지역마다 교통량이 다른지를 알아보기 위한 분산분석 문제이다. 기본적으로 모든 지역에서의 교통량은 정규 분포한다는 전제가 필요하다. 그리고, 도로의 사정도 같다는 조건이 필요한데 2차선 도로와 6차선 도로가 선정되었다면 교통량은 다른 것이다. 그러므로 도로의 조건이 다르다면 도로의 조건을 분산분석에 포함해야 할 것이며 이러한 문제를 공분산 분석으로 해결할 수 있다.

[6] 가설1 : H_0 : 실외온도별 열손실은 같다.

H_1 : 실외온도별 열손실은 다르다.

가설2 : H_0 : 단열재별 열손실은 같다.

H_1 : 단열재별 열손실은 다르다.

요인	제곱합	자유도	평균제곱합	F	p-value
실외온도	16.4216	4	4.1054	42.92	0.0000
단열재	7.1176	4	1.7794	18.60	0.0000
그룹내	1.5304	16	0.09565		
합계	25.0696	24			

단열재와 실외온도 모두 유의수준 0.05에서 p값이 더 작으므로 H_0 를 기각한다.

[7] (1) 모형 : $Y_{ij} = \mu + \alpha_i + \beta_j + \epsilon_{ij}$, $i = 1, \cdots, 5$ $j = 1, \cdots, 5$

μ : 평균 공수확량, α_i : 구리 효과, β_j : 망간 효과, ϵ_{ij} : 오차

(2) 가설1 : H_0 : 구리의 등급별 콩수확량은 같다.

H_1 : 구리의 등급별 콩수확량은 다르다.

가설2 : H_0 : 망간의 등급별 콩수확량은 같다.

H_1 : 망간의 등급별 콩수확량은 다르다.

요인	제곱합	자유도	평균제곱합	F	p-value
구리	171856.19	3	57285.396	51.58	0.0000
망간	3745496.2	3	1248498.7	1124.26	0.0000
그룹내	9994.563	9	1110.507		
합계	3927346.9	15			

구리와 망간 모두 유의수준 0.05에서 p값이 더 작으므로 H_0를 기각한다.

(3) pq개의 처리에 해당되는 값들이 처리당 하나뿐이어서 망간과 구리 두 성분의 교호작용에 대해 검정할 수 없다. 망간과 구리 성분의 교호작용이 있을 것으로 알려져 있는데, 각 셀의 자료가 1개이므로 교호작용에 대한 가설검정을 할 수 없다.

[8] (1) 모형 : $Y_{ijk} = \mu + \alpha_i + \beta_j + (\alpha\beta)_{ij} + \epsilon_{ijk}$, $i = 1, 2$ $j = 1, 2, 3$ $k = 1, 2$

μ : 시험결과 전체평균, α_i : 교육 방법 효과, β_j : 워드프로세스 효과, $(\alpha\beta)_{ij}$: 교육 방법과 워드프로세스의 교호효과, ϵ_{ij} : 오차

(2) 가설1 : H_0 : 교육 방법별 시험 결과는 같다.

H_1 : 교육 방법별 시험 결과는 다르다.

가설2 : H_0 : 워드프로세스별 시험 결과는 같다.

H_1 : 워드프로세스별 시험 결과는 다르다.

가설3 : H_0 : 교육 방법과 워드프로세스 간 교호작용은 없다.

H_1 : 교육 방법과 워드프로세스 간 교호작용은 있다.

요인	제곱합	자유도	평균제곱합	F	p-value
워드	482.00	2	241.00	45.90	0.0002
교육	1140.75	1	1140.75	217.29	0.0000
교육*워드	62.00	2	31.00	5.90	0.0382
그룹내	31.50	6	5.25		
합계	1716.25	11			

세 가설에 대한 p값은 모두 유의수준 0.05보다 작으므로 H_0를 기각한다.

(3) 교육 방법에 따른 효과, 워드프로세스에 따른 효과 모두 있는 것으로 볼 수 있다. 또한 두 효과 사이에 복합적인 효과도 발생하는 것을 알 수 있다.

[9]

요인	제곱합	자유도	평균제곱합	F
A	100	(2)	(50)	(25)
B	(559)	1	(559)	(279.5)
AB	(5)	2	2.5	(1.25)
잔차	(36)	(18)	2.0	
합계	700			

[10] (1)

가격 차등	2:1	2:1	2:1	4:1	4:1	4:1	8:1	8:1	8:1
폭주 시간	6	9	12	6	9	12	6	9	12
만족도 평균	26.5	28	22	28.25	26.25	28	25.75	28.25	28.5

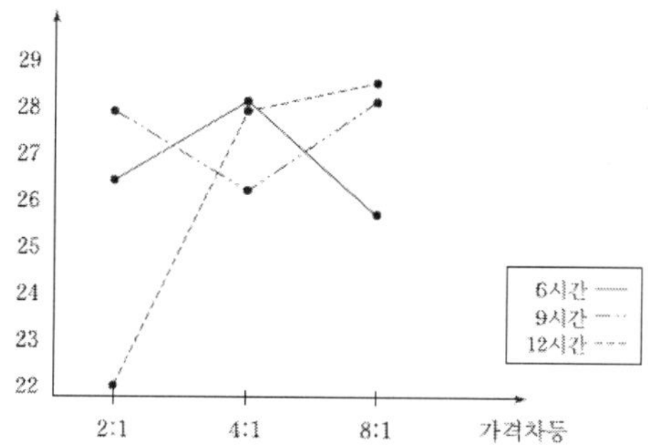

(2) 가설1 : H_0 : 수요 폭주 시간별 만족도는 같다.

H_1 : 수요 폭주 시간별 만족도는 다르다.

가설2 : H_0 : 가격 차등별 만족도는 같다.

H_1 : 가격 차등별 만족도는 다르다.

가설3 : H_0 : 수요 폭주 시간과 가격 차등 간 교호작용은 없다.

H_1 : 수요 폭주 시간과 가격 차등 간 교호작용은 있다.

요인	제곱합	자유도	평균제곱합	F	p-value
폭주 시간	10.667	2	5.333	0.89	0.4206
가격 차등	32.000	2	16.000	2.68	0.0865
가격*폭주	95.333	4	23.833	4.00	0.0113
그룹내	161.000	27	5.963		
합계	299.000	35			

유의수준 0.05에서 가설1과 가설2의 p값은 크므로 H_0를 기각하며 가설3의 p값은 유의수준보다 작으므로 H_0를 기각한다. 즉, (1)의 그래프에서 확인한 것처럼 두 요인 간의 교호작용은 일어나지만 두 효과 모두 만족도에

는 큰 영향을 주지 않는다.

[11] (1) 4종의 타자기에 각 8명씩의 타자수(총 32명)로부터 10분간 타자한 단어 수를 조사한다면 일원분산분석에 해당한다. 그러나 배정된 타자수의 능력이 거의 비슷한 경우에만 의미가 있다. 그러므로 능력에 차이가 있더라도 한 사람이 4종의 타자기를 10분씩 타자하게 하며 자료를 얻는 것이 타당하다. 여기서 타자수가 블록이 되며 이를 확률화블록설계라고 한다.

(2) 각 타자수가 A, B, C, D 순으로 타자를 하도록 한다면 연습이 누적되어 A보다 D의 값이 커질 수 있다. 또는 피로하여 A보다 D의 타자 단어 수가 적어질 수도 있다. 그러므로 각 타자수에게 A, B, C, D 타자기를 임의의 순서로 타자하게 하는 것이다.

(3) 가설1 : H_0 : 타자수의 타자 속도는 같다.

H_1 : 타자수의 타자 속도는 다르다.

가설2 : H_0 : 타자기별 타자 속도는 같다.

H_1 : 타자기별 타자 속도는 다르다.

요인	제곱합	자유도	평균제곱합	F	p-value
타자기	191.75	3	63.917	22.65	0.0009
타자수	112.50	7	16.071	5.70	0.0000
잔차	59.25	21	2.821		
합계	363.50	31			

두 가설에 대한 p값은 모두 유의수준 0.05보다 작으므로 H_0를 기각한다. 여기서 타자수를 블록으로 하였는데, 블록 간에 차이가 있다는 것은 이 문제를 확률화블록설계로 처리한 것이 바람직하다는 것을 의미한다. 이 문제를 단순히 일원분산분석으로 다루는 것은 바람직하지 않다.

[12] (1) 모형 : $Y_{ij} = \mu + \beta_j + \epsilon_{ij}$, $i = 1, \cdots, 4$ $j = 1, 2, 3$

μ : 대평균, β_i : 시험별 효과, ϵ_{ij} : 오차

가설 : H_0 : 세 가지 시험의 평균은 같다.

H_1 : 세 가지 시험의 평균은 다르다.

요인	제곱합	자유도	평균제곱합	F	p-value
그룹간	36.5	2	18.25	0.213	0.8122
그룹내	771.75	9	85.75		
합계	808.25	11			

유의수준 0.05에서 p값이 더 크므로 H_0를 기각할 수 없다.

(2) 가설 : H_0 : 네 학생의 시험 평균은 같다.

H_1 : 네 학생의 시험 평균은 다르다.

요인	제곱합	자유도	평균제곱합	F	p-value
그룹간	262.25	3	87.417	1.28	0.3451
그룹내	546.00	8	68.25		
합계	808.25	11			

유의수준 0.05에서 p값이 더 크므로 H_0를 기각할 수 없다.

(3) 모형 : $Y_{ij} = \mu + \alpha_i + \beta_j + \epsilon_{ij}$, $i = 1, \cdots, 4 \quad j = 1, 2, 3$

μ : 대평균, α_i : 학생 효과, β_j : 시험별 효과, ϵ_{ij} : 오차

가설1 : H_0 : 시험 종류별 성적 평균은 같다.

H_1 : 시험 종류별 성적 평균은 다르다.

가설2 : H_0 : 학생별 성적 평균은 같다.

H_1 : 학생별 성적 평균은 다르다.

요인	제곱합	자유도	평균제곱합	F	p-value
시험	36.5	2	18.25	0.215	0.8126
학생	262.25	3	87.417	1.03	04439
그룹내	509.5	6	84.917		
합계	808.25	11			

유의수준 0.05에서 p값이 더 크므로 H_0를 기각할 수 없다.

(4) 분산분석은 오차의 정규성과 등분산성을 전제로 한다.

9장

[1] (1)

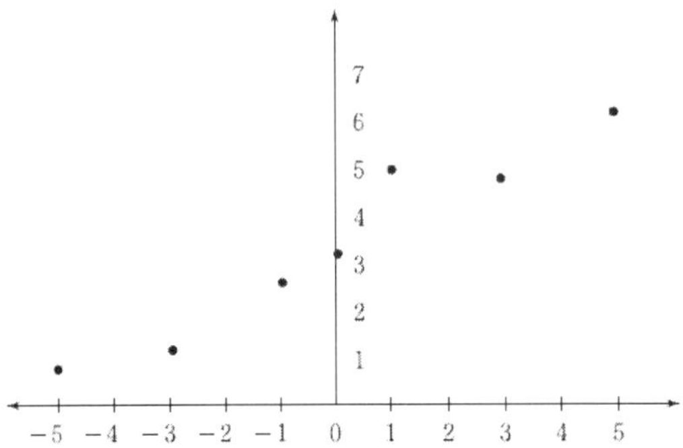

(2) $\hat{y} = 3.343 + 0.5757x$

(3) $e_1 = 0.3357$, $e_2 = -0.5157$, $e_3 = -0.2671$, $e_4 = -0.2429$,

$e_5 = 1.0814$, $e_6 = -0.3700$, $e_7 = -0.0214$

[2] (1)

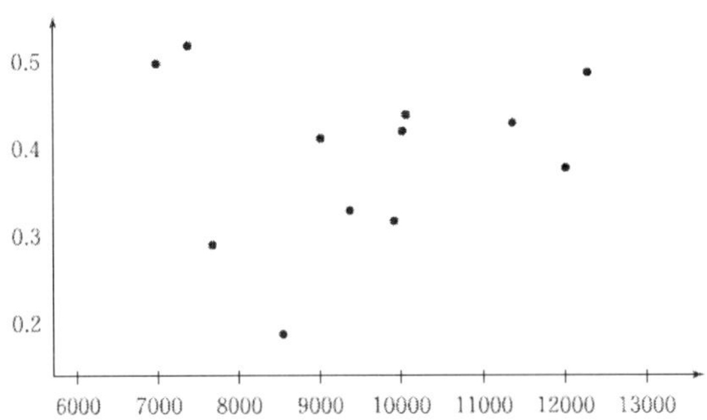

(2) $\hat{y} = 0.3537 + 0.00000443x$

(3) 0.3891

(4) (0.2997, 0.4785)

[3] (1) $\hat{y} = 6.1521 + 72.692x$

(2) 71.9857, 3.999

(3) 0.5606

(4) 0.7487

(5) 검정통계량은 4.7920이며 $t_{0.025}(8) = 2.101$보다 크므로 H_0를 기각한다.

[4] (1) $\hat{y} = 11.2 - 2x$

(2) 8.2

(3) (7.1286, 9.2714)

(4) $(5.4205,\ 6.9795)$

[5] (1)

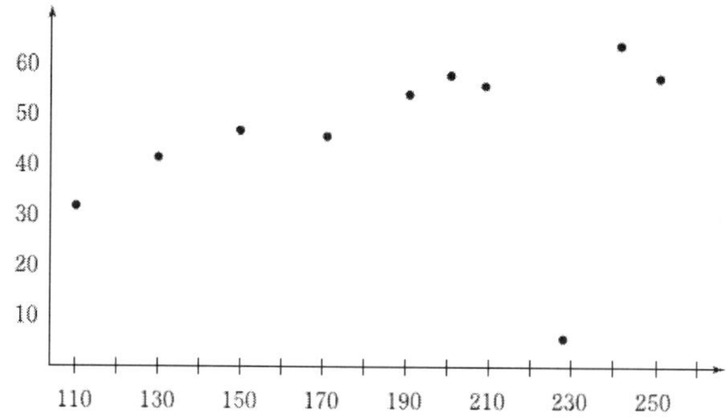

$\hat{y} = 30.8070 + 0.0826x_1$

(2)

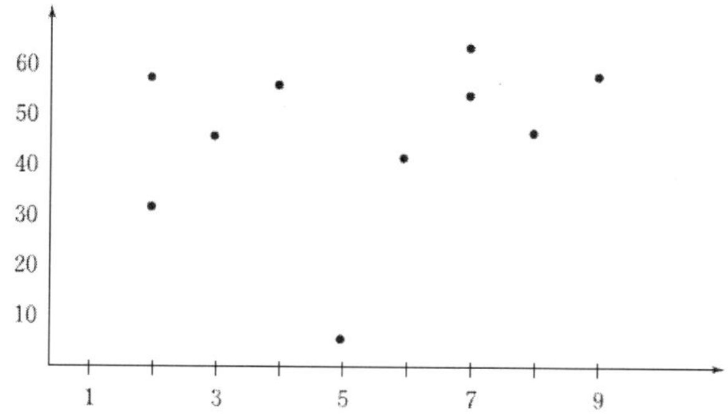

$\hat{y} = 37.2123 + 1.7203x_2$

(3) 모형식은 $\hat{y} = 30.4498 + 0.1364x_1 - 0.4429x_2$이며 모형의 p-value가 유의수준 0.05보다 크므로 이 모형은 적절하지 않다.

(4) 표준화계수를 추정하면 $\hat{\beta}_1{}^* = 0.7903$, $\hat{\beta}_2{}^* = -0.1111$이다. $\hat{\beta}_1{}^*$ 의 절댓값이 $\hat{\beta}_2{}^*$ 보다 약 7.1배 더 크므로 신차 가격(X_1)이 차의 상태(X_2)보다 약 7.1배 영향을 주는 것을 알 수 있다.

(5) 회귀분석에서 $E(Y)$는 평균반응량(mean response)이라고도 불리는데 파이썬에서는 예측값에 대한 신뢰구간과 평균반응량에 대한 신뢰구간을 동시에 구할 수 있다.

먼저 get_predicion()함수를 사용하여 회귀분석의 결과로부터 예측값과 관련된 결과물을 저장한다.

summary_frame은 alpha에 대한 값을 지정하면 예측값, 예측값과 평균반응량의 신뢰구간을 추정해준다.

```
import numpy as np
import pandas as pd
import statsmodels.formula.api as smf

#데이터 구성
x1=np.array([111,80,200,149,171,208,242,131,190,250])
x2=np.array([2,2,9,5,8,4,7,4,7,5])
y=np.array([60.0,32.7,57.7,45.5,47.0,55.3,64.5,42.6,54.5,57.5])
d={'y':y, 'x1':x1, 'x2':x2}
data=pd.DataFrame(data=d)

fit1=smf.ols('y~x1+x2', data=data).fit()   #일반회귀분석
print(fit1.summary())
```

```
from scipy import stats
data_z =
data.select_dtypes(include=[np.number]).dropna().apply(stats.zscor
e)                  #표준화회귀분석
fit2=smf.ols('y~x1+x2', data=data_z).fit()
print(fit2.summary())

#예측값, 예측값과 평균반응량 신뢰구간
pre=fit1.get_prediction()
pre.summary_frame(alpha=0.05).round(3)
```

```
Out:
     mean  mean_se  mean_ci_lower  mean_ci_upper  obs_ci_lower  obs_ci_upper
0  44.706    4.240         34.681         54.732        24.397        65.016
1  40.477    4.913         28.859         52.095        19.336        61.619
2  53.747    4.740         42.539         64.956        32.828        74.666
3  48.562    2.640         42.319         54.804        29.828        67.295
4  50.234    4.339         39.975         60.493        29.808        70.660
5  57.053    4.085         47.393         66.714        36.921        77.185
6  60.363    3.889         51.166         69.560        40.449        80.276
7  46.549    3.034         39.374         53.724        27.485        65.613
8  53.269    2.976         46.231         60.307        34.255        72.282
9  62.340    5.208         50.024         74.655        40.807        83.872
```

차의 상태가 3일 때의 예측값(평균값, mean)은 48.562다. 평균반응량의 신뢰구간(mean_ci)은 (42.319, 54.804)이며 예측값의 신뢰구간(obs_ci)은 (29.828, 67.295)이다.

(6) 0.528

(7) $\hat{y} = 30.4498 + 0.1364x_1 - 0.4429x_2$에 신차 가격 800과 차의 상태 7을 대입하면 136.4695의 값을 얻을 수 있다. 그러나 모형의 p값이 0.0722로 유의수준 0.05보다 크므로 이 모형은 적절하지 않으며 차의 상태(X_2)에 대한 p값도 0.747로 유의하지 않다. 따라서 신차 가격(X_1)만을 적합한 결과, 모

형의 p값은 0.0185로 유의수준 0.05에서 유의하며 신차 가격(X_1)의 p값도 0.019로 유의하다. 이때 모형식은 $\hat{y}= 30.1615 + 0.1245x_1$이며 $x_1 = 800$을 대입하면 중고차가격은 129.7615가 된다.

참고문헌

[1] Massaron, Luca. 파이썬으로 풀어보는 회귀분석. 에이콘, 2019.

[2] Ronald Walpole, Raymond Myers, Sharon Myers & Keying Ye. Probability and Statistics for Engineers and Scientists(9th). Pearson Education, 2016.

[3] 권용만, 장인홍. 이공계를 위한 확률과 통계학(4판). 자유아카데미, 2017.

[4] 바바 신야. 파이썬으로 배우는 통계학 교과서. 한빛미디어, 2019.

[5] 박진호, 박현진, 유동현, 이경재, 황진수. 통계학: 파이썬을 이용한 분석. 자유아카데미, 2018.

[6] 백장선, 손영숙. 수리통계학(9판). 자유아카데미, 2015.

[7] 염준근, 김대경, 장인홍. SAS와 R을 활용한 선형회귀분석(3판). 자유아카데미, 2017.

[8] 이성건, 강현철. 파이썬을 활용한 데이터 분석과 응용. 자유아카데미, 2021.

[9] 이원우. 알기쉽게 풀어쓴 통계학(2판). 박영사, 2009.

[10] 타니아이 히로키. 누구나 파이썬 통계분석. 한빛아카데미, 2020.

찾아보기

파이썬을 이용한 통계분석

-통계 기초 이론 이해와 응용-

저　자 이원우 · 장인홍 · 이다혜
발 행 인 김지영
발 행 처 자유아카데미
주　소 경기도 파주시 회동길 37-42
파주출판도시
전　화 031-955-1321
팩　스 031-955-1322
홈페이지 www.freeaca.com
전자우편 main@freeaca.com (대표)
editor@freeaca.com (편집)
crm@freeaca.com (영업)
등　록 제406-2003-017호, 1980. 7. 12
제1판1쇄 2022년 4월 15일 발행
제1판2쇄 2023년 7월 20일 발행

저자와의
협의하에
인지생략

ISBN 979-11-5808-353-3 93310